OEUVRES
DE
WALTER SCOTT,

TRADUITES

PAR M. LOUIS VIVIEN,

AVEC TOUTES LES NOTES, PRÉFACES, INTRODUCTIONS ET MODIFICATIONS
AJOUTÉES PAR L'AUTEUR A LA DERNIÈRE ÉDITION D'ÉDIMBOURG;

ET

DE NOUVELLES NOTES HISTORIQUES ET LITTÉRAIRES PAR LE TRADUCTEUR.

TROISIÈME ÉDITION.

Tome Douzième.

—

LE COMTE ROBERT DE PARIS.

PARIS:

Chez LEFÈVRE, Éditeur, rue de l'Éperon, 6.

POURRAT FRÈRES, Éditeurs, || DAUVIN et FONTAINE, Libraires,
Rue des Petits-Augustins, 5. || Passage des Panoramas, 35.

1840.

OEUVRES

DE

WALTER SCOTT.

TOME XII.

IMPRIMERIE DE BEAULÉ, RUE FRANÇOIS MIRON, 8.

CONSTANTINOPLE.

OEUVRES

DE

WALTER SCOTT

TRADUITES

PAR M. LOUIS VIVIEN,

AVEC TOUTES LES NOTES, PRÉFACES, INTRODUCTIONS ET MODIFICATIONS AJOUTÉES PAR L'AUTEUR
A LA DERNIÈRE ÉDITION D'ÉDIMBOURG;
ET DE NOUVELLES NOTES HISTORIQUES ET LITTÉRAIRES PAR LE TRADUCTEUR.

TROISIÈME ÉDITION.

TOME DOUZIÈME.

LE COMTE ROBERT DE PARIS.

Paris,

CHEZ LEFÈVRE, ÉDITEUR, rue de l'Éperon, 6 ;
DAUVIN ET FONTAINE, LIBRAIRES, passage des Panoramas, 35 ;
POURRAT FRÈRES, ÉDITEURS, rue des Petits-Augustins, 5.

1840.

RÉCITS DE MON HÔTE.

RECUEILLIS ET MIS EN ORDRE

PAR

JEDEDIAH CLEISHBOTHAM,

MAITRE D'ÉCOLE ET SACRISTAIN DE LA PAROISSE DE GANDERCLEUGH.

QUATRIÈME ET DERNIERE SERIE.

INTRODUCTION.

EDEDIAH CLEISHBOTHAM, M. A.

AU LECTEUR BIENVEILLANT SOUHAITE BONHEUR ET SANTÉ.

Il serait inconvenant que moi, dont le nom a retenti au loin, grâce aux recueils antérieurement publiés sous le titre de *Récits de mon Hôte;* que moi, instruit par l'opinion candide d'une foule de lecteurs à penser que je mérite, non pas une vaine gloire seulement, mais encore les récompenses plus solides d'un écrivain heureux; — il serait inconvenant, dis-je, que je lançasse dans le monde ce nouvel enfant de ma plume, et probablement le dernier de ma vieillesse, sans l'accompagner de ces excuses modestes de ses défauts auxquelles j'ai eu recours pour ceux de ses aînés. Il y a une vérité dont le monde est suffisamment convaincu aujourd'hui, c'est que je ne suis pas celui à qui l'on doit attribuer l'idée première ou le plan de ces contes que quelques-uns ont trouvés si agréables; c'est que je ne suis pas non plus l'habile ouvrier qui, ayant reçu de l'architecte un plan exact avec des élévations et des directions générales et particulières, s'est mis ensuite au travail et a complété chaque division de l'édifice dans la forme et les proportions où nous le voyons aujourd'hui. Néanmoins, je suis incontestablement celui qui, ayant placé son nom en tête de l'entreprise, s'est rendu virtuellement et principalement responsable de son succès. Quand un vaisseau de guerre part pour une expédition avec son équipage d'officiers inférieurs et de matelots, on ne dit pas que ces officiers ou ces matelots ont pris ou perdu le vaisseau qu'ils attaquaient ou qu'ils montaient, encore que chacun d'eux ait eu assez de besogne dans son département; mais on va criant partout, sans plus de détails : Le capitaine Jedediah Cleishbotham a perdu tel vaisseau de 74 ou pris tel autre; bien que cette perte ou cette prise soit le résultat des efforts plus ou moins heureux de tout son équipage. Pour suivre mon allégorie, ne serait-ce pas une chose triste et honteuse que moi, capitaine volontaire et fondateur de cette entreprise, après trois courses heureuses dont je me suis attribué la gloire et les émoluments, j'allasse reculer devant les périls d'un naufrage dans cette quatrième et dernière excursion? Non; j'aime mieux parler à mon équipage avec le courage inépuisable de l'héroïne de Prior :

> « T'ai-je proposé de ne t'embarquer avec moi que sur la surface polie de quel-
> « que mer d'été? t'ai-je dit que je me sauverais devant la vague écumeuse, et que
> « je regagnerais le rivage quand les vents siffleraient et que les flots commence-
> « raient à mugir? »

Néanmoins, il conviendrait aussi peu à mon âge et à ma position de ne pas avouer sans argutier certaines erreurs qu'on pourra à bon droit signaler dans ces nouveaux *Récits de mon Hôte*, — dernier ouvrage d'un auteur qui n'est plus, de M. Peter Pattieson, qui, évidemment, ne l'a ni revu ni corrigé. M. Peter Pattieson est ce digne jeune homme dont le nom est si souvent cité dans mes précédentes introductions, et jamais sans ce tribut d'éloges à son bon sens, à ses talents, et même à son génie, qu'il avait droit d'attendre de l'ami et du patron qui lui survit. Ces pages, je l'ai dit, furent l'*ultimus labor* de mon ingénieux collaborateur; remarquez que je ne dis pas, comme le docteur Pitcairn de son héros : — *ultimus atque optimus*. Hélas! même le vertige qu'on éprouve inévitablement sur le chemin de fer de Manchester n'est pas aussi dangereux pour les nerfs qu'un voyage fréquent dans les régions fleuries du monde idéal. Dans tous les temps, non-seulement les érudits, mais beaucoup d'hommes épais eux-mêmes, ont remarqué que de tels voyages tendent évidemment à rendre l'imagination confuse et le jugement inerte. Il ne m'appartient pas de décider si le pas rapide dont marche l'imagination ainsi excitée, alors que le caprice de l'écrivain, semblable à la tapisserie du prince Houssein dans *les Mille et une Nuits*, est la principale cause de danger, — ou si, sans tenir aucun compte de la rapidité du mouvement, on peut dire qu'il est aussi contraire à l'intelligence de l'homme d'habiter ordinairement ces régions élevées de l'imagination qu'il l'est pour sa santé de respirer pendant un temps considérable l'air raréfié du pic des montagnes. Toujours est-il certain que dans les ouvrages des hommes les plus éminents dans ce genre, nous remarquons plus d'aberrations et de confusion que nous n'en rencontrons généralement chez les personnes à l'imagination desquelles la nature a donné des ailes plus faibles ou moins ambitieuses dans leur vol.

C'est un spectacle affligeant de voir le grand Michel Cervantès lui-même, comme les fils de pères d'une classe inférieure, se défendre contre les critiques de son époque qui l'attaquaient sur quelques-unes de ces petites invraisemblances, de ces petites contradictions, qui peuvent bien obscurcir la marche d'un génie comme le sien, quand le soir de la vie s'approche et l'enveloppe de toutes parts.

« — C'est une chose ordinaire, dit Don Quichotte, pour les hommes qui ont acquis une grande réputation par leurs écrits avant l'impression, de la perdre en entier, ou du moins d'en perdre la majeure partie aussitôt après.

« — La raison en est simple, répond le bachelier Carrasco : il y a bien des fautes qui se découvrent plus aisément quand les ouvrages sont imprimés, parce qu'alors ils sont plus lus, et examinés de plus près, surtout si leurs auteurs ont été plus vantés auparavant ; car naturellement, dans ce cas, l'examen devient plus minutieux et plus redoutable. Ceux qui se sont fait un nom par leur génie, les grands poètes ou les grands historiens, excitent généralement, pour ne pas dire toujours, la jalousie d'une classe d'hommes qui se délectent à critiquer les ouvrages des autres, encore qu'ils n'aient jamais rien pu écrire eux-mêmes.

« — Ce n'est pas merveille, reprend Don Quichotte ; il y a beaucoup de prêtres qui feraient de bien ennuyeux prédicateurs, et qui cependant sont assez habiles à trouver des erreurs et des superfluités dans les sermons des autres.

« — Tout cela est très-vrai, répond Carrasco; et c'est pourquoi je voudrais que ces critiques fussent plus indulgents et moins scrupuleux; qu'ils s'arrêtassent moins longtemps sur les petites imperfections d'un ouvrage, qui ne sont là que de petites taches imperceptibles sur un soleil brillant, contre lequel ils blasphèment par leurs murmures; si *aliquandò dormitat Homerus*, qu'ils pensent au nombre de nuits qu'il a passées sans sommeil pour produire à la lumière son noble ouvrage, obscurci d'aussi peu de défauts qu'il était possible. Mais, de fait, il est souvent arrivé que ce qu'on censurait comme une faute était plutôt un ornement, comme certaines taches sur la figure sont appelées des grains de beauté. Malgré tout cela, celui qui publie un livre court de grands risques, car il n'y a rien de si improbable que de supposer qu'il doive plaire à tous les lecteurs.

« — A coup sûr, dit Don Quichotte, celui qui traite de mes aventures doit avoir plu à peu de monde?

« — Tout au contraire, répond Carrasco; car, comme *infinitus est numerus stultorum*, le nombre de ceux qui ont admiré votre histoire a été grand. Seulement, il y en a quelques-uns qui accusent l'auteur d'avoir manqué de mémoire ou de sincérité, parce qu'il a oublié de dire qui est-ce qui avait volé l'âne de Sancho; car il est de fait que cela a été omis dans l'histoire. Nous y voyons bien que son âne avait été volé; mais à quelque temps de là nous le retrouvons chevauchant dessus, sans qu'on ait daigné nous apprendre comment et en quelles mains il l'avait retrouvé. On dit encore que l'auteur a oublié de nous dire ce que Sancho avait fait des cent pièces d'or qu'il avait trouvées dans un porte-manteau dans la Sierra Morena, car il n'en est pas dit un mot; beaucoup de gens tiendraient cependant à savoir ce qu'il en a fait, comment il les a dépensées, et cette lacune leur paraît l'une des défectuosités les plus importantes de l'ouvrage. »

Combien Sancho est amusant quand il éclaircit les obscurités auxquelles vient de faire allusion le bachelier Carrasco! — aucun de nos lecteurs ne peut l'avoir oublié. Mais il restait assez de ces lacunes, de ces inadvertances, de ces erreurs, pour exercer l'activité de ces critiques espagnols, trop fiers de leur propre génie pour faire leur profit des excuses si simples et si modestes que leur avait apportées l'immortel auteur.

Certes, si Cervantès l'avait voulu, il n'y a pas de doute qu'il eût pu présenter pour excuse sa mauvaise santé, quand il finissait la seconde partie de *Don Quichotte.* Il est évident que les intervalles entre les accès de la maladie qui alors tourmentait Cervantès n'étaient pas tout ce qu'on pouvait désirer de plus favorable au monde pour revoir des compositions légères et corriger au moins ces grossières erreurs et ces imperfections que tout auteur, dans l'intérêt de sa gloire, devrait effacer de son livre avant de le produire au grand jour, où on les apercevra distinctement, et où il ne manquera pas d'esprits subtils qui se trouveront trop heureux de les désigner du doigt à ceux qui ne les auraient pas remarquées

Il est plus que temps de dire dans quel dessein nous avons ainsi rappelé les nombreuses erreurs vénielles de l'immortel Cervantès, et pourquoi nous avons cité ces passages dans lesquels il semble plutôt défier ses adversaires que chercher à se justifier. Car on nous accordera, nous le supposons, que la distance est trop grande entre le plus bel esprit de l'Espagne et nous, pour que nous cherchions à nous mettre à l'abri sous un bouclier qui n'avait de formidable que la force du bras qui le tenait.

L'histoire de mes premières publications est suffisamment connue, et je n'avais pas abandonné l'idée de compléter ces *Récits de mon Hôte* qui avaient eu tant de succès; mais la mort, qui se glisse parmi nous à pas silencieux, a tranché les jours de ce jeune homme de génie à la mémoire duquel j'ai composé une inscription et élevé à mes dépens un monument sur les bords de la rivière Gander, qu'il a tant contribué à rendre immortelle, dans un lieu que lui-même avait choisi, et à peu de distance de mon école. En un mot, M. Pattieson a disparu de ce monde.

Je ne bornai pas mes soins à sa gloire posthume, mais j'inventoriai et je conservai avec soin tout ce qu'il laissait après lui, nommément, sa modeste garde-robe, un nombre de livres imprimés d'une valeur déjà un peu plus considérable, et enfin certains manuscrits tout tachés, tout raturés, que j'avais découverts au fond de sa malle. En y jetant les yeux, je vis qu'ils contenaient deux histoires : « Robert, comte de Paris, » et « le Château périlleux. » Mais, à mon grand désappointement, je m'aperçus qu'il s'en fallait de beaucoup qu'ils ne fussent dans cet état de correction nécessaire pour qu'une personne au fait des affaires de librairie voulût écrire au bas : « Bon à imprimer. » Non-seulement il y avait *hiatus valde deflendi*, mais des incohérences remarquables et d'autres erreurs qu'une révision de l'auteur, si la mort lui en eût donné le temps, eût sans doute fait disparaître. Après une lecture réfléchie, je me flattai sans doute que ces manuscrits, malgré leurs imperfections, contenaient çà et là certains passages prouvant évidemment qu'une pénible indisposition n'avait pas éteint entièrement l'éclat de cette imagination à laquelle le monde s'était plu à rendre hommage dans *Old Mortality*, *la Fiancée de Lammermoor*, et autres créations de ce genre. Je n'en jetai pas moins les manuscrits dans ma commode, résolu à ne pas les soumettre à l'épreuve de l'impression avant que je n'eusse trouvé quelqu'un capable d'en remplir les lacunes et d'en corriger les fautes de manière à braver l'œil du public, ou jusqu'à ce que peut-être des occupations sérieuses et multipliées me permissent d'y consacrer moi-même mon temps et mes efforts.

Tandis que j'étais dans cette incertitude, on m'annonça la visite d'un jeune gentleman qui désirait me parler pour affaires particulières. Je m'imaginai immédiatement que c'était un nouveau pensionnaire qui m'arrivait ; mais je fus bientôt tiré de cette erreur en remarquant que l'enveloppe extérieure de l'inconnu était au plus haut degré ce que l'aubergiste des Armes de sir William Wallace appelle, dans sa phraséologie particulière, *grenue*. Son habit noir avait vu du service ; son gilet à carreaux indiquait plus évidemment encore qu'il avait fait plus d'une campagne ; la troisième pièce de son accoutrement était la plus vieille de toutes ; ses souliers étaient chargés de boue, ce qui montrait qu'il avait dû voyager à pied ; enfin, un *mawd* ou manteau grisâtre flottant autour de ses épaules amincies complétait pour lui cet équipement, qui, depuis le temps de Juvénal, a toujours été la livrée d'un pauvre savant. J'en conclus que j'avais devant moi un candidat à la place actuellement vacante de mon sous-maître, et je me préparai à écouter ses propositions avec la dignité convenable dans ma position. Mais quelle ne fut pas ma surprise quand j'appris que ce rustique savant n'était autre que Paul, le frère de Peter Pattieson, venu pour recueillir l'héritage de son frère, et qui paraissait attacher surtout une grande importance à la partie de cet héritage qui consistait dans les productions de sa plume.

Une étude rapide que je fis du susdit Paul me fit comprendre que c'était un garçon d'esprit, ayant quelque teinture des lettres comme son regrettable frère, mais entièrement dépourvu de ces aimables qualités qui m'avaient souvent fait penser de Peter ce que l'on dit du fameux John Gay : —

« Un homme pour l'esprit, un enfant pour la simplicité. »

Il attacha peu d'importance au legs de la garde-robe de son frère, il ne parut même pas faire beaucoup plus de cas des livres ; mais il demanda péremptoirement à être mis en possession de ses manuscrits, s'obstinant à soutenir qu'il n'y avait jamais eu de marchés définis et complets entre feu son frère et moi. Enfin, à l'appui de son opinion, il exhiba une consultation qu'il s'était fait délivrer dans ce sens par un écrivain public ou un homme d'affaires, — classe de citoyens avec lesquels je me suis fait une loi d'avoir le moins de rapports possible.

Mais il me restait une défense qui me vint en aide, *tanquam Deus ex machinâ*. Le rapace Paul Pattieson ne pouvait prétendre m'enlever la possession des manuscrits contestés, sans me rembourser au préalable une somme considérable que j'avais avancée à différentes fois à défunt son frère, et particulièrement pour acheter une petite rente à sa vieille mère. Ces avances, jointes aux frais des funérailles et autres, montaient à un chiffre tellement élevé, que le pauvre diable d'étudiant et son subtil conseil judiciaire prévirent qu'il serait fort difficile de le liquider. Ledit sieur Paul Pattieson prêta donc l'oreille à une proposition que je jetai en avant comme par hasard, à savoir, que s'il se croyait capable de remplir la place de son frère, et de mettre les livres en état de voir le jour, il trouverait chez moi le vivre et le coucher tant qu'il se livrerait à cette occupation, dont je ne le dérangerais que de temps à autre pour donner quelques leçons aux plus avancés de mes élèves. Cela semblait devoir terminer notre différend à la satisfaction des deux parties ; et le premier acte de Paul fut de tirer sur moi pour une somme ronde, sous prétexte que sa garde-robe avait besoin d'être entièrement renouvelée. Je ne fis pas d'objection, encore que cela marquât un désir vaniteux d'acheter des vêtements à la dernière mode, tandis que non-seulement la plupart de ceux du défunt pouvaient encore très-bien se porter un an, mais que moi-même m'étant peu de jours avant équipé de noir de la tête aux pieds, M. Pattieson eût été le bienvenu à se servir de ce qui lui aurait convenu dans ma défroque, comme défunt son frère l'avait toujours fait.

L'école, je suis obligé d'en convenir, alla passablement bien. Mon assistant était un homme solide, et déployait tant d'activité à remplir ses devoirs qu'il les outre-passait, si je puis m'exprimer ainsi, et que bientôt j'eus conscience que je n'étais plus qu'un zéro dans ma classe. Je me consolais par l'idée que les manuscrits se préparaient pour la presse aussi vite que je pusse le désirer. Paul Pattieson, comme le vieux Pistol dans la pièce de Shakspeare à ce sujet, « parlait d'une grosse voix sur le pont, » et cela non-seulement dans notre maison, mais dans la société de nos voisins, chez lesquels il commença à faire de nombreuses visites, au lieu d'imiter la vie retirée et monastique de feu son frère. Il devint même si sensuel avec le temps, qu'on le vit mépriser notre modeste table, qui d'abord avait paru un splendide banquet à son appétit affamé; ce qui déplut grandement à ma femme, qui se piquait avec justice de fournir à ses élèves et à ses maîtres une nourriture propre, saine et abondante.

Au total, j'espérais fort peu et comptais encore moins que tout allât bien; j'étais dans cette disposition désagréable d'esprit qui précède une rupture ouverte entre deux associés qui ont été longtemps jaloux l'un de l'autre, et qui ne sont plus retenus ensemble que par le sentiment de leur mutuel intérêt.

La première chose qui m'alarma fut un bruit répandu dans le village que Paul Pattieson s'apprêtait à faire sous peu de temps un voyage sur le continent, — pour cause de santé, disait-il, mais bien plus probablement, à ce que rapportait la rumeur publique, pour satisfaire la curiosité qu'avait fait naître en lui la lecture des classiques, que pour tout autre motif. Ces bruits ne laissaient pas que de m'alarmer, et je commençais à penser que la retraite de M. Pattieson, à moins que sa perte ne fût réparée à temps, menaçait de porter un coup terrible à mon établissement. Le fait est que ce Paul avait une manière à lui de prendre les élèves, surtout ceux d'un bon caractère; en sorte que, je le confesserai, je doutais que je pusse moi-même le remplacer complètement dans mon école, malgré toute mon autorité et mon expérience. Ma femme, jalouse comme il convenait qu'elle le fût des intentions de M. Pattieson, me conseillait de m'occuper immédiatement de cette affaire et de la tirer à clair, méthode que j'avais effectivement toujours trouvée la meilleure dans mes rapports avec mes élèves.

Mistress Cleishbotham ne fut pas longtemps sans revenir sur ce sujet ; car, comme presque toutes les femmes depuis Xantippe (quoique ma moitié soit très-convenable dans son langage), elle aimait à faire une observation désagréable, même sans autre utilité que le plaisir de la faire : — Vous êtes un homme d'un esprit très-fin, M. Cleishbotham, me disait-elle ; vous êtes un homme savant, M. Cleishbotham ; — et le maître d'école de Gandercleugh, M. Cleishbotham, pour tout dire en un mot ; mais des hommes plus grands que vous ont perdu les étriers pour avoir permis à leurs inférieurs de monter derrière. Bien que dans le monde, M. Cleishbotham, vous ayez la réputation de tout faire, aussi bien dans la direction de l'école que dans la rédaction de ces livres dont la vente nous a été si fructueuse, on commence à dire généralement à Gandercleugh, aussi bien dans le haut que dans le bas de la rivière, que c'est l'assistant qui écrit les livres du Dominie, et qui instruit les élèves du Dominie. Oui, oui, interrogez la première venue, fille, femme ou veuve, elle vous dira que les plus gamins d'entre eux vont tout aussi naturellement réciter leurs leçons à Paul Pattieson, qu'ils viennent à moi pour me demander leur goûter. Pas un ne songe à s'adresser à vous, s'il rencontre dans son devoir une tournure difficile ou un mot effacé ; c'est tout au plus si l'on vous demande encore *licet exire*, ou si l'on vous prie de surcouper une vieille plume.

Or, cette harangue venait m'assaillir par un beau soir d'été, tandis que j'employais une heure de loisir à caresser le bout ambré de ma pipe, et que je savourais ces rêveries délicieuses que la nicotiane a coutume de produire, surtout chez les personnes studieuses et dévouées *musis severioribus*. Naturellement, j'étais contrarié d'être dérangé dans mon sanctuaire de fumée, et j'essayai d'imposer silence à la langue bruyante de mistress Cleishbotham, qui a quelque chose en soi d'aigu et de pénétrant.

— Femme, dis-je avec le ton d'autorité domestique qui convenait à la circonstance, *res tuas agas*, — occupez-vous de vos blanchissages et de vos repassages, de votre cuisine et de votre infirmerie ; occupez-vous de tout ce qui concerne le corps de mes élèves, et laissez le soin de leur éducation à mon assistant Paul Pattieson et à moi.

— Je suis charmée, répondit cette maudite femme (être obligé de l'appeler ainsi!), que vous ayez la modestie de le nommer le premier. Vous avez raison, car il est bien le premier de vous deux, si vous en croyez ce que les voisins en disent — ou en murmurent.

— Et qu'est-ce qu'ils murmurent, dis-moi, véritable sœur des Euménides? m'écriai-je, — la stimulante réprimande de ma femme l'emportant sur les influences sédatives de ma pipe et de mon pot de bière.

— Ce qu'ils murmurent? reprit-elle, de sa voix la plus aiguë; — ils murmurent, assez haut pour que moi du moins je les entende, que le maître d'école de Gandercleugh est devenu une vieille femme hébétée ; qu'il passe son temps à godailler avec les aubergistes et les taverniers, et qu'il abandonne ses élèves, ses livres et tout le reste au soin de son assistant. Les bonnes âmes de Gandercleugh disent encore que vous avez engagé Paul Pattieson pour écrire un nouveau roman qui battra tous ceux que vous avez publiés jusqu'ici ; et, pour montrer quelle petite part vous y avez, ils ajoutent que vous n'en savez pas même le titre ; — oui, et que vous ne savez pas même si ce roman traitera de quelque Grec païen ou de Douglas le Noir.

Ceci fut dit avec tant d'amertume que je fus piqué au vif. Je jetai ma vieille pipe comme une des lances d'Homère, non pas à la figure de mon irritante moitié, encore que la tentation fût forte, mais dans la rivière Gander, laquelle, comme le savent les touristes des pays les plus éloignés de la terre, promène ses méandres paisibles sur la plage où mon école est agréablement située. Puis, bondissant sur mes pieds, j'enfonçai sur ma tête mon chapeau à cornes (l'orgueil des magasins de MM. Grieve et Scott), et, plongeant dans la vallée dudit ruisseau, je poursuivis ma route en amont, la voix de mistress Cleishbotham m'accompagnant dans ma retraite avec quelque chose du cri de colère et de triomphe dont l'oie femelle poursuit dans sa fuite le roquet mal appris ou l'enfant désœuvré qui s'est permis de déranger sa petite famille. Le fait est que l'influence de ses clameurs méprisantes et colères qui me bourdonnaient aux oreilles fut telle que tant que j'en entendis le retentissement lointain, je relevai instinctivement sous chaque bras les basques de mon habit noir, comme si j'avais été réellement en danger de les voir saisies par un ennemi qui m'aurait poursuivi. Ce ne fut guère que lorsque j'eus atteint le cimetière bien connu où ce fut le lot de Peter Pattieson de rencontrer le fameux personnage connu sous le nom d'*Old Mortality*, que je fis une halte pour composer un peu mes esprits troublés et réfléchir à ce que je devais faire. Mon esprit était agité par un chaos de passions, où la colère dominait. Mais pour quel motif et contre qui étais-je si fort irrité? C'est ce que je ne savais pas trop moi-même.

Cependant, après avoir placé en équilibre mon chapeau à trois cornes sur ma perruque bien poudrée, et l'avoir tenu quelque temps en l'air pour donner à mon front brûlant le temps de se rafraîchir; après avoir rabattu et remis exactement à leur place les basques de mon habit noir, je me trouvai enfin en état de répondre à mes propres questions, ce que j'aurais été incapable de faire avant d'avoir exécuté tranquillement toutes ces petites manœuvres.

En conséquence et d'abord, pour me servir de la phrase de M. Docket, l'écrivain ('c'est-à-dire le procureur) de notre village de Gandercleugh, je me convainquis que ma colère était dirigée contre tous les hommes et quelques autres encore, ou, en latin de légistes, *contra omnes mortales*, et plus particulièrement contre les habitants de Gandercleugh, pour avoir fait circuler des bruits aussi bien contre mes talents littéraires que contre mes talents pédagogiques, et avoir transféré à mon assistant une réputation qui, jusque-là, m'avait appartenu; secondement, contre mon épouse, Dorothea Cleishbotham, pour avoir transféré lesdits bruits calomnieux à mon oreille d'une manière abrupte et inconvenante, sans aucun égard ni au langage dont elle se servait, ni à la personne à laquelle ils s'adressaient, — traitant les affaires qui me concernaient si intimement comme si c'eussent été des sujets de plaisanterie propres à amuser des commères au jour d'un baptême, circonstance où les femmes s'attribuent le privilége de servir la *bona dea*, suivant les rites secrets de leur sexe; troisièmement, il me semblait que j'étais en droit de répondre à quiconque s'informerait des causes de ma colère, qu'elle était allumée contre mon assistant Paul Pattieson, pour avoir donné occasion aux habitans de Gandercleugh d'entretenir certaines opinions, et à mistress Cleishbotham de me les jeter irrespectueusement à la face, circonstances qui n'eussent existé ni l'une ni l'autre s'il n'eût pas méchamment et faussement parlé de certaines conventions entre nous, tout à fait privées et confidentielles, dont je m'étais bien gardé, moi, de souffler mot à un tiers.

Cet arrangement de mes idées ayant contribué à calmer l'atmosphère orageuse dont elles étaient le fruit, la raison prit le dessus, et sous son influence plus claire et plus calme je me demandai si dans de telles circonstances je ferais bien de nourrir ainsi de l'indignation contre tant de personnes? Enfin, après un examen plus approfondi, toutes les pensées haineuses auxquelles je m'étais abandonné contre des tiers vinrent se perdre et se confondre dans mon ressentiment contre mon perfide sous-maître, lequel, comme le serpent de Moïse, absorba toutes les causes inférieures de mon déplaisir. De m'aller placer en hostilité ouverte contre tout le village, sans savoir si j'aurais les moyens de me venger efficacement d'eux tous, c'eût été une entreprise bien au-dessus de mes forces, et qui probablement eût entraîné ma ruine, si je m'y étais livré dans la chaleur d'un premier mouvement. D'aller faire une querelle publique à ma femme sur l'opinion qu'elle avait émise de mes talents en littérature, cela aurait été souverainement ridicule. En outre, mistress Cleishbotham était sûre d'avoir de son côté toutes les commères, qui la représenteraient comme une femme persécutée par son mari pour lui avoir donné de bons conseils et avoir insisté avec une sincérité peut-être trop enthousiaste.

Restait donc Paul Pattieson, l'objet le plus naturel et le plus convenable de mon indignation, puisque je le tenais en ma puissance et que je pouvais le punir en le renvoyant quand il me ferait plaisir. Et cependant, quelque facile qu'il me fût d'écouter ma vengeance et de la satisfaire contre le susdit Paul, n'était-il pas possible que les conséquences en fussent funestes pour ma bourse? Je commençais à réfléchir avec anxiété que dans ce monde nous ne pouvons pas toujours combiner le plaisir de la vengeance avec le soin de nos intérêts personnels, et que le sage, le *verè sapiens*, hésite rarement à sacrifier ses haines personnelles à son intérêt. Je me rappelai aussi que je ne savais pas jusqu'à quel point mon assistant s'était rendu coupable de l'usurpation de pouvoirs et de mérites dont on l'accusait.

En un mot, je commençai à m'apercevoir que ce ne serait point une bagatelle que d'aller à la légère, et sans peser plus attentivement une foule de *punctiuncula* secondaires, rompre tout à coup une entreprise en participation ou une association, comme diraient les avocats au civil, association profitable pour lui, il est vrai, mais qui promettait de ne pas l'être moins pour moi, que mon âge, ma science et mon éducation mettaient si fort au-dessus de lui. Mû par ces considérations et quelques autres de même nature, je résolus d'agir avec la prudence que les circonstances réclamaient. Je ne voulus pas, en spécifiant dès l'abord mes sujets de plainte avec trop d'exaspération, changer en une rupture irréparable ce qui peut-être, autrement présenté, se réduirait à quelques petits malentendus facilement expliqués et excusés; ainsi qu'une voie d'eau dans un navire neuf une fois découverte et soigneusement bouchée ne fait que le rendre plus apte à tenir longtemps la mer.

Comme je venais d'adopter ces résolutions conciliantes, j'arrivai à l'endroit où une colline presque perpendiculaire semble terminer la vallée, mais de fait la divise en deux petits vallons servant chacun de lit à deux torrents, à droite le Gruff-Quack, à gauche le Gusedub, plus étroit mais plus bruyant, torrents dont la réunion forme la rivière Gander proprement dite. Chacune de ces petites vallées a dans toute sa longueur un chemin pour les piétons, rendu plus facile par les travaux des indigents pendant l'hiver dernier. L'un de ces sentiers a reçu le nom de Pattieson, tandis qu'on a eu la bonté de consacrer l'autre à ma mémoire en l'appelant Dominie's Daidling-bit. Là j'étais sûr de rencontrer mon associé Paul Pattieson, car il avait coutume tous les soirs de revenir de ses longues promenades par l'un ou l'autre de ces deux sentiers.

Et, en effet, je ne fus pas longtemps avant de l'apercevoir qui descendait le Gusedub par ce sentier tortueux qui caractérise si fortement l'aspect particulier d'un vallon écossais. Il était aisé de le reconnaître à quelque distance, à sa démarche fanfaronne, dans laquelle il vous présentait le plat de la jambe, comme le valet de trèfle. On voyait qu'il était parfaitement content, non-seulement de sa jambe et de sa botte, mais de tout son individu, mais de la coupe de ses habits; on aurait pu croire qu'il l'était aussi du contenu de son gousset.

Ce fut donc avec cette démarche habituelle qu'il s'approcha de moi, tandis que j'étais assis au point où se réunissent les deux torrents, et il ne me fut pas difficile de voir que son premier mouvement avait été de passer sans s'arrêter à de longs compliments, se contentant d'un léger coup de chapeau. Mais comme cela n'eût pas été décent, eu égard aux termes dans lesquels nous en étions ensemble, il sembla, après réflexion, prendre un parti tout opposé. Il se hâta donc de s'approcher de moi avec un air de gaieté, je pourrais presque dire d'impudence, et ouvrit la conversation précisément au beau milieu des importantes affaires dont je m'étais proposé d'amener la discussion d'une manière plus en rapport avec leur gravité.

— Je suis charmé de vous voir, M. Cleishbotham, dit-il avec un admirable mélange d'effronterie et de confusion. — Les plus étonnantes nouvelles qu'on ait jamais entendues dans le monde littéraire depuis que j'en fais partie, — tout Gandercleugh en retentit sérieusement; — personne ne parle d'autre chose, depuis la plus jeune des apprenties de miss Buskbody jusqu'au ministre lui-même, et chacun se demande étonné si ces nouvelles sont vraies ou fausses; — ce qu'il y a de sûr, c'est qu'elles sont d'une nature surprenante, spécialement pour vous et pour moi.

— M. Pattieson, répondis-je, je ne saurais deviner ce que vous voulez dire. *Davus sum, non OEdipus.* — Je suis Jedediah Cleishbotham, maître d'école de la paroisse de Gandercleugh; je ne suis ni sorcier, ni liseur de charades, ni explicateur d'énigmes.

— Hé bien! répliqua Paul Pattieson, — M. Jedediah Cleishbotham, maître d'école de la paroisse de Gandercleugh, etc., tout ce que j'ai à vous apprendre, c'est que le projet sur lequel nous fondions tant d'espérances est entièrement ruiné. Les Récits sur la publication desquels nous comptions avec tant de confiance ont déjà été imprimés; ils sont sortis de la presse américaine, et les journaux anglais ne parlent d'autre chose.

Je reçus ces nouvelles avec la même tranquillité que j'aurais reçu dans la poitrine un coup porté par l'un de nos modernes gladiateurs de toute l'énergie de son poing.

— Si cela est vrai, M. Pattieson, de toute nécessité je dois vous soupçonner d'être celui qui a fourni aux imprimeurs étrangers la copie dont ils ont fait un usage si peu scrupuleux, sans respect des droits incontestables des propriétaires de ces manuscrits. Je désire savoir si cette édition anglaise embrasse les changements que vous aviez jugés nécessaires avant que l'ouvrage pût braver l'œil du public.

Mon gentleman vit qu'il me fallait une réponse directe, car mon geste était impérieux et mon ton décidé. Toutefois son audace naturelle ne l'abandonna pas, et il me répondit d'un ton ferme:

— M. Cleishbotham, d'abord ces manuscrits sur lesquels vous réclamez un droit fort douteux, je ne les ai jamais donnés à personne.

Il faut donc qu'ils aient été envoyés en Amérique par vous-même ou par quelqu'un des différents gentlemen auxquels il est à ma connaissance que vous avez souvent permis de parcourir les manuscrits que mon frère avait laissés.

— M. Pattieson, répliquai-je, je vous prie de vous rappeler que mon intention n'a jamais pu être de donner directement ou indirectement ces manuscrits à l'imprimeur, avant que les corrections que j'avais méditées et que vous vous étiez engagé à exécuter ne les eussent rendus dignes d'être offerts au public.

— Monsieur, reprit Paul Pattieson avec beaucoup de chaleur, vous saurez que si j'ai accepté vos offres mesquines, c'était moins pour leur montant que pour l'honneur et la réputation littéraire de feu mon frère. Je prévoyais que, si j'avais décliné cette tâche, vous n'hésiteriez pas à la remettre entre des mains incapables, ou peut-être à vous en charger vous-même, vous, le moins apte de tous les hommes à vous mêler de toucher aux œuvres d'un génie qui n'est plus, et c'est ce que, Dieu aidant, j'avais résolu d'empêcher. — Mais la justice du Ciel s'est elle-même chargée de cette affaire. Les derniers travaux de Peter Pattieson parviendront à la postérité sans être défigurés par le scalpel de la correction qu'aurait tenu la main d'un faux ami. — Honte à vous d'avoir pu penser que celle d'un frère consentirait jamais à tenir l'instrument meurtrier!

J'entendis ce discours avec une sorte de vertige et d'étourdissement dans la tête, qui probablement m'aurait étendu sans vie à ses pieds, si une pensée comme celle de la vieille ballade,

« Le comte Percy voit ma chute, »

ne m'eût rappelé que je ne ferais qu'ajouter à son triomphe en m'abandonnant à ma douleur en présence de M. Paul Pattieson ; car, je n'en pouvais douter, il était directement ou indirectement pour quelque chose dans cette publication transatlantique, et d'une manière ou d'une autre il avait trouvé son intérêt à violer ainsi nos conventions.

Pour me délivrer de son odieuse présence, je lui souhaitai le bonsoir d'un ton assez cavalier, et je descendis dans le vallon, non pas comme quelqu'un qui vient de quitter un ami, mais comme un homme qui se débarrasse d'un compagnon désagréable. Chemin faisant, je pesai toute cette affaire avec une anxiété qui ne tendait pas le moins du monde à me remettre à l'aise. Si je m'étais senti de taille à le faire, j'aurais pu naturellement écraser cette édition apocryphe, dont les journaux littéraires nous donnent en ce moment de copieux échantillons. Pour cela, je n'avais qu'à publier immédiatement le manuscrit à Édimbourg, revu et dégagé de toutes les imperfections et incorrections dont j'ai déjà parlé. Je me rappelais le facile triomphe de la véritable seconde partie de ces *Récits de mon Hôte* sur la production bâtarde qu'un fraudeur littéraire avait lancée dans le commerce sous le même titre ; et pourquoi un semblable triomphe ne serait-il pas répété une seconde fois? Il y aurait eu l'orgueil du talent dans cette manière de me venger, orgueil que l'on eût excusé chez un homme outragé ; mais depuis quelque temps l'état de ma santé a été tel qu'une entreprise de cette nature eût été imprudente à tous égards.

Dans ces circonstances, les derniers manuscrits de Peter Pattieson verront le jour tels qu'il les a laissés dans son pupitre. Je prends donc congé du lecteur, espérant que tels qu'ils sont ils seront reçus avec indulgence par ceux qui n'en ont eu que trop pour les productions de sa plume, et je suis à tous égards,

   Du lecteur bienveillant,
      Le très-humble et très-obligé serviteur,
            J. C.

Gandercleugh, 15 octobre 1831.

LE COMTE
ROBERT DE PARIS.

AVERTISSEMENT.

L'AVERTISSEMENT suivant, dû à la plume du gendre de l'auteur, M. Lockhart, a été placé en tête de la dernière édition anglaise du *Comte Robert de Paris*.

« En février 1832, sir Walter Scott envoya de Naples une introduction pour *le Château Périlleux;* mais s'il en a jamais écrit une pour la seconde édition de *Robert de Paris*, on ne l'a pas trouvée dans ses papiers.

« Nous joignons donc à cette nouvelle édition quelques notes extraites en grande partie des livres qu'on l'avait vu consulter pendant qu'il *dictait* ce roman. En addition à ce que l'auteur a donné sous forme de détails historiques sur les principaux personnages réels qu'il y a introduits, nous offrons ici au lecteur, ce qui probablement lui sera agréable, le passage de *l'Alexiade* dans lequel Anne Comnène raconte l'incident qui probablement aura déterminé sir Walter dans le choix de son héros :

« Au mois de mai, l'an du Seigneur 1097. — Quant à la multitude de ceux qui s'avançaient vers la *Grande Cité*, qu'il nous suffise de dire qu'ils étaient aussi nombreux que les étoiles du ciel et que les grains de sable sur le rivage. Ils étaient, pour me servir des expressions d'Homère, aussi nombreux que les feuilles et les fleurs du printemps. Quant au nom de leurs chefs, quoiqu'ils soient présents à ma mémoire, je ne les relaterai pas ici ; leur nombre seul m'en détournerait, quand bien même ma langue me fournirait les moyens de rendre tant de sons barbares. Et puis pourquoi affligerais-je mes lecteurs du long catalogue des noms de ces hommes dont l'aspect glaçait de tant d'horreur tous ceux qui les contemplaient?

« Aussitôt donc qu'ils approchèrent de la *Grande Cité*, ils occupèrent les lieux de campement que l'empereur leur avait désignés près du monastère de Cosmidius ; mais cette multitude n'était pas, comme celle des Hellènes des anciens jours, susceptible d'être modérée par la voix élevée de neuf hérauts ; il fallait la surveillance constante de soldats choisis et vaillants pour les empêcher de violer les ordres de l'empereur.

« Cependant celui-ci travaillait pour obtenir des autres chefs qu'ils reconnussent sa suprême autorité, comme l'avait déjà fait Godefroy (Γοντοφρε) lui-même; mais malgré la bonne volonté de plusieurs pour accéder à ces propositions, et l'influence qu'ils cherchaient à exercer dans le même sens sur l'esprit de leurs associés, les efforts de l'empereur obtenaient peu de succès, parce que la majorité des Croisés attendait l'arrivée de Bohémond (Βαιμοντος), en qui ils avaient placé leur confiance. Aussi avaient-ils recours à tous les artifices, dans la vue de gagner du temps. L'empereur n'était pas si aisé à tromper; il pénétra leur motif, et, en accordant à un personnage puissant des demandes dont l'objet paraissait au delà de toute attente, en employant mille autres moyens ingénieux, il l'emporta enfin et obtint de tous les chefs croisés en général qu'ils suivraient l'exemple de Godefroy, lequel fut mandé en personne pour prêter secours dans cette affaire importante

« Tous les chefs étant donc réunis, et Godefroy au milieu d'eux, le serment fut prêté. Mais quand tout était fini, un certain noble d'entre ces comtes eut l'audace de s'asseoir sur le trône de l'empereur. (Τολμήσας τις απο παντων των κομητων ευγενής εις τον σκιμποδα του Βασιλεως εκαθισεν.) L'empereur se retint et ne dit rien, car depuis longtemps il connaissait le caractère des Latins.

« Mais le comte Baudoin (Βαλδουινος), s'avançant et le saisissant par la main, l'en arracha, et, après plusieurs reproches, lui dit : — Il ne te convient pas de faire ici de pareilles choses, surtout après avoir prêté le serment de fidélité (δουλειαν υποσχομενω). Ce n'est pas la coutume des empereurs romains de permettre à aucun de leurs inférieurs de s'asseoir à côté d'eux; non pas même à ceux qui sont, par leur naissance, sujets de leur empire, et il est nécessaire de respecter les coutumes du pays. Mais lui, ne répondant rien à Baudoin, continua à tenir les yeux insolemment fixés sur l'empereur, et murmura dans son propre dialecte quelque chose entre ses dents, qui, étant traduit par un interprète, revenait à ceci : — Voyez quel grossier paysan (χωρίτης) pour s'asseoir seul, tandis que les autres chefs se tiennent debout autour de lui! Le mouvement de ses lèvres n'avait point échappé à l'empereur, qui appela auprès de lui quelqu'un qui entendait le dialecte latin, et s'informa de ce que cet homme avait dit. Quand il l'eut entendu, l'empereur ne dit rien aux autres Latins, mais il garda la chose par-devers lui. Toutefois, quand la cérémonie fut terminée, il appela auprès de lui en particulier cet orgueilleux et éhonté Latin (υψηλοφρονα εκεινον και αναιδη), et lui demanda qui il était, de quel lignage il descendait, et de quelle région il était venu. — Je suis, dit-il, Franc de pur sang, du sang des nobles. Je ne sais qu'une chose; c'est que dans le pays d'où je viens, en un carrefour où trois routes se joignent, il y a une ancienne église dans laquelle quiconque désire se mesurer contre un autre en combat singulier prie Dieu de l'aider en cette entreprise, et puis il attend la venue de quelqu'un qui veuille lui tenir tête. Je me suis longtemps tenu en cet endroit, mais je n'ai pas trouvé d'homme assez hardi pour se mesurer avec moi. Après avoir entendu ces mots, l'empereur lui dit : — Si jusqu'ici tu as cherché en vain des batailles, le temps est venu qui t'en fournira en abondance; et je te donne avis de ne te placer ni en avant, ni en arrière de la phalange, mais de te tenir serré au milieu de tes compagnons d'armes; car je connais de longue date la manière de combattre des Turks. Après cet avis, l'empereur congédia non-seulement cet homme, mais le reste de ceux qui étaient prêts à partir pour cette expédition. » — *Alexiade*, livre X, pages 237 et 238.

« Ducange, comme on le dit dans cette histoire, voit dans cette église, dont parle le Croisé, celle de Notre-Dame de Soissons, dont un poëte français du temps de Louis VII a dit :

> Veiller y vont encore li Pelerin,
> Cil qui bataille veulent faire et fournir.

DUCANGE, *Alexiade*, page 86.

« Il peut être convenable d'observer que la princesse Anne Comnène naquit le 1ᵉʳ décembre de l'an du Seigneur 1083, et que par conséquent elle était dans sa quinzième année quand les chefs de la première croisade parurent à la cour de son père. Même à cette époque, cependant, il n'est pas improbable qu'elle ait pu être la femme de Nicéphore Brienne, dont, plusieurs années après sa mort, elle parle dans son histoire, l'appelant τον εμου καισαρα, et lui prodiguant d'autres épithètes également affectueuses. Toutefois on a attribué à un désappointement amoureux l'amertume avec laquelle elle mentionne uniformément Bohémond, comte de Tarente, postérieurement prince d'Antioche; et il est certain que dans une occasion remarquable elle exprime un grand mépris pour son mari. Je ne connais aucune autre autorité qui puisse justifier les libertés que l'auteur a prises dans ce roman quant au caractère de cette dame considérée comme épouse.

« Son mari, Nicéphore Brienne, était le petit-fils du personnage de ce nom qui figure dans l'histoire comme rival et compétiteur au trône impérial de Nicéphore Botoniate. A l'occasion de son mariage, il fut investi du titre de *Panhypersébastos*, ou *Omnium Augustissimus;* mais dans la suite Alexis l'offensa vivement en reconnaissant la dignité supérieure, mais infiniment plus simple, d'un *Sébastos*. Gibbon rend hommage à ses qualités éminentes dans la paix et dans la guerre. Il nous a laissé quatre volumes de mémoires, dans lesquels il raconte la première partie de l'histoire de son beau-père, et qui ont de l'importance comme étant l'ouvrage d'un témoin oculaire des événements graves qu'il décrit. Il paraît qu'Anne Comnène regarda comme un devoir d'achever la tâche que son mari avait laissée incomplète, et c'est à ce sentiment que nous devons *l'Alexiade,* — qui est bien certainement, malgré ses défauts, le premier ouvrage historique qui, jusqu'à ce jour, soit sorti de la plume d'une femme.

« La vie de l'empereur Alexis, dit Gibbon, a été tracée par la plume d'une fille chérie, qui s'est inspirée d'un tendre respect pour sa personne et d'un zèle louable pour perpétuer le souvenir de ses vertus. Comme elle pressentait les justes soupçons de ses lecteurs, la princesse proteste itérativement qu'outre les notes qu'elle avait pu prendre elle-même, elle a consulté souvent les souvenirs et les écrits des vieillards les plus respectables. Elle ajoute qu'après un intervalle de trente ans, oubliée du monde qu'elle oublie, elle n'est, dans sa solitude, accessible ni à la crainte ni à l'espérance; que la vérité parfaite, la vérité toute nue, lui est plus chère que la mémoire de l'auteur de ses jours. Et cependant, au lieu de cette simplicité dans le style et la narration qui gagne notre créance, elle déploie presque à chaque page une affectation de rhétorique et de science qui trahit la vanité d'une femme auteur. Le caractère vrai d'Alexis se perd dans une vague constellation de vertus, et le ton de l'ouvrage, perpétuellement panégyrique et apologétique, éveille notre jalousie et nous fait révoquer en doute aussi bien la véracité de l'historienne que le mérite de son héros. Nous ne pouvons cependant lui contester ce qu'il y a d'important et de judicieux dans sa remarque, que les désordres des temps furent l'infortune et la gloire d'Alexis, et que toutes les calamités qui peuvent affliger un empire sur le penchant de sa ruine s'accumulèrent pendant son règne par la justice du Ciel et par les vices de ses prédécesseurs. A l'est, les Turks victorieux avaient étendu, depuis la Perse jusqu'à l'Hellespont, le règne du Koran et l'empire du Croissant; l'ouest était envahi par la valeur aventureuse des Normands, et, dans les intervalles de paix, le Danube vomissait de nouveaux essaims de barbares, qui avaient gagné dans la science de la guerre ce qu'ils avaient perdu de leur férocité primitive. La mer n'était pas moins hostile que la terre, et tandis que les frontières étaient assaillies par un ennemi ouvert, le palais était tourmenté de conspirations secrètes et de trahisons.

« Voilà que tout d'un coup les Latins déployèrent la bannière de la Croix; l'Europe se précipita sur l'Asie, et Constantinople faillit être balayée par ce déluge impétueux. Dans cette tempête, Alexis tint le gouvernail du vaisseau de l'état avec habileté et courage. A la tête de ses armées, il se montra hardi dans l'action, adroit dans les stratagèmes, patient à la fatigue, prêt à profiter de ses avantages, et se relevant après ses défaites avec une inépuisable vigueur. La discipline du camp fut renversée; une nouvelle génération d'officiers et de soldats se forma par les préceptes et sur les exemples de l'empereur. Dans ses rapports avec les Latins, Alexis se montra patient et habile ; son œil clairvoyant avait compris le système nouveau d'un monde inconnu.

« L'accroissement des branches mâle et femelle de sa famille faisait l'ornement du trône, et assurait l'ordre de la succession. Mais leur luxe princier et leur orgueil offensaient les patriciens, tandis qu'ils épuisaient le trésor et insultaient à la misère du peuple. Anne est témoin fidèle que le bonheur et la santé de l'empereur furent détruits par les soucis de la vie publique. La patience de Constantinople était fatiguée de ce règne long et sévère, et avant qu'Alexis expirât, il avait perdu l'amour et le respect de ses sujets. Le clergé ne pouvait lui pardonner d'avoir appliqué à la défense de l'état ses richesses sacrées; mais il applaudissait à ses connaissances théologiques, ainsi qu'à son zèle ardent pour la foi orthodoxe, qu'il défendait de la voix, de la plume et de l'épée. Il n'y eut pas jusqu'à la sincérité de ses vertus morales et religieuses qui ne fût suspectée par les personnes qui avaient passé leur vie dans son intimité. Dans ses derniers moments, comme sa femme Irène le pressait de changer l'ordre de la succession, il souleva la tête, et fit entendre une pieuse exclamation sur les vanités du monde. La réponse de l'impératrice indignée pourrait servir d'épitaphe sur son tombeau : — Vous mourez comme vous avez vécu, — en hypocrite!

« C'était le désir d'Irène d'écarter du trône l'aîné de ses fils pour y asseoir sa fille, la princesse Anne, dont la philosophie n'aurait pas refusé le poids d'un diadème. Mais les amis du pays assurèrent et maintinrent l'ordre de la succession mâle; l'héritier légitime tira du doigt de son père, qui y consentit ou qui était devenu insensible, l'anneau qui servait de sceau impérial, et l'empire obéit au maître du palais. L'ambition et la vengeance poussèrent Anne Comnène à conspirer contre la vie de son frère ; et quand les craintes et les scrupules de son mari eurent prévenu ses mauvais desseins, elle s'écria en colère que la nature s'était trompée dans leurs sexes, et qu'elle avait donné à Brienne l'âme d'une femme. Après la découverte de sa trahison, la fortune et la vie d'Anne devaient justement tomber en sacrifice à la loi; la clémence de l'empereur lui sauva la vie; mais il s'empara des trésors magnifiques contenus dans son palais, et partagea cette riche confiscation entre les plus méritants de ses amis. » (*Histoire de la Décadence et de la Chute de l'empire Romain*, chapitre XLVIII.)

« Nous ne trouvons nulle part la date précise de la mort de la princesse Anne. Il paraît qu'elle a écrit *l'Alexiade* dans un couvent, et qu'elle passa trente ans dans cette retraite avant que son livre fût publié.

« Le lecteur qui désirerait des détails exacts sur les événements historiques dont il est question dans *Robert Comte de Paris* peut consulter les chapitres XLVIII, XLIX et L de l'ouvrage ci-dessus indiqué, aussi bien que le premier volume de l'*Histoire des Croisades*, de Mills.

« J. G. LOCKHART.

« Londres, 1er mars 1833. »

LE COMTE ROBERT DE PARIS.

> Le rivage d'Europe avec celui d'Asie, — la coupole de Sainte-Sophie rayonnante d'or, — les allées de cyprès, — l'Olympe blanc et élevé, — les douze îles, enfin tout ce que je ne saurais rêver à la fois, encore moins décrire, présente ce panorama qui charma la charmante Mary Montagu.
> *Don Juan.*

CHAPITRE PREMIER.

> *Léontius.* — Ce pouvoir qui dans sa bonté étend les nuages sur la voûte céleste; comme le signal d'un orage imminent pour rappeler à son nid la linotte errante, a vu sans souci la Grèce expirante, et pas un seul prodige n'avait annoncé notre fatal destin.
>
> *Démétrius.* — Mille horribles prodiges l'avaient annoncé, un gouvernement faible, les lois éludées, une populace factieuse, des nobles pourris de luxure, et toutes les maladies des empires qui s'écroulent. Quand le crime public, trop fort pour la justice, montre son front audacieux précurseur de la ruine, le brave Léontius peut-il demander dans les airs de ces prodiges que l'imposteur explique et que redoutent les sots?
> *Irène*, acte Ier.

EUX qui ont observé de près la nature végétale ont remarqué que lorsque l'on prend une greffe sur un vieil arbre, encore qu'elle possède à l'extérieur toutes les apparences d'une jeune pousse, elle n'en a pas moins atteint de fait le même degré de maturité ou même de dépérissement que le tronc qui lui a donné naissance. De là vient, dit-on, ce dépérissement général et cette mort qu'on voit presque dans le même temps se répandre sur des individus d'une certaine espèce, qui, tous dérivant leurs principes vitaux de la même souche, ne sauraient prolonger leur existence au delà de la sienne.

De même, les puissants de la terre ont fait de grands et soudains efforts pour transplanter tout d'un coup d'immenses cités, des états, des populations entières. Ils espéraient assurer à la nouvelle capitale la richesse, la grandeur, la magnificence ornée et l'étendue illimitée de l'ancienne ville qu'ils désiraient renouveler ; ils espéraient en même temps commencer une nouvelle succession de siècles à dater du nouvel établissement, lequel devait durer, à ce qu'ils s'imaginaient, aussi longtemps et aussi glorieusement que l'autre, qu'ils se flattaient de voir rajeunir splendide dans la nouvelle métropole. Mais la nature a ses lois qui semblent s'appliquer autant au système social qu'au système végétal. On dirait que c'est une règle générale que tout ce qui doit durer longtemps arrive lentement à maturité et ne se perfectionne que graduellement, tandis que tout effort soudain, quelque gigantesque qu'il soit, pour accomplir avec rapidité un plan calculé pour durer des siècles, est condamné à montrer, dès le commencement, les symptômes d'un dépérissement prématuré. C'est ainsi que, dans un beau conte oriental, un derviche explique au sultan comment il a fait venir ces arbres magnifiques sous lesquels il se promène, en les plantant en graine et ne cessant de les cultiver. L'orgueil du prince est humilié quand il songe que ces plantations, dues à une méthode si simple, acquièrent une vigueur nouvelle à chaque retour du soleil, tandis que les cèdres qu'il avait fait transplanter à grands frais dans la vallée d'Orez s'y desséchaient et inclinaient leur tête, autrefois si majestueuse et si belle [1].

Il a été, je crois, reconnu par tous les hommes, juges compétents de la question, dont quelques-uns ont récemment visité Constantinople, que si l'on parcourait le monde entier dans le dessein de choisir le siége d'une monarchie universelle, on devrait donner la préférence au lieu où Constantin a bâti sa ville, comme réunissant toutes les conditions de beauté, de richesse, de défense naturelle et d'une position élevée. Néanmoins, en dépit de tous ces avantages de situation et de climat, en dépit de la splendeur architecturale de ses églises et de ses palais, en dépit de ses carrières de marbre et de l'or renfermé dans ses trésoreries, son impérial fondateur a pu apprendre qu'encore qu'il pût employer tous ces précieux matériaux au signe seul de sa volonté, c'était le génie de l'homme lui-même, et ses facultés intellectuelles portées par les Anciens au plus haut degré de perfection, qui avaient produit ces chefs-d'œuvre de talent devant lesquels les hommes s'arrêtaient frappés d'étonnement, qu'ils les considérassent comme objets d'art ou comme le produit d'un travail moral. Le pouvoir de l'empereur allait bien jusqu'à dépouiller d'autres villes de leurs temples et de leurs statues pour en décorer celle dont il voulait faire sa nouvelle capitale ; mais les hommes qui avaient accompli ces grandes actions,

---

[1] Conte de Mirglip le Persan, dans les *Contes des Génies*. (W. S.)

et ceux, presque estimés à l'égal des premiers, qui les avaient célébrées par la poésie, la peinture et la musique, avaient cessé d'exister. La nation, quoiqu'elle fût encore la plus civilisée du monde, avait dépassé cette période de toute société où le désir d'une belle renommée est, par soi-même, la seule ou du moins la principale rémunération du labeur de l'historien ou du poëte, du peintre ou du statuaire. La constitution despotique et servile introduite dans l'empire avait détruit depuis longtemps cet esprit public dont s'était inspirée l'histoire de Rome libre. Les faits contemporains ne laissaient après eux que de fugitifs souvenirs, incapables de faire naître aucune émulation.

Pour emprunter ici une image à la nature matérielle, alors même que Constantin eût pu régénérer sa nouvelle métropole, en y transfusant les principes vitaux et vivifiants de l'ancienne Rome, — cette étincelle brillante n'existait plus, que Constantinople eût pu emprunter et qu'eût pu prêter Rome.

Une circonstance importante s'était présentée qui avait changé entièrement l'état de la capitale de Constantin, circonstance plus avantageuse que des mots ne sauraient l'exprimer. Le monde était devenu chrétien, et, en se débarrassant de la foi païenne, il avait secoué le poids de honteuses superstitions. Il n'y a pas le plus léger doute que cette foi meilleure n'ait produit ses effets naturels et désirables dans la société, qu'elle n'ait amélioré les cœurs et adouci les passions du peuple. Mais tandis que la plupart des nouveaux convertis adoptaient avec soumission la croyance chrétienne, quelques-uns, dans l'orgueil de leur esprit, prétendaient limiter le sens des Écritures, et d'autres ne manquaient pas de chercher dans le caractère religieux dont ils étaient revêtus, et dans le rang qu'ils occupaient dans la hiérarchie spirituelle, un moyen de s'élever au pouvoir dans l'ordre temporel. De là il arriva, à cette période critique, bien que le changement de religion produisît d'immenses bienfaits et qu'il en annonçât de plus grands pour l'avenir, qu'il ne put, au quatrième siècle, exercer sur l'esprit des populations cette influence salutaire qu'on aurait eu droit d'attendre des dogmes et des principes du christianisme.

Même cette splendeur empruntée dont Constantin avait orné sa ville naissante portait en elle quelque chose qui indiquait un dépérissement prématuré. L'impérial fondateur, en se saisissant des statues, des tableaux, des obélisques, de tous les travaux de l'art ancien, confessait son impuissance d'y suppléer par les productions du génie moderne. Quand il dépouillait le monde entier, et Rome en particulier, pour orner Constantinople, on eût pu le comparer à un jeune prodigue qui arracherait à sa vieille mère des bijoux de famille pour en couvrir une pimpante courtisane sur laquelle aux yeux de tous ils paraîtront déplacés.

Lors donc qu'en 324, Constantinople sortait, dans toute la majesté impériale, de l'humble Byzantium, elle montrait dès son berceau, et au milieu même de cet éclat emprunté, quelques signes de cette décadence rapide où tendait alors le monde civilisé, dont les limites étaient celles de l'empire Romain. Il ne se passa pas beaucoup de siècles avant que ces signes de décadence ne se vérifiassent.

En l'année 1080, Alexis Comnène[1] monta sur le trône impérial, c'est-à-dire qu'il fut proclamé souverain de Constantinople, de ses faubourgs et de sa banlieue. A supposer que le nouvel empereur fût disposé à mener une vie molle et tranquille, il était peu à craindre que les sauvages incursions des Scythes et des Hongrois vinssent troubler son sommeil, pourvu qu'il n'aspirât pas à s'y livrer hors des murs de sa capitale. On peut croire que sa sécurité n'en dépassait pas de beaucoup les limites, car on rapporte que l'impératrice Pulchérie avait bâti une église à la Vierge aussi loin que possible de la porte de la ville, afin de ne pas être interrompue dans ses dévotions par les cris hostiles des barbares; l'empereur régnant s'était construit un palais près du même lieu et par les mêmes motifs.

Alexis Comnène était dans la position d'un monarque qui doit plutôt son importance à la richesse, à la grandeur de ses prédécesseurs et à l'étendue primitive de leurs états, qu'aux débris qui en sont parvenus jusqu'à lui. Cet empereur, qui ne l'était plus guère que de nom, n'avait pas plus d'autorité sur ses provinces démembrées que n'en a un cheval demi-mort sur ceux de ses membres où la corneille et le vautour ont imprimé leurs serres et dont ils ont fait leur proie.

Différents ennemis s'élevaient dans les différentes parties de son territoire, qui faisaient la guerre à l'empereur, tantôt avec des succès partagés, tantôt avec un avantage prononcé; et de toutes ces nations avec lesquelles il vivait en état d'hostilité ouverte, les Franks à l'ouest, les Turks s'avançant à l'Est, les Cumans et les Scythes versant incessamment du Nord leurs hordes innombrables et des pluies continuelles de flèches, enfin les nombreuses tribus réunies sous le nom de Sarrasins accourant du Midi, de toutes ces nations, dis-je, il n'en était pas une à qui l'empire Grec n'offrît une splendide curée. Chacun de ces divers ennemis avait ses habitudes spéciales à la guerre, et une manière particulière de manœuvrer sur le champ de bataille. Mais les Romains, ainsi que continuaient à s'appeler les infortunés sujets de l'empire Grec, étaient de beaucoup les plus faibles, les plus ignorants et les plus timides soldats qu'on pût entraîner au combat. Aussi l'empereur s'estimait-il heureux quand les circonstances lui permettaient de conduire une guerre défensive en employant successivement ses enne-

---

[1] Alexis Comnène Ier, frère de l'empereur Isaac Comnène, usurpa l'empire sur Nicéphore Botoniate en 1080 et mourut sur le trône en 1118. (L. V.)

mis les uns contre les autres ; en soudoyant les Scythes pour repousser les Turks, ou ces deux peuples sauvages à la fois pour refouler les Franks audacieux dont Pierre l'Ermite avait, au temps d'Alexis, doublé l'impétuosité furieuse par la puissante influence de l'esprit des Croisades.

Si donc Alexis Comnène, pendant le temps qu'il siégeait sur le trône ébranlé de l'empire d'Orient, fut réduit à user d'un système de politique bas et abject ; — s'il montra parfois de la répugnance à faire la guerre, ayant conscience de la douteuse valeur de ses troupes ; — s'il employa généralement la finesse et la dissimulation plutôt que la prudence ; et la perfidie plutôt que le courage, la honte de ces expédients doit retomber sur le siècle où il vivait plutôt que sur lui-même.

On pourrait encore blâmer l'empereur Alexis d'avoir affecté pour la pompe et l'étiquette un amour qui touchait de près à l'imbécillité. Il était fier de porter sur sa personne et de prodiguer aux autres les hochets bigarrés de différents ordres de noblesse, même à cette époque où les rangs et les titres que le prince pouvait donner étaient une raison de plus pour que les barbares libres méprisassent ceux à qui il les avait conférés. Que la cour grecque fût encombrée d'un cérémonial absurde destiné à remplacer le respect qu'eussent inspiré le mérite réel et la puissance véritable du prince, ce n'est pas un reproche qu'on puisse faire en particulier à Alexis ; c'était un défaut inhérent au gouvernement de Constantinople depuis des siècles. En effet, dans sa ridicule étiquette qui prescrivait des règles pour les points les plus insignifiants de la conduite d'un homme et pour tous les moments de la journée, l'empire Grec ne ressemblait à aucune puissance existante, si ce n'est à la cour de Pékin : ces deux gouvernements cherchant sans doute à ajouter du sérieux et une apparence d'importance à des objets qui, par la trivialité de leur nature, ne comportaient pas de semblables distinctions.

Toutefois nous devons dire pour la justification d'Alexis que quelque humbles que fussent les expédients auxquels il avait recours, ils furent plus utiles à son empire que les mesures d'un prince plus brave et plus fier ne l'eussent été dans les mêmes circonstances. Ce n'était pas un champion à aller briser une lance contre la poitrine couverte d'acier du Frank son rival, le fameux Bohémond d'Antioche ; mais dans des occasions nombreuses on le vit hasarder courageusement sa vie. Autant que nous pouvons en juger, l'empereur grec n'était jamais si dangereux « sous le bouclier » que lorsqu'il se retournait sur un ennemi qui voulait l'arrêter dans sa fuite après une bataille où il avait eu le dessous.

Mais outre que, suivant la coutume de son temps, il n'hésita pas, au moins à l'occasion, à exposer sa personne au plus fort de la mêlée, Alexis possédait encore les connaissances qu'on exige de nos jours d'un général d'armée. Il savait occuper les positions militaires et en tirer tout l'avantage possible ; souvent il couvrit des défaites ou tira parti d'engagements douteux, au grand désappointement de ceux qui croyaient que l'œuvre de la guerre ne se fait que sur le champ de bataille.

Si Alexis Comnène comprenait ainsi les évolutions de la guerre, il était bien plus habile encore dans les manœuvres de la politique. Il visait toujours à quelque but bien au delà du point avoué de la négociation, et presque toujours il savait gagner quelque avantage important et durable. Très-souvent, il est vrai, il le perdait en dernière analyse par l'inconstance éhontée ou la trahison ouverte des barbares, ainsi que les Grecs appelaient généralement toutes les autres nations, et plus particulièrement les tribus (on peut à peine leur donner le nom d'états) qui environnaient leur propre empire.

Pour terminer cette esquisse rapide de l'empereur Comnène, nous dirons que s'il n'avait pas été appelé au trône dans la condition nécessaire d'un prince obligé de se faire craindre, exposé qu'il était à toutes sortes de conspirations, aussi bien de la part des membres de sa famille que de ses autres sujets, on eût pu, suivant toute probabilité, le regarder comme un prince probe et humain. Certainement, il montra souvent de la bonté, il coupa moins de têtes et éteignit moins d'yeux que ce n'avait été la coutume de ses prédécesseurs, qui, généralement, n'avaient point d'autre méthode pour mettre un terme aux desseins ambitieux de leurs compétiteurs.

Il nous reste à dire qu'Alexis avait sa bonne part dans les superstitions de son siècle, qu'il couvrait du voile de l'hypocrisie religieuse. On dit même que sa femme Irène, la personne au monde qui naturellement devait le mieux connaître le caractère de l'empereur, accusa son mari mourant de continuer jusque dans ses derniers moments le système de dissimulation qu'il avait constamment pratiqué toute sa vie. Il prenait aussi un vif intérêt à toutes les affaires de l'Église où il voyait signe d'hérésie, pour laquelle il avait ou semblait avoir une grande horreur. Nous ne découvrons pas non plus dans la manière dont il traita les Manichéens ou Pauliciens cette pitié pour leurs erreurs spéculatives que, dans les temps modernes, on aurait cru bien rachetées par l'étendue des services temporels de ces infortunés sectaires. Alexis ne connaissait pas d'indulgence pour ceux qui se trompaient dans l'interprétation des mystères de l'Église ou de ses doctrines ; il croyait qu'un empereur était aussi rigoureusement tenu de défendre la religion contre les schismatiques que de protéger l'empire contre les innombrables tribus de barbares qui, de tous côtés, empiétaient sur ses frontières.

Ce mélange de bon sens et de faiblesse, de bassesse et de dignité, de prudence et de pauvreté d'esprit, laquelle, dans la manière d'envisager les choses en Europe, approchait de la lâcheté, formait les traits principaux du caractère d'Alexis Comnène, et cela au moment où les destinées de la Grèce, comme tout ce qui restait encore dans ce pays d'art et de civilisation, étaient suspendues dans la balance et paraissaient devoir être sauvées ou perdues, suivant l'habileté de l'empereur à jouer la très-difficile partie que le sort avait mise entre ses mains.

Ces quelques détails principaux rappelleront à quiconque a lu suffisamment l'histoire les circonstances particulières de l'époque à laquelle se rapporte notre récit.

CHAPITRE II.

> *Othus*. — Cette héritière superbe, la maîtresse de la terre, comme tu l'appelles orgueilleusement, se tient debout au milieu des siècles, comme, au milieu de l'Océan, le dernier fragment épargné d'une terre spacieuse que dans l'une de ses grandes et terribles convulsions la puissante nature a engloutie dans son sein. Constantinople élève la cime noirâtre de ses rochers au-dessus de l'immense désert qui l'entoure de tous côtés, et triste elle demeure isolée dans une majestueuse solitude.
>
> *Constantin Paléologue*, scène 1 e.

NOTRE scène dans la capitale de l'empire d'Orient s'ouvre devant ce qu'on appelait la Porte d'Or de Constantinople. Pour le dire en passant, cette magnifique épithète n'avait pas été aussi légèrement donnée qu'on pourrait l'attendre du langage enflé des Grecs, qui jettent toujours une apparence d'exagération sur ce qu'ils disent d'eux-mêmes, de leurs édifices et de leurs monuments.

Théodose, surnommé le Grand, avait beaucoup ajouté, en les fortifiant encore davantage, aux murailles massives et qui semblaient inexpugnables dont Constantin avait entouré sa ville. Un arc de triomphe dû à une époque meilleure, quoique touchant déjà au style de la décadence, servait en même temps de porte, et admettait l'étranger dans la cité. Sur le faîte était placée une statue de bronze de la Victoire, déesse qui avait incliné le sort des combats en faveur de Théodose; et comme l'artiste, ne pouvant la faire belle, avait voulu du moins la faire riche, les ornements dorés dont il avait encadré les inscriptions ne tardèrent pas à mériter à cette porte le nom que nous avons cité. Des statues sculptées à une période plus éloignée et plus heureuse se détachaient des murs sans s'harmoniser avec le goût dans lequel ils avaient été construits. A l'époque où commence notre histoire, les ornements plus modernes de la Porte d'Or avaient un aspect bien différent de ceux qui

indiquaient « la Conquête ramenée dans la ville » et la « Paix éternelle, » que de flatteuses inscriptions disaient avoir été arrachée de
force par l'épée de Théodose. Quatre ou cinq engins militaires, destinés à lancer des projectiles de la plus grande dimension, avaient été
placés sur la plate-forme de l'arc de triomphe, et ce qui dans l'origine
était comme un monument de l'art architectural était alors employé
comme moyen de défense.

C'était le soir, et la brise de mer qui se levait, douce et rafraîchissante, engageait tous ceux des passants dont les affaires n'étaient pas
d'une nature urgente à ralentir le pas, à jeter un coup d'œil sur cette
porte pittoresque et sur les divers prodiges de la nature et de l'art que
la ville de Constantinople présentait aux habitants et aux étrangers.

Il y avait cependant un individu qui semblait éprouver plus d'étonnement et de curiosité que n'en aurait ressenti quelqu'un né dans la
ville ; il promenait sur les raretés qui l'environnaient un œil avivé par
la surprise, qui indiquait une imagination frappée d'un spectacle étrange
et nouveau. L'extérieur de cet individu décelait un étranger, aux habitudes militaires, et son teint disait qu'il avait dû voir le jour loin de
la métropole grecque, quelles que fussent les causes qui l'amenassent
en ce moment à la Porte d'Or, ou quelque place qu'il occupât au service de l'empereur.

C'était un jeune homme d'environ vingt-deux ans, d'une taille athlé-
tique et parfaitement proportionnée, — qualités dont les habitants de
Constantinople étaient bons juges, car l'habitude de fréquenter les jeux
publics leur avait appris du moins à apprécier les formes de l'homme,
et ils y voyaient, dans l'élite de leurs propres concitoyens, les plus
beaux types de la race humaine.

Ces modèles n'étaient cependant pas, en général, aussi grands que
l'étranger debout en ce moment devant la Porte d'Or. Ses yeux bleus
et perçants et ses cheveux blonds, qui s'échappaient d'un léger
casque relevé de gracieux ornements d'argent et portant au sommet un
cimier qui ressemblait à un dragon ouvrant sa terrible gueule, indiquaient
assez une origine septentrionale, dont témoignait aussi l'extrême
pureté de son teint. Toutefois, la beauté remarquable de ses traits
et de son corps n'avait rien d'efféminé. Ce qui empêchait qu'on n'en
conçût cette idée, c'était sa force, l'air calme et assuré dont le jeune
homme contemplait les merveilles qui l'environnaient. Il n'y avait rien
là du regard stupide et hébété d'un esprit également inexpérimenté et
incapable de recevoir l'instruction ; tout y exprimait au contraire l'intelligence vigoureuse qui comprend tout d'un coup la plus grande
partie de ce que les sens lui transmettent, et commande à l'esprit de
travailler pour découvrir le but, la valeur de ce qu'elle ne saisit pas
encore ou de ce qu'elle peut craindre d'avoir mal saisi. Cet air d'in-
telligente attention fixait l'intérêt des passants sur ce jeune barbare,

et en même temps qu'ils s'étonnaient qu'un sauvage, venu de quelque coin éloigné ou inconnu de l'univers, possédât une figure si noble où se lisait une âme si élevée, ils le respectaient pour le calme avec lequel il voyait tant de choses dont la forme, la splendeur et jusqu'à l'usage devaient lui être inconnus peu de jours encore auparavant.

L'équipement personnel du jeune homme montrait un singulier mélange de splendeur et d'effémination, qui permettait aux spectateurs expérimentés de reconnaître son pays et la capacité dans laquelle il servait. Nous avons déjà parlé du casque et du cimier bizarre de l'étranger; l'imagination du lecteur peut y ajouter une petite cuirasse ou pectoral d'argent, si étroite qu'elle offrait évidemment peu de défense à la large poitrine à laquelle elle appendait plutôt comme ornement qu'elle ne la couvrait comme bouclier. Si un dard bien lancé ou une flèche d'une bonne portée fût venu frapper d'aplomb sur cette riche pièce d'armure, il était peu à espérer qu'elle dût protéger beaucoup le sein qu'elle ne couvrait qu'à demi.

D'entre les deux épaules il lui tombait sur le dos quelque chose qui avait l'apparence d'une peau d'ours, mais qui, examiné de plus près, n'était qu'une habile imitation des dépouilles de la chasse; car, en réalité, c'était un surcot de soie très-fort, dont le tissu imitait assez bien, à quelque distance, la peau de l'animal polaire. Un petit sabre recourbé, ou cimeterre, renfermé dans un fourreau d'ivoire et d'or, pendait au côté gauche de l'étranger; sa poignée, richement ornée, paraissait beaucoup trop petite pour la large main du jeune Hercule qui devait s'en servir. Un vêtement de pourpre, qui dessinait avantageusement les formes de ce soldat, s'arrêtait un peu au-dessus du genou, qui était nu, ainsi que la jambe jusqu'au mollet. Là venaient s'attacher les liens plusieurs fois croisés de ses sandales; ils y étaient retenus par une pièce d'or à l'effigie de l'empereur régnant, transformée à cet effet en une sorte d'agrafe.

Mais une arme qui semblait mieux adaptée à la taille du jeune barbare, et que n'eût pu manier un homme dont les membres et les nerfs eussent été moins robustes, c'était une hache d'armes dont le manche garni de fer était de l'orme le plus fort, incrusté de cercles de fer et de cuivre pour tenir plus solidement ensemble les parties de bois et celles d'acier. La hache elle-même était composée de deux lames adossées, avec une pointe d'acier aigu se projetant entre elles. L'acier des lames et de la pointe était poli et brillant comme un miroir, et bien que sa taille énorme en eût fait un fardeau embarrassant pour un homme moins fort que lui, notre jeune soldat la portait sans avoir l'air d'y faire plus d'attention que si c'eût été une plume. Mais cette arme était faite avec tant d'habileté et si bien proportionnée, qu'elle était plus légère pour frapper ou la ramener à soi que n'aurait pu le croire celui qui l'aurait vue entre les mains d'un autre.

Cette circonstance seule qu'il portait des armes suffisait pour indiquer que ce militaire était un étranger. Les Grecs avaient cette marque d'un peuple civilisé, qu'ils ne portaient jamais d'armes dans la ville en temps de paix, à moins qu'ils ne se trouvassent dans une de ces positions militaires qui exigeaient que l'on fût toujours armé. Ces soldats de profession se distinguaient facilement des citoyens paisibles; et ce fut avec des signes évidents de crainte et d'aversion que les passants se dirent l'un à l'autre que l'étranger était un Varangien, expression qui désignait un barbare des gardes du corps de l'empereur.

Il y avait déjà bon nombre d'années que, pour suppléer au défaut de valeur chez leurs propres sujets, et pour avoir des soldats qui dépendissent personnellement de l'empereur, les souverains grecs avaient pris la coutume d'entretenir à leur solde, et aussi près possible de leur personne, une troupe choisie de soldats mercenaires, dont ils faisaient leurs gardes du corps. Cette troupe, dont le service était excellent, était assez nombreuse, eu égard à sa discipline sévère, à son inflexible fidélité, à la force corporelle et au courage indomptable de ceux qui la composaient, non-seulement pour déjouer toute tentative contre la personne de l'empereur, mais encore pour comprimer toute rebellion ouverte du peuple qui ne serait pas soutenue par une grande partie de l'armée. Leur solde élevée, leur rang, leur réputation de courage bien établie, leur assuraient un haut degré de considération chez un peuple dont la renommée n'était pas bien grande depuis des siècles sous le rapport de la valeur. Si donc, comme étrangers et comme membres d'un corps privilégié, les Varangiens étaient quelquefois employés à l'exécution d'actes arbitraires et impopulaires, les Grecs étaient tellement portés à les craindre au moins autant qu'ils les haïssaient, que ces intrépides étrangers s'embarrassaient peu de quel œil les regardaient les habitants de Constantinople. Leur costume et le reste de leur accoutrement, quand ils étaient en ville, avaient quelque chose de riche et d'orné, ainsi que nous venons de le décrire, et n'offraient plus qu'une ressemblance éloignée avec ceux que portaient les Varangiens dans leurs forêts natives. Mais les soldats de ce corps d'élite, quand on avait besoin de leurs services hors de la ville, recevaient des armes offensives et défensives qui se rapprochaient davantage de celles qu'ils portaient dans leur propre pays, des armes moins brillantes, moins ornées, mais bien plus terribles. Ce changement seul d'armure équivalait, pour les Varangiens, à l'ordre d'entrer en campagne.

Le corps des Varangiens, mot qui, suivant quelques-uns, signifiait les barbares en général, avait été formé, dans les premiers temps du Bas-Empire, d'hommes du Nord, de pirates vagabonds que l'amour des aventures et le mépris de tout danger, qu'ils portaient plus loin qu'aucun peuple l'ait jamais fait, avaient jetés sur l'immense Océan,

« La piraterie, dit Gibbon avec l'énergique concision qui lui est ordinaire, était l'exercice, le métier, la gloire et la vertu de la jeunesse scandinave. Impatients d'un climat rigoureux et des limites étroites qui les serraient de toutes parts, à la fin d'un banquet, ils sautaient sur leurs armes, sonnaient de leurs cors, se jetaient dans leurs vaisseaux et allaient explorer toutes les côtes qui leur promettaient, soit du butin, soit un établissement [1]. »

Les conquêtes faites en France et dans la Grande-Bretagne par ces sauvages Rois de la Mer, ainsi qu'on les appelait, ont obscurci le souvenir d'autres champions du Nord qui, longtemps avant l'époque de Comnène, avaient fait des excursions jusqu'à Constantinople, et vu de leurs propres yeux la richesse et la faiblesse de l'empire Grec. Un grand nombre s'y étaient frayé un chemin à travers les déserts de la Russie ; d'autres avaient franchi la Méditerranée dans leurs *Serpents de Mer* ainsi qu'ils appelaient leurs navires. Terrifiés à l'aspect de ces audacieux habitants de la zone glacée, les empereurs avaient eu recours à la politique ordinaire d'un peuple riche et peu belliqueux : ils avaient acheté leurs services à prix d'or, et avaient ainsi formé un corps de satellites, plus distingué pour sa valeur que les fameuses cohortes prétoriennes de Rome, et qui, peut-être parce qu'il était moins nombreux que celles-ci, demeura inviolablement fidèle à ses nouveaux princes.

Mais à une époque de l'Empire plus rapprochée, il devint plus difficile pour les empereurs d'obtenir des recrues pour leur corps d'élite favori, parce que les nations du Nord avaient en grande partie abandonné les habitudes de piraterie et de vagabondage qui avaient entraîné leurs ancêtres du détroit d'Elseneur à ceux de Sestos et d'Abydos. Le corps des Varangiens aurait donc disparu ou se serait recruté d'individus moins dignes, si les conquêtes faites bien loin à l'Ouest par les Normands n'eussent envoyé en aide à Comnène un grand nombre des habitants dépossédés des îles Britanniques, et plus particulièrement de l'Angleterre, qui lui fournirent des recrues pour ses gardes du corps. Ces hommes étaient de fait Anglo-Saxons ; mais, dans les idées confuses de géographie qu'on avait à la cour de Constantinople, on les appela assez naturellement Anglo-Danois, parce qu'on confondait leur pays avec la Thulé des Anciens, expression qui, à proprement parler, doit s'entendre de l'archipel des îles Schetland et des Orcades, mais que les Grecs croyaient s'appliquer également au Danemark ou à la Grande-Bretagne. Ces nouveaux émigrants parlaient une langue peu différente de celle des premiers Varangiens ; et ils en adoptèrent le nom d'autant plus volontiers, qu'il semblait leur rappeler leur sort funeste, puisque, dans un certain sens, Varangiens signifiait *exilés*. A l'exception

---

[1] *Histoire de la décadence et de la chute de l'Empire*, chapitre LV.

d'un ou deux commandants en chef, à qui l'empereur jugeait convenable d'accorder cette haute confiance, les Varangiens n'avaient pour officiers que des hommes de leur propre nation. Les priviléges dont ils jouissaient attirant dans leurs rangs tantôt les Anglo-Saxons, tantôt les Anglo-Danois, que les croisades, les pèlerinages ou les mécontentements domestiques avaient chassés de leur pays, les Varangiens continuèrent d'exister jusqu'aux derniers jours de l'empire Grec, formant un corps à part et conservant leur langue nationale avec cette fidélité sans tache et ce courage inébranlable qui avaient été les caractères distinctifs de leurs pères.

Ces détails sur les Varangiens sont strictement historiques ; on pourrait s'en convaincre en recourant aux historiens de la Byzantine, dont la plupart, ainsi que Villehardouin, dans son récit de la prise de Constantinople par les Franks et les Vénitiens, font souvent mention de ce singulier et célèbre corps d'Anglais formant une garde mercenaire attachée à la personne des empereurs grecs [1].

Maintenant que nous en avons dit assez pour expliquer comment l'un de ces Varangiens se trouvait près de la Porte d'Or, nous allons reprendre notre récit.

Qu'on ne s'étonne pas que ce soldat des gardes fût examiné avec quelque curiosité par les citoyens qui passaient. On peut supposer qu'à cause de leurs devoirs particuliers on ne les encourageait pas à avoir de fréquents rapports, de fréquentes conversations avec les habitants. Outre que les fonctions de police qu'ils avaient quelquefois à remplir au milieu de ceux-ci les faisaient généralement plus craindre qu'aimer, ils avaient en même temps conscience que leur haute paie, la beauté de leur uniforme et leur service immédiat auprès de l'empereur excitaient contre eux la jalousie du reste de l'armée. Ils se tenaient donc le plus possible dans les environs de leur caserne, et rarement on les voyait s'aventurer dans les quartiers éloignés, à moins que le Gouvernement ne leur eût confié quelque mission.

Dans ces circonstances, il était naturel qu'un peuple aussi curieux que les Grecs s'empressât à considérer l'étranger qui s'arrêtait dans un endroit, allant de gauche à droite et de droite à gauche, comme un homme qui aurait cherché un lieu qu'il ne pouvait trouver, ou qui ne voyait pas venir une personne avec laquelle il aurait eu rendez-vous. La perspicacité des passants trouvait mille raisons différentes et contradictoires pour expliquer la présence et la tenue de l'étranger.

— Un Varangien, dit un citoyen à un autre, et de service encore ! — hum ! alors je ne craindrai pas de vous dire à l'oreille...

---

[1] Ducange a versé des flots d'érudition sur ce sujet curieux, comme on le verra dans ses *Notes sur l'Histoire de Constantinople sous les Empereurs français*, par Villehardouin. — Paris, 1637, in-folio, page 196. On peut aussi consulter l'*Histoire de Gibbon*, tome X. (W. S.)

CHAPITRE II.

— Que croyez-vous qu'il fasse là ? demanda l'autre interlocuteur.

— Dieux et deesses ! Pensez-vous que je puisse vous le dire ? répondit le nouvelliste de Constantinople. Mais supposez qu'il rôde ici pour entendre ce que l'on dit de l'empereur.

— Cela n'est pas vraisemblable ; ces Varangiens ne parlent pas notre langue et feraient d'assez mauvais espions, puisque bien peu d'entre eux ont la prétention de posséder la moindre teinture de la langue grecque. Il n'est donc pas probable, à ce que je crois, que l'empereur choisisse pour espion un homme qui n'entend pas le langage du pays.

— Mais si, comme tout le monde se l'imagine, il y a parmi ces soldats barbares quelques personnes qui savent presque toutes les langues, vous conviendrez que celles-là seraient bien choisies pour faire des espions, puisqu'elles pourraient tout voir et tout rapporter sans qu'aucun de nous s'avisât de se méfier d'elles.

— Cela pourrait bien être, répondit son compagnon ; mais puisque nous voyons si clairement la patte et la griffe du renard dépasser la fausse peau de brebis, ou, si vous le permettez, la peau d'ours, ne ferions-nous pas mieux de retourner chez nous, pour éviter qu'on aille nous accuser peut-être d'avoir insulté un Varangien ?

L'idée du danger exprimée par le dernier interlocuteur, qui était un plus vieux et plus expérimenté politique que l'autre, les détermina tous deux à une prompte retraite. Ils ajustèrent leurs manteaux, se prirent par le bras, parlant vite et beaucoup, et trouvant toujours de nouveaux sujets de crainte, ils se dirigèrent à pas précipités, serrés l'un contre l'autre, vers leurs maisons, situées dans un quartier de la ville fort éloigné.

Cependant le soleil était presque couché, et l'ombre des hautes murailles des remparts et de l'arc de triomphe se projetait plus épaisse et plus noire. Le Varangien semblait fatigué du cercle étroit dans lequel il se promenait depuis une heure, comme une âme en peine qui ne peut quitter un lieu maudit jusqu'à ce que le charme qui l'y enchaîne ait été rompu. Jetant un coup d'œil d'impatience sur le soleil qui se couchait dans un océan de feu derrière un bois de cyprès, le Varangien se chercha un lieu de repos et choisit l'un des bancs de pierre cachés sous l'ombre de l'arc triomphal de Théodose. Il plaça à son côté et sous sa main la hache qui était son arme principale, s'enveloppa dans son manteau, et, bien que son costume ne fût pas plus convenable que le lieu pour se livrer au sommeil, en moins de trois minutes il était profondément endormi. L'impulsion irrésistible qui l'avait porté à chercher du repos dans un lieu qui n'en promettait guère pouvait être due à la fatigue des veilles militaires auxquelles son devoir l'avait peut-être astreint la nuit précédente. Cependant son esprit était tellement éveillé pendant que son corps se livrait à cet oubli passager, qu'on eût pu dire qu'il veillait les yeux fermés, et jamais chien de chasse ne dormit d'un sommeil plus léger que notre Anglo-Saxon à la Porte d'Or de Constantinople.

Durant son sommeil, notre étranger devint, comme il l'avait été pendant sa promenade, l'objet des observations de ceux que le hasard fit passer en cet endroit. Deux hommes entrèrent de compagnie sous l'arc de triomphe; l'un, assez mince de taille, mais paraissant alerte, se nommait Lysimaque : c'était un dessinateur de profession. Un rouleau de papier qu'il tenait d'une main, avec un petit sac contenant quelques morceaux de craie et des pinceaux, complétaient tous les ustensiles de son état, et la connaissance qu'il avait des monuments de l'art ancien lui donnait une facilité à parler sur ce sujet malheureusement hors de proportion avec ses talents d'exécution. Son compagnon, homme d'un extérieur magnifique, ce en quoi il ressemblait au jeune barbare, avait dans l'expression de ses traits quelque chose de plus vulgaire et de plus rustique : c'était Stéphanos le lutteur, bien connu dans les exercices du Cirque.

— Arrêtons-nous ici, mon ami, dit l'artiste tirant ses crayons, que j'esquisse ce jeune Hercule.

— Je pensais qu'Hercule était Grec, dit le lutteur ; cet animal endormi est un barbare.

Le ton avec lequel cette dernière observation venait d'être faite indiquait le déplaisir que l'artiste venait d'exciter sans y penser. Stéphanos, connu sous le surnom de Castor, avait une haute réputation dans les exercices gymnastiques; c'était une sorte de patron pour le jeune artiste, et il n'était pas invraisemblable que son propre mérite dût faire connaître les talents de son protégé.

— La beauté et la force, répondit adroitement celui-ci, ne sont l'apanage particulier d'aucune nation ; et que la muse ne daigne jamais m'accorder le prix si je ne trouve le plus grand plaisir à les comparer telles qu'elles existent chez l'inculte sauvage du Nord, et telles qu'on les trouve chez l'idole d'un peuple éclairé qui a ajouté les talents acquis de la gymnastique aux dons naturels les plus éminents, comme nous ne les retrouvons que dans les chefs-d'œuvre de Phidias et de Praxitèle, — ou dans notre modèle vivant des champions de l'antiquité gymnastique.

— Allons, je conviens que le Varangien est assez bel homme, dit l'athlète d'une voix radoucie ; mais, le pauvre sauvage qu'il est, peut-être dans toute sa vie une goutte d'huile n'a-t-elle oint sa poitrine ! Hercule inventa les jeux Isthmiques.

— Mais, attendez ! reprit l'artiste ; qu'est-ce donc que dans son sommeil cet étranger tient si près de sa peau d'ours ? n'est-ce pas une massue ?

— Partons, partons, mon ami ! s'écria Stéphanos tandis qu'il regardait le dormeur de plus près. Ne savez-vous pas que c'est l'instrument de guerre de ces barbares? Ils ne portent pas des épées ou des lances, destinées à attaquer des hommes de chair et d'os, mais des masses et des haches d'armes, comme s'ils avaient à briser des membres de pierre et des nerfs en cœur de chêne. Je gagerais ma couronne (de persil fané) qu'il est là pour arrêter quelque officier distingué qui aura déplu au Gouvernement, sans quoi il ne serait pas armé d'une manière si formidable. — Détalons, mon cher Lysimaque, détalons, et respectons le sommeil de l'ours!

Là-dessus le champion de la palestre reprit son chemin avec moins d'assurance que sa taille et sa force n'auraient fait attendre de lui.

D'autres passants s'arrêtèrent encore, moins nombreux à mesure que la soirée s'avançait et que le bouquet de cyprès s'entourait d'ombres plus épaisses. Deux femmes de la classe inférieure jetèrent les yeux sur le soldat endormi. — Sainte Marie! s'écria l'une, si cet homme ne me rappelle pas le conte oriental dans lequel un génie enleva un jeune et vaillant prince de sa chambre conjugale en Égypte, et le déposa tout endormi à la porte de Damas! Je vais éveiller ce pauvre agneau, de peur que la rosée de la nuit ne lui fasse mal.

— Mal? s'écria sa compagne plus vieille et plus laide; oui, le même mal que fait l'eau froide du Cydnus aux cygnes sauvages. Un agneau? — oui, en vérité! c'est un loup ou un ours, ou au moins un Varangien, et une femme honnête ne doit pas s'arrêter à échanger deux paroles avec un pareil barbare. Je vais vous raconter ce que m'a fait un de ces Anglo-Danois...

Là-dessus elle entraîna sa compagne, qui la suivait avec répugnance, feignant de prêter l'oreille à son récit, tandis qu'elle se retournait pour regarder le dormeur.

La disparition totale du soleil et la fin presque momentanée du crépuscule, qui dure si peu dans ces régions tropicales, — car l'un des avantages peu nombreux que possède sur elles un climat plus tempéré consiste dans la durée plus grande de cette douce et tranquille lumière, — donnèrent aux gardiens de la ville le signal pour fermer les deux battants de la Porte d'Or, ne laissant qu'un petit guichet légèrement verrouillé pour passage à ceux que des affaires importantes auraient retenus trop tard hors des murs, c'est-à-dire pour tous ceux qui consentiraient à payer une petite pièce de monnaie. La position et l'insensibilité apparente du Varangien n'échappèrent point au poste nombreux chargé de la garde de la porte, et qui appartenait à l'armée grecque ordinaire.

— Par Castor et Pollux! dit le centurion, — car les Grecs juraient encore par les anciens dieux, bien qu'ils ne les adorassent plus, et avaient conservé les titres militaires avec lesquels les Romains d'autrefois avaient ébranlé le monde, quoiqu'ils fussent bien dégénérés des mœurs de leurs ancêtres; — par Castor et Pollux! camarades, nous ne pouvons pas recueillir de l'or à cette porte comme sa légende semblerait l'indiquer; mais ce sera notre faute si nous n'y faisons pas une bonne moisson d'argent! Sans doute, l'âge d'or est le plus ancien et le plus honorable; mais dans ce siècle dégénéré c'est encore quelque chose quand on peut voir briller le métal qui vient après.

— Nous serions indignes de marcher sous les ordres du noble centurion Harpax, répondit l'un des soldats de la garde, qu'on reconnaissait pour musulman à sa tête rasée, à l'exception d'une seule touffe de cheveux, si nous ne regardions pas l'argent comme une cause suffisante de nous donner du mouvement, quand il n'y a pas moyen de se procurer de l'or; — et, foi d'honnête homme, nous pourrions à peine, je crois, dire de quelle couleur il est, — tant celui du trésor impérial que celui que nous eussions pu nous procurer depuis plusieurs mois aux dépens des citadins.

— Mais cet argent, reprit le centurion, tu le verras de tes propres yeux, et tu l'entendras sonner dans la bourse qui contient notre masse commune.

— Qui *contenait*, voulais-tu dire sans doute, très-vaillant commandant, repartit le soldat. Ce que cette bourse contient maintenant, à l'exception de quelques oboles pour acheter des légumes marinés et du poisson salé, pour mieux goûter notre vin frelaté, c'est ce que je ne saurais dire; mais j'en donnerais volontiers ma part au diable que la bourse ou le plat ne contient pas la moindre trace d'un âge plus riche que l'âge de cuivre.

— Je remplirai notre trésor, dit le centurion, quand il serait encore plus à sec que tu ne crois. Serrons-nous près du guichet, mes maîtres; rappelez-vous que nous sommes la garde impériale ou les gardiens de la ville impériale, ce qui revient au même, et prenons garde que personne ne passe tout à coup devant nous; — maintenant que nous sommes près, je vais tout vous dire. — Mais doucement, ajouta le brave centurion, n'y a-t-il pas ici de faux frères? Comprenons-nous tous bien les anciennes et louables coutumes de la garde que nous montons ensemble : — tenir secrètes toutes les choses qui se rapportent aux profits et avantages que nous pouvons en retirer, soutenir et favoriser la cause commune sans dénonciation ni trahison?

— Vous êtes étrangement soupçonneux cette nuit, répondit la sentinelle. Il me semble que nous avons monté la garde avec vous sans souffler mot dans des circonstances plus importantes. Avez-vous oublié le passage du bijoutier? — Ce n'était là ni l'âge d'or ni l'âge d'argent; c'était l'âge de diamant, et...

— Silence, bon Ismaël l'Infidèle! dit le centurion, — car, grâce au Ciel, nous sommes ici de toutes les religions, en sorte que nous pouvons espérer avoir la bonne entre nous tous; — silence! dis-je, il est inutile de nous prouver que tu peux garder de nouveaux secrets en en divulguant d'anciens. Avance ici, — regarde à travers le guichet sur ce banc de pierre, à l'ombre de la grande arche du monument, — et dis-moi, mon vieux, qu'est-ce que tu vois?

— Un homme endormi. Par le Ciel! autant que j'en puis juger à la clarté de la lune, c'est un de ces chiens d'insulaires dont l'empereur fait tant de cas!

— Et ton cerveau fertile ne peut-il rien imaginer à notre avantage, d'après sa position actuelle?

—Si, vraiment, dit Ismaël; ils ont une haute paye, quoique ce ne soient pas seulement des barbares, mais des chiens de païens, comparés à nous autres musulmans ou Nazaréens. Ce gaillard-là se sera enivré et n'aura pas su trouver à temps son chemin jusqu'à sa caserne. Maintenant il sera sévèrement puni, à moins que nous ne consentions à le laisser rentrer; et pour obtenir cela de nous, il faudra qu'il vide entre nos mains le contenu de son escarcelle.

— Pour le moins, — pour le moins, répondirent les soldats de garde, parlant à voix basse, quoique d'un ton animé.

— Et c'est là tout ce que vous voudriez tirer d'une semblable bonne fortune? dit Harpax d'un ton de mépris. Non, non, camarades. Si cet animal étranger nous échappe, il faut au moins qu'il laisse après lui sa toison. Ne voyez-vous pas briller son casque et sa cuirasse? Je présume que cela doit être d'argent fin, encore que ce soit peut-être un peu mince. Voilà la mine d'argent dont je vous parlais, prête à enrichir les mains habiles qui sauront l'exploiter.

— Mais, dit timidement un jeune Grec nouvellement enrégimenté et non encore habitué aux manières d'être de ses compagnons, tout barbare que vous l'appelez, ce n'en est pas moins un soldat de l'empereur, et si nous sommes convaincus de l'avoir privé de ses armes, nous serons justement punis pour ce crime contre les lois militaires.

— Écoutez ce nouveau Lycurgue venu tout exprès pour nous apprendre nos devoirs, dit le centurion. Apprenez d'abord, jeune homme, que la cohorte métropolitaine ne peut jamais commettre un crime; apprenez ensuite que, tout naturellement, elle ne peut jamais être convaincue d'en avoir commis un. Supposez que nous trouvions à rôder un barbare, un Varangien comme ce dormeur, peut-être un Frank ou quelque autre de ces étrangers, porteurs de noms qu'on ne saurait prononcer, tandis qu'ils nous déshonorent en se parant des armes et du costume du vrai soldat romain, allons-nous, nous préposés à la garde d'un poste si important, admettre dans l'intérieur de la poterne un homme si suspect, quand le résultat peut être de trahir à la fois la Porte d'Or et les hommes au cœur d'or qui la gardent, — de voir cette porte prise et nos têtes proprement coupées?

— Laissez-le de l'autre côté de la porte, reprit le conscrit, si vous

2.

le croyez si dangereux. Pour ma part, je ne le craindrais pas, n'était cette lourde hache à deux tranchants qu'on aperçoit sous son manteau, et dont l'éclat est plus menaçant que celui de la comète dont les astrologues prophétisent de si étranges choses.

— En ce cas, nous sommes parfaitement d'accord, répondit Harpax; vous avez parlé comme un jeune homme plein de sens et de modestie. Je vous réponds que l'État ne perdra rien à ce que nous nous emparions des dépouilles de ce barbare. Chacun de ces sauvages a des armes pour deux tenues différentes; les unes ont des ornements d'or et d'argent, elles sont damasquinées et incrustées d'ivoire: ce sont celles-là qu'ils portent pour leur service auprès du prince; les autres sont d'acier trois fois trempé, fortes, pesantes et irrésistibles. Maintenant donc, si vous enlevez à ce gaillard suspect son casque et sa cuirasse d'argent, vous le réduirez à ses armes véritables, et il n'en sera que plus prêt et plus propre au combat.

— Oui, dit le conscrit; mais je ne vois pas que ce raisonnement aille plus loin qu'à nous autoriser à dépouiller le Varangien de ses armes, pour les lui rendre avec empressement demain matin, s'il ne s'élève rien à sa charge. Or, je ne sais comment cela se serait fait, mais il me semblait qu'elles devaient être confisquées au profit de notre bourse commune.

— Sans le moindre doute, dit Harpax; car ç'a toujours été la règle de ce corps de garde depuis le temps de l'excellent centurion Sisyphe, époque à laquelle il était résolu que toute marchandise de contrebande, toutes armes suspectes, etc., qu'on tenterait d'introduire dans la ville pendant la garde de nuit, seraient uniformément confisquées au profit des hommes du poste. Que si l'empereur trouve que les marchandises ou les armes ont été injustement saisies, il est assez riche, j'espère, pour indemniser l'individu lésé.

— Mais cependant, — mais cependant, reprit Sébastès de Mitylène, le jeune conscrit dont nous avons déjà parlé, si l'empereur venait à découvrir...

— Ane! répliqua Harpax, il ne saurait le découvrir, quand il aurait tous les yeux de la queue d'Argus. — Nous voici douze qui avons juré, suivant les règles du poste, de dire tous la même histoire. De l'autre côté est un barbare qui, à supposer qu'il se rappelle quelque chose de l'aventure, — ce dont je doute fort, — le choix de sa chambre à coucher indiquant une longue conversation avec la cruche au vin, — viendra faire un conte invraisemblable de la manière dont il aura perdu ses armes, tandis que nous, mes maîtres, nous le démentirons avec aplomb. — J'espère que nous avons assez de courage pour cela. Qui croira-t-on de lui ou de nous? Assurément, ce seront les hommes du poste.

— Tout au contraire, répliqua Sébastès. Je suis né à quelque distance

CHAPITRE II.

d'ici : hé bien ! jusque dans l'île de Mitylène, la renommée m'avait appris que les cavaliers de la garde urbaine de Constantinople sont tellement connus pour mentir, que le serment d'un seul barbare l'emporterait sur le serment chrétien du corps entier, — si tant est que quelques-uns d'entre eux soient chrétiens : — par exemple, cet homme brun qui n'a qu'une touffe de cheveux sur le sommet de la tête.

— Quand il en serait ainsi, dit le centurion d'un air sombre et sinistre, il y a un moyen de rendre cette affaire sûre.

Sébastès, fixant les yeux sur son commandant, porta la main à la garde du poignard oriental dont il était armé, comme pour s'assurer plus exactement de ses intentions; le centurion fit un signe d'assentiment.

— Tout jeune que je suis, dit Sébastès, j'ai déjà été cinq ans pirate à la mer et trois ans voleur dans la montagne, et c'est la première fois que j'aie vu ou entendu un homme hésiter, en pareil cas, à prendre le seul parti digne d'un brave dans une affaire pressante.

Harpax secoua la main du soldat comme pour lui dire qu'il partageait sa manière de voir pour leur sûreté commune ; mais quand il parla, ce fut d'une voix tremblante.

— Comment lui ferons-nous son affaire? demanda-t-il à Sébastès, qu'il regardait quelques instants auparavant comme sa plus mauvaise recrue, et qui venait de s'élever tout à coup au plus haut rang dans son estime.

— N'importe comment, répondit l'insulaire ; je vois ici des arcs et des flèches, et si personne autre ne sait s'en servir...

— Ce ne sont pas, dit le centurion, les armes régulières de notre corps.

— Vous n'en êtes que plus propres à garder les portes d'une ville, repartit le jeune soldat avec un éclat de rire qui avait quelque chose d'insultant. Hé bien, — soit. Je tire de l'arc comme un Scythe : faites seulement un signe de la tête, la première flèche se logera au milieu de son crâne et de sa cervelle, la seconde lui traversera le cœur.

— Bravo, mon noble camarade ! s'écria Harpax d'un ton de ravissement affecté, baissant cependant la voix comme s'il eût respecté le sommeil du Varangien. Tels furent les voleurs des anciens temps, les Diomède, les Corynète, les Synnius, les Scyron, les Procuste. Il fallut des demi-dieux pour réduire ces grands hommes à ce qu'on appelait à tort la justice. Leurs disciples, leurs égaux, demeureront maîtres du continent et des îles de la Grèce jusqu'à ce qu'Hercule et Thésée reparaissent sur la terre. Néanmoins, ne tirez pas, mon vaillant Sébastès ; — ne bandez pas l'arc, mon inestimable Mitylénien : vous pourriez le blesser sans le tuer.

— Ce n'est pas trop mon habitude, répondit Sébastès, répétant cet éclat de rire sardonique et discordant qui frappait si désagréablement l'oreille du centurion sans qu'il pût dire encore pourquoi.

— Si je ne fais pas attention à moi, pensa-t-il en lui-même, nous serons deux centurions au lieu d'un pour commander le poste. Ce Mitylénien, ou de quelque diable de pays qu'il soit, me dépasse de toute la longueur d'un arc. Il faut que j'aie l'œil sur lui. — Puis, parlant tout haut, il dit d'un ton d'autorité : — Mais allons, jeune homme, il serait dur de décourager un commençant ; si vous avez fait le métier que vous dites par mer et par terre, vous devez savoir jouer du poignard. Voilà votre homme ivre ou endormi, — je ne sais lequel ; — il vous sera facile de lui faire son affaire.

— Et qu'est-ce que je gagnerai, très-noble centurion, à poignarder ce barbare, qu'il soit ivre ou endormi? — Peut-être, ajouta-t-il ironiquement, préféreriez-vous vous charger de cette commission vous-même?

— L'ami, dit Harpax, faites ce que l'on vous ordonne ; et du doigt il lui montrait l'escalier de la tourelle qui descendait des créneaux jusque sous l'ouverture cintrée de la porte.

— Il a vraiment le pas silencieux du chat, murmura à demi-voix le centurion, tandis que le soldat descendait et allait commettre un crime qu'il était posté là pour empêcher et prévenir. Il faut couper la crête de ce jeune coq, ou bien il deviendra le roi du poulailler ; mais voyons s'il a le bras aussi résolu que la langue, nous réfléchirons ensuite à ce que nous aurons à faire ultérieurement.

Tandis qu'Harpax parlait entre ses dents, plutôt à lui-même qu'à aucun de ses compagnons, le Mitylénien sortit de dessous la porte cintrée, marchant sur la pointe du pied, mais d'un pas rapide, unissant admirablement le silence et la promptitude. Son poignard, qu'il avait tiré en descendant, brillait dans sa main, qu'il tenait un peu en arrière de son corps pour le cacher. L'assassin s'arrêta moins d'une seconde au-dessus de l'homme endormi, comme pour choisir un point entre l'étroit corselet d'argent et le corps qu'il ne protégeait qu'imparfaitement. Mais au moment où le coup allait descendre, le Varangien bondit sur ses pieds et arrêta le bras de l'assassin en le relevant de la poignée de sa hache d'armes. Le coup ainsi paré, il en porta lui-même au jeune Grec un plus terrible que tous ceux qu'il avait pu apprendre au gymnase, et Sébastès eut à peine la force d'appeler au secours ses camarades restés sur le rempart. Cependant ils virent ce qui était arrivé, ils virent le barbare poser le pied sur leur compagnon, brandir haut et ferme son arme redoutable, qui, tournant en l'air, fit retentir d'un sifflement funeste la voûte du monument ; puis ils le virent s'arrêter un instant avant de donner le coup de grâce à son ennemi. Les hommes de garde firent un mouvement comme si quelques-uns d'entre eux voulaient descendre au secours de Sébastès, quoique cependant ils ne parussent pas très-empressés de le faire ; mais Harpax se hâta de leur commander à demi-voix de se tenir tranquilles.

— Chaque homme à sa place, arrive que pourra! Voici venir un capitaine de la garde. — Notre secret est à nous, si le sauvage a tué le Mitylénien, comme je l'espère, car il ne remue plus ni pied ni patte; mais s'il survit, camarades, endurcissez vos visages comme le caillou. — Ce n'est qu'un homme, et nous sommes douze. Nous ne savons rien de son projet, si ce n'est qu'il était descendu voir pourquoi ce barbare dormait si près du poste.

Tandis que le centurion communiquait ainsi sa résolution aux hommes de garde, on aperçut distinctement un soldat d'une taille élevée, richement armé, la tête couverte d'un casque dont le cimier magnifique brillait aux rayons de la lune au moment où il entrait dans l'ombre de la voûte. Les gardes sur le rempart échangèrent à la hâte quelques mots à demi-voix.

— Tirez les verrous, fermez la porte, et arrive du Mitylénien ce qu'il pourra; nous sommes des hommes perdus si nous ne le désavouons pas. Voici le chef des Varangiens, l'acolouthos lui-même.

— Hé bien, Hereward, dit l'officier, qui arrivait enfin sur le lieu de la scène, dans une sorte de langage frank qu'employaient généralement les barbares de la garde, est-ce que tu as pris un faucon de nuit?

— Oui, par saint Georges! répondit le soldat; mais dans mon pays on appellerait cela un milan.

— Quel est-il? demanda l'officier supérieur.

— Il vous le dira lui-même, répondit le Varangien, quand j'aurai ôté ma griffe de dessus son gosier.

— Ote-la donc, reprit l'officier.

L'Anglais fit ce qui lui était ordonné; mais s'échappant, aussitôt qu'il se sentit en liberté, avec une agilité presque incompréhensible, en trois sauts il bondit hors de la voûte, et, profitant des ornements compliqués qui dans l'origine décoraient l'extérieur de la porte, il courut d'un arc-boutant et d'une saillie à une autre, suivi de près par le Varangien, qui, gêné par son armure, n'était pas de force à ce jeu contre ce Grec aux pieds légers qui l'entraînait à sa suite d'une cachette à une autre. L'officier riait de bon cœur de voir ces deux figures paraître et disparaître comme deux ombres, dans une chasse rapide autour de l'arc triomphal de Théodose.

— Par Hercule! c'est Achille poursuivant Hector autour des remparts d'Ilion; mais mon Pélidès aura bien de la peine à rattraper le fils de Priam. — Holà! fils d'une déesse! — fils de Thétis aux pieds blancs! — mais l'allusion est perdue pour ce pauvre sauvage. — Holà! Hereward! arrête, te dis-je, — reconnais au moins ton nom très-barbare. Ces derniers mots furent prononcés à demi-voix, mais il l'éleva pour ajouter: — Ne cours pas à perdre haleine, mon brave Hereward; tu pourras en avoir besoin cette nuit.

— Si c'avait été la volonté de mon chef, dit le Varangien en revenant à contre-cœur et soufflant comme un homme qui a couru de toutes ses forces, je l'aurais suivi d'aussi près qu'un chien ait jamais suivi un lièvre, avant d'abandonner la chasse. N'eût été cette sotte armure qui gêne un homme sans le défendre, je n'aurais eu que deux bonds à faire pour le saisir à la gorge.

— Autant vaut la chose comme elle est, répondit l'officier, qui de fait n'était autre que l'acolouthos, ou *Suivant*, ainsi appelé parce qu'il était du devoir de sa place, place de haute confiance, que le chef des Varangiens suivît partout la personne de l'empereur. — Mais voyons maintenant comment nous ferons pour passer cette porte, car si, comme je le présume, c'est l'un des hommes de garde qui a voulu te jouer ce vilain tour, il est possible que ses camarades ne soient pas disposés à nous l'ouvrir volontiers.

— Mais est-ce qu'il n'est pas du devoir de Votre Valeur d'instruire à fond sur ce crime contre la discipline?

— Tais-toi, mon sauvage à l'âme simple! je t'ai déjà dit, très-ignorant Hereward, que les crânes de ceux qui viennent de votre froide et humide Béotie du Nord sont bien plus propres à supporter vingt coups de marteau qu'à comprendre une idée spirituelle ou ingénieuse. Mais suis-moi, Hereward, et quoique je sache bien que de montrer à un œil aussi grossier que le tien les mailles déliées de la politique grecque, ce soit à peu près jeter des perles devant des pourceaux, chose défendue par le saint Évangile, cependant, comme tu es si brave et si fidèle qu'à peine trouverait-on ton pareil parmi mes Varangiens eux-mêmes, je veux bien, profitant du moment où tu marches ainsi derrière moi, prendre la peine de t'expliquer quelques-uns des sentiers par lesquels moi — l'acolouthos — le chef des Varangiens, et par conséquent placé, grâces à leurs bonnes haches d'armes, au rang du plus brave des braves, je consens à marcher, encore que je fusse essentiellement et à tous égards en position de me frayer le chemin toutes voiles dehors et par la seule force des rames. — C'est, je le répète, une condescendance de ma part de faire par la politique dans cette cour impériale, sphère élevée d'esprits supérieurs, ce qu'aucun autre homme ne pourrait si bien exécuter par la violence. A quoi penses-tu, mon brave sauvage?

— Je pense, répondit le Varangien, qui marchait à un pas et demi environ derrière son supérieur, comme de nos jours un soldat d'ordonnance suit son officier, — je pense que je serais bien fâché de me tourmenter la tête de ce que je pourrais faire immédiatement avec mes mains.

— Ne le disais-je pas? reprit l'acolouthos, qui depuis quelques minutes s'éloignait de la Porte d'Or et longeait le mur extérieur, comme s'il eût cherché une autre entrée. — Voyez un peu! De quel bois est donc fait ce qu'il te plaît d'appeler la tête? Tes mains et tes bras sont de parfaits Achitophels en comparaison. Écoute-moi, toi le plus ignorant de tous les animaux, — mais, pour cette raison même, le plus fidèle des confidents et le plus brave des soldats ; — je vais te donner le mot de l'énigme de cette besogne nocturne, et encore, malgré cela, je doute fort que tu me puisses comprendre.

— C'est mon devoir en ce moment d'essayer de comprendre Votre Valeur, — je devrais dire votre politique, puisque vous avez la condescendance de me l'expliquer. Quant à votre valeur, je serais bien malheureux si je ne la connaissais dans toute son étendue.

Le général grec rougit un peu ; mais il répliqua sans s'émouvoir autrement : C'est vrai, brave Hereward, nous nous sommes vus au combat.

Hereward fit entendre une petite toux comprimée, qui, pour les grammairiens de cette époque, si habiles à appliquer l'accent tonique, n'impliquait pas un grand éloge de la bravoure guerrière de son officier. Pendant tout ce dialogue, la conversation du général, en dépit du ton d'importance et de supériorité qu'il affectait, montrait un respect évident pour son compagnon, comme pour un homme qui, si l'occasion se présentait, prouverait sous bien des rapports qu'il était meilleur soldat que lui. D'un autre côté, quand le belliqueux Normand répondait, quoiqu'il le fît en observant toutes les règles de la discipline et de la hiérarchie, la discussion ressemblait assez à ce qu'elle pouvait être dans l'armée anglaise, avant que le duc d'York y eût introduit la réforme, entre un officier ignorant et petit-maître et un vieux sergent du même régiment. Sous les formes extérieures du respect, on y voyait percer la conscience d'une supériorité que le chef reconnaissait à demi

— Tu m'accorderas, mon pauvre ami, continua l'acolouthos du même ton qu'auparavant, pour te conduire par un chemin plus court au milieu des principes les plus profonds de la politique pratiqués dans cette cour de Constantinople, que la faveur de l'empereur — soit sacrée la place où il daigne poser le pied ! (ici l'officier leva son casque et le soldat fit semblant de faire de même) est le principe vivifiant de la sphère dans laquelle nous nous mouvons, comme le soleil est celui de l'humanité...

— J'ai entendu dire quelque chose de semblable à nos tribuns.

— C'est leur devoir de vous instruire ainsi, et j'espère que dans leur département les prêtres n'oublient pas non plus d'enseigner à mes Varangiens le respect qu'ils doivent à leur empereur.

— Ils n'y manquent pas, encore que nous autres exilés connaissions bien notre devoir.

— Dieu me garde d'en douter ! tout ce que je veux te faire comprendre, mon cher Hereward, c'est que comme il y a, bien que peut-être il n'en existe pas sous ton climat humide et froid, une race d'insectes qui naissent aux premiers rayons du soleil levant pour expirer avec les derniers du soleil couchant (d'où vient que nous les appelons éphémères, parce qu'ils ne vivent qu'un jour), tel est absolument le cas d'un favori dans cette cour, tant qu'il jouit des sourires du très-sacré empereur. Heureux celui dont la faveur, s'élevant en même temps que la personne du souverain s'élève elle-même au-dessus du niveau qui s'étend autour du trône, brille avec les premiers rayons de la gloire impériale, qui conserve son poste durant le midi superbe de la couronne, et dont le destin est de ne disparaître et de ne mourir qu'avec le dernier rayon de sa splendeur impériale !

— Votre Valeur, dit l'insulaire, parle un langage plus élevé que mon pauvre esprit septentrional ne le saurait comprendre ; seulement il me semble qu'au lieu de mourir au coucher du soleil, à tant faire que d'être un insecte, je préfèrerais être une mite obscure pendant deux ou trois heures de nuit.

— Telle est, répondit l'acolouthos d'un air de supériorité, la misérable manière de voir du vulgaire, qui est heureux pourvu qu'il vive sans honneur et sans distinction ; tandis que nous, d'une qualité supérieure, qui formons le cercle le plus étroit et le plus intérieur autour de l'empereur Alexis, cercle dont il est lui-même le point central, nous surveillons, jaloux comme des femmes amoureuses, la distribution de ses faveurs, ne laissant passer aucune occasion, soit que nous nous liguions avec celui-ci, soit que nous nous liguions contre celui-là, de nous recommander individuellement et de chercher à obtenir un rayon de ce soleil dont nous vivons.

— Il me semble que je comprends ce que vous voulez dire ; mais avant de mener une pareille vie d'intrigues... Au surplus, peu importe.

— Effectivement, il ne t'importe guère, à toi, mon brave Hereward, et tu es heureux de n'avoir point de goût pour la vie que je viens de décrire. Cependant j'ai vu des barbares s'élever haut dans ce pays, et s'ils n'ont pas tout à fait la flexibilité, la malléabilité, — ainsi qu'on l'appelle, — cette heureuse ductilité qui se prête aux circonstances, j'ai connu, dis-je, des hommes de race barbare, surtout de ceux qui avaient été élevés jeunes à la cour, qui joignaient à une portion limitée de cette qualité flexible une opiniâtreté suffisante de caractère qui, si elle n'excelle pas à tirer parti des occasions, a pour les faire naître un talent qui n'est pas du tout à mépriser. Mais sans nous livrer à des comparaisons, il suit de cette émulation pour la gloire, c'est-à-dire pour la faveur royale, entre les serviteurs de la cour impériale et très-sacrée, que chacun est désireux de montrer à l'empereur non-seulement qu'il entend parfaitement les devoirs de son propre emploi, mais qu'en cas de nécessité il est capable d'occuper la place des autres.

— Je comprends ; et de là vient que les sous-ministres, soldats et assistants des grands-officiers de la couronne sont perpétuellement occupés non pas à se prêter aide et assistance mutuelle, mais à jouer le rôle d'espions à l'égard les uns des autres.

— Parfaitement compris; et il y a peu de jours que j'en ai eu un exemple désagréable. Il n'y a pas ici d'hommes, quelque durs qu'ils soient du cerveau, qui ne comprennent que je suis cordialement détesté par le grand proto-spathaire, titre que tu sais appartenir au généralissime de toutes les armées de l'empire, parce que je suis le chef de ces redoutables Varangiens qui jouissent d'un privilége qu'ils méritent bien, privilége qui les exempte du commandement absolu qu'il exerce sur tous les autres corps, — autorité qui convient à Nicanor[1], malgré tout ce qu'il y a de victorieux dans son nom, presque aussi bien qu'une selle à un bouvillon.

— Comment! s'écria le Varangien; est-ce que le proto-spathaire prétendrait à aucune autorité sur les nobles exilés? — Par le dragon rouge sous lequel nous vivons et mourrons, nous n'obéirons à aucun homme qui vive, si ce n'est à Alexis Comnène lui-même et à nos propres officiers!

— Justement et bravement répondu; mais, mon valeureux Hereward, que votre noble indignation ne vous emporte pas au point de prononcer le très-sacré nom de l'empereur sans porter la main à votre casque, et sans y ajouter les épithètes que réclame son rang magnifique.

— Je lèverai le bras assez souvent et assez haut, répondit le Normand, quand le service de l'empereur le requerra.

— Je m'en rendrais garant, répliqua Achille Tatius, commandant en chef les Varangiens de la garde impériale, qui crut que l'occasion n'était pas favorable pour se distinguer en insistant sur l'observance rigoureuse de l'étiquette, observance sur laquelle il basait généralement ses grandes prétentions à une réputation militaire. — Cependant, mon garçon, n'était la constante vigilance de votre chef, on écraserait les nobles Varangiens dans la masse commune de l'armée avec les cohortes païennes des Huns et des Scythes ou avec ces infidèles coiffés d'un turban, les Turks renégats. Et voilà précisément pourquoi votre général est en péril : c'est pour avoir soutenu énergiquement que ses porte-haches doivent être appréciés au-dessus des misérables flèches des tribus orientales ou des javelines des Maures, qui ne sont bonnes qu'à faire des jouets d'enfants.

— Vous n'êtes exposé à aucun danger, dit le soldat se rapprochant d'Achille avec plus de familiarité qu'il n'en avait montré jusque-là, vous n'êtes exposé à aucun danger contre lequel ces haches ne puissent vous protéger.

---

[1] *Nicanor* signifie le Victorieux. L. V.

— Ne le sais-je pas bien ? mais c'est dans ton bras seul que l'acolouthos de sa très-sacrée majesté confie son salut en ce moment.

— Dans tout ce qu'un soldat peut faire, établissez vous-même votre calcul, et comptez que ce bras seul en vaudra deux contre tout homme au service de l'empereur qui ne soit pas de notre propre corps.

— Prête-moi ton attention, mon brave ami, continua Achille. Ce Nicanor a eu l'audace d'adresser un reproche à notre noble corps : il nous a accusés, — dieux et déesses ! — d'avoir pillé sur le champ de bataille, et, ce qui est plus sacrilége encore, d'avoir bu le vin précieux réservé à la sainte consommation de sa très-sacrée majesté. Moi, en présence de la personne sacrée de l'empereur, j'ai agi comme tu le peux croire, j'ai...

— Vous lui avez dit qu'il en avait menti par sa gorge audacieuse ! s'écria le Varangien ; — vous avez choisi un lieu de rendez-vous pour le combattre, et vous avez daigné requérir pour second votre propre soldat. Hereward d'Hampton est votre esclave pour la vie, en reconnaissance de l'honneur que vous lui faites ! J'aurais seulement désiré que vous m'eussiez dit de prendre mes armes des jours de travail ; mais n'importe, j'ai ma hache, et... Ici, son compagnon saisit un moment pour l'interrompre, ravalé qu'il se sentait à ses propres yeux par la vivacité du ton qu'avait pris le jeune soldat.

— Tais-toi, mon fils, parle bas, mon excellent Hereward ; tu te trompes sur cette affaire. Il est certain que t'ayant à mes côtés, je ne craindrais pas cinq hommes comme Nicanor ; mais telle n'est pas la loi de cet auguste empire, et tels ne sont pas les sentiments du trois fois illustre prince qui le gouverne. Tu t'es laissé égarer, mon bon soldat, par les histoires pleines de rodomontades des Franks dont nous entendons parler chaque jour.

— Je n'emprunterais rien volontiers à ceux que vous appelez Franks, et que, nous, nous appelons Normands, répondit le Varangien d'un ton de désappointement et de mauvaise humeur.

— Fort bien : écoute-moi donc, écoute les motifs de la chose, et considère si une coutume telle que ce qu'ils appellent le duel peut jamais s'établir dans un pays quelconque de civilisation et de sens commun, pour ne rien dire du bonheur de vivre sous les lois du très-rare Alexis Comnène. Deux grands seigneurs, deux grands-officiers de la couronne se querellent au milieu de la cour, et en la très-respectable présence de l'empereur ; leur dispute roule sur un point de fait. Maintenant, au lieu de soutenir chacun son opinion par des raisonnements et des témoignages, supposons qu'ils adoptent la coutume de ces Franks barbares : — Tu en as menti par ta gorge, dit l'un. — Et toi, répond l'autre, tu en as menti jusque dans les poumons. — Là-dessus, ils mesurent l'espace dans une prairie voisine pour un combat singulier. Chacun jure de la vérité de sa querelle, quoique probablement ni l'un ni l'autre ne sache d'une manière précise comment les faits se sont passés. L'un d'eux, peut-être le plus brave, le plus sincère et le meilleur, l'acolouthos de l'empereur, le père des Varangiens (car la mort, mon cher camarade, n'épargne personne), reste étendu mort sur le terrain ; l'autre retourne à la cour pour y dominer sans conteste, tandis que si l'on avait instruit l'affaire suivant les règles du sens commun et de la raison, le vainqueur, comme vous l'appelez, eût été envoyé aux galères ; et voilà ce que, dans votre folle imagination, vous ne craignez pas d'appeler la loi des armes !

— Sous le bon plaisir de Votre Valeur, répondit le barbare, il y a une apparence de raison dans ce que vous dites là ; mais vous me persuaderiez plutôt que cette bienheureuse lumière de la lune est noire comme la gueule d'un loup, que vous ne me convaincrez que je doive m'entendre appeler menteur sans refouler l'épithète dans le gosier de celui qui l'aura proférée avec la pointe de ma hache d'armes. Pour un homme, un démenti équivaut à un coup porté, et un coup le ravale à la condition de l'esclave ou de la bête de somme, s'il le reçoit sans s'efforcer de le rendre.

— Ah ! nous y voici ! plût à Dieu que je pusse vous délivrer de ce préjugé barbare sucé avec le lait ! Vous seriez les plus disciplinés de tous les soldats qui servent notre sacré empereur, sans ces combats mortels, sans ces querelles qui...

— Sire capitaine, reprit le Varangien d'un ton grave, écoutez mon avis : prenez les Varangiens tels qu'on vous les donne ; car, sur ma parole, si une fois vous leur appreniez à endurer les reproches, à supporter un démenti, à endurer les coups de fouet, cette belle discipline une fois complétée, ils ne vaudraient plus le sel qu'ils coûtent chaque jour à Sa Sainteté, si c'est là son titre. Je vous dirai de plus, valeureux seigneur, que les Varangiens auront peu de remercîments à faire à leur chef qui les a entendu appeler maraudeurs, ivrognes, je ne sais quoi encore, et qui n'a pas repoussé cette accusation à l'instant même.

— Si je ne connaissais pas la manière de prendre mes barbares, pensa Tatius en lui-même, je me ferais une querelle avec ces insulaires non apprivoisés, que l'empereur s'imagine qu'il est si aisé de tenir sous les lois de la discipline. Mais je m'en vais arranger cela. — En conséquence, il s'adressa au Saxon d'un ton propre à le radoucir :

Mon fidèle soldat, suivant en cela la coutume de nos ancêtres, nous mettons autant de gloire à dire la vérité que vous à vous venger de l'imputation de mensonge ; et je ne pouvais donner un démenti à Nicanor, puisque ce qu'il disait était vrai quant au fond.

— Quoi ! que les Varangiens étaient des pillards, des ivrognes, et le reste ? s'écria Hereward plus impatient encore qu'auparavant.

— Non pas assurément dans un sens aussi large ; mais il n'y avait encore que trop de fondement pour ce qu'il en racontait

— Où, et quand?

— Tu te rappelles cette longue marche près de Laodicée, où les Varangiens chassèrent devant eux une nuée de Turks et reprirent un convoi des bagages de l'empereur? Tu sais ce qu'on fit ce jour-là, — comment vous étanchâtes votre soif, je veux dire?

— J'ai quelque raison de me le rappeler, car nous étions à demi étouffés par la poussière, rendus de fatigue, et, ce qui est le pire de tout, combattant presque toujours face en arrière, lorsque nous trouvâmes quelques quartauts de vin dans certains fourgons hors d'état de marcher. — Et nous nous les passâmes par le gosier comme si c'eût été la meilleure ale de Southampton.

— Ah! malheureux! n'avez-vous pas vu que ces quartauts étaient scellés du sceau inviolable du très-excellent seigneur le grand-bouteiller, et mis à part pour l'usage particulier des très-sacrées lèvres de Sa Majesté impériale?

— Par le bras de saint Georges de la joyeuse Angleterre, lequel vaut une douzaine de fois votre saint Georges de Cappadoce! je n'y ai pas pensé et je ne m'en suis guère inquiété. Je me rappelle même que Votre Valeur en a bu elle-même un fameux coup dans mon casque, non pas ce joujou d'argent, mais mon casque d'acier qui est deux fois plus grand, à telles enseignes que vous veniez de nous commander de battre en retraite, et que vous fûtes un tout autre homme quand vous eûtes nettoyé votre gosier de la poussière qui l'obstruait, et que vous vous écriâtes : Encore une charge, mes braves et solides enfants de la Grande-Bretagne!

— Oui, je confesse que je ne suis que trop téméraire dans l'action. Mais tu te trompes, mon cher Hereward; le vin auquel j'ai goûté dans cette extrémité de fatigue martiale n'était pas celui réservé pour la bouche particulière de sa très-sacrée Majesté. Non, c'était une seconde qualité destinée au grand-bouteiller lui-même, et dont je pouvais légitimement prendre ma part comme l'un des grands-officiers de la maison impériale. — Cette circonstance n'en fut pas moins épouvantablement malheureuse.

— Sur ma vie! je ne vois pas ce qu'il y a de malheureux à boire quand on meurt de soif.

— Mais aie bon courage, brave camarade, continua Achille après qu'il se fut hâté de se disculper lui-même, et sans vouloir remarquer combien peu le Varangien avait l'air de se soucier du crime qu'on lui imputait. Sa Majesté impériale, dans son ineffable gracieuseté, ne fait un crime à aucun de ceux qui y ont pris part d'avoir bu son vin si inconsidérément. Elle a blâmé le proto-spathaire d'avoir été rechercher ce motif d'accusation, et elle a dit, après avoir rappelé le tumulte et la confusion de cette terrible journée : « Je me trouvai fort heureux moi-même, quand au milieu de cette fournaise sept fois chauffée nous pûmes boire un coup de ce vin d'orge que boivent mes pauvres Varangiens; je le bus à leur santé, et c'était raison, puisque sans leurs bons services j'aurais bu ce jour-là pour la dernière fois. S'ils ont bu mon vin, en retour, je ne leur en veux pas : grand bien leur fasse ! » Là-dessus Sa Majesté tourna les talons comme si elle eût voulu dire : En voilà bien assez; tout cela n'est que sottes histoires recherchées à plaisir pour nuire à Achille Tatius et à ses braves Varangiens.

— Dieu bénisse son honnête cœur pour avoir ainsi parlé! s'écria Hereward avec plus de franchise dans le sentiment que de respect dans la forme. — Je boirai à sa santé la première chose rafraîchissante que je pourrai approcher de mes lèvres, que ce soit du vin, de l'ale ou de l'eau bourbeuse!

— C'est fort bien ; mais ne crie pas si haut ! et rappelle-toi de porter la main à ton front toutes les fois que tu nommes l'empereur ou même que tu penses à lui. — Or donc, Hereward, ayant ainsi obtenu l'avantage, je savais que le moment où l'on vient de repousser une attaque est toujours celui de faire une charge avec succès. Je fis donc un reproche au proto-spathaire Nicanor de tous les vols commis à la Porte d'Or et aux autres entrées de la ville, où tout récemment un marchand avait été assassiné et dépouillé, ayant sur lui des joyaux appartenant au patriarche.

— En vérité? Et que dit Alex... je veux dire le très-sacré empereur, quand il entendit rapporter de telles choses de sa garde urbaine? — quoiqu'il ait lui-même, comme nous le disons chez nous, donné au renard les oies à garder.

— Il est possible qu'il ait cela à se reprocher; mais c'est un souverain d'une politique profonde, et il a résolu de ne point sévir contre la garde urbaine et son général le proto-spathaire sans des preuves décisives. Sa Majesté sacrée m'a donc chargé d'en obtenir de plus circonstanciées, et c'est pour cela que j'ai recours à toi.

— Et je vous les aurais fournies en deux minutes, si vous ne m'aviez pas rappelé quand je donnais la chasse tout à l'heure à ce vagabond! mais Sa Grâce l'empereur sait ce que vaut la parole d'un Varangien, et je puis lui attester que le désir cupide de s'emparer de ma gaberdine d'argent, qu'on veut bien appeler une cuirasse, ou la haine qu'ils portent à notre corps, suffirait pour exciter le premier venu de ces lâches à couper la gorge d'un Varangien qu'il croirait endormi. — Ainsi, je suppose, capitaine, nous allons chez l'empereur comme témoins du crime tenté cette nuit sur ma personne?

— Non, mon actif soldat : si tu avais pris ce malheureux fuyard, mon premier soin eût été de le remettre en liberté; et maintenant la première recommandation que j'aie à te faire, c'est d'oublier qu'une telle aventure te soit jamais arrivée.

— Ah! ceci est un changement complet de politique?

— Oui, mon brave Hereward ; ce soir, avant que je ne quittasse le palais, le patriarche m'a fait des ouvertures de réconciliation entre le proto-spathaire et moi. Je ne pouvais guère les rejeter, comme bon soldat et comme bon chrétien, car il est d'une haute importance pour le bien de l'État que nous vivions en bonne intelligence. Le patriarche se porte garant que tous les torts dont mon honneur avait à se plaindre seront complétement réparés. L'empereur, qui aime mieux fermer les yeux que de voir des querelles à sa cour, ne sera pas fâché que l'affaire soit étouffée ainsi.

— Et les accusations portées contre les Varangiens...

— Seront entièrement rétractées, interrompit Achille ; et, pour les réparer, une belle largesse en or sera faite aux porte-haches anglo-danois! Toi, mon cher Hereward, tu peux en être le distributeur, et si tu entends ton affaire, tu pourras plaquer d'or ta hache d'armes.

— Je l'aime mieux telle qu'elle est ; mon père la portait à la bataille d'Hastings contre les brigands normands. De l'acier et non de l'or, voilà la monnaie dont je me paye.

— Tu es libre de faire à ton choix ; seulement, si tu es pauvre, à toi la faute.

Cependant, à force de longer le mur extérieur de Constantinople, l'officier et le soldat étaient arrivés à un très-petit guichet, ou porte de sortie, ouvrant dans l'intérieur d'un grand et massif ouvrage avancé qui terminait une entrée dans la ville elle-même. Là, l'officier s'arrêta et s'inclina comme une dévote au moment d'entrer dans une chapelle d'une sainteté particulière.

CHAPITRE III.

> Ici, jeune homme, détache ta chaussure; ici, jeune homme, déride ton front. On doit payer au seuil de cette porte un tribut de respect. Marche donc de ce pas aérien que la nature enseigne à la biche quand elle entend retentir dans la forêt le cor du chasseur.
> *La Cour*

AVANT d'entrer, Achille Tatius fit différents gestes qu'imita grossièrement et maladroitement l'inexpérimenté Varangien. Depuis son arrivée au corps, il n'avait pour ainsi dire servi que sur le champ de bataille, et ce n'était que récemment que le tour de rôle de sa compagnie l'avait appelé à faire partie de la garnison de Constantinople. Il était donc tout à fait étranger aux observances minutieuses des Grecs, les plus cérémonieux, les plus formalistes soldats et courtisans, non-seulement envers la personne de l'empereur, mais dans toute la sphère qui participait plus spécialement de son influence.

Achille, après avoir gesticulé de la manière que nous avons dite, toucha enfin la porte d'un léger coup, à la fois distinct et modeste. Il le répéta trois fois, puis il dit à voix basse au soldat qui le suivait :
— L'intérieur ! — sur ta vie, fais ce que tu me verras faire. En ce moment il se rejeta en arrière, abaissa la tête sur sa poitrine, porta les mains à ses yeux, comme s'il eût voulu se préserver d'un éclat de lumière inattendu, et dans cette posture il attendit qu'on répondît à son signal. L'Anglo-Danois, désireux d'obéir aux ordres de son chef, l'imita d'aussi près qu'il put et resta à ses côtés dans l'humble posture d'un Oriental en prière. La petite poterne s'ouvrit en dedans, on ne vit aucune lumière, mais quatre Varangiens parurent sur le seuil, chacun sa hache d'armes à la main, comme prêt à en frapper l'intrus qui avait osé troubler le silence de leur garde.

— *Acolouthos*, dit l'officier, en guise de mot d'ordre.

— *Tatius et acolouthos,* répondirent les gardes, comme mot de passe.

Chacune des sentinelles remit l'arme au pied.

Alors Achille agita pompeusement le cimier de son casque comme un homme qui aimait à montrer à ses soldats l'influence dont il jouissait à la cour. Cependant Hereward conservait la plus inaltérable gravité, au grand étonnement de son officier qui se demandait comment un tel barbare pouvait regarder avec tant d'apathie une scène qui lui paraissait à lui si impressive et si imposante. Il imputa cette indifférence à la stupide insensibilité de son compagnon. Ils passèrent entre les sentinelles, qui se rangèrent en files des deux côtés du portail, laissant au survenant l'accès d'une planche étroite jetée sur le fossé de circonvallation qui joignait le palais au mur principal de la cité.

— Cette planche, dit tout bas l'acolouthos à son compagnon, est appelée le Pont Périlleux ; on dit que souvent on l'a ointe d'huile ou couverte de pois chiches, et que les cadavres de gens connus pour avoir été admis dans la compagnie de la personne sacrée de l'empereur ont été retirés de la Corne d'Or¹, dans laquelle se jettent les eaux du fossé.

— J'aurais cru, dit l'insulaire élevant la voix à son diapason ordinaire, qu'Alexis Comnène n'aurait pas....

— Paix, téméraire ! prenez soin de votre propre vie, dit Achille Tatius : réveiller la fille de l'arche impériale* est dans tous les temps s'exposer à une pénalité formidable ; mais la réveiller par des observations qui atteignent sa très-sacrée Hautesse l'empereur, c'est une insolence pour laquelle la mort serait un châtiment trop léger ! — C'est mon mauvais destin qui a voulu que je reçusse l'ordre positif d'amener dans l'enceinte sacrée une créature qui n'a du sel de la civilisation que ce qu'il en faut pour préserver de la corruption sa carcasse mortelle, puisqu'elle est incapable de toute culture mentale. Réfléchis sur toi-même, Hereward, et pense à ce que tu es, de ta nature un pauvre barbare. — Tout ce dont tu peux te vanter le plus, c'est d'avoir égorgé certains musulmans dans les querelles de ton maître très-sacré, et te voilà admis dans l'enceinte inviolable de Blaquernal, et non-seulement à portée de la royale fille de l'arche impériale, ce qui signifie l'écho de ces voûtes sublimes, mais, — le Ciel nous guide ! — à portée, autant que j'en puis juger, de l'oreille sacrée de Sa Majesté elle-même !

— Hé bien, mon capitaine, répondit le Varangien, je ne saurais promettre de rendre mes idées à la mode de ces lieux ; mais il ne m'est pas difficile de supposer que je suis bien peu propre à porter la parole en présence de la cour. Mon intention est donc de ne pas dire un mot avant qu'on ne me parle, tant que nous serons dans une compagnie meilleure que la nôtre à tous deux. Pour parler clairement, j'aurais de la peine à donner à ma voix un ton plus bas que celui qui m'est naturel. En conséquence, mon brave capitaine, je serai muet, à moins que vous ne me fassiez signe de parler.

— Ce sera agir sagement, dit le capitaine. Il y a ici certaines personnes d'un haut rang, bien plus, certaines personnes nées dans la pourpre elle-même, qui, malheureusement pour toi, se préparent à

---

¹ Le port de Constantinople. (W. S.)

* On donnait dans cette cour à l'écho le nom de *fille de l'Arche*, expression dont nous venons de voir l'acolouthos se servir lui-même en l'expliquant. (W. S.)

sonder, avec toute l'étendue de leur noble intelligence, la profondeur de la tienne, étroite et barbare qu'elle est. Ne va donc pas marier leurs gracieux sourires à ces éclats de rire étrangers à la voix humaine, que tu as coutume de faire tonner quand tu fais chorus avec tes camarades à la fin d'un repas.

— Quand je te dis que je garderai le silence, s'écria le Varangien, poussé un peu hors des limites de sa patience ordinaire ; si vous vous méfiez de ma parole, si vous me prenez pour un merle qui doive parler, qu'il en soit besoin ou non, je ne demande pas mieux que nous nous en allions, et tout sera fini.

Achille, comprenant peut-être qu'il importait à sa politique de ne pas pousser son subalterne à des extrémités, baissa un peu la voix aux dernières paroles du soldat, comme s'il faisait une concession aux rudes manières d'un individu qu'il regardait comme ayant difficilement son pareil, même parmi les Varangiens, pour la force et le courage, qualités qu'en dépit de la grossièreté d'Hereward, Achille soupçonnait dans son cœur avoir plus de valeur que toutes ces grâces sans nom que pouvait posséder un soldat plus élégant et mieux fait pour réussir à la cour.

Navigateur exercé dans les tours et les détours de la résidence impériale, il conduisit le Varangien à travers deux ou trois petites cours de forme assez compliquée, qui faisaient partie du grand palais de Blaquernal, et entra par une porte latérale dans l'édifice proprement dit. Ils y trouvèrent une sentinelle varangienne, qui les laissa passer après qu'ils s'en furent fait reconnaître. La pièce immédiatement adjacente était le corps de garde, où ils trouvèrent un certain nombre de soldats du même corps qui s'amusaient à des jeux ayant quelques rapports avec nos dames et nos dés, ce qui ne les empêchait pas de courtiser fréquemment de grandes cruches d'ale qu'on leur fournissait pour passer le temps quand ils étaient de service. Hereward échangea quelques coups d'œil avec ses camarades ; il n'eût pas demandé mieux que de se réunir à eux, ou du moins de leur parler, car depuis l'aventure du Mitylénien, Hereward s'était trouvé plutôt ennuyé qu'honoré de la promenade qu'il avait faite au clair de lune en compagnie de son officier, excepté pourtant le moment court et plein d'intérêt où il avait cru qu'ils allaient marcher ensemble à un duel. Cependant, quelque négligents qu'ils fussent d'ailleurs du futile cérémonial observé dans l'enceinte du palais sacré, les Varangiens avaient des idées rigides sur leurs devoirs militaires : aussi, sans dire un mot à ses camarades, Hereward suivit-il son commandant à travers le corps de garde et une ou deux antichambres adjacentes, dont l'ameublement luxueux et splendide le convainquit qu'il ne pouvait être nulle part ailleurs que dans la résidence sacrée de l'empereur son maître.

Enfin, après qu'ils eurent traversé certains corridors et appartements qui semblaient familiers à son capitaine, et que celui-ci parcourait d'un pas grave, silencieux et respectueux, comme si, pour nous servir de ses propres expressions, il eût craint de réveiller les échos de ces voûtes magnifiques, des habitants d'une autre espèce commencèrent à être visibles : à différentes portes, et dans différents appartements, le soldat du Nord aperçut ces esclaves infortunés, la plupart d'origine africaine, que quelquefois les empereurs grecs élevaient à un grand pouvoir et à de grands honneurs, imitant, à cet égard, ce qu'il y a de plus barbare dans le despotisme oriental. Ces esclaves étaient différemment occupés : les uns se tenaient debout, comme s'ils étaient de garde, aux portes et à l'issue des corridors, un sabre nu à la main ; d'autres, assis à l'orientale sur des tapis, s'y reposaient ou jouaient à différents jeux, mais tous d'un caractère calme et silencieux. Le guide d'Hereward ne dit pas un mot aux êtres difformes et flétris qu'ils rencontrèrent ainsi. Un regard échangé avec le principal de ceux qu'ils trouvèrent à chaque porte suffit pour lui assurer un libre passage, ainsi qu'à son compagnon.

Après avoir traversé plusieurs appartements, vides ou occupés comme nous venons de le dire, ils entrèrent dans une pièce de marbre noir ou dont les murs étaient revêtus de pierres d'une couleur foncée ; pièce bien plus grande et bien plus élevée que les autres. Différents passages latéraux y aboutissaient, descendant, autant que l'insulaire le put voir, de différentes ouvertures pratiquées dans le mur ; mais comme les huiles et les gommes parfumées qui alimentaient ces lampes jetaient autour d'elles une vapeur incertaine, il était difficile de discerner exactement les formes de cette salle et le style de son architecture. Aux deux extrémités supérieure et inférieure de cette pièce, il y avait une lumière plus forte et plus vive. Quand ils furent parvenus au milieu de cet appartement si grand et si élevé, Achille Tatius dit à son soldat, dans cette sorte de murmure circonspect qu'il semblait avoir substitué à sa voix naturelle depuis qu'ils avaient traversé le Pont Périlleux :

— Reste ici jusqu'à ce que je revienne, et ne bouge de cette salle pour quelque motif que ce soit.

— Entendre c'est obéir, répondit le Varangien, expression servile que, comme beaucoup d'autres phrases et de coutumes, cet empire, qui affectait encore le nom de Rome, avait empruntée aux barbares de l'Orient. Achille Tatius monta alors les degrés qui conduisaient à l'une des portes latérales de cette salle, la porte légèrement touchée tourna sans bruit sur ses gonds, et l'acolouthos disparut.

Laissé seul pour passer le temps le mieux qu'il pourrait dans les limites qui lui étaient assignées, le Varangien visita successivement les deux extrémités de la salle, où les objets étaient plus éclairés que dans le milieu. L'extrémité inférieure avait à son centre une petite porte de fer extrêmement basse; au-dessus était déployé le crucifix grec en bronze, et autour, à droite et à gauche, des menottes, des entraves, des chaînes de ceinture aussi en bronze, étaient symétriquement distribuées comme des ornements appropriés à la destination de cette porte. Elle était entr'ouverte, et naturellement Hereward y regarda, les ordres de son chef ne lui interdisant pas de satisfaire en ce point sa curiosité. Une lumière d'un rouge pâle, ressemblant plutôt à une étincelle éloignée qu'à une lampe fixée au mur de ce qui paraissait un escalier tournant et très-étroit, de la forme à peu près d'un puits dont la margelle était de niveau avec le seuil de la porte de fer, laissait voir une descente qu'on aurait cru conduire aux régions infernales. Tout obtus que le Varangien eût pu paraître aux Grecs plus subtils, il ne lui fut pas difficile de comprendre qu'un escalier d'un aspect si sombre, et auquel on arrivait par une porte décorée de si tristes ornements, ne pouvait que conduire aux cachots du palais impérial, cachots qui, par leur nombre et l'espace qu'ils occupaient, n'étaient pas la partie la moins remarquable et la moins imposante de l'édifice sacré. En prêtant une oreille attentive, il crut même saisir ces accents qui conviennent aux tombes des vivants, les échos affaiblis de gémissements et de soupirs qui semblaient partir de l'abîme profond creusé sous ses pieds; peut-être, quant à cette dernière circonstance, n'était-ce que son imagination qui prêtait un corps et une réalité aux conjectures de son esprit.

— Je n'ai rien fait, pensa-t-il, pour mériter d'être claquemuré dans l'un de ces antres souterrains. Encore qu'Achille Tatius, révérence gardée, ne vaille guère mieux qu'un âne, je ne le crois pas traître au point de me conduire en prison sous de faux prétextes; mais si par hasard c'est là le jeu qu'il prétend jouer ce soir, il verra parbleu pour la dernière fois comment on joue de la hache d'armes anglaise. Visitons un peu l'autre extrémité de cette salle immense; peut-être y trouverons-nous des présages un peu plus gais. Là-dessus, et sans trop mesurer le bruit de ses pieds et de ses armes d'après l'étiquette du palais, le vigoureux Saxon gagna d'un pas ferme et cadencé l'autre bout de la salle de marbre. L'ornement de la porte qui se trouvait de ce côté était un petit autel comme ceux que l'on voit dans les temples des divinités païennes, et qui s'élevait au-dessus du centre de la porte voûtée. Sur cet autel fumait de l'encens qui, s'élevant et tournoyant jusqu'à la voûte en un nuage léger, s'étendait ensuite dans toute la salle, enveloppant dans ses colonnes de fumée un emblème singulier auquel le Varangien ne put rien comprendre. C'étaient deux bras humains qui semblaient sortir du mur, la paume de la main ouverte et étendue comme s'ils allaient donner quelque chose à ceux qui s'approchaient de l'autel. Ces bras étaient de bronze, et placés qu'ils étaient bien plus en arrière que l'autel, on ne les voyait qu'à travers les tourbillons de fumée des lampes disposées de manière à éclairer tout le dessous de la porte. — Je saurais bien comment expliquer tout ceci, pensa le barbare, si ces poings-là étaient fermés et si cette salle était consacrée au pancrace, ce que nous autres nous appelons boxer; mais comme dans le pancrace ces pauvres Grecs eux-mêmes ne se servent pas de leurs mains sans fermer les doigts, par saint Georges! je ne sais ce que signifient ces deux bras-là.

En cet instant, Achille rentra dans la salle de marbre par la même porte qu'il avait prise pour sortir, et se dirigea vers son néophyte, ainsi qu'on aurait pu appeler le Varangien.

— Viens avec moi maintenant, Hereward, car voici qu'approche le fort de l'affaire. Prépare tout le courage que la nature t'a donné; crois-moi, ton honneur et ta réputation en dépendent.

— Ne craignez ni pour l'un ni pour l'autre, répondit Hereward, si le cœur et le bras d'un homme peuvent les soutenir dans cette aventure à l'aide d'un joujou comme cette hache-là.

— Prends donc un ton de voix plus bas et plus soumis, je te l'ai dit vingt fois, et baisse-moi ta hache, que tu aurais mieux fait, je pense, de laisser dans l'antichambre.

— Avec votre permission, mon noble capitaine, je n'ai pas envie de laisser de côté mon gagne-pain; je suis l'un de ces paysans mal appris qui ne savent quelle contenance tenir s'ils n'ont quelque chose à la main, et il n'y a rien de plus naturel pour la mienne que de se reposer sur ma fidèle hache d'armes.

— Garde-la donc si tu veux, mais abstiens-toi de la faire briller comme c'est ta coutume; ne va pas crier, hurler, beugler comme sur un champ de bataille. Rappelle-toi que ce palais est sacré, que ce qui ne serait ailleurs qu'un tumulte devient ici un blasphème. Songe aux personnes que tu peux y rencontrer; rappelle-toi qu'il en est contre lesquelles la plus simple offense est égale à un blasphème contre le Ciel lui-même.

Ce sermon conduisit le maître et l'élève jusqu'à la porte latérale, d'où ils passèrent dans une espèce d'antichambre d'où une porte à deux battants, s'ouvrant tout à coup, offrit aux yeux du sauvage soldat du Nord une scène aussi surprenante que nouvelle.

C'était un appartement du palais de Blaquernal, consacré exclusivement au service de la fille bien-aimée de l'empereur Alexis, la princesse Anne Comnène, dont la réputation littéraire est venue jusqu'à nous, pour avoir écrit l'histoire du règne de son père. Elle était assise, reine et maîtresse, au milieu d'un cercle littéraire tel qu'une princesse impériale, porphyrogénète, c'est-à-dire née dans la chambre de pourpre, pouvait en réunir un à cette époque. Un coup d'œil nous suffira pour nous former une idée des membres de cette réunion.

La princesse, femme de lettres elle-même, avait ces yeux brillants, ces traits réguliers, ces manières douces et agréables que tout le monde eût volontiers accordés à la fille de l'empereur, même quand il n'eût pas été exactement vrai qu'elle les possédât. Elle était assise sur un petit banc ou canapé, car le beau sexe à cette époque n'avait pas, comme dans l'ancienne Rome, le privilége de se tenir couché. Une table, placée devant elle, était couverte de livres, de plantes, d'herbes et de dessins. Son siége était sur un petit gradin, et ceux qui étaient admis dans son intimité ou auxquels elle désirait parler en particulier avaient la permission, durant ce colloque sublime, de se tenir appuyés sur l'estrade moitié debout, moitié agenouillés ; d'autres siéges de différentes hauteurs étaient placés sous le même dais d'apparat qui couvrait celui de la princesse Anne.

Le premier, absolument semblable au sien pour la forme et la commodité, était celui destiné à son mari, Nicéphore Brienne. Il avait, dit-on, ou du moins il affectait le plus profond respect pour l'érudition de sa femme. Cependant les courtisans prétendaient qu'il aurait été assez disposé à s'absenter de ses soirées plus fréquemment que ne l'auraient voulu la princesse Anne et ses augustes parents. Les bruits particuliers de la cour expliquaient ce fait en disant que la princesse Anne Comnène avait bien plus d'attraits quand elle avait moins d'instruction, et que, bien que ce fût encore une belle femme, elle avait perdu quelque chose des charmes de sa personne à mesure que son esprit s'enrichissait davantage.

Comme pour compenser l'infériorité en hauteur du siége de Nicéphore Brienne, les huissiers l'avaient placé si près de sa princesse qu'elle ne pouvait perdre aucun des regards de son bel époux, non plus que celui-ci ne pouvait perdre la moindre particule savante qui tombait des lèvres de son érudite moitié.

Deux autres siéges d'honneur, ou plutôt deux trônes,—car ils étaient accompagnés de tabourets pour soutenir les pieds, d'appuis pour reposer les bras, et de coussins brodés pour incliner le dos, sans parler du dais magnifique qui les recouvrait, — étaient destinés au couple impérial, qui souvent assistait aux études auxquelles leur fille se livrait en public, ainsi que nous l'avons dit. Dans ces occasions, l'impératrice Irène jouissait du triomphe particulier aux mères des filles savantes, tandis qu'Alexis tantôt écoutait avec complaisance le récit de ses propres exploits, racontés dans le langage ampoulé de la princesse, et d'autres fois se livrait aux charmes d'un demi-sommeil en l'entendant dialoguer, avec le patriarche Zosime et d'autres savants, sur les mystères de la philosophie.

Au moment dont nous parlons, ces quatre siéges réservés pour les membres de la famille impériale étaient occupés, à l'exception de celui destiné à Nicéphore Brienne, l'époux de la belle Anne Comnène. Peut-être était-ce à cette absence et à cette négligence qu'on devait attribuer le petit air mécontent qu'on remarquait dans les traits de son auguste compagne. A droite et à gauche de celle-ci, sur la même estrade, et vêtues de robes blanches, étaient placées deux nymphes appartenant à sa maison, deux femmes esclaves, en un mot, qui se tenaient à genoux sur les coussins quand elles n'avaient pas besoin de servir de pupitre vivant pour soutenir et tendre les rouleaux de parchemin sur lesquels la princesse inscrivait les trésors de sa propre science, et dont elle extrayait ce que d'autres avaient dit et pensé avant elle. L'une de ces deux jeunes filles, nommée Astarté, était une calligraphe si distinguée, c'est-à-dire qu'elle écrivait si bien divers alphabets et diverses langues, qu'il s'en fallut de peu qu'elle ne fût envoyée en présent au calife (qui ne savait ni lire ni écrire) dans un moment où l'on croyait nécessaire de lui arracher un traité de paix. Violanta, l'autre dame d'honneur, qu'on appelait ordinairement la Muse, parce qu'elle possédait parfaitement la musique vocale et instrumentale, avait été, de fait, envoyée comme un présent pour adoucir la colère de Robert Guiscard, archiduc d'Apulée. Celui-ci était âgé et sourd comme une pierre ; or, la jeune fille n'avait alors que dix ans, et Robert, avec cet égoïsme qui le caractérisait, ainsi que la plupart des Normands de cette époque, renvoya ce précieux présent à l'empereur, le priant de lui envoyer une femme qui pût contribuer à ses plaisirs, au lieu d'une petite fille dont les cris et les pleurs ne pouvaient que le fatiguer.

Au-dessous de l'estrade étaient assis, ou plutôt couchés sur le plancher, ceux des favoris admis dans ce petit comité. Le patriarche Zosime, et un ou deux autres vieillards, avaient la permission de s'asseoir sur certains tabourets très-bas, seuls sièges préparés pour les doctes membres des soirées de la princesse, comme on appellerait aujourd'hui les réunions de ce genre. Quant aux plus jeunes magnats, on s'attendait que l'honneur de prendre part à la conversation impériale leur paraîtrait l'emporter de beaucoup sur le confortable d'un siége quelconque. Cinq ou six courtisans en tout, de différents âges et de différents costumes, pouvaient composer cette réunion, les uns se tenant debout, d'autres s'agenouillant, pour se reposer, sur les bords d'une riche fontaine d'où partait un petit jet d'eau en filets si minces qu'ils semblaient une rosée, répandant dans la salle une douce fraîcheur chargée du parfum des fleurs et des arbustes qui y étaient disposés. Un beau vieillard, nommé Michel Agélastès, gros, replet, et vêtu comme un ancien philosophe cynique, se faisait remarquer en affectant le vêtement déguenillé et, jusqu'à un certain point, la folie de cette secte. On le remarquait encore pour le soin qu'il mettait à observer dans ses plus minutieux détails l'étiquette du palais impérial. Ses principes et son langage cyniques, sa philosophie républicaine, présentaient un étrange contraste avec la soumission servile dont il se piquait envers les grands. C'était chose étonnante de voir combien de temps cet homme, âgé de soixante ans et plus, dédaignait d'user du privilége de s'appuyer pour se soutenir. Il n'avait jamais que deux postures; ou il se tenait verticalement droit, ou il était positivement à genoux : mais la première de ces attitudes lui était surtout si habituelle, que ses bons amis de cour l'appelaient ordinairement l'éléphant, par suite d'un préjugé des anciens, qui croyaient que cet animal, à demi raisonnable, comme ils le disaient, avait les jointures si peu flexibles, qu'il ne pouvait s'agenouiller.

—Cependant, disait une personne au moment où Hereward fut introduit, j'en ai vu s'agenouiller quand j'étais dans le pays des Gymnosophistes.

—Pour prendre leur maître sur leurs épaules, et le nôtre en ferait autant, dit le patriarche Zosime avec ce sourire moqueur qui était tout ce que l'étiquette de la cour grecque permettait en fait de sarcasme; car, dans les occasions ordinaires, ce n'eût pas été une offense plus grande de tirer matériellement un poignard en présence de l'empereur, que de hasarder une repartie piquante. Tout innocente même que fût celle-ci, l'étiquette cérémonieuse de la cour l'aurait trouvée digne de censure si elle était échappée à tout autre qu'au patriarche, au rang élevé duquel on accordait quelque licence.

Au moment où le prélat venait ainsi de blesser le décorum, Achille Tatius et son soldat Hereward entrèrent dans l'appartement. Le premier se montra encore plus courtisan qu'à l'ordinaire dans ses gestes et ses manières, comme pour mieux faire ressortir son éducation distinguée, par la comparaison avec la gaucherie de l'homme qui l'accompagnait. Toutefois, il n'en était pas moins secrètement fier de montrer comme son subordonné immédiat et particulier un homme qu'il avait coutume de regarder comme un des plus beaux soldats de l'armée d'Alexis, soit pour l'apparence extérieure, soit pour les qualités réelles.

Quelque étonnement suivit l'entrée soudaine des deux nouveaux venus. Il est vrai qu'Achille se présenta avec cette assurance facile et respectueuse qui indiquait l'habitude de ces hautes régions; mais Hereward tressaillit sur le seuil de la porte quand il vit en quelle compagnie il se trouvait, et fit quelques efforts malheureux pour comprimer son émotion. Son commandant jeta autour de lui un coup d'œil à peine visible comme pour l'excuser, et fit en même temps un signe confidentiel à Hereward pour lui rappeler ce qu'il avait à faire. Ce qu'il voulait lui dire, c'était qu'il devait ôter son casque et se prosterner à terre; mais l'Anglo-Saxon, inaccoutumé à traduire des signes obscurs, pensa naturellement à ses devoirs militaires, et, s'avançant vis-à-vis de l'empereur, lui présenta les armes. Il s'inclina d'un genou, porta légèrement la main à son casque, se releva, mit l'arme au bras, et puis, se plaçant trois pas en avant du fauteuil de l'empereur, il s'y tint dans l'attitude d'un factionnaire.

Un léger sourire de surprise gagna tout le cercle quand ils virent l'attitude mâle et peu cérémonieuse du soldat du Nord, attitude martiale au dernier point. Les divers spectateurs consultèrent la figure de l'empereur, ne sachant s'ils devaient voir cette brusque entrée du Varangien comme une preuve de sa mauvaise éducation, et en manifester leur horreur, ou s'ils devaient la considérer comme indiquant un zèle mâle et hardi, et y applaudir en conséquence.

Il se passa un instant avant que l'empereur fût assez revenu de son étonnement pour donner le ton à ses courtisans. Alexis Comnène était depuis quelques moments plongé dans un demi-sommeil ou du moins dans une demi-absence. Il en avait été réveillé tout à coup par l'arrivée soudaine du Varangien; car, bien qu'il eût coutume de confier la garde extérieure du palais à ce corps d'élite, cependant, dans toutes les occasions ordinaires, celle de l'intérieur n'était composée que de ces nègres difformes dont nous avons parlé, et dont quelques-uns s'élevèrent au rang de ministres et de généraux en chef. Lors donc que l'empereur s'éveilla de ce demi-sommeil, l'oreille retentissante encore de la dernière phrase militaire de sa fille, qui était en train de lui lire un passage de son grand ouvrage historique dans lequel elle racontait les guerres de son temps, il se sentit assez mal préparé pour l'entrée et les gestes tout militaires de l'un des soldats de cette garde saxonne dont l'idée s'associait pour lui à des scènes de bataille, de dangers et de mort.

Après avoir promené autour de lui un regard troublé, il l'arrêta sur Achille Tatius. — Pourquoi êtes-vous ici, fidèle acolouthos ? et pourquoi ce soldat à cette heure de la nuit ? — C'était là naturellement le moment de modeler les visages *regis ad exemplum*. Mais avant que le patriarche eût pu donner à sa physionomie l'expression affectueuse de la crainte de quelque danger, Achille Tatius avait dit un ou deux mots pour rappeler à la mémoire paresseuse d'Alexis que ce soldat était là par son ordre spécial. — Ah! oui, c'est vrai, mes amis, dit-il, reprenant un air plus serein, nous avions oublié ce détail au milieu du souci des choses publiques. Puis il parla au Varangien d'un visage plus ouvert et avec un accent plus franc qu'il n'avait coutume de le faire à ses courtisans; pour un monarque despotique, un simple garde du corps est un homme de confiance, tandis qu'un grand officier est un homme dont il se défie toujours jusqu'à un certain point. — Ah! ah! dit-il, notre digne Anglo-Danois, comment se porte-t-il ? — Cette salutation si peu cérémonieuse surprit tout le monde, excepté celui auquel elle s'adressait. Hereward répondit, accompagnant d'un salut militaire, plus cordial que respectueux, ces paroles prononcées à haute voix, qui firent d'autant plus tressaillir l'assemblée, qu'elles étaient en saxon, langue dont ces étrangers se servaient quelquefois : *Waes hael, Kaisar mirrig und machtigh !* — c'est-à-dire Portez-vous bien, vaillant et puissant empereur. Alexis, avec un sourire d'intelligence, pour faire voir qu'il savait parler à ses gardes dans leur propre langue, répondit aussitôt par ces mots faciles et agréables à retenir : — *Drink hael!* c'est-à-dire boire à la santé.

Au même instant un page apporta un gobelet d'argent plein de vin. L'empereur y mouilla le bord de ses lèvres ; puis il le fit passer à Hereward en lui ordonnant de boire. Le Saxon ne se le fit pas répéter deux fois, et il vida d'un seul coup le contenu du vase. Un léger sourire, aussi respectueux que le permettait la présence de l'empereur, égaya toute l'assemblée à la vue de cet exploit, qui, bien qu'ordinaire pour un habitant du Nord, semblait prodigieux à des Grecs du Bas-Empire. Alexis rit lui-même plus haut et plus longtemps que ses courtisans n'eussent osé se le permettre, et, rassemblant le peu de mots varangiens qu'il savait, en les entremêlant de mots grecs, il s'écria : — Eh bien, mon hardi Breton Edward, comme on t'appelle, reconnais-tu ce vin-là ?

— Oui, répondit le Varangien sans paraître autrement étonné, j'en ai déjà bu une fois à Laodicée.

Ici son officier, Achille Tatius, comprit qu'il abordait là un sujet délicat, et fit tous ses efforts pour attirer son attention et lui faire signe de se taire ou de prendre garde à ce qu'il allait dire. Mais le soldat, qui, fidèle à l'étiquette militaire, tenait les yeux constamment fixés sur l'empereur, comme sur celui à qui il devait répondre et qu'il avait juré de servir, ne vit et n'entendit aucun des signes que lui faisait Tatius, signes devenus insensiblement si marqués qu'ils furent aperçus par le patriarche et le proto-spathaire, lesquels échangèrent un coup d'œil pour se dire mutuellement que le manége de l'acolouthos ne leur avait pas échappé.

Cependant le dialogue continuait entre l'empereur et le soldat : — Le trouves-tu meilleur ou aussi bon que l'autre fois, puisque tu en as déjà bu ?

— Mon souverain maître, il y a ici meilleure compagnie que celle des Arabes, répondit Hereward, regardant et saluant autour de lui avec une politesse instinctive ; néanmoins il lui manque aujourd'hui cette saveur que la chaleur du soleil, la poussière du combat et la fatigue d'avoir manœuvré pendant huit heures de suite une hache comme celle-ci, ne peuvent manquer de donner à une coupe de vin précieux.

— Une autre chose qui manque encore, dit Agélastès l'Éléphant, s'il m'est permis de prendre la parole, ajouta-t-il, dirigeant comme pour la demander un coup d'œil vers le trône, — c'est peut-être la petitesse de cette coupe d'aujourd'hui comparée à celle de Laodicée.

— Par Taranis ! vous dites la vérité, répondit le garde du corps ; à Laodicée, c'est dans mon casque que j'ai bu.

— Comparons les deux coupes, reprit Agélastès, poursuivant sa raillerie, afin de nous assurer que vous n'avez pas avalé le gobelet d'argent ; car, à la manière dont vous y alliez, nous avons pu craindre que le contenant ne s'engloutît avec le contenu.

— Il y a des choses que je n'avale pas aisément, répondit le Varangien d'un ton de calme et d'indifférence ; mais il faudrait qu'elles vinssent d'un homme plus jeune et plus actif que vous.

Les membres de l'honorable assemblée se regardèrent de nouveau en souriant, comme pour se dire que le philosophe, qui faisait profession d'être un esprit moqueur, n'avait pas eu l'avantage dans cette rencontre.

L'empereur intervint dans ce même moment : — Mon brave camarade, dit-il à Hereward, je ne t'ai pas fait venir ici pour y être harcelé de sottes plaisanteries.

Agélastès se retira en arrière du cercle, comme un chien que le chasseur a grondé pour avoir donné de la voix ; et la princesse Anne Comnène, qui avait montré par l'expression de ses beaux traits une certaine impatience, prit enfin la parole : — Mon empereur et mon père bien-aimé, vous plaira-t-il de faire savoir à ceux qui ont le bonheur d'être admis dans le Temple des Muses pourquoi vous avez ordonné que ce soldat fût reçu ce soir dans un lieu si fort au-dessus de son rang? Permettez-moi de dire que nous ne devrions pas perdre dans de vaines et frivoles plaisanteries un temps consacré au bien de votre empire, comme le doivent être tous les moments de vos loisirs.

— Notre fille parle sagement, dit l'impératrice Irène, laquelle, comme presque toutes les mères qui ne possèdent pas elles-mêmes de grands talents et ne sont pas très-aptes à juger ceux des autres, n'en admirait pas moins ceux de sa fille chérie, et cherchait toutes les occasions de les faire valoir. Permettez-moi de vous faire observer que dans ce temple divin dédié aux Muses, dans ce palais consacré aux études de notre très-savante et très-chère fille, dont la plume conservera votre réputation jusqu'à la désolation de l'univers, et qui fait la vie et les délices de cette société, véritable fleur des beaux-esprits de votre sublime cour, — permettez-moi, dis-je, de vous faire observer, mon impérial époux, qu'en admettant un simple garde du corps, nous avons donné à notre conversation le caractère qui distingue celle des casernes.

En ce moment, l'empereur éprouvait le même sentiment que plus d'un honnête homme d'une classe ordinaire quand sa femme commence une longue harangue ; d'autant plus que l'impératrice Irène, encore qu'elle fût très-sévère à exiger des autres l'accomplissement minutieux de tout ce qui était dû à son rang, ne se montrait pas toujours observatrice très-scrupuleuse des formes respectueuses que commandait la suprématie de son auguste époux. Ainsi, quoique Alexis eût trouvé quelque plaisir à suspendre un moment la lecture monotone de l'histoire de la princesse, il vit qu'il fallait la prier de la reprendre ou se résigner à écouter d'éloquence matrimoniale de l'impératrice. Il soupira donc en disant : — Je vous demande pardon, notre bonne et impériale épouse, et vous, notre fille, née dans la chambre de pourpre ; mais je me suis rappelé que dans la soirée d'hier vous avez désiré connaître les particularités de la bataille de Laodicée contre les Arabes infidèles, que le Ciel confonde! Maintenant, par suite de certaines considérations qui nous ont porté à ajouter quelques renseignements à nos souvenirs personnels, Achille Tatius, notre acolouthos, dans lequel nous avons placé une si grande confiance, a reçu l'ordre d'introduire dans ce palais l'un des soldats sous ses ordres, choisissant celui dont le courage et la présence d'esprit avaient dû le mettre plus à même d'observer tout ce qui se passait autour de lui dans cette journée mémorable et sanglante. Et ce soldat est, je suppose, celui qu'il a choisi pour obéir à nos ordres.

— S'il m'est permis de parler et de vivre, répondit l'acolouthos, Votre Altesse Impériale, avec ces divines princesses, dont le nom est béni par nous comme celui des saints, vous avez maintenant devant vous la fleur de mes Anglo-Saxons, ou de quelque autre nom qu'il vous plaise d'appeler mes soldats. C'est, si j'ose m'exprimer ainsi, un barbare entre les barbares ; car, encore que sa naissance et son éducation le rendent indigne de souiller du contact de ses pieds le tapis qui décore cette enceinte d'éloquence et de talents, il est si brave, — si fidèle, — si dévoué, — si aveuglément zélé, que....

— Assez, brave acolouthos, répondit l'empereur ; dites-nous seulement s'il est froid et réfléchi, et s'il n'est pas ému, surexcité, comme nous l'avons remarqué de vous et d'autres grands capitaines, et, pour dire la vérité, comme nous l'avons observé de notre propre personne, dans des occasions extraordinaires. Cette différence que l'on observe dans la constitution de plusieurs hommes ne dénote pas une infériorité de courage. Dans notre âme impériale, par exemple, elle provient d'une conscience intime de l'importance de notre salut personnel au bien-être de tous nos sujets, et aussi de la pensée que nous avons du nombre et de l'importance des devoirs qui nous sont dévolus en partage. Parlez donc et parlez vite, Tatius, car je m'aperçois que notre impériale épouse et notre fille trois fois chérie, née dans la chambre de pourpre, commencent à témoigner une certaine impatience.

— Hereward, répondit Tatius, est aussi à son aise et aussi en état d'observer dans une bataille qu'un autre le serait dans un bal. La poussière des combats est le souffle de ses narines, et il est dans le cas de livrer bataille, les Varangiens exceptés, contre quatre des soldats de Votre Altesse Impériale qui se prétendraient les plus braves.

— Acolouthos, dit l'empereur d'un ton et d'un regard qui indiquaient son déplaisir, au lieu d'instruire ces pauvres, ces ignorants barbares dans les règles et la civilisation de notre empire éclairé, vous fomentez par ces propos fanfarons le sot orgueil et la fureur de leur caractère, qui les entraînent à des collisions sanglantes avec les autres légions de l'armée grecque, et même à des combats particuliers entre eux.

— Si ma bouche peut s'ouvrir pour donner passage aux plus humbles excuses, dit l'acolouthos, je me permettrai de répondre qu'il y a une heure tout au plus, je parlais avec ce pauvre et ignorant Anglo-Danois du soin paternel que prend Votre Impériale Majesté pour conserver cette concorde qui doit unir ceux qui combattent sous le même drapeau, et je lui expliquais combien il est à désirer que cette harmonie s'affermisse surtout entre les diverses nations qui ont l'honneur de vous servir, en dépit des sanglantes querelles des Franks et d'autres peuples du Nord qui ne sont jamais sans quelques dissensions intestines. Je crois que l'intelligence toute bornée de ce jeune soldat lui permettra cependant de rendre ici témoignage en ma faveur. Là-dessus il tourna les yeux vers Hereward, qui inclina gravement la tête, comme pour affirmer ce que son capitaine venait de dire. Son excuse ainsi appuyée, Achille continua d'un ton plus ferme. — Dans ce que j'ai dit tout à l'heure, j'ai parlé sans réflexion ; au lieu de dire qu'Hereward pourrait faire face à quatre des serviteurs de Votre Altesse Impériale, j'aurais dû dire qu'il ne craindrait pas de défier six des plus mortels ennemis de Votre Majesté, leur laissant le choix du temps, des armes et du lieu du combat.

— Voilà qui sonne mieux, dit l'empereur, et pour la gouverne de ma très-chère fille, qui a pieusement entrepris de transmettre à la postérité le souvenir des choses que la Providence a faites par mes mains pour le bien de cet empire, je la prie instamment de ne pas oublier qu'encore que l'épée d'Alexis n'ait pas dormi dans le fourreau, cependant il n'a jamais cherché à agrandir sa propre gloire au prix du sang de ses sujets.

— Je me rends ce témoignage, dit Anne Comnène, que dans la modeste esquisse que j'ai tracée du grand prince à qui je dois le jour, je n'ai pas oublié de mentionner son amour de la paix, son souci du bien-être de ses soldats et son horreur pour les coutumes sanglantes des hérétiques franks, comme les traits saillants de son noble caractère.

Prenant alors une attitude plus imposante, comme quelqu'un qui allait appeler l'attention de la compagnie, la princesse fit une petite inclination de tête à la ronde ; puis, prenant des mains de la belle esclave qui lui servait de secrétaire un rouleau de parchemin sur lequel celle-ci avait écrit sous sa dictée en caractères magnifiques, Anne Comnène se prépara à commencer sa lecture.

En ce moment, les yeux de la princesse s'arrêtèrent un instant sur le barbare Hereward, auquel elle daigna consacrer un petit discours par forme d'avant-propos : — Vaillant barbare, dont mon imagination se rappelle quelque souvenir comme celui d'un rêve, tu vas entendre la lecture de mon ouvrage. Si l'on comparait le sujet à l'auteur, on pourrait dire que c'est le portrait d'Alexandre exécuté par quelque misérable barbouilleur qui aurait usurpé le pinceau d'Apelles. Toutefois, quelque indigne du sujet que cet essai puisse paraître à plusieurs, il est cependant de nature à exciter l'envie de ceux qui en examineront sincèrement le contenu et se rendront compte de la difficulté qu'il y avait à peindre dignement le grand prince dont il retrace le règne. Cependant, je te prie de porter une attention toute particulière au chapitre dont tu vas entendre la lecture; encore que ce récit de la bataille de Laodicée ait été écrit en grande partie d'après ce que m'en ont rapporté Son Altesse Impériale mon excellent père, le vaillant proto-spathaire, son invincible général, ainsi qu'Achille Tatius, le fidèle acolouthos de notre victorieux empereur, il serait cependant possible qu'il y eût quelques incorrections dans certains détails. En effet, il est à supposer que les hautes fonctions de ces chefs importants ont pu les retenir à une certaine distance du plus fort de la mêlée, afin de pouvoir se former une idée plus calme et mieux raisonnée de l'ensemble, et transmettre leurs ordres sans être troublés par aucune crainte d'un danger personnel. Il en est de même, brave barbare, dans l'art de la broderie (ne t'étonne pas de nous voir versée dans cet art mécanique, puisqu'il a Minerve pour patronne, Minerve, dont nous sommes fière de suivre tous les goûts); dans la broderie, dis-je, nous nous réservons la direction de l'ensemble d'un ouvrage, mais nous confions à nos demoiselles d'honneur ou à d'autres l'exécution de certains détails particuliers. De même, vaillant Varangien, t'étant trouvé au plus fort de la mêlée devant Laodicée, tu pourrais nous indiquer, à nous historienne indigne de ces guerres fameuses, les chances qui se développèrent quand les hommes combattirent corps à corps, et quand le destin de la bataille fut décidé à la pointe de l'épée. Ne crains donc pas, ô toi, le plus brave des porte-haches à qui nous devons cette victoire et bien d'autres, de nous reprendre des erreurs ou omissions que nous aurions pu commettre dans les détails de ce glorieux événement.

— Madame, dit le Varangien, j'écouterai avec grand soin tout ce qu'il plaira à Votre Altesse Impériale de me lire, quoique je sois loin d'avoir la prétention de vouloir blâmer l'histoire écrite par une princesse née dans la chambre de pourpre. Encore moins conviendrait-il à un barbare Varangien de prononcer un jugement sur la conduite militaire de l'empereur qui le paye généreusement, ou du général qui le traite avec bonté. Avant l'action, si l'on nous demande notre avis, nous devons le donner fidèlement; mais, suivant mes pauvres lumières, le combat terminé, toute censure des mesures prises serait plus odieuse qu'utile. Quant au proto-spathaire, si c'est le devoir d'un général de se tenir loin du gros de la mêlée, je suis prêt à affirmer et à jurer au besoin qu'il ne s'est jamais approché à une portée de javelot de tout ce qui pouvait ressembler à un danger quelconque.

Ce discours, prononcé avec autant de hardiesse que de franchise, produisit un effet général sur tous les assistants. L'empereur lui-même et Achille Tatius avaient l'air d'hommes qui viennent de sortir d'un danger plus aisément qu'ils ne s'y attendaient. Le proto-spathaire fit des efforts pour cacher un mouvement de ressentiment. Agélastès dit tout bas à l'oreille du patriarche, près duquel il était placé : — La hache d'armes du Nord ne manque ni de pointe ni de tranchant.

— Paix ! dit Zosime, voyons comment ceci finira ; la princesse va parler.

CHAPITRE IV.

> Nous entendîmes le tecbir ; ainsi que les Arabes appellent leur cri de guerre quand, avant l'attaque, ils poussent d'éclatantes clameurs vers le ciel comme pour le prendre à témoin, et lui demander la victoire. Les troupes en vinrent aux mains, et, du côté des barbares, le seul cri poussé fût : Bataille ! bataille et paradis !
>
> *Le Siége de Damas.*

La voix du soldat du Nord, quoique modifiée par ses sentiments de respect envers l'empereur et même d'attachement envers son capitaine, avait cependant un ton qui indiquait plus de sincérité dans sa brusquerie que n'en entendaient d'ordinaire les échos sacrés du palais impérial. Si donc la princesse Anne Comnène commença à penser qu'elle avait invoqué l'opinion d'un juge sévère, elle comprit également par la déférence de ses manières que son respect était d'un caractère plus réel, et que ses applaudissements, si elle venait à les gagner, lui seraient infiniment plus flatteurs que l'assentiment doré de toute la cour de son père. Elle promena un coup d'œil de surprise et d'attention sur Hereward, qui était, comme nous l'avons dit, un très-beau jeune homme ; et elle éprouva ce désir de plaire auquel l'esprit se laisse aisément aller à l'égard d'une belle personne de l'autre sexe. L'attitude du Varangien était aisée et hardie, mais elle n'était ni gauche ni grossière. Son titre de barbare le plaçait d'un seul coup au-dessus des formes de la vie civilisée et des règles d'une politesse artificielle ; mais sa réputation de valeur et la noble confiance en lui-même qu'on lisait dans ses regards faisaient qu'on prenait à lui plus d'intérêt que n'en auraient fait naître un langage plus étudié ou une affectation de crainte respectueuse.

En un mot, la princesse Anne Comnène, quelque élevé que fût son rang, et quoique née dans la pourpre impériale, ce qu'elle regardait elle-même comme le plus beau de tous les titres, se sentit, au moment où elle allait reprendre la lecture de son histoire, plus jalouse d'obtenir l'approbation de ce soldat inculte que celle de tous les courtisans qui l'entouraient. Ceux-là, elle les connaissait, et ne se mettait pas en peine d'obtenir des applaudissements que la fille de l'empereur était sûre de recevoir de ceux des Grecs auxquels elle daignait communiquer les productions de la fille de son père. Mais elle avait maintenant un juge d'une nouvelle trempe, dont les applaudissements auraient nécessairement une réalité intrinsèque, puisque pour les obtenir il lui faudrait toucher sa tête ou son cœur.

Ce fut peut-être sous l'influence de ce sentiment que la princesse fut un peu plus longtemps que d'ordinaire à trouver l'endroit du manuscrit où elle se proposait de commencer sa lecture. On remarqua aussi que, dans les premières phrases, sa voix indiquait un embarras et un manque d'assurance qui surprirent ses nobles auditeurs, qui l'avaient toujours vue conserver toute sa présence d'esprit devant ce qu'ils regardaient comme un auditoire plus distingué et plus difficile.

De son côté, le Varangien ne se trouvait pas dans des circonstances qui dussent lui rendre cette scène indifférente. Anne Comnène avait à la vérité atteint son cinquième lustre, et c'est l'époque à laquelle la beauté des femmes grecques commence à décliner. Depuis combien de temps avait-elle passé cette période critique, c'est ce qui était un secret pour tous, excepté pour les fidèles esclaves de la chambre de pourpre. Qu'il suffise de savoir que la rumeur publique disait qu'il y avait bien un an ou deux, ce que semblait confirmer ce penchant aux études philosophiques et littéraires qui n'est pas le propre de la beauté encore à son aurore. Elle pouvait donc avoir vingt-sept ans.

Cependant, Anne Comnène était encore ou avait été bien peu de temps auparavant une beauté du premier ordre, et l'on peut supposer qu'il lui restait assez de charmes pour captiver un barbare du Nord, si celui-ci n'avait grand soin de se rappeler prudemment la distance immense qui les séparait. Ce souvenir n'eût peut-être pas encore suffi pour sauver Hereward des attraits de l'enchanteresse, né libre, entreprenant et audacieux comme il l'était ; car dans ces temps d'étranges révolutions il y avait bien des exemples de généraux victorieux qui avaient partagé la couche de princesses nées dans la pourpre impériale, princesses que peut-être ils avaient pris soin eux-mêmes de rendre veuves, afin de faciliter leurs propres prétentions. Mais, outre l'influence d'autres souvenirs que le lecteur connaîtra plus bas, Hereward, bien que flatté de l'attention toute particulière dont l'honorait la princesse, ne voyait en elle que la fille de son empereur, de son souverain d'adoption, que l'épouse d'un noble prince, et le devoir ainsi que la raison lui défendaient de penser à elle sous aucun autre point de vue.

Ce fut après un ou deux efforts préliminaires que la princesse commença à lire d'une voix incertaine, mais qui prit ensuite de la force et de l'assurance, un passage bien connu de son histoire d'Alexis Comnène, passage qui malheureusement n'a pas été reproduit dans les historiens de la Byzantine. Cette narration ne saurait donc manquer de plaire aux antiquaires, et l'auteur s'attend à recevoir les remerciements du monde savant pour avoir découvert ce curieux fragment, lequel sans ses efforts serait probablement englouti à jamais dans le gouffre de l'oubli.

RETRAITE DE LAODICÉE

TRADUIT POUR LA PREMIÈRE FOIS DE L'HISTOIRE D'ALEXIS COMNÈNE, ÉCRITE EN GREC PAR SA FILLE.

« Le soleil s'était retiré dans son lit, au fond de l'Océan, comme honteux de voir l'immortelle armée de notre très-sacré empereur entourée par ces hordes barbares d'infidèles qui, ainsi que nous l'avons dit dans notre dernier chapitre, avaient occupé les différents défilés, tant en avant qu'en arrière des Romains [1], ces barbares ayant eu l'esprit de s'en emparer pendant la nuit. Ainsi donc, quoiqu'une marche triomphale nous eût conduits jusqu'en cet endroit, c'était devenu l'objet d'un doute sérieux et grave de savoir si nos aigles victorieuses pourraient pénétrer plus avant dans le pays de l'ennemi ou même exécuter ensuite leur retraite dans le nôtre.

« Les connaissances étendues de l'empereur dans les affaires militaires, connaissances où il l'emporte sur presque tous les princes vivants, l'avaient porté la veille au soir à s'assurer avec une exactitude et une prévoyance merveilleuses de la position précise de l'ennemi. Pour ce service d'une haute importance, il employait certains barbares légèrement armés qui avaient tiré originairement leurs costumes et leur discipline des déserts de la Syrie. S'il me faut parler sous la dictée de la vérité, qui doit toujours conduire la plume d'un historien, j'avouerai qu'ils étaient infidèles, aussi bien que leurs ennemis; sincèrement attachés toutefois au service des Romains, et, autant que je puis croire,

---

[1] Plus proprement appelés Grecs à cette époque; mais nous adoptons la phraséologie de la belle historienne. (W. S.)

esclaves dévoués de l'empereur, auquel ils rapportèrent les renseignements qu'il avait désirés sur la position de son redoutable adversaire Jezdégerd. Ces éclaireurs ne revinrent que longtemps après l'heure à laquelle l'empereur se livrait ordinairement au repos.

« Malgré ce dérangement de son temps très-sacré, notre impérial père, qui avait retardé la cérémonie de son déshabillement, tant étaient pressantes les nécessités du moment, continua, jusque bien avant dans la nuit, à présider le conseil de ses chefs les plus prudents, hommes dont le jugement profond aurait pu sauver un monde prêt à s'abîmer, et qui maintenant consultaient entre eux pour décider ce qu'il y avait à faire dans les circonstances difficiles où l'on se trouvait. Telle était l'urgence de la position, que toutes les observances ordinaires de la maison impériale furent mises de côté, que le lit impérial, ainsi que je l'ai appris de témoins oculaires, fut dressé dans la chambre même où se tenait l'assemblée, et que la lampe sacrée appelée la Lumière du Conseil, et qui brûle toujours quand l'empereur préside en personne aux délibérations de ses serviteurs, fut pour cette nuit seulement — chose inouïe dans nos annales — alimentée d'huile non parfumée ! »

La belle lectrice se plaça dans l'attitude d'une sainte horreur, et les auditeurs témoignèrent leur sympathie par des signes d'intérêt condignes. Nous ne dirons qu'une chose, c'est que le soupir lancé par Achille Tatius fut le plus pathétique, tandis que le mugissement d'Agélastès l'Éléphant fut plus profond et plus effroyablement bestial. Hereward se montra peu ému ; il témoigna bien quelque surprise, mais ce fut de l'étonnement que les autres exprimaient. La princesse, ayant laissé à ses auditeurs le temps de manifester leur sympathie, continua en ces termes :

« Dans cette triste situation, quand les coutumes les plus sacrées et les mieux établies de la maison impériale se taisaient devant la nécessité de pourvoir en toute hâte aux événements du lendemain, les opinions des membres du conseil furent différentes suivant leurs caractères et leurs habitudes ; chose, pour le dire en passant, qu'on remarque fréquemment parmi les hommes les plus braves et les plus prudents, dans des occasions aussi difficiles et aussi dangereuses.

« Je n'enregistrerai pas ici les noms et les opinions de ceux dont les conseils furent proposés et rejetés, par respect pour le secret et la liberté des débats justement attribués aux délibérations du cabinet impérial. Qu'il me suffise de dire que quelques-uns conseillaient une prompte attaque contre l'ennemi, en prolongeant la pointe que nous avions déjà faite. D'autres pensaient qu'il serait plus aisé et plus sûr de nous frayer une route en arrière et de retourner par où nous étions venus. Je ne dissimulerai pas que quelques personnes d'une fidélité non suspecte proposaient un troisième parti plus sûr, il est vrai, que les deux autres. mais totalement en opposition avec les dispositions de mon père très-magnanime. Ces personnes voulaient qu'un esclave confidentiel fût dépêché, avec l'un des ministres de l'intérieur de notre palais impérial, vers la tente de Jezdégerd, afin de savoir à quelles conditions il permettrait à notre père triomphant de faire retraite en sûreté à la tête de son armée victorieuse. En entendant cette opinion, notre impérial père s'écria : — *Sancta Sophia!* — expression la plus rapprochée d'un jurement qu'on lui eût jamais entendu proférer, et sans doute il était au moment de dire quelque chose de très-dur sur ce qu'il y avait de déshonorant dans cet avis, et de lâche dans ceux qui l'avaient ouvert, lorsque, se rappelant la mutabilité des choses humaines et le malheur de quelques-uns de ses très-gracieux prédécesseurs qui s'étaient vus forcés de livrer leurs personnes sacrées aux infidèles dans ce même pays, Sa Majesté impériale comprima ses sentiments généreux et se contenta de les indiquer à ses conseillers militaires dans un discours où elle déclara qu'elle n'adopterait qu'à la dernière extrémité un parti si désespéré et si déshonorant. Ce fut ainsi que la sagesse de ce puissant prince rejeta tout d'un coup un conseil qui semblait si honteux pour ses armes, et qu'il enhardit le zèle de ses troupes, tandis qu'il se réservait cette porte de derrière qui eût pu lui procurer une retraite sûre, encore qu'elle n'eût pas été peut-être tout à fait honorable dans des circonstances moins urgentes.

« Au moment où la discussion en était arrivée à cette triste crise, le célèbre Achille Tatius arriva avec la bonne nouvelle que lui-même et quelques soldats de son corps avaient découvert dans le flanc gauche de notre camp une ouverture par laquelle, en faisant, il est vrai, un détour considérable, nous pourrions, si nous marchions avec vigueur, atteindre la ville de Laodicée, et là, rejoignant notre réserve, nous trouver jusqu'à un certain point hors de tout danger de la part de l'ennemi.

« Aussitôt que ce rayon d'espoir fût venu illuminer l'esprit inquiet de notre gracieux père, il prit immédiatement toutes les dispositions qui pouvaient en assurer les résultats avantageux. Son Altesse impériale ne voulut pas, pour cette fois, permettre aux braves Varangiens, dont il regardait les haches d'armes comme la fleur de son armée, de prendre le poste dangereux de l'avant-garde. Il comprima l'amour des combats, qui a distingué en tout temps ces généreux étrangers, et ordonna que les troupes syriennes, dont nous avons déjà parlé, s'assemblassent avec le moins de bruit possible dans le voisinage du défilé abandonné, et prissent soin de l'occuper. Le bon génie de l'empire suggéra cette idée à mon auguste père, parce que, comme elles ressemblaient aux ennemis par leur langage, leurs armes et leur accoutrement, il était à espérer que ceux-ci les laisseraient, sans s'y opposer, prendre position dans le défilé et en assurer ainsi le passage au reste de l'armée, dont les Varangiens, comme attachés immédiatement à sa personne sacrée, formeraient l'avant-garde. Les bataillons bien connus, nommés les Immortels, devaient venir ensuite, comprenant le gros de l'armée et formant le centre et l'arrière-garde. Achille Tatius, le fidèle acolouthos, bien que mortifié de ce qu'on ne lui permettait pas de prendre le commandement de l'arrière-garde, qu'il s'était proposé pour lui-même et pour ses vaillants soldats, comme le poste le plus dangereux en pareille circonstance, acquiesça néanmoins de grand cœur aux dispositions proposées par son auguste maître, comme plus propres à assurer le salut de sa personne et celui de l'armée.

« Les ordres de l'empereur, immédiatement envoyés dans toutes les directions, furent exécutés avec la plus admirable promptitude, d'autant mieux qu'ils indiquaient un moyen de salut dont les plus vieux soldats eux-mêmes avaient presque désespéré. Pendant cet espace de temps où, privés de la lumière du jour, les hommes et les dieux, comme le dit le divin Homère, se livrent également au sommeil, il se trouva que la vigilance et la prudence d'un seul individu avaient assuré le salut de toute l'armée romaine. A peine les premiers rayons du soleil éclairaient-ils la pointe des hauteurs qui bordaient le défilé, qu'ils se réfléchirent sur les casques d'acier et sur les lances des Syriens, sous le commandement d'un capitaine nommé Monastras, qui, avec sa tribu, s'était mis au service de l'empire. Mon auguste père, à la tête de ses fidèles Varangiens, franchit le défilé afin de s'avancer assez sur la route de Laodicée pour éviter toute collision avec les Barbares.

« C'était un magnifique spectacle que de voir la masse noire des guerriers septentrionaux, qui formaient alors l'avant-garde de l'armée, marchant lentement et en bon ordre à travers les défilés des montagnes, tourner les rocs et les précipices, franchir les hauteurs moins escarpées, comme une rivière large et puissante ; tandis que les bandes détachées d'archers et de lanciers armés à la manière orientale se dispersaient sur les flancs montueux et pouvaient se comparer à l'écume légère sur les bords du torrent. Au milieu des escadrons des gardes du corps, on voyait le fier cheval de bataille de Sa Majesté impériale qui frappait la terre d'un pied indigné, comme impatient du délai qui le séparait de son auguste fardeau. L'empereur Alexis lui-même était dans une litière portée par huit vigoureux esclaves africains, afin qu'il pût en sortir tout à fait reposé, si l'armée venait tout à coup à être atteinte par l'ennemi. Le vaillant Achille Tatius marchait à cheval à côté de la litière de son maître, pour qu'aucune de ces idées lumineuses par lesquelles mon auguste père a souvent décidé le destin de la bataille ne se perdît faute d'être instantanément communiquée à ceux dont c'était le devoir de les exécuter. Je dois dire encore que, près de la litière de l'empereur, il y en avait trois ou quatre autres de même espèce, l'une destinée à la Lune de l'Univers, comme on peut appeler l'auguste ʒmpératrice Irène. Parmi les autres, on peut encore mentionner celle qui contenait l'auteur de cette histoire, tout indigne qu'elle soit de cette distinction, si ce n'est comme la fille des très-éminentes et très-sacrées personnes que celle-ci concerne spécialement. C'est ainsi que l'armée impériale s'avançait dans ces défilés dangereux, quand elle fut exposée aux insultes des Barbares; heureusement elles furent facilement repoussées. Lorsque nous arrivâmes à la descente du défilé, du côté de la ville de Laodicée, l'empereur, dans sa sagacité, ordonna à l'avant-garde,—qui, bien que composée de soldats très-pesamment armés, avait marché jusque-là extrêmement vite,—de faire une halte, aussi bien pour qu'ils prissent eux-mêmes quelque repos et quelques rafraîchissements, que pour donner à l'arrière-garde le temps de rejoindre et de combler certains intervalles qui se forment toujours entre les lignes dans une marche forcée.

« Le lieu choisi pour cette halte était éminemment beau. C'était une chaîne de collines qui semblaient petites en comparaison des montagnes que nous venions de traverser, et qui s'étendaient depuis le pied du défilé jusqu'à celui des murs de Laodicée. La ville était environ à cent stades de distance, et quelques-uns de nos guerriers les plus impatients prétendaient qu'ils en distinguaient déjà les tours et les créneaux brillant aux premiers rayons du soleil, qui n'était pas encore fort élevé sur l'horizon. Un torrent des montagnes, qui trouvait sa source auprès d'un rocher monstrueux qu'on aurait dit, pour lui donner passage, avoir été fendu en deux par la baguette de Moïse, répandait ses liquides trésors dans la partie plus plane du pays, nourrissant dans son cours des herbages, et même de gros arbres, jusqu'à la distance de quatre ou cinq milles. Le ruisseau, au moins dans l'été, se perdait dans des amas de sable et de pierres qui, pendant la saison pluvieuse, attestaient la force et l'impétuosité de son cours.

« C'était un plaisir que de voir l'attention avec laquelle l'empereur s'occupait du bien-être de ses compagnons et des protecteurs de sa marche. De temps à autre, le son de la trompette donnait permission à certaines compagnies des Varangiens de quitter leurs armes pour prendre la nourriture qui leur était distribuée, et pour étancher leur soif à la source pure qui roulait ses eaux bienfaisantes au pied de la colline où on les voyait étendre sur le gazon leurs membres robustes. On servit aussi à déjeuner à l'empereur, à sa sérénissime épouse, aux princesses et aux dames de la suite, près de la fontaine qui donnait naissance au ruisseau, et que le respect des soldats s'était abstenu de polluer de tout contact vulgaire, la réservant pour l'usage exclusif de cette famille dont on dit avec respect qu'elle est née dans la pourpre. Notre époux bien-aimé était présent aussi, et fut l'un des premiers à découvrir un des désastres de cette journée; car, encore que la dextérité des officiers de bouche de l'empereur se fût tellement déployée pour toutes les autres parties du repas, que, malgré les circonstances si terribles, elles présentaient peu de différence avec les provisions ordinaires du palais, cependant, quand Son Altesse impériale demanda du vin, voici que non-seulement la liqueur sacrée exclusivement réservée à son usage était épuisée ou restée en arrière, mais que, pour me servir du langage d'Horace, on ne put se procurer le plus vil produit des vignobles sabins; en sorte que Son Altesse impériale fut charmée d'accepter l'offre d'un Varangien qui lui présenta sa portion de décoction d'orge que ces barbares préfèrent au jus du raisin. Néanmoins, l'empereur daigna accepter cet hommage grossier. »

— Insérez ici, dit l'empereur, qui jusque-là avait été plongé dans de profondes contemplations, ou dans un commencement de sommeil, — insérez les propres mots que je vais vous dire : — Et vu la chaleur de la journée, l'anxiété d'une marche rapide avec un ennemi nombreux sur ses derrières, l'empereur était si altéré, qu'il lui sembla que, de sa vie, il n'avait goûté d'un breuvage plus délicieux.

Pour obéir aux ordres de l'empereur son père, la princesse passa le volume à la belle esclave qui l'avait écrit, lui répétant l'addition commandée, et lui enjoignant de mentionner en marge que ce passage avait été ajouté par le commandement exprès de l'auguste empereur; puis elle continua ainsi :

— J'en avais dit ici davantage sur la liqueur favorite des fidèles Varangiens de Votre Altesse impériale; mais celle-ci ayant une fois daigné en faire l'éloge, ce sujet échappe dorénavant à la discussion de toutes personnes inférieures. « Qu'il me suffise de dire que nous étions tous agréablement occupés, les dames d'honneur et les esclaves, à chercher quelque amusement pour les oreilles impériales, les soldats formant une longue ligne le long du ravin, dans différentes attitudes, les uns se promenant sur le bord du ruisseau, les autres gardant les armes de leurs compagnons, poste dans lequel ils se relevaient à tour de rôle, tandis que, compagnie par compagnie, le reste des troupes, sous le commandement du proto-spathaire, arrivait successivement, et resserrait ainsi les rangs de l'armée. Ces soldats, qui étaient déjà épuisés, recevaient la permission de prendre quelques instants de repos, après quoi on les renvoyait en avant, leur disant de marcher en bon ordre sur Laodicée. Leur chef avait reçu des instructions portant qu'aussitôt qu'il se serait ouvert une communication libre avec cette ville, il y enverrait demander des renforts et des rafraîchissements, sans oublier une provision suffisante du vin sacré réservé pour la bouche de l'empereur. En conséquence, les cohortes romaines des Immortels et autres s'étaient remises en marche, et déjà étaient parvenues à quelque distance, le bon plaisir de l'empereur étant que les Varangiens, qui auparavant formaient l'avant-garde, passassent à l'arrière pour assurer le salut des troupes légères syriennes, qui avaient occupé et occupaient encore la partie montueuse du défilé, quand tout à coup, de l'autre côté de ce même défilé que nous venions de traverser sans obstacle, nous entendîmes résonner les terribles *Lélies*, cris de guerre ordinaires des Arabes quand ils vont engager le combat. Maintenant, à quelle langue appartiennent ces sons-là? il serait difficile de le dire. Peut-être quelqu'un, en cette docte compagnie, viendra-t-il au secours de mon ignorance. »

— Si je puis parler et vivre, dit l'acolouthos Achille, fier de ses connaissances littéraires, ces mots sont : *Allah, illah, Allah, Mohamed resoul Allah*, ou d'autres mots semblables, lesquels contiennent la profession de foi des Arabes, qu'ils ne manquent jamais de proférer au moment de l'attaque; je les ai entendus bien des fois.

— Et moi aussi, dit l'empereur, tels que tu viens de les prononcer, et je te donne ma parole que bien souvent j'aurais voulu être partout ailleurs qu'à portée de les entendre.

Toute l'assemblée était sur le qui-vive, attendant la réponse que ferait Achille Tatius. Il était trop bon courtisan, cependant, pour en faire une imprudente. — C'était mon devoir, répondit-il enfin, de souhaiter d'être aussi près de Votre Altesse impériale qu'il est permis à votre fidèle acolouthos, quelque part qu'il plût à Votre Majesté de désirer être dans le moment.

Agélastès et Zosime échangèrent un regard, et la princesse Anne Comnène continua sa narration en ces termes :

« La cause de ces bruits sinistres qu'on entendait confusément de l'autre côté du défilé nous fut bientôt révélée par une douzaine de cavaliers qu'on avait détachés en éclaireurs.

« Ils nous apprirent que les Barbares, dont l'armée avait été dispersée la veille près de l'endroit même où nous campions, n'avaient pu rassembler leurs forces avant que nos troupes légères ne se missent à évacuer le poste qu'elles avaient occupé pour assurer la retraite de notre armée. Nos Syriens donc commençaient à descendre du haut des montagnes dans le défilé, quand, en dépit des difficultés du terrain montueux et difficile, ils avaient été furieusement chargés par Jezdégerd à la tête d'un grand nombre des siens, qu'après des efforts inouïs il était parvenu à réunir pour agir sur nos derrières. Bien que le défilé ne fût pas favorable à la cavalerie, l'ardeur personnelle du chef infidèle fut telle, que ses soldats se jetèrent sur les Syriens de l'armée romaine avec un degré de résolution tout à fait inconnu à ceux-ci, qui, se voyant à une grande distance de leurs compagnons, conçurent l'injuste idée qu'on les avait ainsi laissés en arrière pour les sacrifier. En conséquence, ils se mirent à fuir dans diverses directions, au lieu de réunir leurs efforts pour se défendre avec résolution. L'état des affaires était donc, à l'extrémité postérieure du défilé, moins favorable que nous n'eussions pu le désirer, et ceux qui auraient été curieux de voir ce qu'on pouvait appeler la déroute d'une arrière-garde virent, du haut des montagnes, les Syriens poursuivis, écrasés, taillés individuellement en pièces et faits prisonniers par les bandes des infidèles musulmans.

« Son Altesse impériale promena quelques minutes les yeux sur cette scène de carnage, et, très-émue de ce spectacle, fut un peu prompte peut-être à ordonner aux Varangiens de reprendre leurs armes et de précipiter leur marche vers Laodicée. Sur quoi, l'un de ces soldats du Nord dit hardiment, bien qu'en opposition au sacré commandement de l'empereur : — Si nous entreprenons de descendre rapidement cette colline, la confusion se mettra dans notre arrière-garde, non-seulement à cause de notre propre précipitation, mais encore à cause de ces misérables Syriens qui, dans leur stupide empressement à fuir, ne manqueront pas de se jeter dans nos rangs. Que deux cents Varangiens, résolus à vivre et à mourir pour l'honneur du nom anglais, demeurent avec moi dans la gorge même de ce défilé, tandis que le reste escortera l'empereur à Laodicée, ou n'importe quel soit le nom de cette ville. Il est possible que nous périssions dans notre défense, mais du moins nous mourrons dans l'accomplissement de notre devoir, et je crois que nous fournirons à l'estomac de ces chiens glapissants un repas d'assez difficile digestion pour qu'ils n'en cherchent pas d'autre aujourd'hui..

« L'empereur, mon père, découvrit aussitôt toute l'importance de cet avis, encore que ce fût un spectacle à lui arracher presque des larmes de voir avec quelle fidélité désespérée ces pauvres Barbares se pressaient pour compléter le nombre de ceux qui devaient remplir ce périlleux devoir, — avec quelle affection ils prenaient congé de leurs camarades, de quels cris joyeux ils accompagnaient la retraite de l'empereur, qu'ils suivaient des yeux descendant la colline, eux laissés derrière pour résister et périr. Les yeux de l'empereur étaient baignés de larmes, et je ne rougis pas de confesser qu'en ce moment de terreur, l'impératrice et moi oubliâmes notre rang pour payer un tribut semblable au courage indompté de ces hommes qui se dévouaient ainsi de leur propre mouvement.

« Nous laissâmes leur chef disposant soigneusement cette petite poignée de ses camarades pour la défense du défilé. Il plaça la plus grande partie au centre, et étendit le reste sur les deux ailes, prêts à agir sur les flancs de l'ennemi, s'il avait la témérité d'attaquer ceux qui se tenaient au milieu de la route pour la défendre. Nous étions à peine à moitié chemin de la plaine, quand nous entendîmes s'élever un bruit épouvantable ; on y distinguait les hurlements des Arabes, mêlés au cri profond et plus régulier que les soldats du Nord ont coutume de répéter trois fois, aussi bien quand ils saluent leurs généraux et leurs princes que lorsqu'ils sont prêts à engager la bataille. Plus d'un regard fut tourné en arrière par leurs camarades ; on vit dans les rangs plus d'une expression de figure et plus d'une attitude du corps qui auraient demandé le ciseau du sculpteur, quand le soldat du Nord hésitait, incertain s'il devait suivre la ligne du devoir qui l'appelait à marcher en avant avec l'empereur, ou l'impulsion du courage qui le poussait à courir en arrière pour rejoindre ses compagnons. Cependant la discipline l'emporta, et le corps d'armée continua sa marche.

« Une heure s'était écoulée, pendant laquelle nous avions entendu de temps en temps le bruit du combat, quand un cavalier varangien s'approcha de la litière de l'empereur. Le cheval était couvert d'écume, et par son harnachement, la finesse de ses jambes et la délicatesse de ses jointures, on voyait que c'était le coursier de quelque chef du désert que les chances de la bataille avaient jeté en la possession du soldat du Nord. La hache que portait le Varangien était souillée de sang, et la pâleur de la mort elle-même était sur son visage. Ces indices d'un combat récent furent regardés comme une excuse suffisante pour ce qu'il y avait d'irrégulier dans sa manière de saluer l'empereur quand il s'écria : — Noble prince, les Arabes sont défaits, et vous pouvez continuer votre marche plus à loisir.

« — Où est Jezdégerd ? s'écria l'empereur, qui avait bien des raisons pour craindre ce chef célèbre.

« — Jezdégerd, répondit le Varangien, est où sont les braves qui tombent en combattant.

« — C'est-à-dire... ? continua l'empereur impatient de connaître au juste le sort d'un ennemi si formidable.

« — Qu'il est où je vais maintenant, reprit le fidèle soldat, qui tomba de son cheval en parlant, et expira aux pieds de ceux qui portaient la litière.

« L'empereur appela quelques-uns de ses serviteurs et les chargea de veiller à ce que le corps de ce fidèle soldat, auquel il destinait une tombe honorable, ne fût pas abandonné aux chacals et aux vautours. Quelques-uns de ses camarades les Anglo-Saxons, parmi lesquels il avait joui d'une haute considération, prirent son cadavre sur leurs épaules et se remirent en marche avec cet embarras de plus, prêts à combattre pour ce précieux fardeau comme Ménélas pour le corps de Patrocle. »

La princesse Anne Comnène fit naturellement une pause en cet endroit, car étant arrivée à ce que probablement elle regardait comme le point d'arrêt de sa période, elle n'était pas fâchée de prendre une idée des impressions qu'elle avait pu produire sur son auditoire. Le fait est que si elle n'avait pas été absorbée dans la lecture de son manuscrit, les émotions du soldat étranger auraient attiré son attention beaucoup plus tôt. Au commencement de la lecture, il avait gardé la même attitude qu'il avait prise en entrant. Droit et immobile comme une sentinelle en faction, il semblait ne se rien rappeler, si ce n'est qu'il était de service en présence de la cour impériale. Cependant, à mesure que la narration avança, il parut prendre plus d'intérêt à ce qui lui était lu. Il écouta avec un sourire de mépris comprimé les craintes exprimées par les différents chefs dans le conseil tenu la nuit, et il eut toutes les peines du monde à s'empêcher de rire des éloges prodigués au chef de son propre corps, Achille Tatius. Le nom même de l'empereur, quoiqu'il l'écoutât avec respect, ne lui arracha pas ces applaudissements que sa fille avait recherchés pour lui au prix de tant d'exagérations.

Jusque-là la physionomie du Varangien n'avait indiqué que bien peu d'émotions intérieures ; mais elle commença à accuser un intérêt plus vif à la description de la halte après que le gros de l'armée eut franchi le défilé, de l'attaque inattendue des Arabes, de la retraite de la colonne qui escortait l'empereur, et du combat qu'on entendait dans le lointain. A la narration de ces événements, il perdit ce regard fixe et contraint d'un soldat écoutant l'histoire de son empereur absolument comme il aurait monté la garde à la porte de son palais. Il rougit et pâlit tour à tour, ses yeux devinrent humides et brillants, ses membres s'agitèrent plus qu'il ne l'aurait voulu, son attitude tout entière devint celle d'un auditeur qui prend un haut intérêt à ce qu'il entend, sans avoir conscience de ce qui se passe autour de lui, oubliant complètement la qualité des personnes présentes.

A mesure que l'historienne avançait dans son récit, Hereward devint moins capable de cacher son agitation ; au moment où la princesse jeta les yeux autour d'elle, son émotion était tellement vive, qu'oubliant où il se trouvait, il laissa tomber sur le plancher sa pesante hache, et que, joignant convulsivement les mains, il s'écria : — Mon malheureux frère !

Tous les membres de la compagnie tressaillirent au bruit que fit cette arme en tombant, et plusieurs prirent la parole à la fois comme s'ils se fussent crus appelés à expliquer une circonstance si extraordinaire. Achille Tatius commença même un petit discours dont le but était d'excuser Hereward du mode grossier dans lequel il avait donné carrière à son affliction, en assurant la société que ce pauvre Barbare inculte était bien le frère cadet de celui qui avait commandé et qui était tombé dans ce mémorable défilé. La princesse ne dit rien, mais il était évident qu'elle était frappée, et que peut-être elle l'était agréablement, d'avoir fait naître une émotion si flatteuse pour elle en sa qualité d'auteur. Les autres, selon leur caractère individuel, prononcèrent quelques mots incohérents ayant tous un but de consolation ; car la douleur produite par une cause naturelle attire généralement la sympathie même des caractères les plus artificiels. La voix d'Alexis imposa silence à ces demi-orateurs :

— Ah ! mon brave soldat Edward ! il faut que j'aie été aveugle pour ne t'avoir pas reconnu plus tôt! Je crois qu'il existe une note quelque part relativement à cinq cents pièces d'or que nous devons à Edward le Varangien. Nous avons inscrit cette note sur les tablettes particulières où nous portons les largesses que nous devons faire à nos serviteurs, et nous n'en différerons pas le paiement plus longtemps.

— Non pas à moi, s'il vous plaît, mon noble souverain, dit l'Anglo-Danois, se hâtant de rendre à sa figure l'expression grave et froide qu'elle avait habituellement; non pas à moi, de peur que ce ne soit à quelqu'un qui n'a aucun droit à votre munificence impériale. Mon nom est Hereward; celui d'Edward est porté par trois de mes compagnons, tous aussi capables que moi d'avoir mérité les récompenses de Votre Altesse pour s'être fidèlement acquittés de leurs devoirs.

Tatius fit bien des signes à son soldat, afin de le mettre en garde contre la sottise qu'il y aurait à décliner les largesses de l'empereur. Agélastès parla plus ouvertement : — Jeune homme, dit-il, réjouis-toi d'un honneur si inattendu, et ne réponds dorénavant à aucun autre nom qu'à celui d'Edward, par lequel il a plu à la lumière du monde, en lançant un de ses rayons sur toi, de te distinguer des autres Barbares. Que t'importe que sur les fonts de baptême et de la bouche du prêtre tu aies reçu une épithète différente de celle dont il vient de plaire à l'empereur de te distinguer de la masse générale de l'humanité ? Tu as maintenant le droit de ne plus porter d'autre nom que celui qui te vient d'une distinction si glorieuse.

— Hereward était le nom de mon père, dit le soldat, qui en ce moment avait repris tout son sang-froid ; je ne puis l'abandonner tant que j'honore sa mémoire et sa mort. Edward est le nom d'un de mes camarades ; je ne veux pas courir le risque de lui faire tort de ce qui lui était réellement destiné.

— Taisez-vous tous ! dit l'empereur ; si nous avons fait une erreur, nous sommes assez riche pour la réparer ; Hereward n'en sera pas plus pauvre s'il se trouve un Edward qui ait mérité cette gratification.

— Votre Altesse peut s'en reposer de ce soin sur son épouse affectionnée, dit l'impératrice Irène.

— Son Altesse sacrée, ajouta la princesse Anne, est si jalouse de faire par elle-même tout ce qui est bien et généreux, qu'elle ne laisse pas même à ses plus proches parents l'occasion de déployer leur générosité et leur munificence. Néanmoins, je veux, en ma qualité d'historienne, témoigner ma gratitude à ce brave soldat; car, lorsque j'en serai à raconter ses exploits, j'aurai soin de dire : — Ceci fut fait par l'Anglo-Danois Hereward, qu'il a plu à Sa Majesté impériale d'appeler Edward. — Prenez ceci, brave jeune homme, ajouta-t-elle, lui présentant une bague d'un grand prix, prenez ceci comme un gage que nous n'oublierons pas notre promesse. — Hereward accepta ce présent avec un profond salut et un trouble que sa position expliquait parfaitement. Il était évident pour la plupart des personnes présentes que la reconnaissance de la belle princesse s'était exprimée d'une manière plus agréable au jeune garde du corps que celle d'Alexis Comnène. Il prit la bague avec de grandes démonstrations de gratitude : — Précieuse relique! dit-il en portant ce bijou à ses lèvres, — il est possible que nous ne demeurions pas longtemps ensemble, mais sois sûre que la mort seule nous séparera! — Et il s'inclina révérencieusement devant la princesse.

— Poursuivez, notre auguste fille, dit l'impératrice Irène ; vous avez fait assez pour montrer que la valeur est précieuse aux yeux de celle qui peut conférer la renommée, qu'elle se trouve dans un Romain ou chez un Barbare.

La princesse reprit sa lecture, non sans quelques signes d'embarras.

« Nous continuâmes alors notre mouvement sur Laodicée, et ceux qui étaient engagés dans cette marche se livrèrent à des sentiments d'espérance. Cependant nous ne pouvions nous empêcher de porter instinctivement les yeux en arrière dans la direction où nous nous étions si longtemps attendus à nous voir attaquer. Enfin, à notre grande surprise, nous aperçûmes un nuage épais de poussière sur le versant de la colline, à mi-chemin entre le point où nous étions alors et celui où nous avions fait halte. Quelques-unes des troupes de l'armée en retraite, particulièrement celles de l'arrière-garde, commencèrent à s'écrier : — Les Arabes! les Arabes! et leur marche prit un caractère plus précipité lorsqu'elles se crurent poursuivies par l'ennemi ; mais les gardes varangiens affirmèrent tous unanimement que cette poussière était soulevée par ce qui restait de leurs camarades, qui, laissés à la défense du défilé, avaient repris leur marche après avoir vaillamment défendu le poste qui leur avait été confié. Ils confirmèrent leur opinion par des remarques qui ne pouvaient venir que de soldats expérimentés, à savoir, que la colonne de poussière était plus concentrée que celle qu'aurait pu soulever la cavalerie arabe. Ils allèrent même jusqu'à dire qu'ils voyaient, par le volume de cette poussière, que le nombre de leurs camarades avait été singulièrement diminué dans l'action. Quelques cavaliers syriens, détachés pour reconnaître la troupe qui s'approchait, rapportèrent des nouvelles qui confirmaient sur tous les points l'opinion des Varangiens. Le détachement des gardes du corps avait forcé les Arabes à battre en retraite, et leur brave commandant avait tué le chef Jezdégerd ; rencontre dans laquelle il avait été mortellement blessé, comme on l'a déjà vu dans cette histoire. Le detachement, réduit maintenant de moitié, était en marche pour rejoindre l'empereur aussi vite que pouvait le permettre le soin pieux de transporter ses blessés en lieu de sûreté.

« L'empereur Alexis, par l'une de ces idées brillantes et bienveillantes qui marquaient son caractère paternel envers ses soldats, ordonna que toutes les litières, même celle consacrée à l'usage de sa personne sacrée, fussent immédiatement envoyées en arrière pour soulager les braves Varangiens, du fardeau de leurs blessés. Les acclamations de gratitude des Varangiens furent plus faciles à comprendre qu'à décrire, quand ils virent l'empereur lui-même descendre de sa litière comme un simple cavalier et monter son cheval de guerre, tandis que Sa Majesté très-sacrée l'impératrice, aussi bien que l'auteur de cette histoire et les autres princesses nées dans la pourpre, montèrent sur des mules pour continuer leur marche; et que les litières étaient, sans aucune hésitation, envoyées en arrière pour l'usage des soldats blessés. Cette mesure fut, dans le fait, aussi bien une preuve de sagacité militaire que d'humanité; car ce soulagement, accordé à ceux qui portaient les blessés, permit au reste des défenseurs du défilé de nous rejoindre plus tôt qu'il ne leur eût été possible de le faire autrement.

« C'était un spectacle imposant que de voir ces hommes que nous avions quittés quelques instants auparavant dans toute la splendeur que le costume militaire donne à la jeunesse et à la force, reparaître devant nous, diminués de moitié, — leurs armures brisées, — leurs boucliers couverts de flèches, — leurs armes offensives teintes de sang, et leurs personnes elles-mêmes portant toutes les marques d'un combat récent et désespéré. Il ne fut pas moins intéressant de voir comment s'abordèrent les soldats qui avaient pris part à l'action et ceux qui avaient continué à faire partie de l'escorte. A la suggestion de son fidèle acolouthos, l'empereur leur permit de rompre leurs rangs quelques minutes, et de s'informer les uns aux autres des événements du combat.

« Quand les deux bandes se réunirent, on eût dit une lutte entre la douleur et la joie. Le plus dur d'entre ces Barbares, — et moi qui ai vu le fait, j'en puis porter témoignage; — en même temps qu'il félicitait d'une vigoureuse poignée de main quelque camarade qu'il avait cru perdu, sentait son grand œil bleu se remplir de larmes en apprenant la perte de quelqu'un de ceux qu'il avait espéré de voir survivre. D'autres vétérans passant en revue les étendards portés à la bataille, s'assuraient que tous avaient été rapportés avec honneur et sans qu'il en manquât un. Ils comptaient les nouveaux coups de flèches dont ils avaient été traversés, en addition aux marques semblables qu'y avaient laissées d'autres rencontres antérieures. Tous donnaient de bruyants éloges au brave et jeune chef qu'ils avaient perdu, et n'étaient pas moins unanimes dans ceux qu'ils accordaient à celui qui avait pris ensuite le commandement, et qui avait ramené la petite troupe de son frère mort. — C'est lui, dit la princesse en quelques mots qui paraissaient intercalés pour la circonstance, c'est lui que j'assure en ce moment même de l'estime et de la haute considération dans lesquelles le tient l'auteur de cette histoire, — je devrais dire dans lesquelles le tiennent tous les membres de la famille impériale, — pour ses vaillants services dans cette crise importante. »

Après s'être hâté de payer à son ami le Varangien un tribut d'éloges auquel se mêlaient des émotions qu'on n'exprime pas volontiers devant un aussi grand nombre d'auditeurs, Anne Comnène continua avec plus de calme la partie de son histoire qui l'intéressait moins personnellement.

« Nous n'eûmes pas beaucoup de temps pour faire nos observations sur ce qui se passait entre ces braves soldats, car à peine leur avait-on accordé quelques minutes pour soulager leurs sentiments réciproques que les trompettes donnèrent le signal de reprendre la marche sur Laodicée. Nous en étions alors environ à quatre milles, et nous aperçûmes bientôt la ville, dont nous étions séparés par des champs en grande partie couverts d'arbres. Il y a apparence que la garnison avait été informée de notre approche, car nous vîmes s'avancer vers nous des chariots chargés de rafraîchissements, que la chaleur du jour, la longueur de la marche et la privation d'eau nous rendaient de la dernière nécessité. Les soldats allongèrent le pas joyeusement pour rencontrer plus tôt ces provisions dont ils avaient tant besoin. Mais, comme le dit le proverbe, la coupe ne porte pas toujours aux lèvres le liquide trésor qui leur est destiné, quelque avides qu'en soient celles-ci. A notre grande mortification, nous vîmes une nuée d'Arabes sortir au grand galop de la plaine boisée qui séparait la ville de l'armée romaine. Ils se précipitèrent sur les chariots, égorgèrent les conducteurs et profitèrent du convoi. Nous apprîmes depuis que ce corps ennemi était commandé par Varanès, dont la renommée militaire égalait, chez ces infidèles, celle de son frère Jezdégerd récemment tué. Quand ce chef avait vu qu'il était probable que les Varangiens réussiraient dans leur défense désespérée du défilé, il s'était mis à la tête d'un gros corps de cavalerie ; et, comme ces infidèles sont montés sur des chevaux auxquels on ne peut rien comparer pour la vitesse et la force, il fit un long circuit, traversa la chaîne de collines par un défilé plus au nord, se plaça en embuscade dans la plaine boisée dont j'ai parlé, dans l'espérance de faire une attaque inattendue sur l'empereur et son armée, au moment même où ils devaient croire que leur retraite ne serait pas inquiétée. Cette surprise aurait certainement eu lieu, et il n'est pas aisé de dire quelles eussent pu en être les conséquences, si l'arrivée inattendue du convoi de vivres n'eût éveillé la rapacité effrénée des Arabes, en dépit de la prudence de leur chef et de ses efforts pour les retenir.

« Mais Varanès, voulant cependant retirer quelque avantage de la rapidité de ses mouvements, arracha au pillage autant de cavaliers qu'il put, et les jeta en avant sur les Romains, qui s'étaient arrêtés tout court à cette apparition inattendue. Il y eut dans nos premiers rangs une hésitation et une irrésolution assez marquées pour ne pas échapper aux yeux d'un aussi mauvais juge que je le suis des choses militaires ; au contraire, les Varangiens ne poussèrent qu'un cri : — « *Bills,* » c'est-à-dire, dans leur langue, haches d'armes, « en avant ! » Et l'empereur accédant très-gracieusement à leur courageux désir, ils se portèrent rapidement de la queue à la tête de la colonne. Je ne saurais trop dire comment cette manœuvre s'exécuta ; mais ce fut sans doute par les ordres habiles que donna mon auguste père, remarquable pour sa présence d'esprit dans les occasions difficiles. Sans doute la bonne volonté des troupes la facilita singulièrement, les cohortes romaines appelées Immortelles ne me paraissant pas montrer moins de désir de se rejeter en arrière que les Varangiens n'en témoignaient d'aller occuper en avant les places qu'elles laissaient vacantes. Cette manœuvre fut si heureusement accomplie, qu'avant que Varanès et ses Arabes arrivassent sur notre avant-garde, ils la trouvèrent composée d'inébranlables phalanges de nos soldats du Nord. J'aurais pu voir de mes propres yeux ce qui se passa dans cette affaire, et les invoquer comme témoins fidèles ; mais, pour confesser la vérité, mes yeux étaient peu accoutumés à s'arrêter sur de pareils spectacles : tout ce que je vis de la charge de Varanès, ce fut un nuage épais de poussière qui se porta rapidement en avant, à travers lequel j'apercevais briller le fer des lances et s'agiter les plumes flottantes des cavaliers turcs. Le *Tékbir,* ou leur cri de guerre, fut poussé avec tant d'énergie, que je ne remarquai pas, dans le moment, le bruit des timbales et des cymbales de cuivre qui l'accompagnait ; mais ces flots insolents et barbares se brisèrent contre nos fidèles Varangiens, comme ils l'eussent fait sur un rocher.

« Sans se laisser ébranler par l'attaque furieuse des Arabes, nos braves soldats du Nord reçurent chevaux et cavaliers avec une grêle de coups de leurs massives haches d'armes, que les plus braves ne pouvaient regarder en face, que les plus vigoureux ne pouvaient soutenir. Les rangs des gardes se serrèrent de plus en plus, ceux qui occupaient les derniers se pressant sur ceux des premiers, à la manière de l'ancienne phalange macédonienne ; en sorte que les chevaux élégants, mais peu forts, des Iduméens, ne purent y faire la moindre brèche. Les plus braves d'entre les hommes et les chevaux les plus ardents tombèrent au premier rang. Les courtes mais lourdes javelines que lançaient les dernières lignes des braves Varangiens tirant aux chevaux avec un coup d'œil sûr et d'un bras de fer, complétèrent la confusion des assaillants, qui tournèrent bride pleins d'effroi, et prirent la fuite dans toutes les directions.

« L'ennemi ainsi repoussé, nous continuâmes notre marche et ne nous arrêtâmes que lorsque nous rencontrâmes nos chariots à demi pillés. Là, quelques remarques malveillantes furent faites par certains officiers de la maison impériale, dont le devoir était de veiller sur ces provisions, et qui, ayant abandonné leur poste dès qu'ils l'avaient vu attaquer par les infidèles, n'y étaient revenus qu'après la défaite de ceux-ci. Ces hommes, prompts à nuire, quoique lents à servir dans le danger, rapportèrent qu'en cette occasion les Varangiens avaient oublié leur devoir au point de consommer une partie du vin sacré réservé pour les lèvres seules de l'empereur. Ce serait un crime de nier que ce ne fût là de leur part un oubli bien grand et bien coupable. Cependant, notre héros impérial le pardonna comme une offense légère, et dit en plaisantant que puisqu'il avait bu l'ale de ses fidèles Varangiens, ceux-ci avaient acquis le droit d'apaiser leur soif et de soulager la fatigue qu'ils s'étaient donnée à le défendre, même avec le contenu sacré des caves impériales.

« Cependant, la cavalerie de l'armée ayant été détachée à la poursuite des Arabes qui fuyaient, et étant parvenue à les refouler au delà de la chaîne de montagnes qui les avait si récemment séparés des Romains, on peut à juste titre dire que les armées impériales remportèrent ce jour-là une victoire complète et glorieuse.

« Nous avons à mentionner maintenant la joie à laquelle se livrèrent les citoyens de Laodicée, qui, du haut de leurs remparts, ayant contemplé avec des alternatives de crainte et d'espérance les fluctuations de la bataille, en descendirent alors pour féliciter l'empereur victorieux. »

Ici la belle narratrice fut interrompue. La porte principale de l'appartement s'ouvrit tout à coup, sans bruit à la vérité, mais à deux battants, non pas pour donner passage à un courtisan ordinaire, cherchant à causer le moindre dérangement possible, mais comme pour une personne d'un rang assez élevé pour la rendre indifférente au degré d'attention qu'elle attirerait sur ses mouvements. Ce ne pouvait être qu'une personne née dans la pourpre ou qui y touchât de bien près, qui pût se permettre une telle liberté, et la plupart des membres de la compagnie, sachant quels étaient ceux qui pouvaient se présenter dans le Temple des Muses, prévirent, en voyant la porte s'ouvrir ainsi, l'arrivée de Nicéphore Brienne, le gendre d'Alexis Comnène, le mari de la belle historienne, ayant le rang de césar, titre qui cependant à cette époque n'impliquait pas comme autrefois l'idée que celui qui en était revêtu fût la seconde personne de l'empire. La politique d'Alexis avait interposé plus d'une personne de condition entre le César et les anciens droits de son rang, qui originairement ne laissaient au-dessus de lui que l'empereur seul.

CHAPITRE V.

> L'orage s'accroît; — non pas un de ces orages mêlés de soleil que Mars ou Avril réchauffent dans leur sein humide, non pas un de ces orages dont l'Été haletant rafraichit ses lèvres desséchées; non, les fenêtres du ciel s'ouvrent dans toute leur étendue, l'abîme se soulève et s'agite dans ses dernières profondeurs : voici venir le déluge dans toute sa mugissante horreur, et où est la digue qui l'arrêtera?
>
> *Le Déluge*, poëme.

Le personnage distingué qui entrait était un noble Grec, d'une stature imposante, dont les habits étaient couverts des insignes de toutes les dignités, excepté de celles qu'Alexis avait déclarées réservées à la personne de l'empereur lui-même et à celle du sébastocrator, qu'il avait établi dans le rang immédiatement inférieur à celui du chef de l'État. Nicéphore Brienne, encore dans la fleur de l'âge, conservait toutes les marques de cette beauté mâle qui l'avait fait accepter pour époux par Anne Comnène, tandis que des considérations politiques et le désir d'attacher une puissante famille à son trône et de s'en faire un appui avaient décidé l'empereur à autoriser cette union.

Nous avons déjà donné à entendre que la royale épouse avait, quoique de peu de chose, sur son mari, l'avantage équivoque des années. Cependant ceux à qui leur position permettait le mieux d'en juger ne croyaient pas qu'Anne Comnène, malgré tous ses droits au respect, eût réussi à posséder l'attachement illimité de son bel époux. De la traiter avec une négligence visible, c'était ce que rendait impossible sa position si rapprochée du trône, tandis que, d'un autre côté, l'influence de la famille de Nicéphore était trop grande pour que l'empereur lui-même pût lui imposer des ordres. Il possédait des talents qui, à ce qu'on croyait, le rendaient propre à la guerre aussi bien qu'à la paix. On écoutait donc ses avis, et l'on acceptait le secours de son bras ; de sorte que, de son côté, il réclamait une liberté complète dans l'emploi de son temps, dont il disposait quelquefois de façon à se présenter moins souvent et moins régulièrement dans le Temple des Muses que la déesse du lieu ne croyait y avoir droit, et que l'impératrice n'était disposée à l'exiger de la part de sa fille. Le facile Alexis conservait une sorte de neutralité dans cette affaire, et cherchait, autant que possible, à la dissimuler aux yeux du public, convaincu qu'il avait besoin des forces unies de toute sa famille pour conserver sa place dans un empire si agité.

Il pressa donc la main de son gendre lorsque Nicéphore, passant devant lui, fléchit le genou en signe d'hommage. Les manières contraintes de l'impératrice indiquaient le désir de faire à son beau-fils une réception plus froide, tandis que la belle muse elle-même daigna à peine témoigner qu'elle eût remarqué son arrivée, lorsque son beau mari vint s'asseoir sur un siége à côté de celui qu'elle occupait, ainsi que nous l'avons déjà dit.

Il y eut une pause embarrassante, pendant laquelle le gendre impérial, se voyant froidement reçu là où il attendait un bon accueil, essaya de lier une conversation légère avec la belle esclave Astarté, qui se tenait agenouillée derrière sa maîtresse. Cette conversation fut interrompue par la princesse, qui ordonna à sa suivante de renfermer le manuscrit roulé dans son étui, et de le porter de ses propres mains dans le cabinet d'Apollon, lieu ordinaire des études de la princesse, comme le Temple des Muses était celui de ses lectures à haute voix.

L'empereur fut le premier à rompre un silence qui devenait embarrassant : — Beau gendre, dit-il, quoique la soirée soit déjà un peu avancée, vous vous feriez tort à vous-même si vous permettiez à notre chère Anne de renvoyer ce volume, dont la lecture a fait tant de plaisir à la compagnie, qu'elle peut dire que le désert a produit des roses, et que les rocs sauvages ont distillé du miel et du lait, tant agréable est la relation d'une campagne fatigante et dangereuse, quand elle est tracée de la main de notre fille.

— Le césar, dit l'impératrice, ne paraît pas avoir de goût pour les friandises de cette espèce que peut produire notre famille. Depuis quelque temps, il s'est absenté souvent de ce Temple des Muses ; il a sans doute trouvé ailleurs des amusements et une conversation plus agréables.

— J'espère, madame, que ma réputation de bon goût me disculpera suffisamment de cette accusation ; mais il est naturel que notre père très-sacré trouve plus de délices dans le miel et le lait qui ont été produits spécialement pour son usage.

La princesse parla du ton d'une belle femme offensée par son amant, et qui ressent l'injure sans cependant être éloignée d'une réconciliation.

— Si les exploits de Nicéphore Brienne, dit-elle, sont moins fréquemment célébrés sur cet humble rouleau de parchemin que ceux de mon illustre père, il doit me rendre cette justice que ç'a été à sa requête spéciale, soit par la modestie qu'on lui attribue justement comme servant à adoucir et à embellir ses autres qualités, soit parce qu'à bon droit il se sera méfié des talents de sa femme pour en faire l'éloge.

— Nous rappellerons donc Astarté, dit l'impératrice ; elle ne peut encore avoir déposé son offrande dans le cabinet d'Apollon.

— Sauf le bon plaisir de Votre Altesse impériale, répondit Nicépnore, le dieu pythien pourrait s'offenser si on lui enlevait un dépôt dont lui seul est à même d'apprécier la valeur. Je suis venu ici pour parler avec l'empereur d'affaires d'État pressantes, et non pour me mêler à une conversation littéraire au milieu d'une compagnie que je ne peux m'empêcher de trouver un peu mélangée, puisque j'y remarque un simple soldat aux gardes.

— Par la croix! mon gendre, s'écria Alexis, vous insultez ce galant homme! C'est le frère de ce brave Anglo-Danois qui assura la victoire de Laodicée par sa vaillante conduite et par sa mort; lui-même est cet Edmund — ou Edward — ou Hereward — à qui nous sommes redevables d'avoir assuré le succès de cette journée victorieuse. Il a été appelé en notre présence, mon gendre, puisqu'il importe que vous sachiez tout, pour rafraîchir la mémoire de mon acolouthos, aussi bien que la mienne, sur certains détails de cette journée qui avaient, jusqu'à un certain point, échappé à nos souvenirs.

— En vérité, Sire, répondit Brienne, je suis désespéré de ce qu'arrivant au milieu de recherches si importantes, j'aurai peut-être intercepté une portion de cette lumière qui doit illuminer les siècles à venir. Il me semble que, pour une bataille livrée sous les ordres de Votre Majesté impériale et sous ceux de vos grands capitaines, votre témoignage pourrait rendre inutile la déposition d'un homme tel que celui-ci. — Voyons, ajouta-t-il en se tournant avec hauteur vers le Varangien, voyons, quelle particularité peux-tu ajouter qui ne soit pas mentionnée dans le récit de la princesse?

Le Varangien répondit aussitôt : — Seulement celle-ci, que quand nous fîmes halte à la fontaine, la musique qui fut faite par les dames du palais impérial, et particulièrement par les deux qui sont maintenant devant moi, fut la plus délicieuse qui jamais ait frappé mes oreilles.

— Ha! oses-tu proférer une opinion si audacieuse? s'écria Nicéphore; et appartient-il à un homme de ta sorte de supposer un moment que la musique que l'épouse et la fille de l'empereur ont daigné faire était destinée à fournir un sujet de plaisir ou de critique au premier plébéien barbare qui l'entendrait? Sors d'ici! et n'ose sous aucun prétexte te représenter devant mes yeux! — sauf toujours le bon plaisir de l'empereur notre père.

Le Varangien fixa les yeux sur Achille Tatius comme sur la personne dont il attendait l'ordre de sortir ou de rester; mais l'empereur intervint aussitôt avec beaucoup de dignité.

— Notre gendre, dit-il, nous ne saurions permettre ceci; à cause de quelque querelle d'amour qui paraîtrait s'être élevée entre vous et notre fille, vous oubliez étrangement notre rang impérial, au point de chasser de notre présence ceux que notre bon plaisir y a appelés. Cela n'est ni juste ni bienséant, et il ne nous convient pas que ce même

Hereward — ou Edward, — ou quel que soit son nom, sorte de notre présence en ce moment, ni que dans aucun autre il règle sa conduite sur les ordres de qui que ce soit, sauf les nôtres et ceux de notre fidèle acolouthos Achille Tatius. Maintenant, laissant cette sotte affaire, qu'un mauvais vent nous a amenée, passer comme elle est venue, sans nous y arrêter, dis-je, plus longtemps, je désire savoir quelles sont ces graves affaires d'État qui nous procurent le plaisir de vous voir à une heure si avancée de la nuit. — Vous portez encore les yeux sur ce Varangien ; — que sa présence ne vous empêche pas de parler, je vous prie, car il est aussi haut placé dans notre confiance, et, nous en sommes convaincu, à aussi juste titre qu'aucun de nos conseillers qui ont prêté serment entre nos mains comme membres de notre conseil privé.

— Entendre c'est obéir, répondit le gendre de l'empereur, qui s'aperçut qu'Alexis était un peu en colère, et qui savait qu'en pareille circonstance il n'était ni sûr ni agréable de le pousser à l'extrémité. — Ce que j'ai à dire, continua-t-il, sera public dans si peu de temps que peu importe qui l'entende aujourd'hui ; cependant jamais l'Occident, si fécond en changements étranges, n'avait jeté sur la partie orientale du globe des nouvelles aussi alarmantes que celles que je vais communiquer à Votre Altesse impériale. L'Europe, pour emprunter une expression à l'auguste princesse qui m'honore du nom de son époux, semble détachée de ses fondements et prête à se précipiter sur l'Asie...

— C'est en effet l'expression dont je me suis servie, interrompit la princesse Anne Comnène, et, je l'espère, avec une certaine énergie, quand nous apprîmes pour la première fois que le courage aveugle de ces Barbares d'Europe avait jeté comme une tempête un millier de nations sur notre frontière occidentale, dans le dessein extravagant, du moins à ce qu'ils disaient, de s'emparer de la Syrie et des lieux saints marqués comme les tombeaux des prophètes, la scène du martyre des bienheureux, et celle des autres grands événements détaillés dans le saint Évangile. Mais, suivant ce que tous s'accordent à en raconter, cette tempête a passé au-dessus de nous, le nuage a éclaté plus loin, et nous espérons ardemment que le danger est passé avec lui ; nous serions profondément affligée d'apprendre qu'il en soit autrement.

— Et cependant c'est ce à quoi nous devons nous attendre, reprit son époux. Il est très-vrai, ainsi qu'on nous l'avait rapporté, qu'une masse énorme d'hommes d'un rang inférieur et de peu d'intelligence avait pris les armes à l'instigation d'un fou d'ermite et qu'ils étaient partis de la Germanie vers la Hongrie, s'attendant à ce qu'il se ferait des miracles en leur faveur, comme lorsqu'Israël fut guidé à travers le désert par une colonne de feu et par un nuage ; mais aucune pluie de manne ni de cailles n'est venue soulager leur faim et montrer qu'ils fussent le peuple de Dieu. Les rochers ne s'entr'ouvrirent pas non plus pour désaltérer leur soif. Énragés de leurs souffrances, ils essayèrent de pourvoir à leurs besoins en pillant le pays. Les Hongrois et d'autres nations, sur nos frontières occidentales, bien que chrétiens comme elles, n'hésitèrent pas à tomber sur ces masses vagabondes et sans ordre. Des piles immenses d'os dans des défilés sauvages et dans des déserts attestent les défaites calamiteuses qui détruisirent ces prétendus pèlerins.

— Tout cela, dit l'empereur, nous le savons déjà ; mais quel est ce nouveau malheur qui nous menace, après que nous avons échappé à un si grand danger ?

— Nous le savons déjà? Nous ne connaissions rien jusqu'ici de notre danger réel, si ce n'est qu'un troupeau d'animaux féroces, aussi brutaux, aussi furieux que les taureaux sauvages, menaçaient de se diriger vers des pâturages que leur imagination avait rêvés ; qu'ils devaient, en passant, inonder l'empire Grec et les pays environnants, croyant que la Palestine, avec ses ruisseaux de miel et de lait, les attendait encore une fois comme un autre peuple prédestiné de Dieu. Mais une invasion si sauvage et si mal ordonnée ne pouvait être un objet de terreur pour une nation civilisée comme les Romains. Ce troupeau de brutes fut terrifié par notre feu grégeois ; il fut pris au piége et tiré à coups de flèches par les nations barbares qui se croient indépendantes, tandis qu'elles ne font que couvrir nos frontières, comme autant de fortifications vivantes. Cette vile multitude a été détruite même par la qualité des vivres qu'on lui achetait, — moyens ingénieux de résistance suggérés immédiatement à l'empereur par le soin paternel qu'il prend de ses sujets et par son infaillible politique. Ainsi la prudence a joué son rôle, et le vaisseau de l'État, sur lequel la tempête avait lancé son tonnerre, lui a échappé en dépit de toute sa violence. Mais le second orage, qui suit de si près le premier, est une nouvelle descente de ces nations occidentales, plus formidable qu'aucune de celles que nous ou nos pères ayons encore vues. Cette fois, ce ne sont plus les ignorants et les fanatiques, — les hommes de basse naissance, les nécessiteux, les imprévoyants ; non, c'est tout ce que l'immense Europe possède d'hommes sages et dignes, d'hommes nobles et braves, qui se sont unis par les vœux les plus religieux dans le même dessein.

— Et quel est ce dessein? Parlez ouvertement, dit Alexis ; détruire tout l'empire Romain, effacer le nom de son chef de la liste des princes de la terre, parmi lesquels il a longtemps occupé le premier rang : voilà le seul motif qui puisse rendre raison d'une confédération telle que nous devons l'inférer de votre discours.

— On n'avoue pas un tel dessein, dit Nicéphore ; tous ces princes, tous ces hommes d'État distingués, tous ces hommes de prudence et de courage, n'ont d'autre but, dit-on, que celui antérieurement annoncé par la multitude bestiale qui avait d'abord paru dans ces climats. Voici, très-gracieux empereur, un rouleau de parchemin où vous trouverez la liste des diverses armées qui, dans ce moment même, s'approchent par des routes différentes des frontières de l'empire. Voyez : Hugues de Vermandois, que son courage a fait surnommer Hugues le Grand, a mis à la voile en partant des côtes de l'Italie. Vingt chevaliers ont déjà annoncé son approche; ils sont couverts d'armures d'acier damasquinées d'or, et sont porteurs de cet orgueilleux avis : « L'empereur de Grèce et ses lieutenants sauront que Hugues, comte de Vermandois, s'approche de ses frontières. Il est le frère du roi des rois, — c'est à savoir du roi de France. — Il est accompagné par la fleur de la noblesse française. Il porte la bannière bénie de saint Pierre, confiée à ses soins victorieux par le saint successeur de l'apôtre. Il donne cet avis à l'empereur, afin que celui-ci lui prépare une réception proportionnée à son rang. »

— Voilà des mots sonores, dit l'empereur; mais le vent qui siffle le plus fort n'est pas toujours le plus dangereux pour le navire. Nous connaissons par nous-même quelque chose de cette nation de France, et nous en avons entendu parler bien davantage. Ils sont au moins aussi pétulants qu'ils sont braves ; nous flatterons leur vanité jusqu'à ce que nous gagnions du temps et que nous saisissions l'occasion d'une défense plus efficace. Allons! si l'on peut payer des dettes avec des paroles, il n'est pas à craindre que notre trésor soit jamais à sec. — Qu'y a-t-il ensuite, Nicéphore?—la liste, je suppose, des guerriers qui accompagnent ce grand comte?

— Non, mon noble souverain, répondit Nicéphore Brienne ; autant de chefs indépendants Votre Altesse impériale voit couchés sur cette liste, autant d'armées indépendantes s'avancent d'Europe vers l'Orient, annonçant la conquête de la Palestine sur les infidèles comme leur but commun.

— C'est une liste effrayante, dit l'empereur en la parcourant; cependant il y a cela d'heureux que sa longueur même nous assure qu'il est impossible que tant de princes demeurent sérieusement et constamment unis dans un projet si dépourvu de sens. C'est ainsi que mes yeux y saisissent déjà le nom bien connu d'un ancien ami, notre ennemi : — car telles sont les chances alternatives de paix et de guerre. — Bohémond d'Antioche n'est-il pas le fils du célèbre Robert d'Apulie, si renommé parmi ses compatriotes, qui, de simple chevalier, s'est élevé au rang de grand-duc, et est devenu prince souverain de sa nation belliqueuse, tant en Sicile qu'en Italie? Les étendards de l'empereur d'Allemagne, ceux du pontife romain, bien plus, nos étendards impériaux eux-mêmes, n'ont-ils pas reculé devant lui? Diplomate aussi rusé que guerrier courageux, il est devenu la terreur de l'Europe, lui qui n'était qu'un simple chevalier normand dont le château eût été suffisamment gardé avec six arbalètes et autant de lances. C'est une famille redoutable, une race aussi rusée que puissante; mais Bohémond, le fils du vieux Robert, suivra la même politique que son père.

Il est possible qu'il parle de la Palestine et des intérêts de la chrétienté; mais si je parviens à faire que son intérêt personnel soit le mien, il n'est pas probable qu'il se laisse guider par aucun autre. Ainsi donc, avec la connaissance que j'ai déjà de ses désirs et de ses projets, il peut arriver que le Ciel nous envoie un allié au lieu d'un ennemi. — Qui vient ensuite? Godefroy, duc de Bouillon, — conduisant, à ce que je vois, une bande très-formidable des bords d'un grand fleuve appelé le Rhin. Quelle est la réputation de ce chef?

— A ce que j'apprends, répondit Nicéphore, ce Godefroy est l'un des plus sages, des plus nobles et des plus braves d'entre les chefs qui se sont mis en mouvement d'une manière si étrange. Sur la liste des princes indépendants, aussi nombreux que ceux qui s'assemblèrent autrefois pour le siége de Troie, et la plupart suivis d'armées plus considérables, ce Godefroy peut en être considéré comme l'Agamemnon. Les princes et les comtes l'estiment, parce qu'il est le premier de ceux que, dans leur langage fantastique, ils appellent chevaliers, et aussi pour la bonne foi et la générosité qu'il déploie en toute occasion. Le clergé en fait cas à cause de son zèle ardent pour les doctrines de la religion et de son respect pour l'Église et ses dignitaires. La justice, la libéralité et la franchise de ce Godefroy lui ont également attaché les classes inférieures du peuple. L'attention avec laquelle il s'acquitte de toutes ses obligations morales leur est un gage de la sincérité de sa religion. Doué de tant de qualités excellentes, encore qu'il soit inférieur, pour le rang, la naissance et le pouvoir, à beaucoup de chefs de la croisade, il est déjà regardé comme l'un de ses principaux généraux.

— C'est pitié, dit l'empereur, qu'un prince tel que vous nous décrivez celui-ci soit sous l'empire d'un fanatisme digne à peine de Pierre l'Ermite, ou de la multitude grossière qu'il conduisait, ou enfin de l'âne même sur lequel il était monté, et que je ne serais pas éloigné de croire le plus sage de cette multitude que nous avons vue ici; car lui, du moins, il s'est retourné en fuyant vers l'Europe, aussitôt que l'eau et l'orge sont devenus rares.

— S'il m'était permis de parler et de vivre, dit Agélastès, je vous ferais remarquer que le patriarche lui-même fit une retraite semblable aussitôt qu'il vit que les coups devenaient abondants et les provisions rares.

— Bien dit, reprit l'empereur; mais la question est maintenant de savoir si l'on ne pourrait pas former une principauté honorable et importante des provinces de l'Asie-Mineure actuellement dévastées par les Turks. Il me semble qu'une pareille principauté, avec les différents avantages du sol, du climat, des habitants industrieux, et d'une atmosphère saine, vaudrait bien les terrains marécageux du duché de Bouillon. On pourrait en faire une dépendance de l'empire Romain, et avec Godefroy et ses Franks victorieux pour garnison, cela formerait de ce côté un boulevard pour notre personne sacrée. Ha! ha! très-saint patriarche, une telle perspective ne serait-elle pas dans le cas d'ébranler l'attachement du plus dévot d'entre les Croisés pour les sables brûlants de la Palestine?

— Surtout, répondit le patriarche, si le prince en faveur duquel un pareil *thème*[1] était changé en un apanage féodal se convertissait préalablement à la seule véritable foi, ainsi que Votre Altesse impériale l'entend sans doute.

— Certainement,—très-certainement, répondit l'empereur avec une affectation convenable de gravité, quoiqu'en lui-même il sût combien de fois les nécessités de l'État l'avaient forcé d'admettre au nombre de ses sujets non-seulement des catholiques latins, mais des manichéens et d'autres hérétiques, et même des Barbares mahométans, et cela sans éprouver la moindre opposition des scrupules du patriarche. — Je vois sur ce morceau de parchemin, continua l'empereur, une liste de princes et de peuples s'approcher de nos frontières, si nombreux qu'on pourrait les comparer aux armées d'autrefois qui buvaient des fleuves, épuisaient des royaumes, et foulaient aux pieds les forêts dans leurs marches dévastatrices. — Comme il prononçait ces mots, la pâleur se répandit sur son visage, comme elle obscurcissait déjà celui de la plupart de ses conseillers.

— Cette guerre de nations, dit Nicéphore, offre aussi une circonstance qui la distingue de toutes les autres, à l'exception de celles que Votre Altesse impériale a déjà soutenues contre ceux que nous avons coutume d'appeler les Franks. Nous avons affaire à un peuple pour qui le fracas des armes est comme le souffle de leurs narines, et qui, plutôt que de ne faire la guerre à personne, la font à leurs plus proches voisins, et se provoquent même individuellement à un combat à mort, comme dans nos jeux nous nous provoquons à une course de chars. Ils sont couverts d'une armure d'acier impénétrable, qui les défend des coups de lance et d'épée. La force extraordinaire de leurs chevaux leur permet de porter des cavaliers si pesamment armés, tandis que les nôtres n'en seraient pas plus capables que de soutenir le mont Olympe sur leurs reins. Leur infanterie porte une arme à lancer des traits qui nous est inconnue, et qu'ils appellent une arbalète. On ne la tire pas avec la main droite comme l'arc des autres peuples, mais on place le pied sur l'arme elle-même et on appuie de toute la force du corps. On lance ainsi des flèches appelées carreaux, qui sont d'un bois dur avec une pointe en fer. La force de l'arc ainsi employé leur permet de traverser les cuirasses les plus fortes, et même des murs en pierre d'une épaisseur ordinaire.

— Assez, dit l'empereur. Nous avons vu par nous-même les lances des chevaliers francs et les arbalètes de leur infanterie. Si le Ciel leur

---

[1] Les provinces de l'empire Grec étaient appelées *thèmes*. (W. S.)

a donné un degré de bravoure qui paraît aux autres nations presque surnaturel, la divine volonté a donné au conseil des Grecs cette prudence qu'elle a refusée aux Barbares : — l'art d'achever une conquête par la prudence plutôt que par la force brutale; — d'obtenir par notre habileté dans les traités les avantages que la victoire elle-même ne nous aurait pas procurés. Si nous n'avons pas l'usage de cette arme terrible que notre gendre appelle l'arbalète, le Ciel, dans sa bonté, a caché aux Barbares occidentaux la composition et l'usage du feu grégeois. C'est avec raison qu'on lui a donné ce nom, puisque des mains grecques savent seules le préparer et lancer ses foudres sur un ennemi étonné. — L'empereur s'arrêta pour regarder autour de lui, et comme la pâleur couvrait toujours le front de ses conseillers, il continua hardiment : — Pour en revenir à ce triste parchemin, qui contient les noms des nations prêtes à envahir nos frontières, il me semble qu'il s'en trouve plusieurs que notre mémoire doit nous rendre familiers, encore que nos souvenirs à cet égard soient éloignés et confus. Il importe que nous sachions quels sont tous ces hommes, pour tirer parti des sujets de querelle qui peuvent exister entre eux, afin qu'en les ravivant ils puissent heureusement les détourner de poursuivre l'entreprise extraordinaire pour laquelle ils sont maintenant réunis. Voici, par exemple, un certain Robert, qualifié duc de Normandie, qui commande une troupe nombreuse de comtes, titre que nous ne connaissons que trop bien ; d'*earls*[1], mot totalement étranger, mais qui signifie probablement quelque titre parmi ces barbares ; enfin de *knights*, mot qui d'abord, à ce que nous croyons, a été tiré du français, puis transformé dans quelque autre jargon que nous ne sommes pas compétents pour comprendre nous-même[2]. Très-révérend et très-savant patriarche, nous ne saurions mieux nous adresser qu'à vous pour en demander l'explication.

— Les devoirs de ma charge, répondit le patriarche Zosime, m'ont empêché, dans mon âge mur, d'étudier l'histoire des royaumes éloignés. Mais le sage Agélastès, qui a lu autant de volumes qu'il peut y en avoir dans les rayons de la fameuse bibliothèque d'Alexandrie, sera, je n'en doute pas, en état de répondre aux questions de Votre Majesté impériale.

Agélastès se dressa sur ces jambes endurcies qui lui avaient mérité le surnom d'Éléphant, et commença une explication plus remarquable par la promptitude qu'il y mit que pour l'exactitude des renseignements : — J'ai lu, dit-il, dans ce brillant miroir où se réfléchit l'histoire de nos aïeux, dans les volumes du savant Procope, que les peuples séparément appelés Normands et Anglais ne sont en réalité qu'une seule et même race, et que la province qu'on appelle quel-

---

[1] Titre anglais qu'on a rendu par celui de comte. (L. V.)

[2] *Knight* est en effet le mot par lequel les Anglais ont rendu le titre frank de *chevalier*. Sur le mot *knight*, spécialement, et sur son origine saxonne, nous renvoyons, pour ne pas nous répéter ici, à une des notes (F) placées à la suite d'*Ivanhoë*. (L. V.)

quefois Normandie n'est, dans le fait, qu'une partie d'un district des Gaules. Au delà et presque vis-à-vis, mais séparée par un bras de mer, s'étend une triste région où les nuages et les tempêtes ont leur demeure habituelle, et qui est bien connue de ses voisins du continent comme le pays où les âmes sont envoyées après la mort. D'un côté du détroit habitent un petit nombre de pêcheurs, hommes qui possèdent une charte étrange et jouissent de singuliers priviléges, en considération de ce qu'ils sont les passeurs vivants remplissant l'office du Caron des païens et transportant les esprits des trépassés dans l'île qui devient leur séjour après la mort. Au milieu de la nuit, ces pêcheurs, à tour de rôle, sont sommés de remplir les fonctions à l'accomplissement desquelles ils sont redevables, à ce qu'il paraît, de la permission d'habiter sur cette côte étrange. On entend un coup à la porte de la cabane de celui dont le tour est venu pour ce singulier service, et ce coup n'est frappé par aucune main mortelle. Un souffle, comme d'une voix mourante, somme le passeur de faire son devoir. Il s'empresse de se jeter dans sa barque, et il n'a pas plutôt démarré que la quille s'enfonce sensiblement dans l'eau, comme pour indiquer le poids des morts dont elle est remplie. Nulle forme ne se fait voir, et bien qu'on entende des voix, les accents en sont confus et inintelligibles comme ceux de l'homme qui parlerait dans son sommeil. C'est ainsi que le passeur franchit le détroit qui sépare le continent de l'île, sous l'impression de cette crainte mystérieuse qui saisit toujours les vivants quand ils savent qu'ils sont en présence des morts. Il arrive à la côte opposée, où les récifs de pierre blanche forment un étrange contraste avec l'éternelle obscurité de l'atmosphère. Il s'arrête à un point déterminé pour le débarquement, mais il ne débarque pas; car jamais homme vivant ne doit fouler du pied cette terre. Là le bateau se décharge graduellement de ses passagers immatériels, et ils se répandent çà et là dans les directions qui leur ont été assignées; tandis que les mariniers regagnent leur propre rivage, ayant accompli pour cette fois l'étrange service auquel ils doivent leur hutte de pêcheur et l'exercice de leur profession sur cette côte singulière.—Ici Agélastès s'arrêta et l'empereur répliqua :

— S'il est vrai que cette légende se trouve réellement dans Procope, elle montre que ce célèbre historien se rapprochait bien plus des croyances païennes que de la foi chrétienne, relativement à notre état futur. Au bout du compte, ceci n'est guère que la vieille fable de l'infernal Styx. Procope, nous le pensons, vivait avant la chute du paganisme, et de même que nous voudrions volontiers ne pas croire bien des choses qu'il dit relativement à l'un de nos ancêtres et prédécesseurs, Justinien, nous nous rappellerons à l'avenir d'avoir peu de foi dans ses connaissances géographiques. — Cependant qu'as-tu donc, Achille Tatius, à parler ainsi à voix basse avec ce soldat?

— Ma tête, répondit l'acolouthos, est à vos ordres, prête à payer pour les écarts de ma langue. Je ne faisais que demander à Hereward ce qu'il pense de tout ceci ; car j'ai entendu souvent mes Varangiens s'appeler eux-mêmes Anglo-Danois, Normands, Bretons, ou de quelque autre nom barbare ; et je suis sûr que l'un ou l'autre de ces noms, si ce n'est tous, désigne le lieu de naissance de ces exilés, trop heureux d'avoir été bannis des ténèbres du barbarisme, puisque cette circonstance les a amenés dans le voisinage lumineux de votre présence impériale.

— Parle donc, Varangien, au nom du Ciel, dit l'empereur, et fais-nous savoir si nous devons attendre des amis ou des ennemis dans ces Normands qui s'approchent maintenant de notre frontière. Parle avec courage, et si tu appréhendes quelque danger, rappelle-toi que tu sers un prince bien en état de te protéger.

— Puisque l'on m'accorde la liberté de parler, répondit le garde du corps, bien que je sache peu la langue grecque, que vous appelez la langue romaine, j'espère en savoir assez pour demander à Votre Altesse impériale qu'au lieu de toute paye, donation, ou présent quelconque, puisqu'il vous a plu de parler de quelque chose de semblable en ma faveur, elle daigne me placer au premier rang dans la première bataille contre ces mêmes Normands et leur duc Robert. S'il plaît à Votre Altesse de m'accorder l'aide de ceux des Varangiens qui, par amour pour moi ou par haine pour leurs anciens tyrans, seront disposés à joindre leurs armes aux miennes, je doute peu que nous ne réglions nos longs comptes avec ces hommes, en sorte que les aigles et les loups de la Grèce leur rendent les derniers devoirs en séparant leur chair de leurs os.

— Quelles sont donc, mon brave soldat, ces effroyables haines, qu'après tant d'années le nom seul des Normands te puisse entraîner à des pensées si furieuses ?

— Votre Altesse impériale en va juger, dit le Varangien. Mes aïeux et ceux de la plupart, quoique non pas de tous ceux qui composent le corps auquel j'appartiens, descendaient d'une race vaillante qui habitait au nord de la Germanie, et qu'on appelait les Anglo-Saxons. Nul, si ce n'est un prêtre versé dans l'art de consulter les anciennes chroniques, ne saurait dire, même à peu près, depuis combien de temps ils étaient venus dans l'île de la Grande-Bretagne, alors déchirée par la guerre civile. Toutefois, ils y vinrent à la demande des naturels de l'île, car les habitants du Sud implorèrent l'assistance des Anglais. On leur accorda des provinces en récompense du secours qu'ils avaient si généreusement prêté ; et la plus grande portion de l'île devint par degrés la propriété des Anglo-Saxons, qui l'occupèrent d'abord sous forme de plusieurs principautés distinctes, et en dernier lieu comme un seul royaume, parlant la langue et observant les lois et coutumes de la plupart de ceux qui forment aujourd'hui les gardes du corps de Votre Majesté, vos Varangiens ou exilés. Dans la suite des temps, les hommes du Nord furent connus des peuples habitant des climats plus méridionaux : on les appelait ainsi, parce qu'ils venaient des régions éloignées situées sur les bords de la mer Baltique, — immense océan, dont les eaux sont quelquefois gelées, et deviennent aussi dures que les rochers du mont Caucase ; ils venaient, cherchant un climat plus doux que celui sous lequel ils étaient nés. Le climat de la France étant délicieux et ses peuples peu belliqueux, ils en extorquèrent la concession d'une grande province, qui, du nom de ses nouveaux habitants, s'appela la Normandie, bien que j'aie entendu dire à mon père que ce n'était pas là le véritable nom de cette province [1]. Ils s'y fixèrent sous un duc qui reconnaissait l'autorité suzeraine du roi de France, c'est-à-dire qu'il lui obéissait toutes les fois que cela lui convenait. — Or, il arriva, bien des années après, tandis que ces deux nations des Normands et des Anglo-Saxons résidaient tranquillement sur les deux côtés opposés du chenal qui sépare la France de l'Angleterre, que Guillaume, duc de Normandie, leva tout à coup une grande armée, et débarquant dans le comté de Kent, qui est de l'autre côté du détroit, y défit dans une grande bataille Harold, qui était à cette époque le roi des Anglo-Saxons : c'est un océan de chagrins que de rappeler ce qui s'ensuivit. On a livré dans les anciens âges des batailles dont les résultats ont été épouvantables, mais que le temps a cependant pu effacer ; mais à Hastings, — ô malheur à moi ! — la bannière de mon pays est tombée pour ne se relever jamais ; l'oppression a appesanti son joug sur nous ; tout ce qu'il y avait de vaillants hommes parmi nous a quitté le pays ; et d'Anglais, — car c'est là notre véritable nom, — il n'en reste pas un en Angleterre, si ce n'est comme esclaves des conquérants. Beaucoup d'hommes d'origine danoise, qui s'étaient fixés en Angleterre à différentes époques, ont été enveloppés dans notre commune calamité ; tout a été dévasté par l'ordre des vainqueurs ; la maison de mon père n'est plus maintenant qu'une ruine sans nom au milieu d'une immense forêt composée de ce qui était naguère des champs et des pâturages, où une race d'hommes généreux et intrépides trouvaient leur nourriture en cultivant un sol ami. Le feu a détruit l'église où repose la cendre de mes aïeux ; et moi, le dernier de ma race, je suis errant dans d'autres climats, — je combats pour une cause qui n'est pas la mienne ; — je suis le serviteur d'un maître étranger quoique bon : — en un mot, je suis l'un des bannis, — un Varangien.

— Plus heureux dans cette position, dit Achille Tatius, que dans la simplicité barbare dont vos aïeux faisaient tant de cas, puisque vous vous trouvez maintenant sous l'influence vivifiante de ce sourire qui est l'âme du monde.

[1] Hereward a sans doute entendu parler du nom de *Neustrie*. (L. V.)

— Il ne sert à rien de parler de cela, répondit le Varangien de l'air le plus froid.

— Ces Normands, répliqua l'empereur, sont donc ce peuple qui a conquis et gouverne maintenant les îles si célèbres de la Grande-Bretagne ?

— Il n'est que trop vrai, répondit le Varangien.

— En ce cas, ce doit être un peuple brave et belliqueux, dit Alexis.

— Il serait bas et faux de dire le contraire d'un ennemi, répondit Hereward. Certes, ils m'ont fait tort, un tort qui ne se peut réparer ; mais leur nier le courage et l'habileté à la guerre, ce serait un mensonge et la vengeance d'une femme. Ce sont mes mortels ennemis, et leur nom ne se présente à ma mémoire qu'avec des idées de haine et d'exécration. Cependant, si toutes les nations de l'Europe doivent passer en revue devant nos yeux, ainsi que cela paraît devoir être le cas, il n'est aucune nation, aucune tribu qui prétende à prendre le pas sur les fiers Normands.

— Et ce duc Robert, quel est-il?

— Quant à cette question, je ne saurais vous faire une réponse aussi satisfaisante. C'est le fils, et, à ce que l'on dit, le fils aîné de Guillaume, ce tyran qui a soumis l'Angleterre quand j'existais à peine, ou quand je n'étais qu'un enfant au berceau. Ce Guillaume, le vainqueur d'Hastings, est mort maintenant, à ce que nous assurent des témoignages qui s'accordent très-bien. Mais il paraîtrait que son fils aîné, le duc Robert, est devenu héritier de son duché de Normandie, tandis que quelqu'un de ses autres enfants a eu le bonheur de lui succéder au trône d'Angleterre,—à moins toutefois que, comme la ferme d'un obscur paysan, ce beau royaume n'ait été divisé entre les enfants du tyran.

— Quant à ce point, dit l'empereur, nous avons personnellement appris certaines choses que nous essaierons à loisir de faire concorder avec le récit de ce soldat. Toutefois, nous regarderons comme une preuve positive la parole de cet honnête Varangien dans tout ce qu'il raconte comme le fruit de connaissances personnelles. — Et maintenant, mes graves et dignes conseillers, il nous faut terminer cet office du soir dans le Temple des Muses, les nouvelles désastreuses apportées par le très-cher César notre gendre nous ayant fait prolonger notre culte au delà de ce qui convient à la santé de notre très-chère épouse et de notre très-chère fille, tandis qu'elles nous fournissent à nous-même le sujet de graves délibérations.

Les courtisans épuisèrent toute la fécondité de leur imagination à formuler des prières ingénieuses pour que cette veille prolongée n'entraînât pas de suites fâcheuses.

Nicéphore et sa belle épouse échangèrent entre eux quelques paroles, comme deux amants également désireux de terminer un malentendu pénible. — Mon César, dit la dame, dans cet affreux récit tu as donné quelques détails aussi élégamment rendus que si les neuf déesses auxquelles ce temple est dédié en avaient chacune fourni le sens et l'expression.

— Je n'avais besoin du secours d'aucune d'elles, puisque je possède moi-même une muse dont le génie renferme tous les attributs que les païens attribuaient vainement aux neuf vierges du Parnasse !

— C'est bien, dit la belle historienne, se retirant appuyée sur le bras de son mari; mais si vous voulez charger votre femme d'éloges bien au-dessus de ses mérites, il faut lui prêter l'appui de votre bras pour l'aider à soutenir le lourd fardeau dont il vous a plu de la charger.

Le conseil se sépara après que la famille impériale se fut retirée, et la plupart cherchèrent à s'indemniser dans des réunions plus libres, encore que moins relevées, de la contrainte à laquelle ils étaient astreints dans le Temple des Muses.

CHAPITRE VI.

> Homme orgueilleux, à toi permis d'estimer la belle que tu aimes jusqu'où peut aller l'hyperbole. A toi permis de dire que sa personne est toute perfection, et que son âme toute divine s'allie parfaitement à son beau corps. Mais écoute un avis : — Ne dis pas, ne dis jamais qu'elle est supérieure à son sexe, tant qu'existe une femme dont je suis le fidèle chevalier.
> *Ancienne Comédie.*

ACHILLE Tatius, suivi de près par son fidèle Varangien, quitta silencieusement et presque imperceptiblement l'assemblée qui se séparait, comme les neiges se fondent sur les Apennins quand la température devient plus douce. Aucune affectation dans le pas, aucun retentissement des armures n'annonçaient la retraite des conseillers militaires; on évitait même d'indiquer ostensiblement la nécessité des gardes, parce que, si près de la personne de l'empereur, on aimait à supposer que les émanations de cette divinité terrestre suffisaient pour la mettre à l'abri de toute attaque et de toute insulte. Aussi, les plus vieux et les plus habiles courtisans, parmi lesquels nous ne devons pas oublier notre ami Agélastès, étaient-ils d'opinion que si l'empereur daignait employer le ministère des Varangiens et d'autres gardes, c'était plutôt par respect pour l'étiquette que par aucune crainte d'un crime si épouvantable qu'il était de bon ton de le regarder presque comme impossible. Et cette doctrine, qui voulait qu'un tel crime fût rare, elle se répétait dans ces mêmes appartements qui l'avaient vu exécuter plus d'une fois, et partait de la bouche des personnes mêmes qui ne passaient pas un mois sans former le projet de mettre à exécution quelque noire conspiration contre la vie de l'empereur régnant.

Enfin, le capitaine des gardes du corps et son fidèle soldat se retrouvèrent dans les ouvrages avancés du palais de Blacquernal. Le passage par lequel Achille s'ouvrit une sortie était fermé par une poterne, et un seul Varangien qui s'y trouvait de faction tira après eux une barre et des verrous, dont le son criard n'avait rien que d'effrayant. Jetant les yeux derrière lui sur cette masse de tours, de créneaux et de clochers d'où ils étaient enfin sortis, Hereward ne put s'empêcher de sentir son cœur allégé de se retrouver sous la voûte bleue d'un ciel grec, où les planètes brillaient d'un éclat inaccoutumé. Il soupira et se frotta les mains de plaisir, comme un homme récemment rendu à la liberté. Il adressa même la parole à son chef, contre son habitude de ne faire que répondre quand on l'interrogeait : — Il me semble, vaillant capitaine, que l'air qu'on respire dans ces appartements est imprégné d'un parfum qui, tout agréable qu'on le trouve, n'en est pas moins suffocant, et convient mieux à des chambres sépulcrales qu'à celles habitées par des vivants. Je suis heureux d'être libre, à ce que je crois, et hors de son influence.

— Sois donc heureux, répondit Achille Tatius, puisque ton esprit vil et grossier éprouve de la suffocation du contact de ces zéphyrs, qui, loin de donner la mort, rappelleraient plutôt les morts eux-mêmes à la vie. Cependant, Hereward, je dois dire ceci en ta faveur, qu'étant né Barbare, renfermé dans le cercle étroit des désirs et des plaisirs d'un sauvage, n'ayant d'autre idée de la vie que celle que tu as pu tirer d'un rapport si vil et si bas, tu es cependant destiné par la nature à des choses plus nobles. Tu as soutenu une épreuve aujourd'hui dont pas un des soldats de ma noble cohorte, glacés qu'ils sont par leur barbarie grossière, ne se serait tiré aussi bien que toi. Mais maintenant, la main sur la conscience, dis-moi, n'en as-tu pas été bien récompensé?

— Je ne le nierai pas. Le plaisir de savoir, vingt-quatre heures peut-être avant mes camarades, que les Normands viennent ici nous offrir une revanche complète de la sanglante journée d'Hastings, est une noble récompense pour l'ennui d'avoir passé quelques heures à écouter le long bavardage d'une dame qui a écrit sur ce qu'elle ne connaît pas, et les commentaires flatteurs des spectateurs qui prétendaient lui donner des détails de ce qu'ils ne se sont pas arrêtés à voir.

— Hereward, mon brave jeune homme, tu as le délire, dit Achille Tatius; et je crois que je ferais bien de te confier aux soins de quelque personne habile. Trop de hardiesse, mon bon soldat, dépasse les limites d'un courage raisonnable. Il est naturel que, dans ta position de tout à l'heure, tu aies ressenti un noble sentiment d'orgueil; mais laisse-le dégénérer en vanité, et ce sera presque de la folie. Ma foi, tu as regardé audacieusement en face une princesse née dans la pourpre, devant laquelle mes propres yeux, bien qu'accoutumés à de pareils spectacles, ne se sont jamais levés plus haut que les plis tombants de son voile.

— Par le Ciel! cela peut être, répondit Hereward; mais néanmoins les belles figures ont été faites pour qu'on les regardât, et les jeunes gens ont des yeux pour les voir.

— Si tel est effectivement l'objet pour lequel les yeux ont été créés, je suppose franchement que les tiens n'ont jamais trouvé une meilleure excuse pour la licence plus que hardie avec laquelle tu les as constamment tenus sur la princesse pendant toute cette soirée.

— Brave commandant, acolouthos, ou quel que soit celui de vos titres que vous préférez, ne poussez pas à l'extrémité un homme simple qui désire remplir son devoir en tout honneur envers la famille impériale. La princesse, femme du César, et née, à ce que vous dites, d'une couleur de pourpre, n'en a pas moins hérité des traits d'une femme fort aimable. Elle a composé une histoire sur laquelle je n'aurai pas la prétention de porter un jugement, puisque je ne la comprends pas; elle chante comme un ange, et pour conclure à la façon des chevaliers d'aujourd'hui, — bien qu'ordinairement je ne parle pas leur langage, — je dirais volontiers que je suis prêt à entrer en lice contre quiconque oserait médire de la beauté d'Anne Comnène, de ses talents et de ses vertus. Cela dit, mon brave capitaine, il me semble que vous n'avez plus rien à me demander là-dessus, ou que du moins je n'aurai plus rien à vous répondre. Qu'il y ait des femmes plus belles que la princesse, cela est hors de doute, et j'en doute d'autant moins que j'ai vu moi-même une personne que je lui trouve infiniment supérieure, et là-dessus, terminons, je vous prie, ce dialogue.

— Ta beauté, idiot sans pareil, dit Achille, je suppose que ce doit être la fille de quelque gros ours du Nord, demeurant porte à porte de la ferme sur laquelle sera né un âne aussi intolérablement dépourvu de jugement que toi.

— Vous pouvez dire ce qu'il vous plaira, capitaine, parce qu'il est fort heureux pour nous deux que vous ne puissiez pas m'offenser sur un pareil sujet, moi qui fais aussi peu de cas de votre opinion que vous pouvez en faire de la mienne, et que vos paroles ne peuvent rabaisser en rien une personne que vous n'avez jamais vue. Si vous l'aviez vue, au contraire, il serait possible que je n'écoutasse pas aussi tranquillement de pareilles réflexions sur son compte, même de la part d'un supérieur militaire.

Achille Tatius avait en grande partie la pénétration nécessaire à un homme dans sa position; il ne provoquait jamais jusqu'à l'extrémité les esprits indomptables auxquels il commandait, et jamais il ne se permettait avec eux plus de liberté qu'ils n'auraient eu la patience d'en supporter. Hereward était l'un de ses favoris, et à cet égard, au moins, il en était aimé et respecté. Lors donc que l'acolouthos, au lieu de s'offenser de sa vivacité, lui présenta en riant ses excuses, le petit nuage qui s'était élevé entre eux disparut aussitôt. L'officier reprit tout d'un coup sa supériorité, et le soldat se remit à marcher un pas en arrière avec silence et réserve, donnant un soupir à quelques souvenirs éloignés. Le fait est que l'acolouthos avait sur Hereward un autre projet plus important, dont il ne voulait, quant à présent, que lui donner une idée éloignée.

Après un long silence, pendant lequel ils s'approchaient de leur quartier, bâtiment sombre et fortifié, construit exprès pour le logement des Varangiens, le capitaine fit signe au soldat de s'approcher tout près de lui, et reprit ainsi la parole d'un ton confidentiel : — Hereward, mon cher ami, quoiqu'il soit à peine supposable qu'en présence de la famille impériale tu aies pu remarquer quelqu'un qui ne soit pas de son sang, ou plutôt, pour me servir de l'expression d'Homère, qui ne participe pas au divin *ichor,* qui, dans leur personne sacrée, remplace le liquide que nous appelons le sang chez le vulgaire, cependant, dans une si longue audience, il n'est peut-être pas impossible que, par la grossièreté de son vêtement et de sa personne, tu aies remarqué un certain Agélastès, que les courtisans appellent l'Éléphant, à cause de son observance rigoureuse de l'étiquette qui défend à qui que ce soit de s'asseoir ou de se coucher en présence de l'empereur.

—Je crois, répondit le soldat, avoir remarqué la personne dont vous parlez. C'est un homme de soixante-dix ans, et peut-être plus, — un gros homme au ventre proéminent ; — la calvitie de sa tête est bien rachetée par une barbe blanche d'une prodigieuse ampleur, dont les boucles, tombant sur sa poitrine, atteignent la serviette dont il s'entoure les reins, au lieu de la ceinture de soie que portent les personnes de condition.

—Parfaitement observé, mon brave Varangien. Qu'as-tu encore remarqué sur ce personnage ?

—Son manteau était d'une étoffe aussi grossière que celui du dernier homme du peuple, mais parfaitement propre, comme si l'intention de celui qui le portait eût été d'afficher de la pauvreté, de l'indifférence ou du mépris pour la toilette, tout en évitant ce qui pourrait avoir l'air négligé, sordide ou dégoûtant.

—Par sainte Sophie ! dit l'officier, tu m'étonnes ! le prophète Balaam ne fut pas plus surpris quand son ânesse tourna la tête et se mit à lui parler ! — Mais as-tu fait encore d'autres remarques sur cet individu ? Je vois que ceux qui ont affaire à toi doivent craindre ton coup d'œil observateur, non moins que ta hache d'armes.

—Sauf le respect que je dois à Votre Valeur, nous autres Anglais, nous avons des yeux aussi bien que des bras ; mais ce n'est que quand nos chefs nous le commandent que nous permettons a notre langue de redire ce que nous avons observé. Je me suis peu occupé de la conversation de cet homme; mais d'après ce que j'en ai entendu, il m'a paru assez désireux de faire l'agréable et le bouffon, rôle que, considérant son âge et l'expression de sa physionomie, je ne trouve pas naturel; je serais même porté à croire que ce n'est là qu'un masque pour cacher quelques desseins plus importants.

— Hereward, répondit l'officier, tu as parlé comme un ange envoyé ici-bas pour sonder les cœurs des mortels; cet Agélastès est un composé de contradictions, tel qu'on en rencontre rarement. Possédant toute cette science qui, dans les temps anciens, assimilait les sages des nations aux dieux eux-mêmes, Agélastès emploie la même ruse que Brutus l'ancien, qui déguisait ses talents sous le masque d'un malheureux bouffon. Il semble ne chercher aucune place, — il ne désire aucune considération, — il ne paraît à la cour que lorsqu'il en est positivement requis. Mais que te dirais-je, mon brave soldat, sur les causes d'une influence gagnée sans aucun effort apparent, influence qui s'étend presque jusqu'aux pensées elles-mêmes des hommes, qui paraissent agir positivement comme Agélastès le désire, sans qu'il les y ait sollicités? On dit d'étranges choses de l'étendue de ses rapports avec d'autres êtres auxquels nos pères avaient voué un culte de prières et de sacrifices. Toutefois, je suis résolu à savoir par quelle voie il grimpe si haut et si aisément vers le faîte auquel tendent tous les courtisans. Il aura fort à faire s'il ne partage pas son échelle avec moi, ou si je ne la lui retire pas de dessous les pieds. J'ai fait choix de toi, Hereward, pour m'aider dans cette entreprise, comme les chevaliers, parmi les Francs infidèles, choisissent, quand ils vont courir une aventure, un vigoureux écuyer auquel ils donnent part dans les dangers et dans les récompenses. J'ai pris cette résolution aussi bien à cause de l'habileté que tu as manifestée ce soir, qu'à raison du courage dont tu peux te vanter autant et plus qu'aucun de tes camarades.

— Je vous suis obligé, et je remercie Votre Valeur, répondit le Varangien plus froidement peut-être que son officier ne s'y attendait. Je suis prêt, comme c'est mon devoir, à vous servir en tout ce qui s'accordera avec ce que je dois à Dieu et à l'empereur. Je vous dirai seulement qu'ayant prêté serment comme soldat subalterne, je ne ferai rien de contraire aux lois de l'empire, et que comme chrétien sincère, quoique ignorant, je ne veux rien avoir à faire avec les dieux des païens, si ce n'est de les défier au nom et avec le secours des bienheureux saints.

— Idiot! dit Achille Tatius, peux-tu penser que moi, déjà investi de l'une des premières dignités de l'empire, je pourrais méditer quoi que ce soit de contraire aux intérêts d'Alexis Comnène? ou, ce qui ne serait guère moins atroce, que moi, l'ami de cœur et l'allié du révérend patriarche Zosime, je me mêlerais dans quoi que ce soit qui eût le rapport même le plus éloigné avec l'hérésie ou l'idolâtrie?

— En vérité, répondit le Varangien, personne n'en serait plus surpris ou plus chagrin que moi. Mais quand nous marchons dans un labyrinthe, nous devrions dire tout haut que nous avons un but fixe et honnête; ce serait peut-être le seul moyen de marcher droit dans le sentier du devoir. Dans ce pays, les gens ont tant de manières de dire la même chose, qu'on finit par ne savoir plus quelle est au juste leur intention. Nous autres Anglais, nous ne savons rendre notre pensée que par une phrase; mais cette phrase est telle que l'esprit le plus subtil du monde n'en pourrait tirer un double sens.

— C'est bien, dit l'officier, demain nous en dirons davantage à ce sujet; et pour cela, tu te rendras dans mon logement un peu après le coucher du soleil. Tu me comprends, la journée de demain, tant que le soleil sera sur l'horizon, t'appartiendra pour t'amuser ou te reposer à ton choix. Je te conseillerai cependant de l'employer plutôt au repos, car il est possible que nous soyons obligés de passer la nuit prochaine comme celle-ci.

En achevant ces mots, ils entrèrent au quartier, et là ils se séparèrent. Le commandant des gardes du corps se rendit dans une suite d'appartements splendides qui lui appartenaient en cette qualité, tandis que l'Anglo-Saxon gagna son logement plus humble d'officier subalterne.

CHAPITRE VII.

> De telles armées ne se réunirent pas, un camp aussi vaste ne se forma pas, lorsqu'à la tête de toutes les puissances du Nord, ainsi que les romans nous l'apprennent, Agrican assiégea Albracca, la cité de Gallaphron, pour en emporter, comme fruit de sa victoire, la plus belle de son sexe, sa fille Angélique, recherchée par tant de valeureux chevaliers, aussi bien les païens que les pairs de Charlemagne.
> *Le Paradis reconquis*

LE lendemain matin, de bonne heure, s'assembla le conseil impérial, dans lequel le nombre des officiers-généraux revêtus de titres sonores déguisait sous un léger voile la faiblesse réelle de l'empire Grec. Les commandants étaient nombreux et les distinctions entre leurs rangs minutieuses; mais il y avait comparativement bien peu de soldats.

Les places autrefois remplies par les préfets, les préteurs et les questeurs, étaient aujourd'hui occupées par des personnes qui, insensiblement, s'etaient élevées jusqu'aux fonctions de ces officiers, et qui, bien que désignées par celles qu'ils remplissaient auprès de l'empereur, possédaient par cela même ce qui, dans cette cour despotique, était la source la plus efficace du pouvoir. Une longue suite d'officiers entra dans la grande salle du château de Blacquernal, et chacun d'eux s'avança jusqu'où son grade lui donnait droit d'aller se placer ; un certain nombre s'arrêtaient dans chacune des pièces qu'ils traversaient successivement, et que leur rang ne leur permettait pas de dépasser. Ainsi, quand on arriva au cabinet d'audience, après avoir franchi dix antichambres, cinq personnes seulement se trouvèrent en présence de l'empereur dans ce sanctuaire sacré de la royauté, décoré avec toute la splendeur de l'époque.

L'empereur Alexis était assis sur un trône élevé, enrichi d'or et de pierres précieuses, flanqué de chaque côté, probablement pour imiter la magnificence de Salomon, d'un lion couchant, également en or. Pour ne pas nous arrêter à détailler d'autres marques de splendeur, nous dirons qu'un arbre dont le tronc paraissait également en or s'élevait derrière le trône et l'abritait de ses branches. On y voyait des oiseaux de différentes espèces, curieusement travaillés en or et en émail ; et des fruits, composés de pierres précieuses, brillaient entre les feuilles. Cinq officiers seulement, les plus grands de l'État, avaient le privilége d'entrer dans ce sanctuaire quand l'empereur tenait conseil. C'étaient : — le Grand-Domestique, ce que de nos jours on pourrait appeler le premier ministre, — le Logothète ou chancelier, — le Proto-Spathaire ou commandant de l'armée ordinaire, — l'Acolouthos, ou chef des Varangiens, — enfin, le Patriarche.

Les portes de cet appartement secret et les antichambres adjacentes étaient gardées par six esclaves nubiens et difformes, dont les traits fanés et flétris offraient un hideux contraste avec leurs vêtements blancs comme la neige et leur équipement splendide. C'étaient des muets, classe malheureuse de monstres empruntés au despotisme oriental, afin qu'ils ne pussent proclamer les actes de tyrannie dont ils étaient les agents passifs. On les regardait généralement avec plus d'horreur que de compassion, car on pensait que les esclaves de cette sorte trouvaient un malin plaisir à venger sur d'autres les outrages irréparables qui les avaient séparés eux-mêmes du reste de l'humanité.

C'était un usage général, et, comme la plupart des usages de la Grèce, on le trouverait bien puéril aujourd'hui, que, chaque fois qu'un étranger entrait, les lions, au moyen d'un mécanisme facile à concevoir, se levaient et mugissaient ; après quoi le vent semblait agiter le feuillage de l'arbre, les oiseaux y sautaient de branche en branche, en becquetaient les fruits et semblaient remplir l'appartement entier de leurs chants. Cette fantasmagorie avait alarmé plus d'un ignorant ambassadeur ; et il était reçu que les conseillers grecs eux-mêmes devaient témoigner les mêmes sentiments de crainte et de surprise, quand ils entendaient les lions mugir et ensuite le concert des oiseaux, quoique ce fût peut-être pour la cinquantième fois. Ce jour-là, comme une preuve de l'urgence des affaires qui allaient se traiter dans le conseil, on laissa de côté cette innocente cérémonie.

Le discours de l'empereur lui-même sembla dans son exorde destiné à remplacer les mugissements du lion, tandis que, dans sa péroraison, il se rapprocha davantage du gazouillement des oiseaux.

Dans ses premières phrases, il parla de l'audace et de la hardiesse inouïe de ces millions de Francs qui, sous prétexte d'arracher la Palestine aux Infidèles, s'étaient hasardés à envahir le territoire sacré de l'empire. Il les menaça des châtiments que ses forces innombrables et ses officiers leur infligeraient facilement, affirmait-il. Les membres du conseil, et surtout les officiers militaires, donnèrent des signes d'une approbation empressée.

Toutefois, Alexis ne persista pas longtemps dans les sentiments belliqueux qu'il avait d'abord manifestés. Il sembla se rappeler à la fin que les Francs professaient la religion chrétienne. Il était possible qu'ils fussent de bonne foi dans leur prétexte de croisade ; dans ce cas, leurs motifs demandaient un certain degré d'indulgence, et même de respect, malgré tout ce qu'ils avaient d'erroné ; de plus, ils étaient nombreux, et ceux qui les avaient vus combattre à Durazzo et ailleurs ne pouvaient révoquer en doute leur valeur. Peut-être même la Providence divine permettrait-elle qu'ils devinssent, avec le temps, les instruments de quelque avantage considérable pour l'empire très-sacré, encore que, dans ce moment, ils s'en approchassent d'une façon si peu cérémonieuse. Mêlant donc la prudence, l'humanité et la générosité avec ce courage qui doit toujours enflammer le cœur d'un empereur, Alexis avait formé un plan qu'il allait soumettre à leur examen pour être immédiatement exécuté ; mais, avant tout, il désirait savoir du grand-domestique sur quelles forces il pouvait compter sur la rive occidentale du Bosphore.

— Les forces de l'empire, répondit le grand-domestique, sont innombrables comme les étoiles du ciel et les grains de sable du rivage de la mer.

— Cette réponse serait excellente, dit l'empereur, s'il y avait des étrangers qui assistassent à cette conférence ; mais, puisque notre conseil est tout à fait privé, il est nécessaire que je sache au juste le chiffre de l'armée sur laquelle je puis compter. Réservez donc votre faconde pour un autre moment, et dites-moi au juste quel est le *nombre* de mes troupes *innombrables.*

Le grand-domestique s'arrêta et hésita quelques instants. Cependant, s'apercevant bientôt que l'empereur était dans un de ces moments où il n'était pas sûr de plaisanter avec lui (car Alexis était dangereux parfois), il répondit, mais en s'arrêtant à chaque mot : — Monseigneur et maître, personne ne sait mieux que Votre Majesté impériale qu'on ne peut faire une pareille réponse à la hâte, si l'on veut en même temps qu'elle soit correcte dans ses résultats. Le chiffre de l'armée impériale, depuis Constantinople jusqu'à la frontière occidentale de l'empire, déduction faite des absences par congé, ne peut s'élever à plus de vingt-cinq ou trente mille hommes.

Alexis se frappa le front de la main, et les conseillers, le voyant se livrer à des expressions violentes de chagrin et de surprise, commencèrent à entrer dans des discussions qu'autrement ils eussent réservées pour un temps et un lieu plus convenables.

— Par la confiance que Votre Majesté a bien voulu placer en moi, dit le logothète, on a tiré, durant l'année dernière, des coffres de Votre Altesse assez d'or pour payer le double des soldats que le grand-domestique vient de mentionner comme étant actuellement sous les armes.

— Votre Altesse impériale, répondit aussitôt avec beaucoup de chaleur le ministre accusé, n'oubliera pas les garnisons stationnaires qu'il convient d'ajouter aux troupes mobiles, et dont mon collègue ne tient aucun compte dans ses calculs.

— Silence tous les deux ! dit Alexis redevenant aussitôt maître de lui ; nos forces actuelles sont à la vérité moins considérables que celles sur lesquelles nous comptions ; mais n'allons pas, par de vaines disputes, augmenter encore la difficulté des temps. Que ces troupes soient dispersées, entre cette ville et la frontière occidentale de l'empire, dans les vallées, dans les défilés, derrière les rideaux de collines, dans tous les terrains difficiles, partout où un peu d'art, déployé dans le choix de la position, permettra à une poignée de soldats d'en remplacer un plus grand nombre. Pendant qu'on prendra ces dispositions, nous continuerons à traiter avec ces croisés, comme ils s'appellent, des conditions auxquelles nous consentirons à les laisser passer à travers nos états ; et nous ne sommes pas sans quelque espoir de négocier de telle manière que nous gagnions de grands avantages pour notre royaume. Nous insisterons pour qu'ils ne le traversent jamais par armées de plus de cinquante mille hommes à la fois, que nous transporterons successivement en Asie ; en sorte qu'ils ne se trouvent jamais sous nos murailles en nombre assez considérable pour compromettre la sûreté de la métropole du monde.

« Dans leur route vers les rivages du Bosphore, nous leur fournirons des vivres s'ils marchent paisiblement et en bon ordre. Si quelques-uns s'écartent de leur drapeau ou outragent le pays en se livrant à la maraude, nous supposons que nos braves paysans n'hésiteront pas à réprimer leurs excès, et cela sans que nous leur en donnions des ordres positifs, car nous ne voudrions pas qu'on pût nous taxer d'avoir, en quoi que ce soit, manqué à la foi jurée. Nous supposons également que les Scythes, les Arabes, les Syriens et autres mercenaires à notre service, ne souffriront pas que nos sujets aient le dessous dans leur juste défense. De plus, comme il ne serait pas convenable d'épuiser de provisions notre propre pays pour nourrir des étrangers, nous ne serons pas surpris ni inexorablement irrité d'apprendre que dans la quantité ostensible des sacs de farine, il s'en trouve quelques-uns remplis de chaux, de terre ou de quelque autre substance analogue ; le fait est qu'il est réellement étonnant de voir tout ce que l'estomac d'un Franc peut digérer sans le moindre inconvénient. Leurs guides, qui seront choisis exprès pour ce service, prendront soin de conduire les croisés par les routes les plus difficiles et les plus longues, ce qui leur sera réellement utile en les endurcissant aux fatigues du pays et du climat, que sans cela ils auraient à endurer sans y avoir été préparés.

« Cependant, dans vos rapports avec leurs chefs qu'ils appellent comtes, et dont chacun se croit autant qu'un empereur, vous vous donnerez de garde d'offenser leur présomption naturelle, et ne laisserez échapper aucune occasion de leur vanter la richesse et la bonté de notre gouvernement. Quelques sommes d'argent pourront aussi être données aux personnes de marque, et quelques largesses distribuées parmi celles d'un rang inférieur. Vous, notre logothète, ce dernier soin vous regardera, tandis que vous, notre grand-domestique, vous veillerez à ce que ceux de nos soldats qui pourraient couper des détachements francs se présentent autant que possible sous le costume des Barbares, afin qu'on les prenne pour des infidèles. Mon but en vous recommandant toutes ces choses, c'est que les croisés ayant éprouvé la valeur de notre amitié, et jusqu'à un certain point le danger de notre inimitié, ceux que nous aurons transportés sains et saufs en Asie, bien que formant toujours un corps considérable, soient moins nombreux et plus compactes, et que nous puissions agir à leur égard suivant toutes les règles de la prudence chrétienne. Ainsi en donnant de belles paroles aux uns, en employant la menace avec les autres, en jetant de l'or aux avares, du pouvoir aux ambitieux et des raisons à ceux qui seront capables de les entendre, nous ne doutons pas que nous n'amenions ces Francs, réunis comme ils sont de mille points différents, et ennemis les uns des autres, à nous reconnaître pour leur suzerain commun, plutôt que de se choisir un chef entre eux, surtout quand ils seront convaincus de cette grande vérité qu'il n'y a pas un village en Palestine, depuis Dan jusqu'à Beersheba, qui n'ait été, dans l'origine, la propriété du sacré empire Romain, et que tout chrétien qui fait la guerre pour leur délivrance doit marcher comme notre sujet et tenir comme notre vassal toute conquête qu'il parviendrait à faire. Le vice et la vertu, le bon sens et la folie, l'ambition et la dévotion désintéressée, porteront également ceux d'entre ces hommes singuliers qui survivront, à devenir

CHAPITRE VII.

les feudataires de l'empire et non ses ennemis, à être le bouclier plutôt que les adversaires de votre paternel empereur. »

Tous les courtisans inclinèrent la tête en proférant l'exclamation orientale : — Longue vie à l'empereur !

Quand les murmures d'applaudissement se furent un peu calmés, Alexis continua en ces termes : — Je répète encore une fois que mon fidèle grand-domestique et ses subordonnés auront soin de confier l'exécution de ceux de nos ordres qui pourraient paraître agressifs aux troupes de langage et d'extérieur étrangers, lesquelles, je le dis avec douleur, sont plus nombreuses dans nos armées que nos sujets orthodoxes et Grecs de naissance.

Ici le patriarche interposa son opinion : — Il y a une consolation, dit-il, à penser que les Romains de naissance sont peu nombreux dans l'armée impériale, puisqu'un état aussi sanglant que la guerre est plutôt le propre de ceux que leurs doctrines, aussi bien que leurs actes sur la terre, destinent à une éternelle damnation dans l'autre monde.

— Révérend patriarche, dit l'empereur, nous ne dirions pas volontiers avec les Arabes infidèles que le paradis se gagne à la pointe du sabre ; néanmoins j'aimerais à penser qu'un Romain qui meurt sur le champ de bataille pour sa religion et son empereur a autant d'espérance de béatitude, l'agonie une fois passée, que l'homme qui meurt en paix et dont la main n'a jamais été teinte de sang.

— Qu'il me suffise de répondre, reprit le patriarche, que la doctrine de l'Église n'est pas si indulgente ; elle est elle-même pacifique, et ses faveurs ne sont promises qu'à ceux qui ont été des hommes de paix. Ne croyez pas toutefois que je ferme les portes du Ciel à un soldat, uniquement à cause de sa profession, s'il a cru tout ce qu'enseigne notre Église et s'il s'est conformé à tous ses préceptes. Bien moins m'aviserais-je de condamner les sages précautions de Votre Majesté impériale pour diminuer la puissance et éclaircir les rangs de ces latins hérétiques qui viennent ici pour nous dépouiller et piller peut-être l'église et le temple sous le vain prétexte que le Ciel leur permettra, à eux, souillés de tant d'hérésies, de reconquérir la Terre Sainte que de vrais chrétiens orthodoxes, prédécesseurs de Votre Majesté sacrée, n'ont pu défendre contre les infidèles. J'espère aussi fermement que Votre Majesté ne laissera subsister aucun des établissements que pourraient tenter les Latins et dans lequel la Croix ne s'élèverait pas avec ses quatre côtés égaux, au lieu de cette erreur irrégulière et damnable qui, dans les églises occidentales, prolonge la partie inférieure de ce très-saint emblème.

— Révérend patriarche, répondit l'empereur, ne croyez pas que je traite légèrement vos graves scrupules ; mais la question dans ce moment n'est pas de savoir comment nous convertirons à la vraie foi ces hérétiques latins, mais comment nous éviterons d'être écrasés par leurs myriades, qui ressemblent à ces armées de sauterelles qui ont précédé et annoncé leur approche.

— Votre Majesté, dit le patriarche, agira avec sa prudence ordinaire; pour moi, je n'ai fait qu'exposer mes doutes, et ce, dans l'intérêt du salut de mon âme.

— Nous n'interprétons pas mal vos sentiments, très-révérend patriarche, répliqua l'empereur. Et vous, ajouta-t-il, en s'adressant aux autres conseillers, veillez chacun dans la limite de vos attributions aux ordres que nous vous avons donnés en général. Ils sont écrits de l'encre sacrée, et notre signature y est dûment apposée avec les teintes sacramentelles de vert et de pourpre. Qu'on y obéisse donc exactement. Nous prendrons personnellement le commandement de celles des bandes immortelles qui resteront dans la ville, en y joignant les cohortes de nos fidèles Varangiens. A la tête de ces troupes, nous attendrons sous les murs de la cité sainte l'arrivée de ces étrangers, et, tout en évitant le combat aussi longtemps que notre politique le pourra faire, nous n'en serons pas moins prêts, au pis aller, à accepter la chance quelconque qu'il plaira au Tout-Puissant de nous envoyer.

Le conseil se sépara, et les chefs se mirent immédiatement en devoir d'exécuter les différents ordres de l'empereur, civils ou militaires, secrets ou publics, favorables ou hostiles aux croisés. On vit bien dans cette occasion le génie particulier du peuple grec; leur langage ampoulé et orgueilleux correspondait parfaitement avec les idées que l'empereur désirait donner aux Croisés de l'étendue de son pouvoir et de ses ressources. Il ne faut pas dissimuler non plus que l'égoïsme rusé de la plupart des serviteurs d'Alexis s'efforçait, en exécutant les ordres du maître, de trouver quelque moyen de le faire qui fût le plus d'accord possible avec leur intérêt privé.

Cependant, la nouvelle s'était répandue non plus seulement dans le palais, mais dans tout Constantinople, de l'arrivée vers les limites de l'empire Grec d'une immense armée composée de tous les peuples occidentaux, et de leur dessein de passer en Palestine. Cet événement, si merveilleux en lui-même, s'exagérait encore, s'il était possible, en passant successivement par mille bouches. Quelques-uns disaient que le but réel de cette croisade était la conquête de l'Arabie, la destruction du tombeau du prophète et la conversion de sa bannière verte en une couverture pour le cheval du frère du roi de France. D'autres supposaient, au contraire, que le véritable objet de la guerre était la ruine et le sac de Constantinople. Une troisième classe de nouvellistes soutenait que la croisade avait lieu afin de contraindre le patriarche à se soumettre à l'autorité du pape, à adopter les formes inégales de la croix latine, et mettre ainsi un terme au schisme.

La nouvelle, arrivant dans la caserne des Varangiens, y prit comme partout ailleurs un caractère particulier et conforme aux préjugés de

CHAPITRE VII.

ceux qui l'écoutaient. Le fond de l'histoire était ce qu'avait laissé transpirer de ce qu'il avait appris la nuit précédente notre ami Hereward, l'un de ces officiers inférieurs appelés sergents ou connétables. Comprenant que le fait serait bientôt su de tout le monde, il n'avait pas cru manquer à ses devoirs en donnant à entendre à ses camarades qu'une armée normande arrivait sous le commandement du duc Robert, fils du fameux Guillaume-le-Conquérant, et il avait ajouté qu'elle venait avec des intentions particulièrement hostiles à leur égard. Comme tous les autres hommes, dans des circonstances particulières, les Varangiens adoptèrent une explication qui s'adaptait à leur condition présente. Ils admirent donc que les Normands, qui haïssaient la nation saxonne et avaient tant fait pour la déshonorer et l'opprimer, les suivaient maintenant dans cette capitale étrangère, et venaient à cause d'eux faire la guerre au prince magnifique qui protégeait leurs tristes restes. Dans cette persuasion, plus d'un serment solennel fut juré en norse et en anglo-saxon que leurs bonnes haches d'armes vengeraient le massacre d'Hastings, et bien des défis furent portés, une coupe de vin ou un verre de bière à la main, à qui ressentirait le plus profondément et vengerait de la manière la plus efficace les injures que les Anglo-Saxons avaient reçues de leurs oppresseurs.

Hereward, le premier auteur de cette nouvelle, ne tarda pas à se repentir de l'avoir laissée échapper de ses lèvres, tant il fut interrogé de près par ses camarades, auxquels il se croyait obligé de cacher les aventures de la nuit précédente et le lieu où il avait obtenu ses renseignements.

Vers midi, au moment où il était fatigué de faire toujours la même réponse aux mêmes questions et d'éviter une grande partie de celles qu'on voulait lui adresser, les trompettes annoncèrent la présence de l'acolouthos Achille Tatius, et les habiles répandirent aussitôt le bruit qu'il venait de l'intérieur du palais sacré apportant la nouvelle de l'approche immédiate de la guerre.

On disait que les Varangiens et les bandes romaines appelées Immortelles devaient former un camp sous les murs de la ville, afin d'être prêts à la défendre au premier signal. Ceci mit toute la caserne en confusion, chaque soldat faisant ses petits préparatifs d'entrée en campagne. En somme, c'étaient un bruit de joie et des acclamations de plaisir si générales, qu'Hereward, à qui son rang permettait de laisser à un page ou écuyer le soin de préparer son porte-manteau, profita de cette occasion pour sortir de la caserne dans le dessein de chercher quelque lieu isolé où, loin de ses camarades, il pût se livrer à ses propres réflexions sur les singulières circonstances dans lesquelles il s'était trouvé en communication directe avec la famille impériale.

Après avoir traversé des rues étroites, désertes en ce moment à cause de la chaleur du soleil, il gagna enfin l'une de ces larges terrasses qui, descendant comme autant de rampes sur les bords du Bosphore, forment l'une des plus magnifiques promenades de l'univers, et qui ont été conservées, à ce que je crois, pour les plaisirs des Turcs, après avoir servi autrefois à ceux des chrétiens. Ces terrasses, superposées en amphithéâtre, étaient plantées d'une multitude d'arbres parmi lesquels le cyprès dominait à l'ordinaire. On y voyait çà et là des groupes d'habitants : les uns se promenaient d'un visage inquiet et affairé, d'autres s'arrêtaient à causer et à discuter les étranges et importantes nouvelles du jour ; d'autres enfin, avec cette insouciance indolente des climats orientaux, mangeaient leur dîner à l'ombre, et passaient leur temps comme si leur but unique eût été de jouir le plus possible du jour actuel, et de laisser au lendemain les soucis qu'il pourrait amener.

Le désir qu'éprouvait Hereward de s'isoler complètement le fit regarder plusieurs fois autour de lui, en sorte qu'il remarqua qu'il était suivi à la piste par un esclave noir. Il y en avait assez dans les rues de Constantinople pour n'exciter aucune attention particulière. Cependant, à la longue, le Varangien remarqua cet individu, et désirant échapper à ses observations, il eut recours au moyen qu'il avait déjà employé pour éviter toute société en général ; il changea la direction de sa promenade. Toutefois, encore qu'il parvînt à le perdre de vue quelques minutes, il ne tarda pas à l'apercevoir de nouveau derrière lui, trop loin pour avoir l'air d'un compagnon, mais assez près pour jouer le rôle d'un espion. Mécontent de cette circonstance, le Varangien tourna court, et, choisissant un endroit où il n'y avait personne autre en vue que l'objet de son ressentiment, il marcha droit sur lui et lui demanda pour quel motif et par quel ordre il osait ainsi suivre ses pas. Le nègre répondit, dans un jargon aussi mauvais que celui dans lequel la question lui était faite, mais d'une autre espèce, qu'il avait ordre de savoir où il allait.

— Ordre de qui ? dit le Varangien.

— De mon maître et du vôtre, répondit hardiment le nègre.

— Misérable infidèle ! s'écria le soldat irrité, depuis quand sommes-nous devenus compagnons d'esclavage ? et qui est-ce que tu oses appeler mon maître ?

— Un homme qui est maître du monde, puisqu'il commande à ses propres passions.

— J'aurai peine à commander aux miennes, si à mes questions sérieuses tu continues de répondre par tes finesses philosophiques. Encore une fois, qu'est-ce que tu veux de moi ? et comment as-tu l'audace d'espionner mes pas ?

— Je t'ai déjà dit que j'obéis aux ordres de mon maître.

— Mais il faut que je sache quel est ton maître.

— Il faudra qu'il te le dise lui-même ; il ne confie pas à un pauvre esclave comme moi le motif des ordres qu'il lui donne.

— Il t'a du moins laissé une langue que beaucoup de tes compatriotes seraient heureux de posséder. Ne me provoque pas à te la raccourcir en me refusant ce que j'ai le droit d'exiger.

Le noir méditait quelque autre réponse évasive, à en juger par les contorsions de sa physionomie, lorsque le Varangien y coupa court en levant sur lui le manche de sa hache d'armes : — Ne me force pas, dit-il, à me déshonorer en te frappant de cette arme destinée à un bien plus noble usage.

— Ce n'est pas mon intention, vaillant seigneur, répondit le nègre, mettant de côté le ton moitié impudent, moitié railleur, qu'il avait employé jusque-là, et témoignant à sa manière des craintes personnelles. Quand vous battriez le pauvre esclave jusqu'à la mort, vous n'en sauriez apprendre ce que son maître lui a défendu de vous dire. Quelques pas à faire sauveront votre honneur de cette tache, et vous éviteront, à vous la peine de battre ce qui ne peut résister, et à moi celle d'endurer ce que je ne puis éviter ni rendre.

— Conduis-moi donc, mais sois sûr que je ne me laisserai pas prendre à tes belles paroles, et que je veux savoir quelle est la personne assez impudente pour s'arroger le droit de faire épier mes mouvements.

Le noir se mit à marcher devant avec une sorte de sourire particulier à sa physionomie, et qu'on aurait pu regarder également comme une expression de malice ou de simple gaieté. Le Varangien le suivit avec quelque méfiance, parce que le hasard voulait qu'il n'eût eu que peu de rapports avec ces malheureux enfants de l'Afrique ; en sorte qu'il n'avait pas encore surmonté le sentiment de surprise que leur vue lui avait fait éprouver lorsqu'il était arrivé des pays du Nord à Constantinople. Le nègre se retourna si souvent pendant leur marche, et le regarda chaque fois d'un œil si pénétrant, si observateur, qu'Hereward sentit irrésistiblement se renouveler dans son esprit les préjugés des Anglais, qui assignaient aux démons la couleur noire et les traits difformes de son conducteur. Le lieu où on le menait donnait encore une nouvelle force à l'association d'idées qui devaient naturellement se présenter à l'esprit de l'ignorant et belliqueux insulaire.

En effet le nègre, quittant les magnifiques promenades dont nous avons parlé, marcha devant, par un sentier descendant vers la mer, jusqu'à un endroit qui, loin d'être battu comme les autres parties de la côte en promenades et en terrasses, paraissait, au contraire, abandonné, négligé, et était recouvert de ruines antiques partout où elles n'avaient pas été cachées par la vigoureuse végétation de ces climats. Ces fragments de construction occupaient une sorte d'enfoncement dans la baie, cachés des deux côtés par deux collines à pic ; et bien qu'ils fissent partie de la ville, on ne les apercevait d'aucun autre point de Constantinople, et réciproquement, enfoncés comme nous l'avons dit, ils ne commandaient la vue d'aucun des palais, des églises, des tours et des fortifications au milieu desquels ils se trouvaient. Ce lieu solitaire, et qui semblait abandonné, encombré de ruines et recouvert de cyprès et d'autres arbres, et situé cependant au milieu d'une cité populeuse, avait quelque chose d'imposant et de propre à frapper l'imagination. Les ruines étaient d'une date ancienne et d'un style étranger. Les restes gigantesques d'un portique, les fragments mutilés de statues d'une grande taille, mais exécutées dans un goût et des attitudes complètement étrangers à l'art grec, aussi bien que les hiéroglyphes effacés qu'on remarquait sur quelques parties de leur sculpture brisée, semblaient confirmer ce que le vulgaire disait de leur origine et que nous allons rapporter en peu de mots.

Suivant la tradition, ce temple avait été dédié à la Cybèle égyptienne ; il avait été construit quand l'empire Romain était encore païen et que Constantinople était encore appelée du nom de Byzance. On sait généralement que la superstition des Égyptiens, — grossière dans son sens littéral aussi bien que dans son interprétation mystique, et source particulière d'un grand nombre de doctrines barbares, — avait été désavouée par les principes généraux de tolérance et le système de polythéisme que Rome avait adoptés. On sait que des lois fréquemment renouvelées l'avaient exclue du respect que l'empire témoignait pour ainsi dire à toutes les religions, quelque extravagantes ou absurdes qu'elles fussent. Néanmoins, les rites égyptiens offraient des charmes aux esprits curieux ou superstitieux, et, après une longue opposition, ils étaient parvenus à s'introduire dans l'empire.

Toutefois, bien que tolérés, les prêtres égyptiens étaient plutôt regardés comme des sorciers que comme des pontifes. Aussi, dans l'opinion du vulgaire, leur rituel tout entier ressemblait-il plus à de la magie qu'à aucun système régulier de dévotion.

Entaché de telles accusations parmi les païens eux-mêmes, le culte égyptien fut regardé avec plus d'horreur par les chrétiens qu'aucune autre des dévotions païennes plus raisonnables, si tant est que ce mot, raisonnable, puisse s'attacher à aucune dévotion païenne. Non-seulement on regardait le culte brutal d'Apis et de Cybèle comme un prétexte pour des plaisirs désordonnés et obscènes, mais encore on croyait lui voir une tendance directe à ouvrir et à encourager un commerce dangereux avec les mauvais esprits, qu'on supposait prendre eux-mêmes à ces autels sacriléges le nom et le caractère de ces divinités impies. En conséquence, non-seulement le temple de Cybèle avec son portique gigantesque, ses statues énormes et inélégantes et ses hiéroglyphes fantastiques, avait été abattu et défiguré quand l'empire s'était converti à la foi chrétienne; mais le terrain même sur lequel il s'élevait avait été considéré comme souillé et maudit. Aucun empereur n'en ayant encore fait le siége d'une église chrétienne, il était demeuré dans l'état de négligence et d'abandon que nous avons décrit.

Le Varangien Hereward connaissait parfaitement la mauvaise réputation du lieu; aussi, quand le nègre parut disposé à s'avancer dans l'intérieur des ruines, il hésita et lui parla en ces termes : — Écoute, mon noir ami, ces figures fantastiques dont quelques-unes ont des têtes de chien, d'autres des têtes de vache et quelques-unes pas de tête du tout, ne jouissent pas d'une bien bonne réputation. De plus, mon camarade, ton propre teint ressemble trop à celui de Satan lui-même pour que tu ne sois pas un compagnon suspect au milieu de ces ruines où l'on dit que le malin esprit fait chaque jour sa ronde. On dit que minuit et midi sont les heures où il apparaît. Je n'avancerai donc pas d'une semelle de plus avec toi, à moins que tu ne m'aies donné quelque solide raison pour le faire.

— Ce discours d'enfant, dit le nègre, m'ôte en effet tout désir de vous conduire à mon maître. Je croyais parler à un homme d'un courage invincible et de ce haut bon sens qui est la base la plus solide du vrai courage; mais votre valeur ne vous enhardit qu'à battre un pauvre esclave noir qui n'a ni la force ni le rang nécessaires pour vous résister. Votre courage ne va pas jusqu'à regarder sans trembler le côté à l'ombre d'une muraille, même quand le soleil est dans son plein.

— Tu fais l'insolent, dit Hereward levant sa hache.

— Et toi tu es un fou d'essayer de prouver ton courage et ta prudence par les moyens mêmes qui viennent de les faire mettre en question. Je t'ai déjà dit qu'il y a peu de bravoure à battre un malheureux comme moi, et à coup sûr, tout homme qui désire découvrir son chemin ne commencera pas par chasser son guide loin de lui.

— Je te suis, reprit Hereward piqué de cette insinuation de couardise; mais, si tu me conduis dans un piége, l'insolence de tes discours ne sauvera pas tes os, quand bien même du ciel ou de l'enfer sortiraient un millier d'êtres noirs comme toi, disposés à te défendre.

— Tu en veux bien à mon pauvre teint, dit le nègre; que sais-tu si dans le fait c'est une chose sur laquelle on puisse compter et agir comme sur une réalité? Tes propres yeux ne t'ont-ils pas appris que chaque nuit la couleur des nuages change du brillant au noir? et cependant tu sais que ce phénomène ne peut être attribué à la couleur habituelle du firmament lui-même. Ce même changement qui se remarque dans la couleur des cieux se retrouve dans la teinte d'une mer profonde; — comment pourrais-tu donc dire si la différence entre ta couleur et la mienne est réelle, ou si elle ne tient pas à un changement trompeur d'une nature similaire, — qui n'a rien de vrai en soi et ne crée seulement qu'une réalité apparente.

— Sans doute, dit le Varangien après quelque réflexion, tu pourrais t'être peint, et, dans ce cas, ta noirceur ne serait qu'apparente; mais je crois que ton vieil ami Satan lui-même aurait eu peine à te donner ces lèvres épaisses, ces dents blanches et ce nez épaté qui ont l'air si naturel, à moins que ces traits distinctifs d'une physionomie nubienne, comme on l'appelle, n'aient une existence positive et réelle. Pour t'éviter de prendre plus de peines, je te dirai, mon noir ami, qu'encore que tu parles à un Varangien sans éducation, je ne suis pas tout à fait ignorant de l'art des Grecs de payer leurs auditeurs de belles paroles au lieu de bonnes raisons.

— En vérité! dit le nègre, d'un air de doute et de surprise; et sera-t-il permis à l'esclave Diogène, — car c'est le nom de baptême que m'a donné mon maître, — de vous demander par quels moyens vous avez obtenu des connaissances si peu ordinaires?

— Ce n'est pas long à dire, répliqua Hereward; mon compatriote Witikind, après avoir été constable dans nos bandes, se retira du service actif et passa le reste d'une longue vie dans cette ville de Constantinople. Débarrassé des fatigues du champ de bataille, ainsi que de la pompe ennuyeuse des exercices et des parades, le pauvre bonhomme, ne sachant comment tuer le temps, se mit à suivre les leçons publiques des philosophes.

— Et qu'y a-t-il appris? car il me semble qu'un barbare dont les cheveux avaient blanchi sous le casque ne devait pas faire dans nos écoles un élève qui promît beaucoup.

— Autant au moins, je me figure, qu'un misérable esclave comme toi, repartit le soldat. Toujours est-il que j'ai appris de lui que les maîtres de cette science frivole s'appliquent dans leur argumentation à employer des mots vides au lieu d'idées. Or, comme ils ne sont jamais d'accord sur le sens exact des mots, leurs discussions ne peuvent jamais arriver à une bonne et franche conclusion, puisqu'ils ne sont pas d'accord sur la valeur des termes qu'ils y emploient. Leurs théories, comme ils les appellent, sont bâties sur le sable; le vent et la marée ne sauraient manquer de les emporter.

— Allez dire cela à mon maître, répondit le noir d'un ton sérieux.

— Je n'y manquerai pas; et il verra en moi un soldat ignorant n'ayant qu'un petit nombre d'idées, celles-là seulement qui se rapportent à ma religion et à mes devoirs militaires. Mais je ne souffrirai pas qu'une batterie entière de sophismes me détourne de ces idées; je ne me laisserai point abuser par les artifices ou les terreurs que pourraient employer les amis du paganisme oriental, dans ce monde ou dans l'autre.

— Vous pouvez lui dire vous-même tout ce que vous pensez à cet égard, répondit Diogène; puis il s'effaça comme pour faire place au Varangien, auquel il fit signe d'avancer.

Hereward entra donc dans un sentier à demi détruit et presque recouvert de hautes herbes sauvages, et faisant le tour d'une niche à moitié démolie qui contenait les restes d'une statue d'Apis, le dieu de la race bovine, il se trouva tout à coup en face du philosophe Agélastès assis sur les ruines, et les jambes étendues sur l'herbe.

CHAPITRE VIII.

> A travers les vains réseaux où se fatigue l'habileté des sophistes, le bon sens et la simple honnêteté se frayent un chemin; ainsi les nuages amoncelés sur la colline se fondent et disparaissent quand la claire aurore se change en un jour brillant.   WATTS.

LE vieillard se leva avec empressement dès qu'il vit Hereward s'approcher : — Mon brave Varangien, dit-il, toi qui évalues les hommes et les choses non pas d'après l'estimation fallacieuse qu'on en fait dans le monde, mais d'après leur importance réelle et leur utilité propre, tu es le bienvenu dans un lieu où l'on regarde comme le but principal de la philosophie de dépouiller l'homme de ses ornements empruntés, et de le réduire à la valeur exacte de ses qualités de corps et d'esprit, considérées isolément de tout accessoire.

— Vous êtes un courtisan, seigneur, répondit le Saxon ; et admis dans l'intimité de l'empereur, vous devez savoir qu'il y a vingt fois plus de cérémonies qu'un homme comme moi n'en peut connaître pour régler les divers rangs dans la société ; tandis qu'un homme simple comme je le suis devrait être dispensé de se mêler dans la compagnie de ses supérieurs, où il ne sait pas bien exactement comment il doit se comporter.

— C'est vrai, dit le philosophe ; mais un homme comme vous, noble Hereward, mérite plus de considération aux yeux d'un vrai philosophe, qu'un millier de ces insectes que les sourires d'une cour appellent à la vie, et qu'un signe de défaveur réduit au néant.

— Vous-même, grave seigneur, vous êtes un homme de la cour.

— Et très-ponctuel, qui plus est. — Il n'y a pas, je l'espère, un sujet dans tout l'empire qui sache mieux les dix mille règles de l'étiquette qui séparent les rangs différents et sont dues aux différentes autorités. Celui-là est encore à naître qui pourra se vanter de m'avoir vu, en présence de la famille impériale, dans une attitude plus commode que celle de me tenir sur mes jambes. Mais quoique je me serve de ces faux poids et de ces fausses mesures dans la société, et que je me conforme en cela à ses erreurs ; la vérité est que mon jugement est d'un caractère plus grave et plus digne d'un homme qu'on dit avoir été formé à l'image de son créateur.

— Je ne vois pas quelle grande occasion vous auriez d'exercer votre jugement en ce qui me concerne, et je ne désire pas non plus que personne me prenne pour autre que ce que je suis réellement, — c'est-à-dire pour un pauvre exilé, qui s'efforce de fixer sa foi dans le Ciel, d'accomplir ses devoirs envers le monde dans lequel il vit et envers le prince au service duquel il s'est engagé. — Maintenant, grave seigneur, permettez-moi de vous demander si cette entrevue a lieu par votre désir, et dans ce cas quel en peut être le motif? Un esclave africain que j'ai rencontré sur la promenade publique, et qui dit s'appeler Diogène, a prétendu que vous désiriez me parler. Il a assez le genre de gaieté d'un vieux mystificateur; il n'est donc pas impossible qu'il ait menti. S'il en est ainsi, je suis homme encore à lui faire grâce des coups de bâton qu'il a si bien mérités, et il ne me reste qu'à vous présenter mes excuses pour avoir interrompu votre docte retraite que je ne suis pas le moins du monde propre à partager.

— Diogène ne s'est pas joué de vous, dit Agélastès; il aime à plaisanter, comme vous l'avez pu voir; mais en même temps il a des qualités qui le mettent de niveau avec ceux qui possèdent une peau plus blanche et de plus beaux traits.

— Et pour quelles raisons lui avez-vous donné mission de m'amener ici? Un homme de votre science peut-il avoir conçu le désir de s'entretenir avec moi?

— Je suis un observateur de la nature et de l'humanité, répondit le philosophe; n'est-il pas tout simple que je sois fatigué de tous ces êtres qui ne sont formés que d'artifices, et que j'aie désiré voir quelque chose plus fraîchement sorti des mains de la nature?

— Vous ne verrez pas cela en moi, répondit le Varangien; la rigueur de la discipline militaire, — le camp, — le ceinturon, — l'armure, — forcent les sentiments et les membres d'un homme à se modeler sur eux, comme l'écrevisse de mer se forme sur son écaille. Voyez l'un d'entre nous, et vous nous aurez tous vus.

— Permettez-moi d'en douter, et de supposer que dans Hereward, le fils de Waltheoff, je vois un homme extraordinaire, encore que par sa modestie il puisse ignorer lui-même combien sont rares ses bonnes qualités.

— Le fils de Waltheoff! répondit le Varangien bondissant de surprise. — Connaissez-vous le nom de mon père?

— Ne soyez pas surpris, répondit le philosophe, de ce que je possède un renseignement si simple; il m'a coûté peu de peine à obtenir, mais j'aimerais à penser que vous voyez dans ce peu de peine une preuve de mon désir sincère de faire de vous un ami.

— Certes, c'est là une politesse extraordinaire qu'un homme de votre science et de votre position ait pris la peine de s'informer parmi les Varangiens du nom du père de l'un de leurs connétables. C'est tout au plus si notre acolouthos lui-même penserait qu'un tel renseignement soit bon à prendre ou à conserver.

— Des hommes plus hauts placés que lui, dit le philosophe, ne le penseraient certainement pas ; — vous en connaissez un dans un poste éminent qui regarde les noms de ses plus fidèles soldats comme moins importants que ceux de ses lévriers et de ses faucons, et qui volontiers s'épargnerait la peine de les appeler autrement que par un coup de sifflet.

— Je ne puis entendre un pareil discours, dit le Varangien.

— Je n'ai pas l'intention de vous offenser ; je ne voudrais pas même ébranler la bonne opinion que vous avez du personnage auquel je fais allusion. Cependant, je suis surpris de la trouver chez un homme qui possède vos grandes qualités.

— Trève à tout ceci, grave seigneur, à tout ceci, qui ne peut être qu'une plaisanterie peu convenable dans un homme de votre réputation et de votre extérieur. Je suis comme les rochers de mon pays ; les vents furieux ne peuvent m'ébranler, et les pluies fines ne peuvent m'amollir ; la flatterie et les menaces glissent également sur moi.

— Et c'est précisément cette inflexibilité d'esprit, ce mépris sérieux de tout ce qui t'entoure autrement que dans le cercle de tes devoirs, qui me font demander presque comme un mendiant l'honneur de ta connaissance, honneur que tu me refuses comme un rustre.

— Pardonnez-moi, si j'en doute ; quelques histoires que vous ayez recueillies sur mon compte, et quelque exagérées qu'elles puissent être, car les Grecs n'ont pas si exclusivement le privilége de se vanter, que les Varangiens n'en usent quelquefois eux-mêmes, — vous n'avez rien pu apprendre sur mon compte qui vous autorise à me parler comme vous le faites en ce moment, autrement que par plaisanterie.

— Vous vous trompez, mon fils ; ne me croyez pas capable de me mêler à une vaine conversation sur vous en buvant de la bière avec vos camarades. Tel que je suis, je puis frapper cette image brisée d'Anubis (ici il toucha du doigt un fragment de statue gigantesque étendue à ses pieds), et ordonner à l'esprit qui en a longtemps inspiré l'oracle de descendre et de ranimer cette masse tremblante. Nous qui sommes initiés, nous jouissons de hauts priviléges ; nous frappons du pied ces voûtes en ruines, et l'écho qui les habite répond à nos questions. De ce que je t'ai demandé ton amitié, ne va pas te figurer que j'aie besoin de te supplier pour obtenir des détails sur toi-même et sur les autres.

— Vos paroles sont surprenantes, mais je sais que c'est par des mots semblables qu'une multitude d'âmes ont été attirées hors du sentier qui conduit au ciel. Mon grand-père Kenelm avait coutume de dire que les belles paroles de la philosophie païenne étaient plus dangereuses à la foi chrétienne que les menaces des tyrans païens.

— Je l'ai connu, répondit Agélastès ; qu'importe que ç'ait été en corps ou en esprit ? — Il suivait la religion de Woden, fut converti par un moine de noble race, et mourut prêtre d'une chapelle dédiée à saint Augustin.

— C'est vrai, — tout cela est certain, et je n'en suis que plus tenu de me rappeler ses paroles, maintenant qu'il est mort et qu'il n'est plus là. Quand j'étais à peine en état de comprendre ce qu'il me voulait dire, il m'a recommandé de me méfier de ces doctrines dangereuses qui mènent à l'erreur et qu'enseignent de faux prophètes en les appuyant de miracles mensongers.

— Tout ceci n'est que superstition ; ton grand-père était un bon, un excellent homme, mais d'un esprit étroit comme beaucoup d'autres prêtres. Trompé par leur exemple, il ne voulait ouvrir qu'un petit guichet dans la porte de la vérité, et ne voyait le monde que de ce point de vue resserré. Vois-tu, Hereward, ton grand-père et la plupart des hommes religieux voudraient rétrécir notre intelligence dans la contemplation des seules parties du monde immatériel qui sont essentielles à notre conduite morale ici-bas, et à notre salut dans l'autre vie. Mais il n'en est pas moins vrai que l'homme, pourvu qu'il ait de la sagesse et du courage, a le pouvoir de former des liaisons intimes avec des êtres plus puissants que lui-même, des êtres qui défient les limites de l'espace dans lesquelles il est lui-même circonscrit, et triomphent, par leurs qualités métaphysiques, de difficultés qui peuvent paraître aux ignorants et aux timides effrayantes et insurmontables.

— Ce sont là de sots contes où l'enfance met son bonheur, mais qui peuvent au plus faire sourire l'homme parvenu à l'âge de raison.

— Au contraire, repartit le sage, je parle d'un désir ardent que tout homme éprouve au fond de son cœur d'entrer en communication avec des êtres plus puissants que lui et qui ne sont pas naturellement accessibles à nos organes. Crois-moi, Hereward, un appétit si vif, si universel, n'existerait pas dans nos cœurs s'il n'existait aussi des moyens de le satisfaire, pourvu qu'on les cherche avec fermeté et prudence. Je vais en appeler à ton propre cœur et te prouver d'un seul mot que ce que je dis est vrai. Tes pensées sont dans ce moment même concentrées sur un être absent depuis longtemps ou mort peut-être, et, au seul nom de BERTHE, mille émotions se précipitent vers ton cœur, que, dans ton ignorance, tu avais crues desséchées depuis longtemps comme les dépouilles des morts appendues sur un tombeau ! — Tu tressailles et tu changes de couleur. — Je suis charmé de voir à ces signes que la fermeté et le courage indomptable qu'on t'attribue ont cependant laissé les avenues de ton cœur ouvertes aux affections tendres et généreuses, tandis qu'elles les ont barricadées contre la crainte, l'hésitation et toute la misérable tribu des sensations basses. Je t'ai dit que j'avais de l'estime pour toi, et je n'hésite pas à te le prouver. Je te dirai, si tu désires le savoir, quel est le sort de cette Berthe, dont le souvenir a toujours régné dans ton cœur en dépit de toi-même, au milieu des fatigues du jour et du repos de la nuit, dans la bataille et pendant la trêve, quand tu t'amusais avec tes compagnons aux nobles exercices du corps, ou quand tu t'efforçais de te perfectionner dans l'étude de la littérature grecque. Je puis, si tu le veux, t'y faire faire de rapides progrès par une route très-courte.

Tandis qu'Agélastès parlait ainsi, le Varangien avait jusqu'à un certain point repris son sang-froid, et il lui fit cette réponse, quoique d'une voix encore mal assurée :

— Qui tu es, je n'en sais rien ; — ce que tu veux de moi, je ne saurais le dire ; — par quels moyens tu as appris les détails d'une telle importance pour moi et d'une si petite pour tout autre, je ne m'en fais pas une idée. Mais je sais ceci, qu'intentionnellement, ou par accident, tu as prononcé un nom qui agite mon cœur jusque dans ses replis les plus profonds. Cependant, je suis chrétien et Varangien, et je ne me laisserai ébranler ni dans ma foi envers mon Dieu, ni dans ma fidélité envers mon prince d'adoption. Tout ce qui se fait par l'entremise des idoles ou de fausses divinités doit être une trahison envers le vrai Dieu. Et il n'est pas moins certain que, les règles de la fidélité que tu lui dois te le défendant expressément, tu as laissé briller à mes yeux quelques traits dirigés contre l'empereur lui-même. Dès ce moment donc, je refuse de communiquer avec toi, que ce doive être pour ou contre mon avantage. Je suis un soldat qui reçois ma paye de l'empereur ; et bien que je n'affecte pas ce cérémonial minutieux de respects et de saluts qu'on exige de nous dans tant de circonstances et par des règlements si multipliés, je suis son défenseur, et ma hache d'armes est la garde de son corps.

— Personne n'en doute ; mais n'es-tu pas lié par une dépendance plus immédiate au grand acolouthos, Achille Tatius ?

— Non. Il est mon général d'après les règles de notre service ; de plus il s'est toujours à mon égard montré bon et généreux, et, sauf la distance des rangs, il a agi envers moi plutôt comme un ami que comme un chef. Cependant, il n'est comme moi que le serviteur de notre maître commun, et je ne regarde pas comme bien importante une différence qu'un seul mot de la bouche d'un homme peut donner ou enlever suivant son bon plaisir.

— C'est noblement parler, et certes vous avez vous-même le droit de marcher la tête haute devant un homme sur lequel vous l'emportez en courage et en connaissances militaires.

— Pardonnez-moi si je décline ce compliment, comme ne le méritant à aucuns égards. L'empereur choisit ses propres officiers d'après l'aptitude qu'il leur reconnaît à le servir comme il veut être servi ; et, sous ce rapport, il est vraisemblable que je ne réussirais pas. Je vous ai déjà dit que je dois à l'empereur mon obéissance, mon respect et mes services ; il ne me paraît donc pas nécessaire de prolonger plus longtemps cet entretien.

— Singulier homme! dit Agélastès; n'y a-t-il donc rien qui puisse t'émouvoir, que les choses qui te sont étrangères? Les noms de ton empereur et de ton général n'agissent pas sur toi comme un charme, et même celui de l'objet que tu as aimé...

Ici le Varangien l'interrompit.

— J'ai réfléchi aux mots que tu as prononcés. — Tu as trouvé le moyen de faire vibrer les fibres les plus intimes de mon cœur, mais non pas celui d'ébranler mes principes. Je ne continuerai pas à causer avec toi sur un sujet qui ne saurait t'intéresser. Les nécromanciens, à ce qu'on dit, opèrent leurs charmes au moyen des épithètes du Très-Saint; il n'est donc pas étonnant que tu te serves du nom de ce qu'il y a de plus pur dans la création pour arriver à tes fins impies. Je ne veux aucune de ces manœuvres déshonorantes peut-être pour les morts aussi bien que pour les vivants. Vieillard, quel qu'ait été ton projet, — car ne crois pas que tes étranges paroles, je les aie entendues sans en être frappé, — sois sûr que je porte dans mon cœur ce qui défie également les séductions des hommes et celles des démons.

Là-dessus, le soldat fit un demi-tour, et sortit des ruines du temple après une légère inclinaison de tête au philosophe.

Agélastès, après le départ du soldat, demeura seul, absorbé dans ses méditations, jusqu'à ce qu'il en fût tout à coup tiré par l'entrée d'Achille Tatius au milieu des ruines. Le chef des Varangiens ne parla pas avant qu'il ne se fût formé sur les traits du philosophe une opinion du résultat de la conversation précédente. — Sage Agélastès, dit-il alors, tu persistes dans le projet dont nous avons dernièrement parlé ensemble?

— Oui, répondit Agélastès d'un air ferme et grave.

— Et cependant tu n'as pas gagné à notre parti ce prosélyte dont le courage et le sang-froid nous auraient été plus utiles dans le moment critique, que mille esclaves au cœur glacé?

— Je n'ai pas réussi, répondit le philosophe.

— Et tu ne rougis pas de l'avouer, toi le plus sage de ceux qui prétendent encore à la sagesse grecque, toi le plus puissant de ceux qui assurent que le talent des mots, des signes, des noms, des périates et des charmes les élèvent au-dessus de la sphère à laquelle appartiennent leurs facultés. Tu as eu le dessous dans cet essai de persuasion, comme un enfant qui veut lutter contre son précepteur! Honte sur toi, qui n'as pu soutenir, en fait d'argumentation, cette réputation que tu voudrais te faire!

— Silence! je n'ai encore rien gagné, il est vrai, sur cet homme obstiné et inflexible, mais je n'ai encore rien perdu non plus. Nous restons tous les deux au point où nous en étions hier, avec cet avantage de mon côté que je lui ai suggéré un sujet d'intérêt qu'il ne pourra jamais bannir de son esprit, jusqu'à ce qu'il soit obligé de revenir à moi pour en savoir davantage. — Et maintenant, qu'il ne soit plus question du singulier personnage quant à présent; cependant, crois-moi, bien que la flatterie, l'avarice et l'ambition ne puissent le gagner, il me reste un appât qui nous le livrera tout aussi complètement qu'aucun de ceux qui se soient jusqu'ici engagés dans notre traité mystique et inviolable. Dis-moi, comment vont les affaires de l'empire? Ce flot de guerriers latins, si étrange dans son cours, se précipite-t-il toujours sur les rivages du Bosphore? Et le pauvre Alexis se berce-t-il encore de l'espoir d'affaiblir et de diviser des ennemis qu'il n'oserait combattre en face?

— On sait quelque chose de nouveau, rien que depuis peu d'heures. Bohémond est venu en cette ville, avec sept ou huit chevau-légers seulement, et sous une espèce de déguisement. Ce projet pouvait paraître périlleux, si l'on se rappelle combien de fois il s'est montré l'ennemi de l'empereur. Mais quand est-ce que ces Francs ont reculé devant le danger? L'empereur a compris tout de suite que le comte venait voir ce qu'il pourrait obtenir en se présentant comme le premier objet de sa libéralité, lui offrant son assistance et sa médiation vis-à-vis de Godefroy de Bouillon et des autres chefs de la croisade.

— C'est là un trait de politique dont l'empereur fera grand cas.

— Le comte Bohémond s'est présenté à la cour impériale comme s'il fût venu par pur accident; il y a été reçu avec des marques de faveur et une splendeur inusitées jusqu'ici à l'égard d'aucun prince de race franque. Il ne s'est pas dit un mot des anciennes inimitiés qui les avaient séparés, ni des guerres qu'ils s'étaient faites. L'empereur a paru oublier complètement que Bohémond avait usurpé Antioche et d'autres parties du territoire grec. On a rendu de tous côtés des actions de grâces au Ciel qui nous envoyait ce fidèle allié au moment d'un péril si imminent.

— Et que dit Bohémond?

— Rien, ou peu de chose, jusqu'à ce que, ainsi que je l'ai appris de l'esclave du palais Narsès, on lui ait eu compté une forte somme en or. On est convenu ensuite de lui céder plusieurs districts, et on lui a accordé d'autres avantages encore, à condition que dans cette circonstance il se montrerait l'ami fidèle de l'empire et de son maître. Telle a été la munificence de l'empereur envers ce barbare cupide, qu'on a exposé à sa vue comme par hasard une chambre du palais contenant des quantités considérables d'étoffes de soie, de bijoux, d'or, d'argent et d'autres objets d'une grande valeur. Le Franc rapace n'a pu retenir quelques expressions d'admiration. Aussitôt on lui a assuré que tout ce que renfermait ce trésor était à lui, pourvu qu'il les regardât comme des témoignages de la chaleur et de la sincérité de l'affection de Sa Majesté impériale pour ses alliés. En conséquence, tous ces objets précieux ont été transportés dans la tente du chef normand. Il est incontestable que par ces mesures l'empereur se rendra maître de Bohémond corps et âme, car les Francs eux-mêmes disent qu'il est inconcevable de voir un homme d'une bravoure aussi indomptable et d'une ambition aussi démesurée affecter néanmoins de l'avarice, qu'ils appellent un vice bas et contre nature.

— Ainsi, Bohémond appartient à l'empereur, à la vie et à la mort, — c'est-à-dire jusqu'à ce que le souvenir de la munificence impériale s'efface devant un autre présent plus considérable. Il n'y a pas de doute qu'Alexis, fier comme il l'est naturellement de s'être attaché ce chef important, ne s'imagine que par son entremise il obtiendra des autres Croisés, et même de Godefroy de Bouillon, de lui prêter serment d'obéissance et de fidélité, serment auquel, sans la nature sainte de leur entreprise, le plus mince de ces chevaliers se refuserait quand on le devrait faire seigneur d'une province. Voilà donc où nous en sommes ; un intervalle de quelques jours déterminera ce que nous avons à faire. Éclater plus tôt, ce serait marcher à notre perte

— Ainsi, nous ne nous réunissons pas ce soir?

— Non, à moins que nous ne soyons convoqués à cet insipide théâtre de société ou salon de lecture, où nous sommes autant de marionnettes dans les mains d'une femme niaise, grand enfant gâté d'un père trop faible.

Tatius prit congé du philosophe, et, comme si chacun d'eux eût craint d'être aperçu dans la société de l'autre, ils quittèrent leur lieu de rendez-vous par des routes différentes. Peu de moments après, Hereward fut appelé auprès de son chef, qui lui dit qu'il n'aurait pas besoin de lui ce soir-là comme il l'avait supposé. Achille s'arrêta, puis il ajouta :

— Tu as quelque chose sur les lèvres que tu voudrais me dire, et cependant tu hésites.

— C'est seulement, répondit le soldat, que j'ai eu une entrevue avec l'homme qu'on appelle Agélastès, et il m'y a paru si différent de ce qu'il me semblait lorsque nous nous en sommes entretenus la dernière fois, que je ne saurais m'empêcher de vous raconter ce que j'ai vu. Ce n'est pas un bouffon sans conséquence, dont le seul objet soit de faire rire à ses dépens ou à ceux d'un autre ; c'est un homme de pensées profondes, de vues étendues, qui pour une raison ou pour une autre cherche à se former des amis et à se créer un parti. Votre propre prudence vous enseignera à vous méfier de lui.

— Tu es un honnête garçon, mon pauvre Hereward, dit Achille, affectant un air de bonne humeur dédaigneuse. Des hommes de la trempe d'Agélastès revêtent souvent leurs plaisanteries les plus piquantes de toutes les apparences de la gravité. — Ils prétendront, par exemple, posséder un pouvoir illimité sur les éléments et les esprits élémentaires. — Ils s'informeront des noms et des anecdotes les plus connues de ceux dont ils veulent faire leurs jouets. Quiconque leur prêtera l'oreille ne s'exposera, suivant l'expression du divin Homère, qu'aux flots d'un rire inextinguible. Souvent je l'ai vu choisir dans une société la personne la plus grossière, la plus ignorante, et, pour l'amusement des autres, lui dire qu'il allait faire paraître les absents, rapprocher les distances et même évoquer les morts hors de leurs tombeaux. Prends garde, Hereward, que ses artifices n'impriment une tache à l'un de mes plus braves Varangiens.

— Il n'y a pas de danger; je ne suis pas jaloux de me retrouver souvent avec cet homme. S'il se permet de plaisanter sur un certain sujet dont il m'a entretenu, il y a gros à parier que je lui apprendrai d'une rude manière à être plus sérieux. Si au contraire c'est sérieusement qu'il parle de ses connaissances dans les sciences mystiques, j'ai appris de mon grand-père qu'on insulte les morts quand leurs noms se trouvent dans la bouche d'un diseur de bonne aventure ou d'un magicien impie. Je ne m'approcherai donc plus de cet Agélastès, que ce soit un sorcier ou simplement un imposteur.

— Vous ne me comprenez pas, se hâta de dire l'acolouthos; c'est un homme dont la conversation, s'il daigne en avoir avec vous, peut vous être une source de grandes connaissances, pourvu que vous vous gardiez de ces prétendus secrets dont le but ne peut être que de vous tourner en ridicule. — A ces mots, qu'Achille lui-même eût trouvé peut-être difficile d'accorder ensemble, le chef et le soldat se séparèrent.

CHAPITRE IX.

> Entre les rives écumeuses du torrent blanchi, l'habile artiste improvise tout à coup une digue. Le niveau à la main, il subdivise la force des eaux qu'il enlève à leur lit rocailleux, pour diminuer d'abord ce qu'il veut conquérir ensuite; à celles des eaux qu'il conserve il trace une route aisée à suivre, difficile à abandonner, et conduisant au but qu'il a dessein d'atteindre. *L'Ingénieur*

Il eût été aisé à Alexis, en avouant ouvertement ses soupçons, ou par quelque autre fausse démarche dans sa manière d'accueillir l'invasion tumultueuse des nations européennes, de rallumer en elles le sentiment mal assoupi de leurs nombreux griefs. Une catastrophe semblable n'eût pas été moins certaine, s'il eût renoncé sur-le-champ à toute idée de résistance et n'eût vu d'espérance de salut qu'en abandonnant à cette foule venue de l'Occident ce qu'elle aurait regardé comme bon à prendre. L'empereur choisit un juste milieu, et, eu égard à la faiblesse de l'empire

Grec, c'était bien certainement le seul parti qui pût à la fois assurer son salut et lui donner un certain degré d'importance aux yeux des Francs envahisseurs et de ses propres sujets. Les moyens auxquels il eut recours furent de différentes espèces, et, plutôt par politique que par inclination naturelle, entachés souvent de mensonge et de bassesse. Il imita en cela le serpent qui se cache sous l'herbe pour piquer insidieusement ceux dont il n'oserait approcher avec la démarche hardie et généreuse du lion. Mais nous n'écrivons pas l'histoire des croisades, et ce que nous avons dit des précautions de l'empereur à la première nouvelle de l'approche de Godefroy de Bouillon et de ses alliés suffit pour l'intelligence de notre histoire.

Quatre semaines s'étaient écoulées, marquées par des querelles et des raccommodements entre les croisés et les Grecs de l'empire. Les premiers, suivant que la politique d'Alexis l'avait ordonné, étaient occasionnellement et individuellement reçus avec des honneurs extrêmes, et leurs chefs comblés de compliments et de faveurs. D'autres fois, au contraire, certains détachements, qui cherchaient des routes détournées pour arriver à la capitale, avaient été interceptés et taillés en pièces par des troupes armées à la légère, qui, aux yeux de leurs adversaires ignorants, passaient facilement pour des Turks, des Scythes et d'autres infidèles, ce qu'elles pouvaient être en effet, bien qu'attachées au service du monarque grec. Souvent aussi il arrivait que tandis que les chefs les plus puissants de la croisade étaient fêtés par l'empereur et ses ministres, tandis qu'ils s'asseyaient aux banquets les plus somptueux et qu'ils étanchaient leur soif dans des vins que la glace avait rafraîchis, on laissait leurs soldats à de grandes distances, où on leur fournissait avec intention des farines dultérées, des provisions avariées et de l'eau corrompue. Ils contractaient donc des maladies et mouraient en grand nombre sans avoir vu cette Terre-Sainte pour la délivrance de laquelle ils avaient abandonné leur repos, les aises de la vie et leur pays natal. Ces agressions ne se passèrent pas sans exciter des plaintes. Plusieurs chefs croisés attaquèrent la fidélité de leur allié, et exposèrent les pertes que leur armée avait subies comme des maux que les Grecs leur infligeaient volontairement. Plus d'une fois les deux nations se trouvèrent vis-à-vis l'une de l'autre dans des termes tels qu'une guerre générale semblait inévitable.

Toutefois, Alexis, bien qu'obligé d'avoir recours à toutes sortes de finesses, garda le terrain qu'il s'était choisi, et sous un prétexte ou sous un autre fit sa paix avec les chefs les plus puissants. Les pertes que les croisés avaient éprouvées par le fer, il les attribuait à leurs propres agressions ; — les erreurs dans la route qu'ils devaient suivre, à de purs accidents ou à leur opiniâtreté ; — l'insuffisance des provisions, à la véhémence de leur appétit pour les fruits verts et le vin trop nouveau. En un mot, il n'y avait pas un désastre, de quelque nature qu'il fût, qui accablât les malheureux pèlerins, que l'empereur ne fut prêt à prouver être la conséquence naturelle de leur violence, de leur opiniâtreté ou de leur précipitation hostile.

Les chefs des Croisés, qui avaient confiance en la supériorité de leurs forces, n'auraient pas vraisemblablement souffert de pareilles injures d'une puissance si fort au-dessous de la leur, s'ils ne s'étaient formé des idées extravagantes des richesses de l'empire d'Orient, richesses qu'Alexis semblait disposé à partager avec eux avec une libéralité aussi nouvelle pour les chefs que les riches productions du pays étaient attrayantes pour les soldats.

Les nobles français eussent été peut-être les plus difficiles à contenir quand il s'élevait des différends; mais un accident, que l'empereur aurait pu appeler providentiel, réduisit le fier comte de Vermandois à la situation d'un suppliant, tandis qu'il s'attendait à occuper celle d'un maître. Une tempête furieuse accueillit sa flotte au moment où elle quittait l'Italie, et vint la jeter sur les rivages de la Grèce. Un grand nombre de vaisseaux furent détruits, et les troupes qui gagnèrent la terre étaient dans un tel état de misère qu'elles furent obligées de se rendre à discrétion aux lieutenants d'Alexis. Le comte de Vermandois, si hautain au moment où il s'était embarqué, fut ainsi envoyé à Constantinople, non comme prince, mais comme prisonnier. Dans cette circonstance, l'empereur mit immédiatement les soldats en liberté et les combla de présents.

Reconnaissant pour les attentions qu'Alexis ne cessait de lui témoigner, le comte Hugues, par gratitude autant que par intérêt, se sentit disposé à partager l'opinion de ceux qui, pour d'autres raisons, désiraient le maintien de la paix entre les Croisés et l'empire Grec. Un motif plus noble détermina le célèbre Godefroy, Raymond de Toulouse, et quelques autres chez qui la dévotion était quelque chose de plus qu'un simple élan de fanatisme. Ces princes considéraient de quel scandale toute leur expédition serait entachée si le premier de leurs exploits était une guerre contre l'empire Grec, qu'on pouvait à juste titre appeler le rempart de la chrétienté. Si cet empire était faible en même temps qu'il était riche, — s'il invitait à la rapine en même temps qu'il était incapable de se protéger contre elle, il n'en était que plus de leur intérêt ou de leur devoir, comme soldats chrétiens, de protéger un empire chrétien, dont l'existence était d'une si haute importance pour la cause commune, alors même qu'il ne pouvait se défendre. C'était donc le désir de ces hommes loyaux d'accueillir, par un retour sincère, les protestations d'amitié de l'empereur, — de lui rendre avec usure tous les bons offices qu'ils en pourraient recevoir, afin de le convaincre que leurs vues à son égard étaient, sous tous les rapports, franches et honorables, et qu'il était de son intérêt de s'abstenir de tout traitement injurieux qui pourrait les pousser et les forcer même à changer de manière d'agir envers lui.

Ce fut dans ces intentions pacifiques envers Alexis, intentions qui animaient la plupart des Croisés, par des motifs différents et compliqués, que les chefs consentirent à une mesure que dans d'autres circonstances ils auraient rejetée comme n'étant pas due aux Grecs et comme déshonorante pour eux-mêmes. C'était la fameuse résolution qu'avant de traverser le Bosphore pour aller chercher cette Palestine qu'ils avaient fait vœu de reconquérir, chacun des chefs reconnaîtrait individuellement l'empereur grec comme originairement maître absolu de ces régions et comme leur seigneur suzerain.

L'empereur Alexis, transporté de joie, voyait les Croisés s'approcher du but auquel il avait espéré les amener plutôt par des motifs intéressés que par des raisonnements. Il est vrai qu'on pouvait dire qu'il était juste et naturel que les provinces qu'on pourrait reconquérir sur les Turks ou les Sarrasins fissent de nouveau partie de l'empire Grec, dont elles avaient été démembrées sans aucun autre prétexte que la violence.

Bien qu'il craignît et qu'il désespérât presque de pouvoir gouverner cette armée grossière et mal d'accord de chefs hautains complètement indépendants les uns des autres, Alexis ne manqua pas d'utiliser avec empressement et habileté la concession que lui faisaient Godefroy et ses compagnons, à savoir, que l'empereur avait droit à l'hommage de tous ceux qui porteraient la guerre en Palestine, et qu'il était seigneur suzerain de toutes les conquêtes qu'ils pourraient faire dans le cours de cette expédition. Il résolut de rendre cette cérémonie tellement publique et d'y déployer la pompe impériale avec tant de magnificence, qu'elle ne pût passer inaperçue ni s'oublier promptement.

Il choisit pour le théâtre de cette cérémonie splendide une de ces grandes terrasses qui s'étendent sur le rivage de la Propontide. On y plaça un trône superbe et fort élevé pour l'usage de l'empereur seul. On eut soin de ne placer à portée aucun autre siège de quelque nature qu'il fût. C'était un point auquel la vanité des Grecs tenait surtout, que personne ne pût s'asseoir dans cette cérémonie, excepté l'empereur. Autour du trône, rangés en ordre mais debout, se tenaient les différents dignitaires de sa cour magnifique, suivant leurs divers rangs, depuis le proto-sébastos et le césar jusqu'au patriarche dans ses superbes vêtements ecclésiastiques, et jusqu'à Agélastès, qui, malgré la simplicité de son vêtement, avait cru devoir se rendre à l'invitation qui lui était faite. En arrière et sur les flancs de la cour impériale, se tenaient en cercle serré les exilés anglo-saxons. Ceux-ci, dans ce jour mémorable, conformément à leur désir, n'avaient pas revêtu leur corselet d'argent, suivant l'étiquette d'une cour futile; mais ils n'étaient couverts que de plaques et de mailles d'acier. Ils voulaient, disaient-ils, paraître comme des hommes de guerre aux yeux des guerriers. Cette demande leur fut accordée d'autant plus volontiers, qu'on ne pouvait prévoir si quelque circonstance futile en elle-même ne viendrait pas rompre la bonne harmonie entre deux partis aussi inflammables que ceux qu'il s'agissait de réunir.

Derrière les Varangiens, en nombre beaucoup plus considérable, étaient réunies les bandes grecques ou romaines connues alors sous le titre d'Immortelles, nom que les Romains avaient, dans l'origine, emprunté à l'empire des Perses. Les formes athlétiques, les cimiers élevés et le magnifique costume de ces gardes auraient donné aux princes étrangers une plus haute idée de leur mérite militaire, s'ils n'eussent remarqué dans leurs rangs une grande propension à causer entre eux et à quitter leurs lignes ; ce qui formait un étrange contraste avec la tenue immobile et le silence absolu que les Varangiens mieux disciplinés gardaient à la parade, au point qu'on les y aurait pris pour autant de statues de fer.

Il faut donc que le lecteur se représente ce trône dans toute la pompe de la grandeur orientale, environné des troupes de l'empire tant étrangères que romaines, et appuyé à l'arrière par des nuées de cavalerie légère, qui, changeant de place à toute minute, donnaient au spectateur une grande idée de leur nombre, sans cependant lui permettre d'en évaluer exactement le chiffre. A travers la poussière qu'ils levaient dans leurs évolutions, on voyait des bannières et des étendards, au milieu desquels on distinguait par intervalles le fameux LABARUM, gage de victoire pour les armes impériales, mais qui, depuis quelque temps, semblait avoir perdu tant soit peu de son efficacité sacrée. Les soldats grossiers de l'Occident, en voyant se déployer ainsi l'armée grecque, ne craignirent pas de dire qu'il y avait à leur front de bataille un nombre d'étendards suffisant pour une armée dix fois plus forte.

Bien loin sur la droite, un corps très-nombreux de cavalerie européenne, réuni sur le rivage de la mer, indiquait la présence des Croisés. Tel était leur désir d'imiter l'exemple de leurs chefs, princes, ducs ou comtes, en faisant l'hommage demandé, que le nombre des chevaliers et des nobles indépendants qui devaient prêter serment parut bien grand quand on les eut rassemblés à cet effet. Tout Croisé qui possédait une tour et qui marchait à la tête de six lances se serait regardé comme ravalé dans sa dignité s'il n'avait pas été appelé à reconnaître l'empereur grec et à jurer de tenir, comme vassal du trône, toutes les terres qu'il pourrait conquérir, aussi bien que Godefroy de Bouillon et Hugues-le-Grand, comte de Vermandois. Et cependant, par une inconséquence étrange, en même temps qu'ils se pressaient pour rendre l'hommage qu'allaient prêter de plus grands personnages qu'eux, on aurait dit qu'ils cherchaient quelque moyen de faire sentir que cet hommage n'était que dérisoire, et que toute cette imposante cérémonie n'était qu'une comédie insignifiante.

Voici comment avait été réglé le programme : Les Croisés, que les Grecs appelaient les comtes, — ce titre étant le plus commun parmi eux, — devaient, suivant les instructions qui leur avaient été données, se détacher du flanc gauche de leur troupe, et, passant devant l'empereur un à un, lui rendre, dans le moins de mots possibles, l'hommage dont la formule avait été préalablement convenue. Godefroy de Bouillon, son frère Baudouin, Bohémond d'Antioche, et plusieurs autres des plus éminents d'entre les Croisés, furent les premiers à s'acquitter de ce cérémonial. Le serment prêté, ils descendaient de cheval et se rangeaient autour du trône de l'empereur, pour empêcher, par le respect qu'inspirait leur présence, qu'aucun de leurs nombreux confédérés ne se rendît, pendant la cérémonie, coupable d'insolence ou d'insulte. D'autres Croisés de moindre importance conservèrent leur place près de l'empereur, une fois qu'ils y furent parvenus, par pure curiosité, ou pour le seul plaisir de montrer qu'ils avaient le droit de faire ce dont leurs chefs semblaient avoir voulu s'arroger le privilége.

Ainsi, deux grands corps de troupes grecques et européennes stationnaient à quelque distance l'un de l'autre sur les rives du canal du Bosphore, différents de langage, d'armes et d'extérieur. Les petites troupes de cavalerie qui de temps à autre se détachaient de ces corps ressemblaient à des étincelles électriques passant d'un nuage à l'autre, et versant ainsi dans l'un le fluide qui se trouve en excès dans l'autre. Après avoir fait halte quelque temps sur les rives du Bosphore, les Francs qui avaient rendu l'hommage se répandaient irrégulièrement sur un quai ; des galères innombrables et de plus petits navires frétés dans ce dessein attendaient, les rames et les voiles préparées, pour transporter les belliqueux pèlerins de l'autre côté du détroit et les verser sur cette Asie qu'ils désiraient si passionnément visiter, et dont bien peu avaient chance de jamais revenir. L'aspect joyeux des vaisseaux qui devaient les recevoir, la promptitude avec laquelle on leur fournissait des rafraîchissements, le peu d'étendue du détroit qu'ils avaient à traverser, la perspective prochaine de ce service actif que depuis si longtemps ils désiraient remplir, avaient mis les guerriers en humeur joyeuse : aussi, le bruit des chansons et les instruments de musique faisaient-ils chorus aux premiers clapissements des rames.

Tandis que les Croisés étaient dans ces dispositions, l'empereur grec faisait de son mieux pendant toute la cérémonie pour imprimer à cette multitude armée la plus haute idée de sa propre grandeur et de l'importance de l'occasion qui les avait réunis. Tout cela était volontiers admis par les chefs les plus éminents, quelques-uns parce qu'on avait flatté leur vanité, — d'autres parce qu'on avait satisfait leur avarice, — ceux-ci parce qu'on avait enflammé leur ambition, — ceux-là enfin, en bien petit nombre il est vrai, parce que rester les amis d'Alexis leur semblait le plus sûr moyen d'atteindre le but de leur entreprise. Les grands seigneurs donc, pour ces différents motifs, feignirent une humilité que peut-être ils étaient bien loin de ressentir, et se gardèrent de tout ce qui eût pu paraître irrévérencieux dans cette fête solennelle des Grecs ; mais il y en eut beaucoup qui se montrèrent autrement disposés.

Parmi ce grand nombre de comtes, de seigneurs et de chevaliers, sous les bannières desquels les Croisés étaient parvenus jusqu'aux murs de Constantinople, il y en avait beaucoup de trop insignifiants pour qu'on eût cru devoir leur dorer la mesure désagréable de l'hommage. Ceux-ci, quoiqu'ils sentissent qu'il eût été dangereux d'opposer de la résistance, mêlèrent à leur soumission apparente les sarcasmes, le ridicule et toutes les contraventions aux règles du décorum qu'ils crurent propres à montrer combien leur paraissait odieuse et méprisable la démarche qu'ils allaient faire en se proclamant les vassaux d'un prince hérétique dans sa foi, limité dans l'exercice de son pouvoir tant vanté, leur ennemi quand il osait se montrer tel, et l'ami de ceux-là seulement qui, par le nombre de leurs soldats, le forçaient à agir en ami ; d'un prince, enfin, qui, allié obséquieux des Croisés puissants, se montrait ennemi perfide et meurtrier pour les autres, toutes les fois que l'occasion s'en présentait.

Les chevaliers français de naissance ou d'origine se faisaient surtout remarquer par leur dédain présomptueux de toutes les autres nations engagées dans la croisade, aussi bien que par leur bravoure indomptable et par le mépris avec lequel ils regardaient la puissance et l'autorité de l'empire Grec. C'était un proverbe reçu parmi eux que, si le ciel venait à tomber, les Croisés français étaient dans le cas de le soutenir sur le fer de leurs lances. Ce caractère audacieux et arrogant se déployait dans les querelles qui s'élevaient fréquemment entre eux et leurs hôtes involontaires, querelles dans lesquelles, malgré toute leur habileté, les Grecs avaient souvent le dessous ; ce qui fit qu'Alexis s'était déterminé à se débarrasser à tout prix de ces alliés violents et intraitables, en les transportant le plus promptement possible de l'autre côté du Bosphore. Pour le faire avec sûreté, il profita de la présence du comte de Vermandois, de Godefroy de Bouillon, et d'autres chefs d'une grande influence, qui seuls semblaient devoir maintenir l'ordre parmi les chevaliers français d'une classe inférieure, si nombreux et si difficiles à gouverner.

Luttant contre le sentiment de son orgueil offensé que tempérait une crainte prudente, l'empereur s'efforça de recevoir avec une apparence de satisfaction un hommage qui lui était rendu d'un air de moquerie. Un incident ne tarda pas à s'élever, bien propre à faire comprendre le caractère des nations mises si extraordinairement en contact avec des manières de voir si opposées et des habitudes si diverses. Plusieurs troupes de chevaliers français avaient défilé dans une sorte de procession devant le trône de l'empereur, et lui avaient rendu l'hommage ordinaire avec une apparence de gravité. Ils avaient plié le genou devant Alexis, avaient placé leurs mains dans les siennes, et dans cette posture s'étaient acquittés de la cérémonie de l'hommage féodal; mais quand ce vint au tour de Bohémond d'Antioche, dont nous avons déjà parlé, l'empereur, désirant montrer toutes sortes d'égards à ce prince rusé, récemment encore son ennemi et aujourd'hui son allié apparent, fit deux ou trois pas vers le rivage de la mer, comme pour le reconduire à l'endroit où les navires l'attendaient.

La distance dont l'empereur s'éloigna était très-peu considérable; et l'on regarda cette condescendance comme une grande preuve de déférence envers Bohémond. Cependant, elle devint pour Alexis lui-même l'occasion d'un sanglant affront, que ses gardes et ses sujets ressentirent profondément comme une insulte faite avec intention de l'humilier. Une dizaine de cavaliers formant la suite du comte français, dont c'était le tour de rendre hommage, partirent au grand galop du flanc droit de leurs escadrons, leurs chefs à leur tête, et arrivant devant le trône, qui était encore vide, firent halte tout à coup. Ce comte était un homme d'une taille herculéenne, d'une figure grave et décidée, quoiqu'extrêmement belle, et ombragée d'épaisses boucles de cheveux noirs. Sa tête était couverte d'une toque, et tout son corps d'un vêtement de peau de chamois, sur lequel il portait d'ordinaire la lourde et complète armure de son pays. En cette occasion, il l'avait laissée de côté pour plus de commodité, quoique ce fût montrer un mépris complet du cérémonial qu'on devait observer dans une solennité de ce genre. Il n'attendit pas un moment que l'empereur fût de retour, ni ne s'arrêta à considérer ce qu'il y avait d'inconvenant à forcer Alexis à courir, pour ainsi dire, pour reprendre sa place. Il sauta à bas de son cheval gigantesque, lui jetant sur le cou la bride, qui fut aussitôt saisie par l'un de ses pages. Sans un moment d'hésitation, le chevalier français s'assit sur le trône vacant de l'empereur, et, étendant sa personne robuste et à demi armée sur les coussins dorés préparés pour Alexis, se mit à caresser indolemment un grand chien loup qui l'avait suivi. Celui-ci, se mettant tout aussi à son aise que son maître lui-même, se coucha tout de son long sur les tapis de soie et de damas relevés d'or qui décoraient le marchepied du trône impérial. Il semblait que ce chien affectât un air d'insolente férocité, et qu'il ne regardât personne avec respect, à l'exception du chevalier rébarbatif qu'il reconnaissait pour maître.

L'empereur, revenant sur ses pas, après en avoir fait quelques-uns pour accompagner Bohémond en signe d'une faveur extraordinaire, vit avec étonnement son trône occupé par cet insolent Français. Les cohortes de Varangiens demi-sauvages rangées en hémicycle n'eussent pas hésité un instant à venger cet outrage en renversant le violateur du trône de leur maître dans l'acte même de son insolence, s'ils n'eussent été retenus par Achille Tatius et d'autres officiers, qui ne savaient ce que l'empereur voudrait faire, et qui craignaient de prendre une résolution par eux-mêmes.

Cependant le chevalier peu cérémonieux se mit à parler tout haut dans un patois provincial que comprenaient cependant tous ceux à qui la langue franque était familière, tandis que ceux même qui ne la comprenaient pas pouvaient interpréter le sens de ses paroles par son accent et par son geste : — Qu'est-ce que c'est que ce paysan-là, qui est demeuré assis comme une souche de bois ou un fragment de rocher, pendant que tant de braves seigneurs, la fleur de la chevalerie, le miroir de la bravoure, se tiennent debout, tête nue, au milieu des Varangiens trois fois vaincus?

Une voix basse et sonore, qu'on eût dit sortie du sein de la terre, tant ses accents semblaient appartenir à l'autre monde, répondit : — Si les Normands désirent la bataille contre les Varangiens, ils les rencontreront dans la lice un contre un, sans cette pauvre fanfaronnade d'une insulte à l'empereur de la Grèce, lequel, on le sait bien, ne se bat que par la hache d'armes de sa garde.

L'étonnement qu'on éprouva à entendre cette réponse fut si grand, qu'il fut partagé par le chevalier lui-même qui l'avait occasionnée par son outrage envers l'empereur ; et au milieu des efforts d'Achille Tatius pour enchaîner ses soldats dans les limites de la subordination et du silence, un long murmure sembla indiquer qu'ils ne se contiendraient pas davantage. Bohémond revint sur ses pas, fendant la presse avec une célérité qui n'eût pas si bien convenu à la dignité d'Alexis, et saisissant le croisé par le bras, moitié par la persuasion, moitié par force, il l'obligea à quitter le trône de l'empereur dont il s'était si audacieusement emparé.

— Qu'est-ce que cela signifie, noble comte de Paris? lui dit Bohémond. Y a-t-il quelqu'un, dans cette grande assemblée, qui puisse voir avec patience que votre nom, si renommé par sa valeur, doive être maintenant cité dans une dégradante querelle avec des mercenaires dont tout le mérite est de porter, moyennant salaire, une hache d'armes dans les rangs de la garde impériale? — Fi donc! — pour ne pas déshonorer la chevalerie normande, qu'il n'en soit pas ainsi.

— Ma foi, je ne sais trop, dit le Croisé, se levant avec répugnance ; je ne suis pas très-difficile sur le degré de noblesse de mon adversaire, quand il se montre à moi désireux de bien faire dans la bataille. Je suis d'un bon naturel, je te le dis, comte de Bohémond ; un Turk, un Tartare, un vagabond d'Anglo-Saxon, qui n'a échappé aux chaînes des Normands que pour devenir l'esclave des Grecs, est également bien venu à aiguiser sa lame sur mon armure, s'il désire remplir cette tâche honorable.

L'empereur avait entendu ce qui s'était passé ; — il l'avait entendu avec une indignation mêlée de crainte ; il s'imaginait que son plan de politique tout entier allait être tout à coup anéanti par un complot prémédité d'affront direct, et probablement d'une attaque violente sur sa personne. Il allait crier aux armes, quand, jetant les yeux sur le flanc droit des Croisés, il vit que tous étaient demeurés immobiles depuis que le chevalier français s'en était détaché. Il prit donc sur-le-champ la résolution de laisser passer cette insulte comme l'une des plaisanteries grossières des Francs, puisqu'aucun mouvement ultérieur de troupes n'indiquait la volonté d'une attaque sérieuse.

Adoptant cette ligne de conduite avec la rapidité de la pensée, il retourna, d'un pas tranquille, sous son dais, et se tint debout à côté de son trône, ne jugeant pas à propos d'en reprendre immédiatement possession, pour ne pas donner à l'insolent étranger l'occasion de le lui disputer de nouveau.

— Quel est cet audacieux vassal, demanda-t-il au comte Baudouin, qu'il semble, à sa dignité, que j'aurais dû recevoir assis sur mon trône, et qui juge à propos de réclamer ainsi les droits de son rang?

— Il est regardé comme l'un des plus braves de notre armée, répondit Baudouin, quoique les braves y soient aussi nombreux que les grains de sable de la mer. Il vous dira lui-même son nom et son rang.

Alexis porta son regard sur celui dont il avait parlé. Il ne vit rien dans ses traits nobles et bien formés, qu'animait une teinte d'enthousiasme sauvage étincelant dans ses yeux pleins de vivacité, qui indiquât l'insulte préméditée. Il fut donc porté à supposer que ce qui s'était passé, quoique si contraire aux formes et au cérémonial de la cour grecque, n'était ni un affront fait avec intention, ni quelque chose de préparé pour amener une querelle. Ce fut avec une sorte d'aisance qu'il parla ainsi à cet étranger : — Nous ne savons de quel titre de dignité vous saluer; mais nous avons appris du comte Baudouin que nous avons l'honneur de nous trouver en présence de l'un des plus braves chevaliers que le sentiment des maux que souffre la Terre-Sainte a amenés jusqu'ici pour délivrer la Palestine de l'esclavage où elle gémit.

— Si vous voulez me demander mon nom, répondit le chevalier européen, il n'y a pas un de ces pèlerins qui ne puisse aisément vous satisfaire, et plus gracieusement que je ne le saurais faire moi-même : car nous avons coutume de dire, dans notre pays, qu'on perd plus d'une noble querelle en s'informant trop tôt du nom les uns des autres. Des hommes qui se seraient battus avec la crainte de Dieu devant les yeux, leurs noms une fois connus, sont obligés de se reconnaître pour des alliés spirituels, comme parrains, filleuls, compères, ou enchaînés par quelque autre lien irrésistible d'amitié; tandis que s'ils avaient commencé par se battre et qu'ils ne se fussent dit leurs noms qu'après, ils auraient eu quelque preuve de leur valeur réciproque, ce qui leur aurait fait regarder comme un honneur pour tous deux le lien qui les unit.

— Cependant, dit l'empereur, je désirerais savoir si vous qui, au milieu de cette foule de chevaliers, semblez prétendre à la préséance, vous portez titre de roi ou de prince ?

— Comment dites-vous cela ? dit le Franc en fronçant le sourcil ; trouvez-vous que je vous aie offensé en m'approchant ainsi de vos escadrons ?

Alexis se hâta de répondre qu'il n'avait aucun désir particulier de mêler le nom du comte à aucun affront ou à aucune offense. Il ajouta que dans la situation difficile où se trouvait l'empire, ce n'était pas le moment, pour lui qui en tenait le gouvernail, de s'engager dans de vaines et inutiles querelles.

Le chevalier français l'entendit, et répondit sèchement : — Puisque tels sont vos sentiments, je m'étonne que vous ayez résidé assez longtemps à portée d'entendre la langue française, pour apprendre à la parler comme vous le faites. Vous n'êtes ni un moine ni une femme, et j'aurais pensé qu'en même temps que les mots de la langue, vous auriez acquis quelque chose des sentiments chevaleresques de la nation.

— Silence, sire comte, dit Bohémond, qui était resté à côté de l'empereur pour prévenir une querelle qui semblait imminente ; à coup sûr on doit répondre à l'empereur avec civilité, et ceux qui sont impatients de se battre auront assez d'infidèles avec qui se satisfaire. L'empereur n'a fait que vous demander vos noms et votre lignage, et vous êtes, de tous les hommes, celui qui a le moins de raison de les cacher.

— Je ne sais si cela intéressera ce prince, ou cet empereur, comme vous l'appelez, répondit le chevalier français, mais voici tout le compte que je puis rendre de moi-même. Au milieu de l'une des vastes forêts qui occupent le centre de la France, mon pays natal, il y a une chapelle si profondément enfoncée en terre qu'on croirait qu'elle est devenue décrépite à force d'ancienneté. L'image de la sainte Vierge, placée au-dessus de son autel, est appelée, par tous les hommes, Notre-Dame des Lances Rompues, et c'est dans tout le royaume la vierge la plus célèbre pour les aventures militaires. Quatre grandes routes partant de quatre points opposés se réunissent devant la porte principale de la chapelle, et toutes les fois qu'un brave chevalier arrive en cet endroit, il y entre pour y faire ses dévotions, après avoir trois fois donné du cor jusqu'à ce que les frênes et les chênes de la montagne en résonnent ébranlés. Cela fait, il se met à genoux pour dire ses prières, et rarement il se relève, après avoir entendu la messe de Notre-Dame des Lances Rompues, sans trouver quelque chevalier aventureux qui attend qu'il soit de loisir, tout prêt à satisfaire le désir de bataille du nouveau venu. J'ai occupé ce poste pendant un

8.

mois et plus contre tout venant, et tous m'ont remercié de la manière dont je me suis acquitté de mon devoir envers eux ; excepté pourtant un chevalier qui a eu le malheur de tomber de son coursier et de se casser le cou, et un autre transpercé de part en part, en sorte que ma lance lui est ressortie par le dos de la longueur d'une verge et toute dégouttante de sang. A l'exception de ces petits accidents qu'il n'est pas toujours facile d'éviter, jamais mes adversaires ne m'ont quitté sans me remercier courtoisement de l'honneur que je leur avais fait.

—Je conçois, sire chevalier, dit l'empereur, qu'un homme de votre taille, animé d'un courage tel que celui que vous déployez, doit trouver peu d'égaux, même parmi vos aventureux compatriotes ; bien moins encore parmi des hommes à qui l'on a enseigné que jouer leur vie entre eux dans des querelles sans motif, c'est jeter, comme des enfants, le don que la Providence leur a fait.

— Vous êtes bien le maître de professer cette opinion, dit le Français avec un certain accent de mépris ; toutefois, vous êtes, je vous assure, tout à fait injuste envers nous, si vous vous figurez que dans ces galantes rencontres nous mêlions de la rancune ou de la colère. Je vous proteste que nous n'avions pas le cœur plus joyeux lorsque le soir nous chassions le cerf et le sanglier, que lorsque nous remplissions le matin notre devoir de chevalier devant le portail de la vieille chapelle.

—Avec les Turks, vous ne jouirez pas, répondit Alexis, de cet aimable échange de courtoisie. C'est pourquoi je vous conseillerais de ne vous porter ni au premier ni au dernier rang, mais de vous tenir au centre, près de votre étendard ; car c'est là le point où les plus braves des Turks font leur attaque, et où, par conséquent, se doivent tenir pour les repousser les plus braves chevaliers.

— Par Notre-Dame des Lances Rompues ! dit le Croisé, je ne voudrais pas que les Turks fussent plus courtois qu'ils ne sont chrétiens. Je sais que les noms de mécréant et de chien de païen sont tout ce que méritent les meilleurs d'entre eux, comme également traîtres à leur Dieu et aux lois de la chevalerie. J'espère donc dévotement que je les rencontrerai au premier rang de notre armée, à côté de l'étendard ou quelque part ailleurs que ce soit, et que j'aurai le champ libre pour faire mon devoir contre eux comme ennemis de Notre-Dame et des bienheureux saints, ainsi qu'ils sont plus particulièrement les miens, à cause de leurs habitudes dépravées. Cependant, vous avez le temps de vous asseoir et de recevoir mon hommage ; je vous serais singulièrement obligé de dépêcher cette sotte cérémonie, afin que nous y perdions le moins de temps qu'il sera possible.

L'empereur se hâta de s'asseoir, et reçut dans ses mains les mains robustes du Croisé, qui prononça la formule de l'hommage, et fut reconduit par le comte Baudouin, qui l'accompagna jusque vers le vaisseau, charmé de le voir prêt à s'embarquer, et qui retourna ensuite vers l'empereur.

— Quel est, lui demanda Alexis, le nom de cet homme singulier et présomptueux?

— C'est Robert, comte de Paris; il est regardé comme l'un des pairs les plus braves qui entourent le trône de France.

Après un moment de réflexion, l'empereur Alexis donna des ordres pour qu'on interrompît la cérémonie, craignant peut-être que l'humeur insouciante et grossière de ces étrangers n'amenât quelques nouvelles querelles. Les Croisés furent néanmoins reconduits dans les palais où jusque-là ils avaient été hospitalièrement reçus ; ils reprirent volontiers le festin qu'ils avaient interrompu pour venir rendre hommage. Les trompettes des différents chefs sonnèrent le rappel du peu de simples soldats qui avaient été mis sous les armes; ceux-ci, aussi bien que les chevaliers et les chefs supérieurs, firent honneur aux provisions qu'on leur avait distribuées avec munificence; et, prévoyant vaguement que le passage du Bosphore serait le commencement de leur misère, ils se réjouirent de rester encore un jour sur le rivage d'Europe.

Probablement on n'en avait pas l'intention; mais celui qu'on pouvait appeler le héros de cette journée tumultueuse, le comte Robert de Paris, qui déjà était en chemin pour s'embarquer sur le détroit, changea de dessein quand il entendit le rappel des trompettes, dont l'écho retentissait de toutes parts. Ni Bohémond, ni Godefroy, ni aucun de ceux qui essayèrent de lui expliquer ce signal, ne purent changer sa résolution de retourner à Constantinople : il rit de mépris quand on voulut le menacer du déplaisir de l'empereur, et parut penser qu'il y aurait quelque chose particulièrement agréable à braver Alexis à sa propre table, ou du moins que rien ne pouvait lui être plus indifférent que de l'offenser ou non.

Quoiqu'il montrât quelque respect pour Godefroy de Bouillon, il n'eut aucun égard à ses avis dans cette circonstance. Ce sage prince, après avoir eu recours à tous les arguments pour ébranler sa résolution de retourner dans la ville impériale, jusqu'à ce point qu'il faillit en faire une querelle particulière avec lui, l'abandonna enfin à sa propre gouverne et le montra du doigt au comte de Toulouse comme un vrai chevalier errant, incapable de céder à aucune influence autre que celle de son imagination fantastique. — Il n'a même pas cinq cents hommes à la croisade, dit Godefroy, et je jurerais bien que dans ce moment même, quand notre expédition va à peine commencer, il ne sait pas où sont ses cinq cents hommes ni comment on pourvoit à leurs besoins. Il a perpétuellement à son oreille une trompette qui sonne l'attaque; il n'a ni le temps ni la possibilité d'écouter aucuns signaux plus doux ou plus raisonnables. Voyez-le rôder là-bas; n'a-t-il pas l'air d'un écolier paresseux échappé aux murs de l'école un jour de congé, animé à demi par la curiosité, et à demi par l'envie de mal faire?

— Et aussi, dit le comte de Toulouse, Raymond, d'assez de courage pour soutenir seul la difficile entreprise de toute l'armée des Croisés. Et cependant ce comte Robert est un rodomont si enragé qu'il compromettrait plutôt le succès de toute l'expédition que de laisser passer l'occasion de rencontrer en champ clos un adversaire digne de lui, ou de perdre, comme il le dit, une chance de faire ses dévotions à Notre-Dame des Lances Rompues. — Mais que vient-il de rencontrer, avec qui il paraît aller, ou plutôt flâner, du côté de Constantinople?

— Un chevalier armé, brillamment équipé, mais dont la stature n'est pas tout à fait chevaleresque. C'est, je suppose, la célèbre dame qui a gagné le cœur de Robert en champ clos, en déployant un courage égal au sien. La pèlerine en longue robe qui les accompagne peut-être leur fille ou leur nièce.

— Un singulier spectacle, dit le chevalier, que notre époque nous présente! On n'avait rien vu de semblable depuis Gaïta, femme de Robert Guiscard, qui la première s'avisa de se distinguer par des exploits dignes d'un homme, et de tenir tête à son mari aussi bien au premier rang sur le champ de bataille qu'au banquet ou au bal.

— Les choses se passent de même dans ce ménage, dit un troisième Croisé, qui était venu se joindre à la conversation; mais que le Ciel ait pitié du pauvre homme qui ne peut pas maintenir la paix domestique en montrant que son bras est le plus fort!

— Ma foi, répliqua Raymond, s'il est assez mortifiant de penser que la dame de nos amours a passé depuis bien longtemps la fleur de sa jeunesse, c'est une consolation de savoir qu'elle est trop à l'ancienne mode pour nous battre quand nous lui reviendrons, ne rapportant de jeunesse et de force que ce qu'une longue croisade nous en aura laissé.

— Mais allons, suivons le chemin de Constantinople à la suite de ce très-belliqueux chevalier.

CHAPITRE X.

> C'étaient d'étranges temps, — antipodes du nôtre : il y avait des dames qui se regardaient plus souvent dans l'acier poli du bouclier d'un ennemi, que dans un miroir, et qui cherchaient plutôt un adversaire à combattre, qu'un amant à caresser ; — mais, quoique la nature fût ainsi outragée, elle n'était pas vaincue. *Les Temps féodaux.*

BRENHILDA, comtesse de Paris, était l'une de ces dames belliqueuses qui se hasardaient volontiers au premier rang dans une bataille ; ce qui, à l'époque de la première croisade, était aussi commun que le peut être une coutume tout à fait contraire aux lois de la nature, modèle existant réellement de Marphise et de Bradamante, ces héroïnes que nos anciens romanciers se plaisaient à peindre, leur donnant quelquefois l'avantage d'une armure invulnérable, ou bien une lance au choc de laquelle rien ne pouvait résister, pour pallier ce qu'il y aurait d'improbable à voir le sexe le plus faible souvent victorieux dans des rencontres guerrières.

Mais le talisman de Brenhilda était d'une nature plus simple ; il consistait surtout dans sa grande beauté.

Dès l'âge le plus tendre, elle dédaigna les occupations de son sexe, et ceux qui s'aventurèrent à solliciter la main de la jeune dame d'Aspramont, fief militaire auquel elle avait succédé, circonstance qui l'encouragea peut-être dans son caprice, reçurent pour réponse qu'il fallait d'abord la mériter par leur belle conduite en champ clos. Le père de Brenhilda était mort, sa mère était d'un caractère doux, et la jeune dame la gouvernait sans peine.

Les nombreux poursuivants de Brenhilda acquiescèrent aisément à des conditions qui étaient trop dans les mœurs de l'époque pour être refusées. Un tournoi eut lieu au château d'Aspramont, dans lequel la moitié de ces galants roulèrent dans la poussière devant leurs rivaux plus heureux. Ceux-ci s'attendaient à être appelés à jouter les uns contre les autres ; mais ils furent surpris quand on les informa des volontés ultérieures de la jeune dame. Elle aspirait à porter elle-même une cuirasse, à brandir une lance, à conduire un destrier. Elle fit donc prier les chevaliers d'admettre à se mêler à leurs jeux chevaleresques une dame qu'ils faisaient profession d'honorer si hautement. Les jeunes chevaliers reçurent courtoisement leur jeune maîtresse dans la lice et sourirent à l'idée de la voir se maintenir contre tant de braves champions de l'autre sexe ; mais les vassaux et les vieux serviteurs du comte son père se regardèrent aussi en riant, se promettant un résultat bien différent de celui auquel les galants s'attendaient. Les chevaliers qui se présentèrent contre la belle Brenhilda furent tous étendus sur la lice l'un après l'autre ; mais on ne saurait nier que ferrailler contre l'une des plus belles femmes de l'époque ne fût une situation extrêmement embarrassante. Chacun de ces jeunes hommes s'appliqua à ne point charger avec toute sa force, à retenir son coursier au moment même du choc, enfin à ne pas faire tout ce qui eût été nécessaire pour s'assurer la victoire, de peur qu'en la remportant il ne fît quelque injure irréparable à sa belle adversaire. Mais la dame d'Aspramont n'était pas femme à être vaincue par un antagoniste qui n'aurait pas déployé toute sa force et toute son adresse. Les amoureux battus sortirent de la lice, d'autant plus mortifiés de leur déconfiture que Robert de Paris arriva vers le soir, et qu'apprenant ce qui s'était passé il envoya son nom aux juges du camp comme celui d'un chevalier qui renoncerait volontiers au prix du tournoi s'il avait le bonheur de le remporter, déclarant que les terres ou les charmes d'une femme n'étaient pas ce qu'il y venait chercher. Piquée et mortifiée, Brenhilda choisit une nouvelle lance, monta son meilleur coursier et s'avança dans la lice, déterminée à venger, sur ce nouvel assaillant, le peu de cas qu'il avait semblé faire de ses charmes ; mais soit que la contrariété ne lui laissât pas toute son adresse, soit que, comme il arrive à d'autres personnes de son sexe, elle éprouvât une certaine partialité pour l'homme qui ne paraissait pas autrement désireux de faire sa conquête, — soit enfin, comme on le dit souvent en pareille circonstance, que son heure fatale fût venue, toujours est-il que le comte Robert jouta avec son adresse et son bonheur ordinaires. Brenhilda d'Aspramont fut désarçonnée, perdit son casque et roula dans la poussière. Sa belle figure, passant de la teinte la plus animée à une pâleur mortelle sous les yeux du vainqueur, produisit sur lui son effet naturel en rehaussant le prix de sa victoire. Conformément à sa résolution, il aurait quitté le château après avoir humilié la vanité de la jeune dame, si sa mère ne s'était interposée à temps. Quand elle se fut assurée que la jeune héritière n'avait reçu aucune blessure sérieuse, elle fit ses remercîments au chevalier étranger qui avait donné à sa fille une leçon qu'elle espérait que celle-ci n'oublierait pas facilement. Ainsi, sollicité de faire ce qu'il désirait intérieurement, le comte Robert prêta l'oreille aux sentiments qui naturellement lui disaient tout bas de ne pas se presser de s'éloigner.

Il était du sang de Charlemagne, et, ce qui avait encore plus d'importance aux yeux de la jeune dame, il était l'un des chevaliers normands les plus renommés à cette époque de tournois. Après avoir passé dix jours au castel d'Aspramont, les deux futurs époux partirent avec un cortége suffisant pour la chapelle de Notre-Dame des

Lances Rompues, car le comte Robert avait tenu particulièrement à y célébrer son mariage. Deux chevaliers qui y attendaient l'occasion de lutter contre le premier venu, comme c'était la coutume en ce lieu, furent assez désappointés quand ils virent la nature de cette cavalcade qui semblait devoir interrompre leur projet. Mais ils furent bien autrement étonnés quand ils reçurent un cartel des deux fiancés, s'offrant à leur servir d'antagonistes, et se félicitant de commencer leur vie conjugale d'une manière si conforme à celle qu'ils avaient menée jusqu'alors. Ils furent victorieux à leur ordinaire, et les seules personnes qui eurent occasion de maudire la complaisance du comte et de sa future furent les deux chevaliers étrangers, dont l'un eut le bras cassé en cette rencontre, et l'autre la clavicule déboîtée.

Le penchant du comte Robert pour la chevalerie errante ne parut pas le moins du monde gêné par son mariage; au contraire, quand il était appelé à maintenir sa renommée, sa femme s'illustrait aussi par des exploits militaires, et ne le cédait point à son époux en fait de réputation. Tous deux avaient pris la croix en même temps, ce qui était alors la folie dominante en Europe.

La comtesse Brenhilda avait dans ce moment vingt-six ans, et autant de beauté que peut en posséder une Amazone. Sa taille était l'une des plus grandes à laquelle une femme puisse atteindre; sa figure était noble, et les fatigues mêmes de son existence guerrière n'avaient fait que donner une teinte un peu plus brune à ses traits, que faisait ressortir encore la blancheur éclatante des parties de son visage qui n'étaient point ordinairement exposées à l'ardeur du soleil.

Au moment où Alexis donnait des ordres pour que les troupes de son cortège rentrassent à Constantinople, il parla en particulier à l'acolouthos Achille Tatius. Le satrape répondit par une respectueuse inclination de tête, et se sépara avec quelques subalternes du gros de la suite de l'empereur. La route principale qui conduisait à la ville était naturellement couverte de troupes et d'une multitude de spectateurs, dont chacun était plus ou moins incommodé de la poussière et de la chaleur du jour.

Le comte Robert avait embarqué ses chevaux à bord du navire, ainsi que toute sa suite, à l'exception d'un vieil écuyer ou valet pour lui-même et d'une suivante pour sa femme. Il se trouva plus gêné qu'il ne l'aurait désiré dans cette foule, d'autant plus que la comtesse partageait cet inconvénient avec lui. Il commença donc à regarder parmi les arbres épars qui descendaient sur le rivage presque jusqu'au point de la marée montante, pour voir s'il ne découvrirait pas quelque sentier qui les conduisît à la ville par une route plus longue, mais plus agréable, et qui, en même temps, leur procurât ce qu'ils étaient surtout venus chercher en Orient, des spectacles étranges ou des aventures de chevalerie. Un sentier large et battu sembla leur promettre tout le plaisir que l'ombre peut faire éprouver dans un climat chaud. Le terrain que traversait leur route était magnifiquement accidenté par des temples, des églises, des kiosques, et çà et là une fontaine distribuait ses flots argentés comme un être bienfaisant qui se refuse à lui-même ce qu'il accorde aux autres. Les sons lointains de la musique militaire égayaient toujours leur marche ; et comme ils retenaient la populace sur la grande route, les deux étrangers n'étaient pas incommodés par un nombre trop considérable de compagnons de voyage.

Charmés de la chaleur attiédie du jour mourant, — étonnés en même temps des différents genres d'architecture, des traits étranges du paysage et des tableaux variés que leur offraient ceux qui passaient à leurs côtés, ils continuaient à avancer sans avoir envie de se presser. Un individu attira particulièrement l'attention de la comtesse Brenhilda ; c'était un vieillard d'une haute stature, qui semblait si profondément occupé du rouleau de parchemin qu'il tenait à la main, qu'il n'avait pas l'air de faire la moindre attention à ce qui se passait autour de lui. Son front portait l'empreinte de pensées profondes, et son œil perçant semblait destiné à distinguer dans toute discussion humaine le frivole du sérieux et de l'utile, pour s'en occuper exclusivement. Levant les yeux, jusqu'alors fixés sur le parchemin, Agélastès, — car c'était le philosophe lui-même, — rencontra ceux du comte Robert et de la comtesse. Il leur adressa la parole avec l'épithète affectueuse de « mes enfants », et leur demanda s'ils avaient perdu leur route ou s'il y avait quelque chose qu'il pût faire pour leur être agréable.

— Nous sommes étrangers, mon père, lui fut-il répondu ; nous arrivons d'un pays lointain, et nous appartenons à cette armée qui est venue ici en pèlerinage ; il y a là un objet qui nous est commun ; je l'espère, avec tous nos frères d'armes. Nous brûlons de faire nos dévotions là où a été payée la grande rançon du genre humain, et, avec le secours de nos bonnes épées, de délivrer la Palestine, esclave de l'usurpation et de la tyrannie des infidèles. Maintenant nous vous avons fait connaître le plus noble de nos motifs humains. Cependant, Robert de Paris et sa comtesse n'aimeraient pas à mettre le pied sur un sol qui ne retentirait point du bruit de leurs pas. Ils n'ont pas été habitués à se mouvoir en silence sur la face de la terre, et ils achèteraient une vie d'éternelle renommée, fût-ce au prix de leur existence mortelle.

— Vous cherchez donc la renommée au prix des périls ? dit Agélastès ; et vous ne reculeriez pas, quand la mort elle-même se jetterait dans la balance ?

— Assurément non, répondit le comte Robert ; il n'y a pas ici un homme portant le ceinturon de chevalier, à qui cette façon de penser soit étrangère.

CHAPITRE X.

— On assure que votre dame partage avec vous ces résolutions belliqueuses : — cela est-il possible ?

— Vous pouvez, si tel est votre bon plaisir, mon père, dit la comtesse, mépriser le courage féminin ; mais je parle en présence d'un témoin qui peut attester que je dis la vérité, quand j'avance qu'un homme qui n'aurait que la moitié de vos années ne l'aurait pas impunément révoqué en doute.

— Oh ! que le Ciel me protége contre les éclairs de vos yeux, que ce soit la colère ou le mépris qui les anime ! Heureusement, je porte avec moi une égide contre ce qui sans cela m'aurait fait trembler. Mais l'âge avec ses infirmités apporte aussi ses excuses. Peut-être aussi est-ce un homme comme moi que vous cherchez, et, dans ce cas, je serais heureux de vous offrir tout le service qu'il est de mon devoir de rendre à de dignes chevaliers.

— J'ai déjà dit, répliqua le comte Robert, qu'après l'accomplissement de mon vœu, — ici il se signa et leva les yeux au ciel, — il n'y a rien sur la terre dont je sois plus avide que d'illustrer mon nom par les armes, comme il convient à un vaillant chevalier. Quand les hommes meurent obscurément, ils meurent pour toujours. Si mon ancêtre Charles n'avait jamais quitté les misérables rives de la Saale, il ne serait guère aujourd'hui mieux connu que le premier venu des vignerons qui ait jamais manié une serpette sur le même territoire. Mais il s'est comporté comme un homme brave, et son nom ne périra pas dans la mémoire des gens de bien.

— Jeune homme, dit le vieux Grec, encore qu'il arrive rarement que des hommes comme vous, que je suis né pour servir et pour apprécier, visitent ce pays, il n'en est pas moins vrai que je suis parfaitement à même de vous aider dans l'objet que vous avez si fort à cœur. Ma connaissance de la nature a été si parfaite et si longue que pendant sa durée elle a disparu, et qu'un autre monde s'est étendu devant moi, avec lequel elle n'a que bien peu de chose à voir. Aussi les secrets curieux que j'ai rassemblés vont-ils au delà des recherches des autres hommes, et ne doivent point être divulgués à ceux dont les hauts faits sont limités aux probabilités d'une nature vulgaire. Aucun des romanciers de votre pays, si fécond en romans, n'a jamais tiré de sa propre invention des aventures aussi extraordinaires pour satisfaire l'avide curiosité des auditeurs pressés autour de lui, que celles que je connais, non point par une vaine invention, mais par une existence positivement réelle, avec les moyens de les mettre à fin et de remplir les conditions de chaque aventure.

— Si telle est en effet votre profession, dit le comte français, vous avez rencontré l'un de ceux que vous devez spécialement chercher, et ni moi ni ma comtesse nous ne ferons point un pas de plus, que vous ne nous ayez indiqué quelqu'une de ces entreprises que les chevaliers errants doivent s'ingénier à découvrir.

En parlant ainsi, il s'assit à côté du vieillard, et la comtesse suivit son exemple avec un degré de respect qui ne laissait pas que d'être assez divertissant.

— Nous sommes bien tombés, Brenhilda, dit le comte Robert; notre ange gardien s'est soigneusement acquitté de ses fonctions. Nous sommes venus au milieu d'un amas ignorant de pédants, bavardant dans leur absurde langage, et faisant plus de cas du moindre coup d'œil que peut accorder leur pusillanime empereur que du meilleur coup que puisse porter un brave chevalier. Croyez-moi, je n'étais pas loin de penser que nous avions eu tort de prendre la Croix, — Dieu me pardonne ce doute impie! et cependant, voici qu'au moment où nous désespérions d'avoir trouvé la route de la renommée, nous rencontrons un de ces hommes excellents que les chevaliers errants d'autrefois avaient coutume de trouver assis près des ruisseaux, des croix et des autels, prêts à diriger les braves là où il y avait de la gloire à acquérir. Ne le trouble pas, ma Brenhilda, mais laisse-lui le temps de se rappeler quelques histoires des anciens jours, et tu verras qu'il nous enrichira des trésors de sa mémoire.

— Si je suis demeuré sur cette terre, reprit Agélastès après un moment de silence, plus longtemps qu'il n'est accordé à la plupart des hommes, je m'en regarderai comme bien dédommagé, si je consacre le reste de mon existence au service d'un couple si dévoué à la chevalerie. L'histoire qui se présente la première à mon souvenir est une histoire de mon pays, de la Grèce si fameuse en aventures, et je vais vous la raconter en peu de mots.

« Bien loin d'ici, dans notre célèbre archipel grec, au milieu de tempêtes et d'ouragans, de rochers qui, changeant de forme, semblent se précipiter les uns sur les autres, et de vagues qui ne sont jamais en repos, s'étend l'île opulente de Zulichium, qui, malgré sa richesse, n'est habitée que par bien peu d'indigènes, lesquels encore ne s'établissent guère que sur les côtes. L'intérieur des terres n'est qu'une immense montagne, ou qu'une pile de montagnes au milieu desquelles ceux qui s'approchent assez près peuvent, à ce qu'on nous assure, distinguer les tours antiques et couvertes de mousse d'un château magnifique, mais ruiné, habitation de la souveraine de cette île, dans laquelle elle est enchantée depuis un grand nombre d'années.

« Un brave chevalier qui venait en pèlerinage à Jérusalem avait fait vœu de délivrer cette infortunée victime de la douleur et de la sorcellerie, se trouvant avec justice véhémentement offensé que l'esprit de ténèbres exerçât quelque autorité dans le voisinage de la Terre Sainte, qu'on pourrait appeler la source-mère de toute lumière. Deux des plus vieux habitants de l'île entreprirent de le conduire aussi près qu'ils l'oseraient de la porte principale, et dans le fait, ils ne s'en approchèrent pas plus près que la distance d'un jet de flèche. Là, abandonné à lui-même, le brave Français se mit en route, pour son entreprise, avec un cœur intrépide et le Ciel seul pour ami. Le palais dont il s'approchait montrait, par sa taille gigantesque et la splendeur de ses contours, la puissance et la richesse du prince qui l'avait élevé. Les portes de bronze s'ouvrirent d'elles-mêmes, comme d'espérance et de plaisir. Des voix aériennes caressèrent les clochers et les tourelles, comme pour féliciter le génie du palais de l'approche d'un libérateur attendu.

« Le chevalier continua d'avancer, non sans être frappé d'étonnement, quoique certes il ne le fût pas de crainte, et les splendeurs gothiques dont il était environné étaient propres à lui donner une haute idée de la beauté de la dame dont la prison avait été si richement décorée. Il y avait sur les remparts et les créneaux des gardes costumés et armés à l'orientale, qui semblaient sur le qui-vive, et prêts à tendre leur arc ; mais ces guerriers se tenaient dans l'immobilité et le silence, et ne firent pas plus attention à l'approche du chevalier dont les armes retentissaient à chaque pas, que si c'eût été un moine ou un ermite qui fût arrivé près de leur porte. Ils étaient vivants, néanmoins ; mais comme ils ne jouissaient de l'exercice ni de leurs forces ni de leurs sens, on aurait pu les considérer comme morts. Si l'on en croit une vieille tradition, le soleil avait brillé et la pluie était tombée sur eux pendant plus de quatre cents changements de saisons, sans qu'ils eussent été sensibles à la chaleur de l'un ou au froid de l'autre. Comme les Israélites dans le désert, leur chaussure ne s'était point détériorée, et leurs vêtements ne s'étaient point usés. Le temps devait les retrouver sans aucune altération dans l'état où il les avait laissés. » Le philosophe commença à raconter alors ce qu'il avait appris sur la cause de leur enchantement.

« Le sage à qui l'on attribuait ce charme puissant était l'un des mages qui suivaient les doctrines de Zoroastre. Il était venu à la cour de la jeune princesse, qui l'avait reçu avec toutes les attentions que pouvait lui suggérer sa vanité satisfaite, en sorte qu'au bout de peu de temps, elle perdit le respect que lui avait inspiré ce grave personnage, en remarquant l'ascendant que sa beauté lui avait fait prendre sur lui. Ce ne fut pas chose difficile, — le fait est que cela arrive tous les jours, — ce ne fut pas chose difficile pour une femme aussi belle, d'entraîner le sage vieillard dans ce qu'on appelle avec raison le paradis des insensés. Le sage fut amené à faire des folies de jeune homme, que son âge rendait ridicules. Il pouvait commander aux éléments ; mais le cours ordinaire de la nature échappait à son pouvoir. Lors donc qu'il exerçait sa puissance magique, les montagnes s'inclinaient, et la mer reculait ; mais quand le sage essayait de conduire la princesse de Zulichium à la danse, les jeunes garçons et les jeunes filles détournaient la tête pour ne pas manifester trop hautement tout ce qu'ils trouvaient de ridicule en lui.

« Malheureusement, quand les hommes les plus âgés et les plus prudents s'oublient, les jeunes gens, naturellement, forment entre eux une sorte d'alliance pour épier leurs faiblesses et s'en divertir. Bien des regards furent jetés par la princesse aux personnes de sa cour, pour leur indiquer la nature de l'amusement qu'elle prenait aux attentions de son redoutable adorateur. Peu à peu elle oublia les lois de la prudence, et le vieillard surprit un coup d'œil qui exprimait combien il avait toujours paru ridicule et méprisable à l'objet de ses affections. Le monde n'a pas de passion plus amère que l'amour converti en haine ; et pendant que le sage regrettait profondément sa faiblesse, il n'en sentit pas moins la légèreté coupable de la princesse qui l'avait pris pour dupe.

« Mais ce ressentiment, il eut l'art de le cacher. Pas un mot, pas un regard n'exprima le désappointement sanglant qu'il éprouvait. Un nuage de mélancolie, qui se répandit sur son front, annonça seul l'approche de la tempête. La princesse s'en alarma, car elle était bonne au fond. Ce n'avait pas été chez elle un plan froidement et méchamment calculé de le rendre ridicule, ç'avait plutôt été l'effet du hasard et de la circonstance. Elle vit la douleur qu'il éprouvait, et crut y mettre un terme en venant lui souhaiter affectueusement une bonne nuit au moment où on allait se séparer.

« —Vous parlez bien, ma fille, répondit le sage ; bonne nuit ! —Mais de tous ceux qui m'entendent, quel est celui qui dira bonjour demain matin ?

« On fit peu d'attention à ce discours, et cependant deux ou trois personnes qui connaissaient la réputation du sage s'enfuirent de l'île cette nuit-là même, et c'est par leur récit qu'on a pu connaître les circonstances qui amenèrent l'infliction de ce charme extraordinaire sur tous ceux qui étaient restés dans le château. Un sommeil semblable à celui de la mort s'empara d'eux, et ils ne s'éveillèrent plus. La plupart des habitants de l'île la quittèrent ; le petit nombre de ceux qui y restèrent eurent grand soin de ne pas s'approcher du château, et attendirent que quelque chevalier aventureux amenât cet heureux réveil que les paroles du sorcier annonçaient jusqu'à un certain point.

« Jamais il n'y eut en apparence occasion plus belle d'espérer ce bienheureux réveil que lorsque Artavan de Hautlieu fit résonner les cours de ce palais du bruit de ses pas orgueilleux. A gauche étaient le palais et le donjon, mais à droite des constructions plus attrayantes semblaient inviter à entrer dans l'appartement des femmes. Près d'une porte latérale, couchés sur un lit, se tenaient deux gardes du harem, serrant fortement dans leurs mains leur épée nue, et leurs traits, où se peignait un mélange infernal de sommeil et de décomposition, semblaient menacer de la mort quiconque s'aventurerait à approcher. Cette menace n'effraya pas Artavan de Hautlieu. Il s'avança, et les portes, comme celles de la principale entrée du château, s'ouvrirent aussitôt d'elles-mêmes devant lui. Il se trouva dans un corps de garde rempli de ces mêmes soldats efféminés, et l'examen le plus attentif n'aurait pu lui faire découvrir si c'était le sommeil ou la mort qui fixait leurs yeux sur lui comme pour lui défendre d'avancer. Sans tenir compte de la présence de ces sentinelles glacées, Artavan passa dans un appartement intérieur, où il vit des esclaves de la plus grande beauté dans le costume de femmes qui viennent de passer leurs vêtements de nuit. Il y avait dans cette scène bien des choses qui auraient pu arrêter un pèlerin aussi jeune qu'Artavan de Hautlieu ; mais il avait pris la résolution d'accomplir la délivrance de la belle princesse, et ne se laissa distraire de son but par aucun objet d'une considération inférieure. Il poussa donc jusqu'à une petite porte d'ivoire, laquelle, au bout d'un moment, et comme après une hésitation virginale, s'ouvrit comme les autres, et lui donna accès dans la chambre à coucher de la princesse elle-même. Une douce lumière, comme le crépuscule du soir, pénétrait dans cette chambre où tout semblait calculé pour augmenter le plaisir du sommeil. Les coussins accumulés y formaient un lit de parade, et semblaient touchés plutôt que pressés par le corps d'une nymphe de quinze ans, la fameuse princesse de Zulichium. »

— Sans vous interrompre, mon bon père, dit la comtesse Brenhilda, il me semble que nous pouvons nous faire l'idée d'une femme endormie sans que vous vous appesantissiez sur des détails qui ne conviennent ni à notre âge ni au vôtre.

— Pardonnez-moi, noble dame, répondit Agélastès, mais ce passage de mon histoire en a toujours été le plus généralement goûté ; si donc je le supprime pour me conformer à vos ordres, rappelez-vous, je vous prie, que je vous sacrifie la plus belle partie de mon récit.

— Brenhilda, ajouta le chevalier, je suis surpris que vous ayez songé à interrompre une histoire qui jusqu'ici offrait tant d'intérêt ; quelques mots de plus ou de moins auront, sans contredit, plus d'influence sur la clarté de la narration, que votre commentaire n'en peut avoir sur l'appréciation que nous en devons faire.

— Comme vous voudrez, dit la dame, se rejetant en arrière sur son siège ; mais il me semble que le digne père prolonge ce sujet au point de le rendre plutôt trop libre qu'intéressant.

— Brenhilda, dit le comte, voilà la première fois que je remarque chez vous une faiblesse de femme.

— Je pourrais dire de mon côté, Robert, que c'est la première fois que je vous vois montrer l'inconstance de votre sexe.

—Dieux et déesses! s'écria le philosophe, a-t-on jamais entendu parler d'une querelle aussi absurde ? La comtesse est jalouse d'une femme que probablement son mari ne verra jamais, car il n'y a guère plus de chances que le monde moderne connaisse jamais la princesse de Zulichium, que si le voile de la mort était étendu sur son tombeau.

— Continuez, dit le comte Robert de Paris. Si Artavan de Hautlieu n'a pas accompli la délivrance de la princesse de Zulichium, je fais vœu à Notre-Dame des Lances Rompues, de...

— Rappelez-vous, dit la dame, s'interposant, que vous êtes déjà lié par le vœu que vous avez fait de délivrer le Saint-Sépulcre, et il me semble que tous autres engagements moins importants doivent céder devant celui-là.

— Fort bien, madame, fort bien, répondit le comte Robert, qui n'était qu'à moitié content de cette observation. Je ne m'engagerai, vous pouvez en être sûre, dans aucune aventure qui demanderait à être entreprise avant la délivrance du Saint-Sépulcre, à laquelle nous sommes liés par serment.

— Hélas ! dit Agélastès, la distance de Zulichium à la route la plus courte pour aller au Saint-Sépulcre est si petite que...

— Digne père, dit la comtesse, si vous voulez me permettre, nous allons entendre votre histoire jusqu'au bout, et puis nous nous déterminerons sur ce que nous avons à faire. Nous autres dames normandes, nous descendons des anciennes femmes germaines; nous réclamons une voix, avec nos seigneurs et maîtres, dans le conseil qui précède la bataille, et notre assistance dans l'action même n'a pas toujours été regardée comme entièrement inutile.

Le ton dont cette dernière phrase était prononcée fut un avertissement peu agréable pour le philosophe, qui commença à prévoir qu'il lui serait plus difficile qu'il ne l'avait cru de diriger les pas et les démarches du chevalier normand, tant que sa moitié serait près de lui. Il reprit donc sa narration sur une clef un peu plus basse, et évita ces chaudes descriptions dont la comtesse Brenhilda s'était offensée:

« Sir Artavan de Hautlieu, dit l'histoire, réfléchit à la manière dont il accosterait la demoiselle endormie, et au meilleur moyen de rompre le charme. — Je suis de votre opinion, belle dame, si vous pensez qu'il eut tort en choisissant pour méthode un baiser sur les lèvres. » — Le teint de Brenhilda s'anima quelque peu, mais elle ne crut pas que cette observation méritât qu'on parût y prendre garde.

« Jamais, continua le philosophe, une action aussi innocente n'eut un effet si terrible. La délicieuse brise d'une soirée d'été se changea tout à coup en une étrange et lugubre obscurité, laquelle, infectée de soufre, rendit presque irrespirable l'air contenu dans l'appartement. Les riches tapisseries, les meubles magnifiques, et jusqu'aux murs eux-mêmes, se changèrent en pierres énormes, amoncelées au hasard comme dans l'intérieur de la tanière d'une bête féroce, et cette tanière avait son hôte. Les belles et innocentes lèvres dont Artavan de Hautlieu venait d'approcher les siennes prirent la forme hideuse et l'aspect bizarre d'un dragon de feu. Un moment ce dragon se balança sur ses ailes, et l'on dit que sir Artavan serait demeuré maître de toutes ces richesses et de la princesse désenchantée, s'il avait eu le courage de répéter trois fois son baiser. Mais il laissa échapper l'occasion, et le dragon, ou l'être qui paraissait tel, sortit par une fenêtre latérale, ses ailes déployées, en poussant un cri aigu de désappointement. »

Ici finit l'histoire d'Agélastès. — On suppose, ajouta-t-il, que la princesse est toujours enchantée dans l'île de Zulichium, et plusieurs chevaliers ont entrepris l'aventure ; mais je ne sais si c'est la crainte d'embrasser la vierge endormie ou de s'approcher du dragon dans lequel elle a été transformée, mais toujours est-il que le charme a subsisté jusqu'à ce moment. Je connais le chemin, vous n'avez qu'un mot à dire, et demain vous pouvez être sur la route du château enchanté.

La comtesse entendit cette proposition avec la plus profonde anxiété, car elle savait qu'elle n'avait qu'à paraître s'y opposer pour déterminer irrévocablement son mari à suivre l'entreprise jusqu'au bout. Elle prit donc une attitude timide et honteuse, étrange chez une femme dont le maintien était généralement si hardi. Elle laissa prudemment le comte Robert adopter par lui-même, et sans influence étrangère, la résolution qui lui plairait le plus.

— Brenhilda, dit celui-ci en la prenant par la main, la renommée et l'honneur sont aussi chers à votre époux qu'à aucun chevalier qui ait jamais ceint un glaive ; tu as fait pour moi peut-être plus que je n'aurais pu attendre d'une dame dans ta position, et par conséquent tu as le droit de réclamer une voix décisive dans de pareilles délibérations. — Pourquoi es-tu errante sur un rivage étranger et malsain, au lieu d'être sur les bords aimables de la Seine? pourquoi portes-tu un vêtement si peu ordinaire aux personnes de ton sexe? pourquoi cherches-tu la mort et la regardes-tu comme peu de chose en comparaison de la honte? — Pourquoi? si ce n'est pour que le comte de Paris ait une épouse digne de lui. — Crois-tu que cette affection soit perdue? Non pas, par tous les saints ! ton chevalier la reconnaît autant qu'il est en lui, et il te sacrifie toute pensée que ton affection n'approuverait pas entièrement.

La pauvre Brenhilda, honteuse comme elle l'était des émotions diverses dont elle se sentait agitée, essaya en vain de conserver le maintien héroïque que sa réputation d'amazone eût exigé d'elle. Elle fit tous ses efforts pour prendre cet air fier et imposant qui lui était propre ; mais n'y réussissant pas, elle se jeta dans les bras du comte, se suspendit à son cou, et pleura comme une fille de village dont le fidèle amant vient d'être enlevé pour le service du pays et du roi. Son époux, un peu honteux en même temps qu'ému de cet élan d'affection chez une femme dont ce ne semblait pas être une faculté habituelle, était cependant heureux et fier d'avoir excité un sentiment si naturel et si doux dans une âme si fière et si absolue. — Pas ainsi, dit-il, pas ainsi, ma Brenhilda ! dans l'intérêt de ta gloire et dans celui de la mienne, je ne voudrais pas te voir ainsi. Ne laisse pas ce sage vieillard supposer que ton cœur soit fait de la même substance misérable que celui des autres jeunes femmes ; présente-lui tes excuses, comme il convient, pour m'avoir empêché d'entreprendre l'aventure de Zulichium qu'il me recommandait.

Il n'était pas aisé à Brenhilda de revenir à elle-même, après avoir donné une preuve si éclatante de la manière dont la nature sait venger ses droits, avec quelque rigueur qu'elle ait été disciplinée et tyrannisée. Avec un regard d'ineffable tendresse, elle se détacha des bras de son époux, le retenant toujours par la main; et tournant vers le vieillard un visage où le plaisir et la modestie venaient remplacer les larmes à demi essuyées, elle adressa la parole à Agélastès comme à une personne qu'elle respectait, et envers laquelle elle avait quelque tort à réparer.

— Mon père, dit-elle, ne m'en veuillez pas si j'ai été un obstacle à ce que l'un des plus braves chevaliers qui aient jamais éperonné un coursier entreprenne la délivrance de votre princesse enchantée ; mais la vérité est que dans notre pays, où les lois de la chevalerie et de la religion ne permettent que l'amour d'une seule dame, nous ne voyons pas volontiers nos maris s'exposer aux dangers, surtout à cette sorte de dangers où ce sont des demoiselles abandonnées qu'il s'agit de délivrer, et dans lesquels la rançon se paye en baisers. J'ai autant de confiance dans la fidélité de mon Robert qu'une dame puisse en avoir dans son chevalier, et cependant...

— Aimable dame, interrompit Agélastès, qui, malgré son caractère évidemment emprunté, ne pouvait s'empêcher d'être ému de l'affection simple et sincère de ce beau couple, vous n'avez eu aucun tort. La position de la princesse n'est pas pire qu'auparavant, et il n'y a pas de doute que le chevalier destiné à cette aventure ne paraisse quand l'heure en sera venue.

La comtesse sourit amèrement et secoua la tête. — Vous ne savez pas, dit-elle, combien est puissante l'aide dont j'ai malheureusement privé cette dame infortunée, par une jalousie que je trouve maintenant aussi indigne que misérable. Tel est le regret que j'en éprouve, que, de bonne foi, je suis prête à rétracter tout ce que j'ai dit pour empêcher le comte Robert de tenter cette aventure. — Elle regarda son époux d'un œil inquiet, comme si elle avait fait une offre qu'elle craignît de voir accepter, et ne reprit son courage que lorsqu'il lui eut dit d'un ton tout à fait décidé : Brenhilda, cela ne doit pas être.

— Et pourquoi alors, reprit la comtesse, ne serait-ce pas Brenhilda elle-même qui tenterait cette aventure, puisqu'elle ne peut craindre ni les charmes de la princesse, ni les menaces du dragon ?

— Madame, répondit Agélastès, il faut que la princesse soit réveillée par le baiser de l'amour, et non par celui de l'amitié.

— C'est une raison suffisante, dit la comtesse en souriant, pour qu'une dame ne soit pas désireuse de voir son seigneur et maître s'engager dans une aventure dont les conditions sont ainsi réglées.

— Noble ménestrel, noble héraut, ou de quelque autre nom qu'on vous appelle en ce pays, acceptez une petite rémunération pour l'heure que vous nous avez fait passer si agréablement, quoique malheureusement sans utilité. J'aurais lieu de vous demander excuse pour l'exiguïté de mon offrande; mais les chevaliers français, vous pourrez avoir l'occasion de l'apprendre, sont plus riches de gloire que d'argent.

— Ce ne serait pas une raison, noble seigneur, répondit Agélastès, de refuser une marque de votre munificence; un bezan de votre honorable main, ou de celle de votre magnanime épouse, centuplerait de valeur à mes yeux par le souvenir des personnes éminentes dont je l'aurais reçu. Je le suspendrais à mon cou par un collier de perles, et quand je me trouverais en présence de dames et de chevaliers, je proclamerais que cette addition à mes distinctions armoriales m'a été accordée par le célèbre comte Robert de Paris et son incomparable dame.

Le chevalier et la comtesse se regardèrent l'un l'autre; celle-ci, retirant de son doigt une bague d'or pur, pria le vieillard de l'accepter comme un gage de son estime et de celle de son époux. — Avec une condition, dit le philosophe, laquelle je l'espère ne vous paraîtra pas trop pénible. J'ai sur le chemin même qui conduit à la ville, par une route fort agréable, un petit kiosque ou ermitage, une retraite où quelquefois je reçois mes amis, qui, j'ose le dire, sont au nombre des personnages les plus respectables de cet empire. Deux ou trois d'entre eux honoreront probablement aujourd'hui ma résidence et prendront leur part des provisions qui peuvent s'y trouver. Si je pouvais ajouter à leur compagnie celle du noble comte et de la noble comtesse de Paris, je regarderais ma pauvre habitation comme honorée à tout jamais.

— Qu'en dites-vous, ma noble épouse? demanda le comte; la compagnie d'un ménestrel convient aux gens de la plus haute naissance, elle honore les plus hauts rangs et ajoute de l'éclat aux exploits les plus illustres. Cette invitation nous fait trop d'honneur pour que nous la rejetions.

— Il se fait un peu tard, dit la comtesse, mais nous ne sommes pas venus ici pour éviter un soleil couchant ou un firmament rembruni. Je sens que c'est à la fois un devoir et un plaisir pour moi d'offrir toutes les expiations possibles à ce bon père, puisque j'ai été la cause que vous avez négligé ses avis.

— La distance est si peu de chose, dit Agélastès, que nous ferions mieux de continuer de marcher à pied; à moins que madame n'ait besoin du secours d'un cheval.

— Pas de chevaux pour moi, répondit Brenhilda; ma suivante Agathe a tout ce qui peut m'être nécessaire. Quant au reste, aucun chevalier n'a jamais voyagé si peu encombré de bagages que le fait mon époux.

Agélastès leur servit donc de guide dans l'épaisseur du bois, que rafraîchissait la bienveillante haleine du soir.

CHAPITRE XI.

> En dehors, ce n'était qu'une ruine, un bâtiment brisé, rompu, une masse de décombres; en dedans, c'était un petit paradis où le goût avait fixé son séjour, où la statuaire, l'aînée des arts, avait modelé ses images et commandé l'admiration et le culte des humains.
>
> *Anonyme.*

LE comte de Paris et la comtesse suivirent le vieillard. La perfection avec laquelle il parlait la langue française, surtout l'application heureuse qu'il en faisait à des sujets de poésie et de romans, partie essentielle de ce qu'on appelait alors l'histoire et les belles-lettres, lui attirèrent de la part de ses auditeurs des applaudissements tels qu'Agélastès avait eu rarement la vanité de croire lui être dus, et tels que le chevalier et sa dame en avaient rarement accordé.

Ils marchèrent quelque temps en suivant un sentier qui semblait quelquefois se cacher au milieu du bois qui descendait vers le rivage de la Propontide, et quelquefois se montrait à découvert et bordait la rive du détroit, paraissant ne suivre d'autre ligne que le désir de choisir et de varier le beau paysage qu'ils parcouraient. Une variété infinie de scènes et d'accessoires embellissaient et animaient encore aux yeux des pèlerins cette nature déjà si belle. Sur le rivage de la mer on voyait des nymphes danser et des bergers accompagner leurs pas du son de leur chalumeau ou de leur tambourin, comme on nous les représente dans quelques groupes de sculpture ancienne. Leurs figures même avaient une ressemblance singulière avec l'antique : chez les vieillards, leurs longues robes, leurs attitudes dignes et leurs têtes magnifiques présentaient le type des prophètes et des saints; tandis que chez les jeunes gens les traits des hommes rappelaient l'expression de figure des héros de l'antiquité, et que les jeunes filles avaient tous les charmes des femmes dignes d'amour qui avaient inspiré leurs exploits.

Mais la race des Grecs, même dans son pays natal, ne se montrait plus sans mélange et dans sa pureté absolue; au contraire, nos étrangers remarquèrent des personnes dont les traits accusaient une origine différente. Dans une petite baie que le sentier traversait, les rochers, s'éloignant de la plage, entouraient une portion spacieuse de sable fin, presque dans un cercle régulier. Une troupe de Scythes infidèles que nos voyageurs y virent présentait les traits difformes des démons qu'on prétendait être les objets de leur culte : — des nez plats, des narines ouvertes qui semblaient admettre l'œil à regarder jusque dans leur cerveau, des figures plus larges que longues, armées à l'extrémité d'yeux étranges quoique vifs ; des corps rabougris et de nains, pour ainsi dire, mais accompagnés de bras et de jambes d'une force musculaire extraordinaire, tout à fait hors de proportion avec le reste de leurs personnes. Au moment où nos voyageurs passaient, ces infidèles se livraient à un exercice que le comte voulut bien appeler un tournoi : ils s'amusaient à se lancer l'un à l'autre de longs roseaux ou bâtons taillés à cet effet, et cela avec tant de force, que souvent ils se jetaient à bas de cheval ou se faisaient des blessures sérieuses. Quelques-uns des combattants, qui, pour le moment, ne prenaient point part à ces jeux, dévorèrent d'un œil avide les charmes de la comtesse, et la regardèrent de telle façon qu'elle dit au comte Robert : — Cher époux, je n'ai jamais connu la crainte et je ne saurais dire que j'en éprouve maintenant ; mais si le dégoût est l'un de ses éléments, ces brutes difformes sont bien faites pour en inspirer.

— Hola ! hé ! sire chevalier, s'écria l'un de ces infidèles ; votre femme ou votre maîtresse a commis une faute contre les priviléges des Scythes attachés au service de l'empire, et la pénalité qu'elle a encourue ne sera pas légère. Vous pouvez vous en aller aussi vite que vous le voudrez de ce lieu, qui pour le présent est notre hippodrome ou notre *atmeidan* : choisissez entre ces deux noms, suivant que vous préférerez la langue romaine ou la sarrasine ; mais votre femme, si tant il y a que le sacrement vous ait unis, croyez-en ma parole, ne s'en ira ni si vite ni si aisément.

— Vil païen, répondit le chevalier chrétien, oses-tu tenir un pareil langage à un pair de France ?

Agélastès s'interposa, et prenant le langage sonore d'un courtisan grec, il rappela aux Scythes, soldats mercenaires de l'empire, à ce qu'ils paraissaient, que toute violence contre les pèlerins européens était strictement défendue par les ordres de l'empereur, et cela sous peine de mort.

— J'en sais plus long que cela, répondit le sauvage triomphant et agitant dans sa main une ou deux javelines armées de larges pointes d'acier et de plumes d'aigle récemment souillées de sang. — Demandez aux plumes de ma javeline dans le sang de quel cœur elles viennent de se tremper ; elles vous répondront que si Alexis Comnène est l'ami des pèlerins européens, c'est seulement alors qu'ils sont devant ses yeux ;

et nous sommes des soldats trop exemplaires pour servir l'empereur autrement qu'il ne désire être servi.

— Tais-toi, dit le philosophe; Toxartis, tu calomnies ton empereur.

— Tais-toi toi-même, répondit Toxartis, ou je vais faire une action bien peu digne d'un soldat, en délivrant le monde d'un vieux babillard.

A ces mots, il étendit la main pour saisir le voile de la comtesse. Avec la rapidité que l'habitude de se trouver dans de pareilles passes avait donnée à notre amazone, elle échappa à la main du païen, qui s'ouvrait pour la saisir, et d'un seul coup de sa bonne épée, elle frappa si bien Toxartis, que celui-ci roula sans vie sur la plage. Le comte sauta sur le cheval du chef ainsi tombé, et poussa son cri de guerre : — Fils de Charlemagne, à la rescousse! puis il se précipita au milieu des cavaliers infidèles, tenant au poing une hache d'armes qu'il avait trouvée appendue à la selle. Il la fit tourner avec une adresse et une force impitoyable, tant et si bien que bientôt il tua, blessa ou força à prendre la fuite les objets de sa colère, sans qu'aucun d'eux s'avisât de s'arrêter un instant pour exécuter la menace fanfaronne qu'ils avaient faite.

— Les misérables rustres! dit la comtesse. Je suis peinée qu'une goutte d'un sang si lâche ait souillé les mains d'un noble chevalier. Ils appellent leur exercice un tournoi, et dans toute sa durée ils ne tirent jamais une flèche qu'en tournant le dos, et il n'y en a pas un qui ait le courage de lancer son misérable bout de paille quand il voit celui d'un autre dirigé sur lui!

— Tel est leur usage, dit Agélastès, lorsqu'ils font l'exercice devant Sa Majesté impériale, et peut-être cela tient-il moins à de la lâcheté qu'à l'habitude. J'ai vu ce même Toxartis tourner, littéralement, le dos au but sur lequel il dirigeait sa flèche, et puis le percer au centre même, en s'en éloignant au grand galop.

— Une armée de pareils soldats, dit le comte Robert revenant sur ses pas, ne serait pas, je crois, bien formidable, pour peu que ceux qu'elle attaquerait possédassent seulement une once de vrai courage.

— Cependant, entrons dans mon kiosque, dit Agélastès, de peur que ces fuyards ne trouvent des amis qui les encouragent dans des pensées de vengeance.

— Il me semble, dit le comte Robert, que ces païens insolents ne devraient point trouver de tels amis dans un pays qui se prétend chrétien, et si je survis à la conquête du Saint Sépulcre, ce sera ma première affaire de m'enquérir de quel droit votre empereur retient à son service une bande de païens ignobles et de coupe-jarrets qui osent attaquer de nobles dames et d'inoffensifs pèlerins sur une grande route qui devrait être consacrée à la paix de Dieu et du roi. C'est là une des questions nombreuses que, mon vœu accompli, je ne manquerai pas de lui poser, attendant une réponse prompte et catégorique.

Vous n'aurez pas de réponse de moi, se dit Agélastès à lui-même. Vos demandes, sire chevalier, sont trop péremptoires, et imposées sous des conditions trop rigides, pour que ceux-là y répondent, qui peuvent les éluder.

En conséquence, il changea la conversation avec une adresse facile, et ils ne marchèrent pas longtemps encore avant d'arriver à un certain site dont les beautés naturelles excitèrent l'admiration du couple étranger. Un large ruisseau sortant de la forêt descendait bruyamment et tumultueusement vers la mer, comme s'il eût dédaigné un cours plus tranquille qu'il eût pu gagner en faisant un petit circuit sur la droite. Il avait pris la route la plus directe vers l'océan, et se précipitant du haut d'un rocher nu qui s'élevait à pic au-dessus du rivage, il jetait de là son petit tribut à l'Hellespont, avec autant de bruit que s'il y apportait les flots entiers d'un fleuve considérable.

Le rocher, comme nous l'avons dit, était nu, c'est-à-dire qu'il n'était couvert que des eaux écumeuses de la cataracte; mais les rives, des deux côtés, étaient ornées de platanes, de noyers, de cyprès et d'autres grands arbres particuliers à l'Orient. La chute d'eau, toujours agréable dans un climat chaud, et produite généralement par des moyens artificiels, était naturelle ici. Elle avait été choisie à peu près comme le temple de Cybèle, à Tivoli, pour en faire le séjour d'une déesse à laquelle les polythéistes attribuaient la souveraineté de tous les alentours. La chapelle était étroite et circulaire, comme la plupart des petits temples consacrés à des divinités champêtres; elle était entourée par un mur formant une cour extérieure. Depuis qu'il avait cessé d'être consacré au culte, cet édifice avait été converti par Agélastès, ou par quelque philosophe épicurien, en une délicieuse habitation d'été. Comme le bâtiment, d'une construction légère, fantastique et presque aérienne, se laissait voir, à travers les branches et le feuillage, sur le bord du rocher, on n'apercevait pas d'abord, à travers les vapeurs de la cascade, le chemin par lequel on y pouvait arriver. Un sentier, en grande partie caché par la végétation, y montait par une pente douce, et au moyen de quelques degrés de marbre larges et faciles que l'architecte y avait ajoutés, conduisit nos voyageurs sur une pelouse peu étendue, mais délicieusement veloutée, en face de la tourelle ou du temple dont nous venons de parler, et dont la partie de derrière dominait la cataracte.

CHAPITRE XII.

> Les partis se trouvèrent en présence, le Grec verbeux et rusé, pesant chaque mot, examinant chaque syllabe, éludant, argumentant, équivoquant. De l'autre, le Franc plus sévère, venu avec son épée à deux mains, attendant de voir quel plateau serait le plus lourd pour la jeter dans l'autre, et faire ainsi retomber la balance.
>
> *La Palestine.*

Un signal que fit Agélastès, la porte de cette romantique retraite fut ouverte par Diogène, l'esclave noir avec lequel nos lecteurs ont déjà fait connaissance. Il n'échappa point au rusé vieillard que le comte et sa dame témoignaient quelque étonnement à l'aspect de cet Africain, le premier peut-être dont ils eussent vu d'aussi près les traits et les formes. Le philosophe ne perdit pas cette occasion de faire impression sur leur esprit, en déployant devant eux la supériorité de ses connaissances.

— Cette pauvre créature, dit-il, est de la race de Cham, le fils irrespectueux de Noé. En punition de sa faute, il fut exilé sur les sables de l'Afrique, et condamné à être le père d'une race destinée à fournir des esclaves aux descendants de ses frères plus respectueux.

Le chevalier et sa dame contemplèrent avec étonnement l'être qui se trouvait devant eux, et ne songèrent pas, on le peut croire, à révoquer en doute cette explication si conforme à leurs préjugés; au contraire, la bonne opinion qu'ils avaient déjà de leur hôte s'augmenta de l'étendue supposée de ses connaissances.

— Quand on a le cœur humain, continua Agélastès, et que la vieillesse ou la maladie nous force à recourir au service des autres, ce qui, en d'autres circonstances, serait à peine légitime, c'est une consolation de ne les exiger que d'une race d'individus fendeurs de bois et tireurs d'eau, — destinés à l'esclavage, même avant leur naissance, auxquels nous ne ferons donc pas de tort en les employant comme esclaves, tandis qu'au contraire, nous remplissons, dans notre faible capacité, les intentions du Grand Être qui nous a tous créés.

— Est-elle nombreuse, demanda la comtesse, cette race dont la destinée est si misérable? Jusqu'ici, j'avais cru que les histoires d'hommes noirs qu'on nous racontait étaient aussi dénuées de vérité que ce que les ménestrels nous disent des fantômes et des fées.

— Ne pensez pas ainsi, dit le philosophe; cette race est aussi nombreuse que les grains de sable de la mer ; mais ils ne sont pas tout à fait malheureux en s'acquittant des devoirs que le sort leur a assignés. Ceux qui sont de la pire espèce souffrent, même en cette vie, le châtiment dû à leurs crimes : ils deviennent les esclaves d'hommes cruels et tyranniques ; ils sont battus, mutilés, et meurent de faim. Ceux dont le caractère moral est meilleur, Dieu leur envoie de meilleurs maîtres, des maîtres qui partagent avec leurs esclaves, comme avec leurs enfants, la nourriture, le vêtement et les autres biens dont ils jouissent. A quelques-uns, le Ciel accorde la faveur des rois et des conquérants ; enfin il en est d'autres, en petit nombre, les plus heureux de leur espèce, auxquels il assigne une place dans les demeures de la philosophie, où, en s'éclairant des lumières de leurs maîtres, ils acquièrent une vue de ce monde dans lequel réside le vrai bonheur.

— Je crois vous comprendre, dit la comtesse, et, si je ne me trompe, je devrais plutôt porter envie à ce noir ami que le prendre en pitié, puisque parmi les lots départis entre ceux de son espèce il est tombé en possession de son maître actuel, au service duquel, à n'en pas douter, il aura acquis ces désirables connaissances dont vous parliez.

— Il y apprend du moins, répondit Agélastès d'un ton modeste, ce que je puis enseigner, et, par-dessus tout, à être content de sa situation. — Diogène, mon brave garçon, tu vois que j'ai compagnie : — que contient le garde-manger du pauvre ermite, dont il puisse régaler ses honorables hôtes ?

Ils n'étaient encore entrés que dans une petite antichambre ou vestibule, meublée sans plus de recherche que n'en aurait mis quelqu'un qui aurait voulu faire de cet antique édifice, avec plus de goût que de dépense, une retraite isolée et suffisante pour un simple particulier. Les chaises et les lits de repos étaient couverts de nattes orientales, de la forme la plus ordinaire et la plus simple. Mais, en touchant un ressort, on découvrit un appartement intérieur qui avait de grandes prétentions à la splendeur et à la magnificence.

Les meubles et les tapisseries de cet appartement étaient en soie couleur paille, travaillée sur les métiers de Perse, et relevée de broderies qui produisaient un effet riche quoique simple. Le plafond était sculpté en arabesques, et les quatre angles de l'appartement se terminaient en niches, contenant chacune une statue d'un meilleur âge de sculpture que celui auquel se place cette histoire. Dans l'une, un berger semblait vouloir cacher la nudité presque complète de sa personne, être et prêt à faire entendre aux spectateurs les sons de la flûte qu'il tenait à la main. Trois jeunes filles, ressemblant aux grâces par leurs belles proportions et la légèreté des vêtements dont elles étaient couvertes, occupaient les trois autres niches, et semblaient n'attendre que les premières mesures de la flûte pour s'en élancer et commencer une danse folâtre. Le sujet était beau, mais quelque peu léger pour orner le cabinet d'étude d'un sage tel qu'Agélastès prétendait être. Il sembla comprendre que ses hôtes pourraient faire cette observation. — Ces statues, dit-il, ont été exécutées à l'époque où l'art grec était à son apogée; on les regardait autrefois comme un chœur de nymphes rassemblé pour honorer la déesse du lieu, et n'attendant que les sons de la musique pour se joindre au culte qu'on lui rendait dans ce temple. La vérité est que les hommes les plus sages peuvent prendre quelque intérêt à voir jusqu'à quel point le génie de ces hommes étonnants peut rapprocher de la vie le marbre inflexible. Concevez seulement l'absence du divin *afflatus*, ou du souffle qui doit les animer, et des hommes plongés dans les ténèbres du paganisme pourront supposer que le miracle de Prométhée est au moment de se réaliser. Mais à nous, ajouta-t-il en portant les regards au ciel, une religion plus sage nous a enseigné à distinguer entre ce que l'homme peut faire et les productions de la divinité.

Il y avait aussi quelques sujets d'histoire naturelle peints sur les murs, et le philosophe appela l'attention de ses hôtes sur l'éléphant, cet animal à demi raisonnable, dont il raconta plusieurs anecdotes qu'ils écoutèrent avidement.

On entendait, par intervalle, le bruit lointain d'une musique qui semblait partir du bois, et dominait le bruit monotone de la cascade qui tombait immédiatement sous les fenêtres, et dont la voix grave remplissait l'appartement.

— Il paraît, dit Agélastès, que les amis que j'attendais approchent et amènent avec eux les moyens d'enchanter un autre sens. Il est heureux qu'il en soit ainsi, car la sagesse nous apprend que la meilleure manière dont nous puissions honorer la divinité, c'est de jouir des dons qu'elle nous a accordés.

Ces paroles appelèrent l'attention des hôtes du philosophe sur les préparatifs qui se faisaient dans ce salon de bon goût. Ils indiquaient un repas dans le style des anciens Romains, et des sophas, étendus le long de tables richement servies, annonçaient que les hommes, au moins, assisteraient au banquet couchés comme les anciens, tandis que des siéges placés çà et là semblaient dire que les femmes observeraient la coutume grecque et mangeraient assises. Les plats, quoique peu nombreux, auraient pu à peine être surpassés en qualité soit par les splendides banquets du Trimalcion des anciens jours, soit par les délicatesses de la cuisine grecque, soit enfin par les mets succulents et fortement rehaussés des nations orientales, quelle que fût celle de ces écoles culinaires à laquelle on donnât la préférence; et ce fut avec quelque vanité qu'Agélastès invita ses hôtes à partager le repas d'un pauvre ermite.

— Nous faisons peu de cas des friandises, dit le comte, et notre genre de vie actuelle, que nous impose notre vœu de pèlerins, ne nous permet pas un grand choix dans nos aliments. Toute nourriture qui est bonne pour des soldats suffit à la comtesse ainsi qu'à moi ; car, si nous n'écoutions que notre désir, nous serions à tous moments prêts pour la bataille, et le moins de temps que nous perdrions à nous préparer serait le mieux. Asseyez-vous donc, Brenhilda, puisque ce bon vieillard le veut ainsi, et ne perdons pas, à nous rafraîchir, un temps qui pourrait être plus utilement employé à autre chose.

— Je vous prierai de m'excuser un moment, dit Agélastès, jusqu'à l'arrivée de mes autres amis, dont vous entendez la musique se rapprocher à chaque instant. Ils ne tarderont pas à arriver, j'ose vous le promettre, et ne retarderont pas beaucoup votre repas.

— Quant à cela, dit le comte, il n'y a rien qui presse, et puisque vous semblez le regarder comme une preuve de politesse, Brenhilda et moi nous pouvons facilement reculer notre repas, à moins que vous ne nous permettiez, ce qui nous serait plus agréable, de prendre immédiatement une croûte de pain et un verre d'eau, et ainsi rafraîchis, de faire place à des hôtes plus recherchés et plus intimement liés avec vous.

— Que les saints du Paradis m'en préservent! s'écria Agélastès ; jamais hôtes que je désire plus honorer n'ont foulé ces coussins, et jamais ne les fouleront, non pas même quand la famille sacrée de l'empereur Alexis serait en ce moment à ma porte.

Il avait à peine prononcé ces mots, que des fanfares de trompettes, dix fois plus bruyantes que la musique qu'ils avaient entendue auparavant, résonnèrent devant l'entrée du temple, pénétrant à travers le murmure de la cataracte comme une lame de Damas pénètre une armure, et assaillant les oreilles des auditeurs comme l'épée perce les chairs de celui qui porte la cuirasse.

— Vous semblez surpris ou alarmé, mon père! dit le comte Robert. Y a-t-il quelque danger qui vous menace, ou n'avez-vous pas de confiance dans notre protection?

— Non, répondit Agélastès ; votre protection me donnerait de la confiance dans les dangers les plus extrêmes, mais ces sons inspirent le respect et non pas la frayeur. Ils m'annoncent que quelques membres de la famille impériale vont devenir mes hôtes. Cependant, ne craignez rien de mes nobles amis : — ceux dont un regard donne la vie sont sans doute prêts à faire pleuvoir avec profusion leurs faveurs sur des étrangers aussi dignes d'honneur que ceux qu'ils verront ici. Toutefois, il faut que mon front touche le seuil de ma porte pour les accueillir comme je le dois. — Là-dessus, il courut précipitamment vers la porte extérieure de son habitation.

— Chaque pays a ses coutumes, dit le comte, suivant son hôte avec sa femme appuyée sur son bras ; et puisqu'elles sont si diverses, il n'est pas étonnant que les étrangers les trouvent singulières. Toutefois, ici, par déférence pour mon hôte, j'abaisserai mon cimier, comme l'usage du pays semble l'exiger. — Il suivit donc Agélastès jusque dans l'antichambre, où une scène nouvelle les attendait.

CHAPITRE XIII.

GÉLASTÈS arriva au seuil de sa porte avant le comte Robert de Paris et son épouse; il eut donc le temps de se prosterner devant un énorme animal alors inconnu des peuples de l'Occident, mais que tous connaissent aujourd'hui sous le nom d'éléphant. Sur son dos était un pavillon ou palanquin, lequel renfermait les augustes personnes de l'impératrice Irène et de sa fille Anne Comnène. Nicéphore Brienne accompagnait les princesses à la tête d'une magnifique compagnie de cavalerie légère, dont l'armure splendide aurait fait plus de plaisir au chevalier français, si elle eût eu moins un air d'inutile richesse et de magnificence efféminée; mais l'effet qu'elle produisait, quant à l'extérieur, était aussi brillant qu'on le puisse imaginer. Les officiers seuls de l'escorte suivirent Nicéphore sur la plate-forme, se prosternèrent quand les dames de la maison impériale descendirent, et se relevèrent ensuite au milieu d'un nuage de plumes flottantes et de lances étincelantes, lorsqu'elles furent debout et en sûreté sur la plate-forme en face de l'entrée principale. En ce moment, la riche taille de l'impératrice, quoiqu'elle fût déjà d'un âge avancé, et les attraits jeunes encore de la belle historienne, se déployèrent avec grand avantage. En avant d'une forêt de lances et de cimiers ondoyants se tenait le musicien chargé de sonner la trompette sacrée; remarquable par sa taille et la richesse de son costume, il s'était porté sur un roc qui dominait l'escalier de pierre, et, par les notes intermittentes de son instrument, il avertissait les escadrons en arrière d'arrêter leur marche et d'attendre les ordres de l'impératrice et de la femme du césar.

La taille, la beauté de la comtesse Brenhilda et ce qu'il y avait de fantastique dans son costume à demi masculin, attirèrent l'attention des dames de la famille d'Alexis; mais tout cela était trop extraordinaire pour exciter en même temps leur admiration. Agélastès comprit qu'il fallait qu'il présentât ses hôtes les uns aux autres, s'il voulait qu'ils se réunissent en une conversation amicale. — Puis-je parler et vivre? dit-il; ces étrangers armés que vous voyez maintenant avec moi, sont les dignes compagnons de ces milliers de Croisés que le désir ardent de mettre un terme aux souffrances des habitants de la Palestine a amenés ici des extrémités occidentales de l'Europe, pour jouir de la protection d'Alexis Comnène et l'aider, puisqu'il lui a plu d'accepter leurs secours, à chasser les païens des limites de l'empire sacré, et pour occuper ces provinces à leur place, comme vassaux de Sa Majesté impériale.

— Nous sommes satisfaites, dit l'impératrice, vénérable Agélastès, que vous soyez poli à l'égard de ceux qui sont disposés à se montrer si respectueux envers l'empereur, et nous causerons d'autant plus volontiers nous-mêmes avec eux, que notre fille, à laquelle Apollon a donné le don précieux de conserver à la postérité ce qu'elle voit, aura ainsi l'occasion de faire connaissance avec l'une de ces guerrières de l'Ouest dont la commune renommée nous a si souvent entretenus, et dont cependant nous connaissons si peu de chose avec quelque certitude.

— Madame, dit le comte, il est de mon devoir de vous exprimer hautement ce que je retrouve à reprendre dans l'explication que ce vieillard vous a donnée des motifs qui nous ont amenés ici. Il est certain que nous ne devons pas d'hommages à l'empereur Alexis et que nous avions dessein de ne lui en rendre aucun, quand il nous a convenu de faire le vœu qui nous a conduits en Asie. Nous sommes venus parce que nous avons appris que la Terre-Sainte avait été arrachée à l'empereur par des païens, Sarrasins ou Turks, et autres infidèles, sur lesquels nous avons résolu de la conquérir. Les plus sages et les plus prudents d'entre nous ont jugé nécessaire de reconnaître l'autorité de l'empereur, croyant que c'était le meilleur moyen d'arriver à l'accomplissement de notre vœu, et qu'en lui prêtant foi et hommage comme à un suzerain, on éviterait plus efficacement toutes querelles entre les états chrétiens. Pour nous personnellement, quoique nous ne dépendions d'aucun roi sur la terre, nous ne prétendons pas être de plus grands hommes qu'eux. C'est pourquoi nous avons consenti à prêter le même serment d'allégeance.

L'impératrice rougit plusieurs fois d'indignation pendant ce discours, qui, dans plus d'un passage, était en opposition avec les maximes impériales de la cour grecque, si fière de sa dignité, et qui indiquait généralement peu d'estime pour la puissance de l'empereur. Mais elle avait reçu de son époux l'invitation de prendre bien garde de ne donner aucun sujet de querelle aux Croisés et de ne relever aucun de ceux qu'ils pourraient donner eux-mêmes, parce que, encore qu'ils se présentassent comme des sujets de l'empire, ils étaient trop pointilleux, trop prompts à s'enflammer, pour qu'on pût sans danger discuter avec eux sur de délicates différences d'opinion. Elle fit donc une gracieuse révérence, comme si elle eût à peine compris ce que le comte de Paris avait pourtant si clairement expliqué.

En ce moment, l'attitude des principaux personnages de chaque côté attirait prodigieusement l'attention de ceux de l'autre, et l'on voyait qu'il existait entre eux un désir général de faire plus ample connaissance, quoiqu'ils éprouvassent quelques difficultés à en exprimer le vœu.

Agélastès, — pour commencer par le maître de la maison, — avait, il est vrai, détaché son front de terre, mais sans s'aventurer à reprendre une position verticale ; il se tenait devant les dames de la famille impériale, la tête et le corps inclinés, la main interposée entre ses yeux et leurs figures, comme un homme qui voudrait préserver sa vue de l'éclat éblouissant du soleil, et il attendait en silence les ordres des princesses, auxquelles il aurait cru manquer de respect en leur proposant la moindre action. Il s'était borné à leur témoigner en général que sa maison et ses esclaves étaient absolument à leurs ordres. D'un autre côté, la comtesse de Paris et son belliqueux époux étaient des objets d'une curiosité toute particulière pour Irène et sa docte fille Anne Comnène. Toutes deux pensèrent que jamais elles n'avaient vu de modèle plus remarquable de la force et de la beauté humaines ; mais, par un instinct naturel, elles préféraient la tenue mâle du mari à celle de sa femme, qui semblait aux personnes de son sexe trop fière et trop masculine pour être tout à fait agréable.

Le comte Robert et la comtesse avaient aussi un objet qui fixait leur attention dans le groupe qui venait d'arriver, et pour dire la vérité, cet objet n'était autre que les formes extraordinaires de l'énorme animal qu'ils voyaient pour la première fois employé comme une bête de somme au service de la belle Irène et de sa fille. La dignité et la splendeur de la plus âgée de ces princesses, la grâce et la vivacité de la plus jeune, étaient également perdues pour Brenhilda, absorbée qu'elle était à faire des questions empressées sur l'histoire de l'éléphant et l'usage qu'en différentes occasions il faisait de sa trompe, de ses défenses et de ses volumineuses oreilles.

Une autre personne qui saisit une occasion moins directe de regarder Brenhilda avec un sentiment profond d'intérêt et d'étonnement, ce fut le césar Nicéphore. Ce prince tenait les yeux fixés sur la comtesse française, aussi constamment qu'il le pouvait faire sans exciter l'attention et éveiller peut-être les soupçons de son épouse et de sa belle-mère. Il s'efforça donc de ranimer la conversation dans une réunion qui, sans cela, serait devenue embarrassante. — Il est possible, belle comtesse, puisque c'est votre première visite à la Reine du Monde, que vous n'ayez pas encore vu cet animal singulièrement curieux qu'on appelle éléphant.

— Pardonnez-moi, dit la comtesse, ce docte vieillard m'a déjà régalé de sa vue et de quelques détails sur cette créature étonnante.

Tous ceux qui entendirent cette réponse de Brenhilda crurent qu'elle avait décoché un trait satirique au philosophe, que dans la cour impériale on appelait ordinairement du nom d'éléphant.

— Nul mieux qu'Agélastès ne saurait décrire exactement cet animal, dit la princesse avec un sourire d'intelligence qui se répéta sur les physionomies de toutes les personnes de sa suite.

— Il connaît sa docilité, sa sensibilité et sa fidélité, dit à voix basse le philosophe.

— C'est vrai, mon bon Agélastès, nous ne devrions pas critiquer l'animal qui se met à genoux pour nous recevoir sur son dos. — Allons, dame étrangère, — et vous son brave époux, quand vous retournerez dans votre pays natal, vous direz que vous avez vu la famille impériale prendre ses repas, et, par conséquent, s'avouer de la même argile que les autres mortels, partageant leurs misérables besoins et les satisfaisant de la même manière.

— Quant à cela, noble dame, je le crois aisément, dit le comte Robert, et je serais bien autrement curieux de voir manger cet étrange animal.

— Vous verrez plus convenablement l'éléphant manger dehors, répondit la princesse en regardant Agélastès.

— Madame, dit Brenhilda, je ne voudrais pas refuser volontiers une invitation faite avec courtoisie ; mais, sans que nous y prenions garde, il se fait tard, et il faut que nous retournions à la ville.

— N'ayez pas peur, dit la belle historienne, vous aurez l'avantage de notre escorte impériale pour protéger votre retour.

— Peur ? — une escorte ? — protéger ? — ce sont là des mots que je ne connais pas. Sachez, madame, que mon époux le noble comte de Paris est pour moi une escorte suffisante, et que quand bien même il ne serait pas avec moi, Brenhilda d'Aspramont ne craint rien, et peut se défendre elle-même.

— Ma fille, dit Agélastès, si je puis me permettre de parler, vous vous méprenez sur les gracieuses intentions de la princesse, qui vous a dit ce qu'elle aurait pu dire à une dame de son propre pays. Ce qu'elle désire apprendre de vous, c'est ce qu'il y a de plus remarquable dans les habitudes et les mœurs des Francs dont vous êtes un si beau modèle, et en retour de cette complaisance, l'illustre princesse se fera un plaisir de vous procurer l'entrée de ces spacieuses collections où, sur les ordres de l'empereur Alexis, des animaux ont été réunis de tous les points du monde habitable, pour satisfaire la curiosité des sages qui connaissent toute la création, depuis le daim si petit que sa taille n'excède pas celle d'un rat ordinaire, jusqu'à cet énorme et singulier habitant de l'Afrique, qui peut brouter le sommet des arbres hauts de quarante pieds, quoique la longueur de ses jambes de derrière ne soit pas de plus de vingt.

— C'est assez, dit la comtesse avec quelque chaleur ; — mais Agélastès avait trouvé un sujet de conversation qui allait parfaitement à ses vues.

— Il y a aussi cet énorme lézard qui ressemble, pour sa forme, aux inoffensifs habitants des marais des autres pays ; en Égypte, c'est un monstre de trente pieds de long, et recouvert d'écailles impénétrables. Quand il se jette sur sa proie, il pleure comme un enfant, dans l'espoir d'en attirer d'autres à sa portée, en imitant les accents plaintifs de l'humanité.

— Pas un mot de plus, mon père ! s'écria la comtesse, Nous irons, mon Robert, — n'est-il pas vrai que nous irons dans un endroit où il y a de pareilles choses à voir ?

— Il s'y trouve encore, ajouta Agélastès, voyant qu'il atteindrait son but en piquant la curiosité des étrangers, il s'y trouve encore ce monstrueux animal, portant sur son dos une cuirasse invulnérable, qui a sur son nez une et quelquefois deux cornes, cet animal dont la peau replissée est d'une telle épaisseur, que jamais chevalier n'a pu la transpercer.

— Nous irons, Robert, n'est-ce pas ? répéta la comtesse.

— Oui, répondit le comte, et nous apprendrons à ces Orientaux à juger de l'épée d'un chevalier par un seul coup de ma fidèle Tranchefer.

— Et qui sait, ajouta la comtesse, puisque nous sommes dans un pays d'enchantements, si quelque personne étrangement transformée ne verra pas le charme qui l'afflige subitement rompu par un coup de cette bonne épée ?

— Il suffit, mon père ! s'écria le comte. Nous accompagnerons cette princesse, puisque telle est sa qualité, quand son escorte entière devrait s'opposer à notre passage, au lieu de le protéger, comme elle le lui a commandé. Car, vous tous qui m'entendez, apprenez ceci du caractère des Francs, qu'en leur parlant de dangers et de difficultés, vous leur donnez autant de désir de traverser la route où ils les peuvent rencontrer, que les autres hommes en éprouvent de chercher le plaisir et le gain là où ils ont chance de les trouver.

En prononçant ces mots, le comte frappa de la main sur la poignée de sa Tranchefer, comme pour indiquer la manière dont il se proposait de se frayer un chemin, à l'occasion. Le cercle de courtisans ne put s'empêcher de tressaillir au bruit retentissant de l'acier, et au regard menaçant du chevaleresque comte Robert. L'impératrice, cédant à un mouvement involontaire d'alarme, se retira dans l'appartement intérieur du pavillon.

Par une faveur rarement accordée à ceux qui ne touchaient pas de près à la famille impériale, Anne Comnène prit le bras du comte. — Je vois, dit-elle, que l'impératrice notre mère a honoré la maison du bon Agélastès en nous montrant le chemin ; c'est donc à moi de vous montrer les usages polis des Grecs. — Et là-dessus, elle le conduisit dans l'appartement intérieur.

— Ne soyez pas inquiet de votre épouse, ajouta-t-elle, voyant qu'il regardait autour de lui; votre époux trouve autant de plaisir que nous à témoigner des attentions aux étrangers, et il la conduira jusqu'à notre table. Ce n'est pas l'usage des membres de la famille impériale de manger avec des étrangers, mais nous remercions le Ciel de nous avoir enseigné cette politesse qui fait qu'on ne saurait se dégrader, quand on s'écarte des règles ordinaires pour honorer les étrangers d'un mérite tel que le vôtre. Je sais que la volonté de ma mère sera que vous preniez vos places sans cérémonie, et quoique ce soit une faveur particulière, je suis convaincue que l'empereur mon père ne la désapprouvera pas.

— Qu'il soit fait suivant que votre seigneurie le désire, dit le comte Robert. Il y a peu d'hommes auxquels je voudrais céder le pas à table, à moins qu'il ne l'ait pris sur moi dans la bataille. Mais pour une dame, et surtout pour une dame aussi belle que vous, je serai toujours prêt à lui céder la préséance, et à incliner le genou chaque fois que j'aurai le bonheur de me trouver en sa compagnie.

La princesse Anne, au lieu de se trouver embarrassée, et jusqu'à un certain point, humiliée d'avoir à conduire à la salle du banquet un chef barbare, se sentit, au contraire, flattée d'avoir plié à sa volonté un esprit aussi entier que celui du comte Robert, et peut-être éprouva-t-elle un certain degré de satisfaction de se trouver momentanément sous sa protection.

L'impératrice Irène avait déjà pris place au haut bout de la table. Elle témoigna quelque surprise quand elle vit sa fille et son gendre, prenant les leurs à sa gauche et à sa droite, inviter le comte et la comtesse de Paris, le premier à se coucher, la seconde à s'asseoir à table, aux places les plus immédiatement voisines des leurs. Mais comme elle avait reçu de son époux les ordres les plus positifs de témoigner toutes sortes de déférences à ces étrangers, elle ne crut pas qu'il fût convenable de faire aucune observation sur cette violation de l'étiquette.

La comtesse s'assit, comme elle y était invitée, à côté du césar, et le comte, au lieu de s'étendre sur sa couche, à la mode des Grecs, s'assit aussi à l'européenne, à côté de la princesse.

— Je ne veux pas demeurer ainsi étendu, dit-il en riant, à moins que ce ne soit par un coup assez pesant pour m'y contraindre; et encore, faudrait-il que je n'eusse pas la force de me relever pour le rendre.

Le service de la table commença alors; mais, pour dire la vérité, il semblait que ce ne fût pas une partie importante des affaires du jour. Les officiers qui étaient présents pour remplir les différentes fonctions de couvreurs de la table, d'écuyers tranchants, d'enleveurs et de dégustateurs de la famille impériale, se pressaient dans la salle du banquet, et semblaient s'être donné le mot pour demander sans cesse à Agélastès des épices, des ingrédients, des sauces et des vins de différente espèce. On aurait dit, par la variété et la multiplicité de leurs demandes, qu'ils avaient résolu, *ex proposito*, de pousser à bout la patience du philosophe. Mais Agélastès, qui avait prévu la plupart de leurs demandes, quelque étranges qu'elles fussent, y satisfit complètement, ou du moins en très-grande partie, par la prompte entremise de son actif esclave, Diogène, auquel il trouva en même temps moyen de transférer tout le blâme pour l'absence de ceux de ces articles qu'il était dans l'impossibilité de fournir.

— Par Homère, que j'en prends à témoin, par le parfait Virgile et l'heureux Horace! tout indigne et insignifiant que dût être ce repas, j'avais donné mes instructions à ce trois fois malheureux esclave, pour qu'il se procurât tous les ingrédients nécessaires pour donner à chaque plat la saveur qui lui est propre... Charogne de mauvais augure que tu es! pourquoi places-tu ces concombres dans la saumure, si loin de cette tête de sanglier? et pourquoi ces superbes congres ne sont-ils pas entourés d'une quantité suffisante de fenouil? Le divorce entre ces crustacés et le vin de Chio, devant des hôtes tels que ceux-ci, mériterait un divorce entre ton âme et ton corps, ou tout au moins une condamnation à passer le reste de tes jours dans le *Pistrinum*. — Tandis que le philosophe poursuivait ses menaces, ses injures et ses malédictions contre son esclave, les étrangers avaient occasion de comparer ce petit torrent d'éloquence domestique, que les mœurs du temps ne regardaient pas comme la preuve d'un manque d'éducation, avec les adulations plus bruyantes et plus emphatiques encore qu'il prodiguait à ses convives; elles se mélangeaient comme l'huile, le vinaigre et la saumure dans les sauces que préparait Diogène. C'est ainsi que le comte et la comtesse eurent occasion d'apprécier le bonheur et la félicité réservés à ces esclaves que le tout-puissant Jupiter, dans la plénitude de sa compassion pour leur état, et en récompense de leur haute moralité, avait dévoués au service d'un philosophe. Le comte et la comtesse prirent eux-mêmes part au banquet; mais ils eurent fini avec un degré de rapidité qui surprit non-seulement le maître de la maison, mais encore ses convives impériaux.

Le comte se servit, sans y regarder, d'un plat qui se trouvait près de lui, et après avoir bu une coupe de vin, sans s'informer s'il était bien du crû que les Grecs se faisaient une affaire de conscience de mêler à cette espèce d'aliment, il se déclara satisfait. Les sollicitations les plus aimables de sa voisine Anne Comnène ne purent le décider à goûter d'aucun des autres mets qu'elle lui vantait comme délicats ou rares. Son épouse montra encore plus de modération : elle mangea du plat qui lui parut le plus simplement apprêté, parmi ceux qui étaient devant elle; elle but une coupe d'eau claire comme le cristal, qu'elle teignit légèrement de vin sur les instances persévérantes du césar. Ils cessèrent de prendre part au reste du banquet, et, se rejetant en arrière sur leur siége, ils s'occupèrent à regarder les autres convives, qui faisaient libéralement honneur au festin.

Un synode moderne de gourmands égalerait à peine la famille de l'empereur grec, assise à ce banquet philosophique, soit pour les connaissances critiques qu'elle déploya dans toutes les branches de la science gastronomique, soit pour le goût et la persévérance qu'elle mit à la pratiquer. Les dames, il est vrai, ne mangèrent pas beaucoup de chaque plat, mais elles goûtèrent de presque tous ceux qui leur furent présentés, et leur nom était Légion. Cependant, au bout d'un certain temps, pour nous servir d'une phrase homérique, la rage de la soif et de la faim s'adoucit, ou, plus probablement, la princesse Anne Comnène se fatigua d'être un objet de si peu d'attention pour son voisin, lequel, tant pour sa haute réputation militaire que pour sa beauté personnelle, était un homme dont peu de femmes eussent aimé à se voir négligées. Il n'y a pas de nouvelle mode, dit notre père Chaucer, qui ne ressemble à une ancienne; et les premières paroles d'Anne Comnène au comte français ressemblent assez à celles qu'emploierait de nos jours une belle dame à la mode pour essayer de lier conversation avec un incroyable assis à ses côtés, et qui paraîtrait ne pas songer à elle.

— Nous avons fait de la musique, dit la princesse, et vous n'avez pas dansé! Nous vous avons chanté le joyeux chorus d'Evoë! Evoë! et vous n'avez rendu hommage ni à Comus ni à Bacchus! devons-nous donc vous regarder comme un adorateur des Muses, au service desquelles nous avons la prétention de nous être placée aussi bien qu'à celui de Phœbus?

— Belle dame, répondit le Franc, ne vous offensez pas si je vous dis une fois pour toutes que je suis chrétien, que je crache sur Apollon, Bacchus, Comus, et que je leur porte un défi, aussi bien qu'à toutes les divinités païennes, quelles qu'elles soient.

— O! cruelle interprétation de mes mots mal pesés! dit la princesse. Je n'ai fait que mentionner les dieux de la musique, de la poésie et de l'éloquence, honorés par nos divins philosophes, dont les noms sont encore employés pour distinguer les arts et les sciences auxquels ils présidaient; — et voilà que le comte interprète cela sérieusement en une infraction au second commandement. Que Notre-Dame nous préserve! il faut que nous fassions attention à la manière dont nous parlons, quand nos mots sont si sévèrement interprétés.

Le comte ne put s'empêcher de rire pendant que la princesse parlait.

— Je n'avais point l'intention de vous offenser, madame, dit-il, et je ne voudrais pas interpréter vos paroles autrement que comme très-innocentes et très-dignes d'éloges. Je supposerai donc que votre discours ne contenait rien que de fort convenable et de fort beau ; vous êtes, à ce qu'on m'a dit, l'une de ces personnes qui, ainsi que notre digne hôte, expriment dans des compositions historiques les faits des temps guerriers dans lesquels nous vivons, et qui transmettent à la postérité qui doit venir après nous la connaissance de ces exploits accomplis de nos jours. Je respecte la tâche à laquelle vous vous êtes dévouée, et je ne sais pas comment une dame pourrait mériter au même degré la reconnaissance des âges futurs, à moins que, comme mon épouse Brenhilda, elle n'eût été actrice elle-même dans les combats qu'elle rapporterait ; et, pour le dire en passant, elle regarde son voisin de table comme si elle était au moment de se lever et de prendre congé de lui. Elle veut retourner à Constantinople, et avec la permission de Votre Seigneurie, je ne saurais permettre qu'elle y retournât seule.

— C'est ce que vous ne ferez ni l'un ni l'autre, repartit Anne Comnène, puisque tout à l'heure nous allons tous nous diriger vers la capitale, dans le dessein de voir ces merveilles de la nature réunies en grand nombre par la munificence de l'empereur mon père. — Si mon époux semble avoir donné quelque sujet d'offense à la comtesse, croyez qu'il ne l'a pas fait avec intention ; au contraire, vous verrez, quand vous connaîtrez mieux cet excellent homme, que c'est une de ces personnes simples qui sont si malheureuses dans l'expression des civilités qu'elles veulent faire, que ceux à qui elles les adressent les prennent fréquemment dans un sens opposé.

Cependant la comtesse de Paris refusa de se rasseoir à la table d'où elle s'était levée, en sorte qu'Agélastès et ses convives impériaux se trouvèrent dans la nécessité ou de permettre aux étrangers de partir, ce dont ils ne semblaient pas avoir envie, ou de les retenir de force, tentative qui peut-être n'eût été ni sûre ni agréable ; ou enfin de déchirer le code des étiquettes de la cour, et de se lever après eux, tout en ménageant cependant leur dignité, en prenant l'initiative du départ, quoique le signal en eût été donné par leurs hôtes peu courtois. Il y eut beaucoup de tumulte, de mouvement, de cris et de querelles entre les soldats et les officiers, ainsi dérangés de leur repas, deux heures au moins plus tôt qu'il n'était jamais arrivé en pareille occasion, au souvenir des plus anciens d'entre eux. Un arrangement différent eut lieu aussi dans le cortége impérial, et, à ce qu'il paraissait, par un consentement mutuel.

Nicéphore Brienne monta dans le palanquin sur l'éléphant et y demeura à côté de son auguste belle-mère ; Agélastès, sur un palefroi, dont l'humeur calme et posée lui permettait de prolonger à loisir ses harangues philosophiques, marcha à côté de la comtesse Brenhilda, dont il fit le principal objet de son éloquence. La belle historienne, quoiqu'ordinairement elle voyageât en litière, préféra dans cette occasion prendre un coursier plein d'ardeur qui lui permît de suivre le pas du comte Robert, sur l'imagination, pour ne pas dire sur le cœur duquel elle semblait avoir entrepris de faire une profonde impression. La conversation de l'impératrice avec son gendre ne demande pas de détails spéciaux : ce fut un tissu de critiques sur les manières et les habitudes des Francs, avec les expressions d'un désir bien sincère qu'ils fussent bientôt transportés hors de l'empire Grec pour n'y jamais revenir. Tel fut du moins le ton général de la conversation de l'impératrice, et le césar ne jugea pas convenable d'exprimer sur les étrangers une opinion plus tolérante. D'un autre côté, Agélastès employa force circonlocutions avant de s'aventurer à aborder le sujet qu'il désirait traiter : il parla de la ménagerie de l'empereur comme de la plus magnifique collection d'histoire naturelle, et fit un éloge démesuré de certains personnages de la cour, pour avoir encouragé Alexis Comnène dans ce sage et philosophique amusement ; mais enfin, il abandonna l'éloge des autres pour s'étendre sur celui de Nicéphore Brienne, auquel, disait-il, le cabinet ou collection d'histoire naturelle de Constantinople était redevable des principaux trésors qu'il contenait.

— Je suis charmée qu'il en soit ainsi, dit la fière comtesse, sans baisser le ton de sa voix, ni affecter aucun changement de manières. Je suis charmée qu'il s'entende à autre chose de plus digne que de parler bas à l'oreille de jeunes dames étrangères ; croyez-moi, s'il donne une telle licence à sa langue avec toutes les femmes de mon pays que l'exigence des temps pourra amener ici, il arrivera que quelqu'une d'entre elles le jettera dans la cataracte qui mugit là-bas.

— Pardonnez-moi, belle dame, répliqua Agélastès ; aucun cœur de femme ne pourrait méditer une action aussi atroce contre un aussi bel homme que le césar Nicéphore Brienne.

— Ne vous y fiez pas, mon père, repartit la comtesse offensée ; car, par ma sainte patronne Notre-Dame des Lances Rompues, si ce n'avait été par égard pour ces deux dames qui semblaient vouloir m'en témoigner, ainsi qu'à mon mari, ce même Nicéphore eût été aussi parfaitement seigneur des os rompus, qu'aucun des Césars qui ont porté ce titre depuis le grand Jules !

Le philosophe, auquel cette réponse explicite commençait à inspirer quelque crainte pour sa sûreté personnelle, se hâta de changer la conversation, qu'il dirigea adroitement sur l'histoire d'Héro et de Léandre, afin d'ôter de la tête de la peu scrupuleuse amazone le souvenir de l'affront qu'elle avait reçu.

Cependant le comte Robert avait été pour ainsi dire accaparé par la belle Anne Comnène ; elle parla sur tous les sujets, sur quelques-uns bien sans doute, sur d'autres moins bien peut-être, mais n'imaginant pas qu'aucun fût hors de sa compétence. Le comte Robert eût souhaité de tout son cœur que sa compagne eût été étendue dans le même lit que la princesse de Zulichium. Elle s'acquitta, bien ou mal, du panégyrique des Normands qu'elle avait entreprise, jusqu'à ce qu'enfin, fatigué de l'entendre caqueter de ce qu'elle connaissait à peine, le comte l'interrompit :

— Madame, dit-il, quoique moi et les miens, on nous appelle quelquefois de ce nom, nous ne sommes pas Normands. Ceux-ci sont venus en ce pays, formant un corps nombreux et distinct de pèlerins, sous le commandement de leur duc Robert, chevalier vaillant, quoique faible, extravagant et léger. Je ne dis rien contre la réputation de ces Normands. Au temps de nos pères, ils ont conquis un royaume plus fort que le leur, et qu'on appelle l'Angleterre. Je vois que vous entretenez quelques-uns des habitants de ce pays à votre solde, sous le nom de Varangiens. Quoiqu'ils aient été vaincus, comme je l'ai dit, par les Normands, c'est une race de braves, et je ne me croirais pas par trop déshonoré si dans la bataille je croisais le fer avec eux. Quoi qu'il en soit, nous sommes, nous, les braves Francs qui avaient leur habitation sur les rives orientales du Rhin et de la Saale, et qui furent convertis à la foi chrétienne par le célèbre Clovis. Nous suffirions, par notre nombre et notre courage, pour reconquérir la Terre-Sainte, quand tout le reste de l'Europe garderait la neutralité dans l'armée.

Il est peu de choses plus pénibles pour la vanité d'une personne telle que la princesse, que de se voir surprise dans une erreur notable au moment même où elle s'enorgueillit d'être parfaitement bien informée.

— Un esclave menteur, qui ne savait, je suppose, ce qu'il disait, m'avait fait croire que les Varangiens étaient les ennemis naturels des Normands. Je le vois qui marche là, à côté d'Achille Tatius, le commandant en chef du corps auquel il appartient. — Appelez-le, officiers! — cet homme de grande taille, qui est là avec sa hache d'armes sur l'épaule.

Hereward, distingué par le poste qu'il occupait à la tête de l'escadron, en fut appelé pour se présenter devant la princesse. Il fit son salut militaire d'un air sombre, quand ses yeux eurent rencontré ceux de l'orgueilleux Français qui marchait à côté d'Anne Comnène.

— Soldat, lui dit-elle, t'ai-je mal compris? Ne m'as-tu pas dit, il y a un mois environ, que les Normands et les Francs étaient un seul et même peuple, et les ennemis de la race d'où tu sors?

— Les Normands, madame, répondit Hereward, sont nos mortels ennemis, et c'est par eux que nous avons été chassés de notre terre natale. Les Francs sont les sujets du même seigneur suzerain que les Normands, et par conséquent ils ne peuvent ni aimer les Varangiens ni en être aimés.

— Mon pauvre garçon, dit le comte français, vous faites insulte aux Francs, et vous attribuez, bien naturellement sans doute, aux Varangiens une importance qui ne leur est pas due, quand vous supposez qu'une race qui a cessé d'exister comme nation indépendante depuis

CHAPITRE XIII.

une génération au moins puisse être un objet d'intérêt ou de ressentiment pour des hommes tels que nous.

— Je n'ignore pas, dit le Varangien, l'orgueil qui remplit votre cœur et la prééminence que vous vous arrogez sur ceux à qui le sort des batailles a été moins favorable qu'à vous. C'est Dieu qui abaisse et qui élève; et il n'y a rien au monde que les Varangiens aimeraient tant que de se voir cent des leurs dans un champ libre contre un nombre égal, soit de leurs oppresseurs normands, soit de leurs modernes compatriotes les orgueilleux Francs; et alors Dieu jugerait quel parti se serait montré plus digne de la victoire.

— Vous prenez un insolent avantage, dit le comte, de la circonstance qui vous fournit l'occasion inespérée de braver un homme de noble race.

— C'est mon chagrin et ma honte que cette occasion ne soit pas complète, et qu'il y ait une chaîne autour de moi qui m'empêche de vous dire : — Tue-moi, ou je te tuerai avant que nous sortions d'ici !

— Eh quoi ! stupide et orgueilleux manant, quel droit as-tu à l'honneur de mourir d'un coup de mon épée? Tu es fou, ou tu as bu un si grand coup d'ale que tu ne sais plus ce que tu penses et ce que tu dis.

— Tu mens ! répondit le Varangien, quoiqu'un pareil reproche soit le plus cruel affront pour ceux de ta race

Le Franc fit un mouvement prompt comme l'éclair pour saisir son épée; mais il retira sa main, et dit avec dignité : — Tu ne peux pas m'offenser.

— Mais toi, tu m'as offensé sur un sujet tel qu'il ne se peut réparer qu'avec du sang.

— Où et quand? demanda le comte, encore qu'il soit inutile de t'adresser des questions auxquelles tu ne saurais faire une réponse raisonnable.

— Tu as fait aujourd'hui un mortel affront à un grand prince que ton maître appelle son allié, et par qui tu avais été reçu suivant toutes les règles de l'hospitalité. Tu l'as insulté comme un paysan en insulterait un autre dans une fête de village; et cet affront, tu le lui as infligé à la face des chefs et des princes de son propre empire, et en présence des nobles de toutes les cours de l'Europe.

— C'était à ton maître, dit le Franc, de se montrer irrité de ma conduite, si en réalité il sentait qu'elle impliquait la volonté d'un affront.

— Mais cela, repartit Hereward, n'eût pas été d'accord avec les coutumes de ce pays; outre que nous autres fidèles Varangiens nous nous regardons comme obligés par notre serment, tant que dure le temps de notre service, de défendre pouce à pouce l'honneur de l'empereur aussi bien que nous défendons pied à pied son territoire. Je te déclare donc, sire chevalier, sire comte ou de quelque autre titre que tu te décores, qu'il existe entre toi et la garde varangienne une mortelle querelle pour toujours, ou du moins jusqu'à ce que tu te sois battu loyalement et franchement corps à corps contre l'un des Varangiens au service de l'empire, quand leurs devoirs et l'occasion le permettront ; — et ainsi, que Dieu montre où est le bon droit !

Comme ce dialogue avait lieu en langue franque, que ceux du cortége impérial qui était à portée de l'entendre ne comprenaient pas, la princesse, qui attendait avec quelque étonnement que la conférence entre le Varangien et le Croisé fût finie, ne la vit pas plutôt terminée, qu'elle dit à ce dernier d'un ton d'intérêt : — J'espère fermement que vous sentez la position de ce pauvre homme trop au-dessous de la vôtre pour vous trouver avec lui dans ce qu'on appelle un combat de chevaliers?

— A une telle question je n'ai qu'une réponse pour toute dame qui ne s'abrite pas, comme ma Brenhilda, sous un bouclier, qui ne porte pas à son côté une épée, et dans sa poitrine un cœur de chevalier.

— Et supposez, pour une fois, reprit la princesse, que je possède des titres suffisants à votre confiance ; quelle serait, dans ce cas, votre réponse?

— Je ne vois aucune raison pour en faire un mystère. Le Varangien est un brave homme et un homme solide ; il est contre nos vœux de refuser son défi, quoique peut-être je me dégraderai en l'acceptant. Mais le monde est grand, et celui-là est encore à naître, qui pourra se vanter d'avoir vu Robert de Paris éviter une rencontre avec homme qui vive. Par l'entremise de quelques braves officiers des gardes de l'empereur, ce pauvre garçon qui nourrit une idée si ambitieuse et si étrange apprendra que son désir sera satisfait.

— Et alors?...

— Et alors, pour me servir du langage de ce pauvre homme, que Dieu montre où sera le bon droit !

— C'est-à-dire que si mon père a dans ses gardes un officier assez honorable pour se charger d'un message si pieux et si raisonnable, il faut que l'empereur perde un allié dans la foi duquel il place sa confiance, ou un très-fidèle et très-valeureux soldat de sa propre garde, lequel s'est distingué dans de nombreuses occasions?

— Je suis heureux d'apprendre que cet homme jouisse d'une telle réputation. Dans le fait, son ambition doit avoir quelque fondement. Plus j'y pense et plus je suis d'opinion qu'il y a quelque chose de généreux plutôt que de déshonorant à donner au pauvre exilé, dont les pensées sont si hautes et si nobles, les priviléges d'un homme de rang, priviléges que ceux qui sont nés dans une position élevée sont trop lâches pour réclamer. Mais ne vous laissez pas abattre, noble princesse ; le défi n'est point encore accepté, et à supposer qu'il le soit, l'issue en serait dans la main de Dieu. Quant à moi, dont le métier est la guerre, l'idée que j'ai une affaire sérieuse à terminer avec cet homme résolu me détournera d'autres querelles moins honorables, dans lesquelles le manque d'occupations aurait pu m'entraîner.

La princesse ne fit pas d'autres observations, décidée qu'elle était à engager Achille Tatius à empêcher une rencontre qui pourrait être fatale à l'un ou à l'autre de ces deux braves. Cependant la nuit enveloppait la ville, qui se développait devant eux, brillante cependant, à travers l'obscurité, des lumières nombreuses qui éclairaient les maisons des citoyens. La cavalcade impériale se dirigea vers la Porte d'Or, où le fidèle centurion mit la garde sous les armes pour la recevoir.

— Il faut que nous nous séparions de vous ici, belle dame, dit le comte, voyant que les personnes de la cour avaient mis pied à terre et se tenaient debout toutes ensemble devant l'entrée particulière du palais Blacquernal ; il faut que nous prenions congé de vous, et que nous retrouvions, comme nous le pourrons, le logement que nous avons occupé la nuit dernière.

— Sauf votre bon plaisir, dit l'impératrice, il n'en sera pas ainsi. Vous prendrez votre repas du soir et votre repos de la nuit dans un quartier plus digne de votre rang ; vous aurez pour maréchal-des-logis ni plus ni moins que celui des membres de la famille impériale qui vient d'être votre compagnon de voyage.

Le comte entendit l'offre qui lui était faite si cordialement, avec une grande inclination de l'accepter ; quoique aussi sincèrement dévoué qu'un homme puisse l'être aux charmes de sa Brenhilda, puisque jamais l'idée ne lui était même entrée dans la tête de leur préférer ceux d'aucune autre femme, il s'était néanmoins senti flatté des attentions d'une femme éminemment belle, et du rang le plus élevé. Les éloges dont la princesse l'avait accablé n'avaient pas entièrement manqué le but. Il n'était plus dans la même humeur où il s'était trouvé le matin, disposé à blesser les sentiments de l'empereur et à insulter à sa dignité. Séduit par cette adresse artificieuse que le philosophe avait apprise dans les écoles, et que la belle princesse avait reçue en don de la nature, il accepta la proposition de l'impératrice, d'autant plus aisément, peut-être, que l'obscurité ne lui permit pas de voir distinctement un nuage de déplaisir sur le front de Brenhilda. Quelle qu'en fût la cause, elle ne se soucia pas de l'exprimer, et les deux époux venaient d'entrer dans ce labyrinthe de corridors où Hereward avait auparavant erré, quand un chambellan et une dame d'atour, richement vêtus, inclinèrent le genou devant eux, et leur offrirent des chambres et des moyens de réparer leur toilette avant que de se présenter devant l'empereur. Brenhilda jeta les yeux sur son habillement et ses armes souillés du sang du Scythe insolent, et, tout amazone qu'elle était, elle se sentit honteuse de tant de négligence et de malpropreté. Les armes du chevalier étaient également sanglantes et en désordre.

— Dites à ma suivante Agathe que j'ai besoin d'elle, répondit la comtesse ; elle seule a l'habitude de m'aider à me désarmer et à m'habiller.

— Ma foi, Dieu soit loué, pensa la femme de chambre grecque, qu'on n'exige pas mes services pour une toilette où les instruments les plus nécessaires seront probablement le marteau et les tenailles de serrurier !

— Dites à Marcian, mon écuyer, ajouta le comte, de venir me trouver et d'apporter l'armure bleue et argent que j'ai gagnée dans un pari contre le comte de Toulouse.

— Ne pourrais-je avoir l'honneur d'ajuster votre armure? dit un courtisan splendidement vêtu, et portant quelques marques de ses fonctions d'écuyer armurier ; c'est moi qui ai eu l'honneur d'ajuster celle de l'empereur lui-même, — que son nom soit sacré !

— Et combien de clous as-tu rivés à cette occasion, dit le comte, avec cette main qui a l'air de ne jamais avoir été lavée que dans du lait de roses, — et avec ce joujou d'enfant? ajouta-t-il en désignant du doigt un marteau dont le manche était en ivoire et la tête en argent, et que cet officier portait suspendu à un tablier de peau de chevreau, blanche comme du lait, pour indiquer sa profession. L'armurier se retira en arrière avec quelque confusion : — La main de cet homme, dit-il à un autre domestique, serre comme un étau.

Tandis que cette petite scène se passait, l'impératrice Irène, sa fille et son gendre avaient quitté la compagnie, sous prétexte de faire à leur toilette quelques changements nécessaires. Immédiatement après, Agélastès fut appelé auprès de l'empereur, et les étrangers furent conduits dans deux appartements adjacents, splendidement meublés et qu'on mettait, quant à présent, à leur disposition pour eux et leurs domestiques. Nous allons les y laisser, prenant avec l'aide de ceux-ci un costume que, dans leur idée, ils regardaient comme plus convenable pour cette grande occasion, les serviteurs de la cour grecque se voyant avec plaisir dispensés d'une tâche qu'ils regardaient comme aussi formidable que d'assister au coucher d'un tigre royal et de sa femelle.

Agélastès trouva l'empereur arrangeant avec soin son plus magnifique costume de cour, car à Constantinople comme à Pékin le changement de costume dans les cérémonies était une grande partie des exigences de l'étiquette.

— Tu as bien fait, sage Agélastès, dit Alexis au philosophe qui s'avançait avec force prostrations et génuflexions, — tu as bien fait, et nous sommes contents de toi. Un esprit moins remarquable que le tien et une adresse moins ingénieuse eussent échoué à séparer du troupeau ce taureau sauvage et cette génisse indomptée. Si nous obtenons de l'influence sur eux, nous en exercerons nécessairement parmi ceux qui les regardent comme les plus braves de leur armée.

— Mon humble entendement, répondit Agélastès, eût été incapable de mener à bien un plan si prudent et si sagace, s'il ne m'eût été suggéré et dessiné à l'avance par l'inimitable sagesse de Votre Majesté impériale.

— Nous savons que nous avons le mérite d'avoir imaginé le plan de retenir ces deux individus, soit de bon gré comme alliés, soit de force comme otages. Avant que leurs amis s'aperçoivent de leur absence, ils seront engagés dans la guerre contre les Turks, et n'auront pas la possibilité, si le diable leur en suggérait l'idée, de prendre les armes contre l'empire sacré. C'est ainsi, Agélastès, que nous obtiendrons des otages au moins aussi importants et aussi précieux que ce comte de Vermandois, que le redoutable Godefroy de Bouillon nous a forcé de rendre à la liberté, en nous menaçant d'une guerre immédiate.

— Pardonnez-moi, reprit Agélastès, si j'ajoute une autre raison à celles qui appuient si heureusement votre auguste résolution. Il est possible qu'en observant la plus grande courtoisie à leur égard, nous puissions attacher véritablement ces étrangers à notre parti.

— Je vous conçois, je vous conçois; — et ce soir même je me montrerai à ce comte et à son épouse dans la salle de réception, revêtu des habits les plus magnifiques que puisse fournir ma garde-robe. Les lions de Salomon rugiront, l'arbre d'or des Comnène déploiera ses merveilles, et les faibles yeux de ces Francs seront éblouis complètement par la magnificence de l'empire. Un pareil spectacle ne saurait manquer de faire impression sur leurs esprits, et de les disposer à devenir les alliés et les serviteurs d'une nation qui l'emporte tant sur la leur en puissance, en talents et en richesses. — Tu as quelque chose à dire, Agélastès? Les années et de longues études ont fait de toi un sage; bien que nous ayons donné notre opinion, tu peux dire la tienne et vivre

Agélastès pressa trois fois son front sur le bord de la tunique de l'empereur, et grande parut son anxiété de trouver des mots pour indiquer qu'il s'écartait de l'opinion de son maître, et pourtant éviter de la contredire ouvertement.

— Ces mots sacrés, dans lesquels Votre Majesté impériale a exprimé son opinion très-juste et très-exacte, ne sont susceptibles ni de dénégation ni de contradiction, s'il y avait quelqu'un d'assez orgueilleux pour essayer de les discuter. Néanmoins, qu'il me soit permis de dire que les hommes déploient en vain leurs plus sages arguments devant ceux qui ne sont pas susceptibles d'entendre la raison. C'est ainsi que vous montreriez en vain à un aveugle un curieux morceau de peinture, ou que, comme le dit l'Écriture, vous vous efforceriez de séduire un pourceau par l'offre d'une pierre précieuse. En pareil cas, la faute n'en est pas au défaut d'exactitude de votre sacré raisonnement, mais à la stupidité et à l'étroitesse d'esprit des barbares auxquels vous le voulez appliquer.

— Parle plus clairement; combien de fois faudra-t-il te dire que dans les occasions où nous avons réellement besoin de conseils, nous savons que nous devons mettre de côté le cérémonial?

— Eh bien donc! pour parler à découvert, ces Européens barbares ne ressemblent à aucun autre peuple sous la voûte des cieux, ni quant aux choses qu'ils peuvent regarder avec convoitise, ni quant à celles qu'ils peuvent considérer comme décourageantes. Les trésors de ce noble empire, autant qu'ils pourraient exciter leur convoitise, ne leur inspireraient rien autre chose que le désir de faire la guerre à une nation qui possède de telles richesses, et que, dans leur orgueil, ils croient moins capable de se défendre qu'ils ne le sont de l'attaquer. De ce caractère, par exemple, est Bohémond d'Antioche, — ainsi que bien d'autres Croisés moins habiles et moins prudents que lui; — car je n'ai pas, je crois, besoin de dire à votre impériale Divinité qu'il n'a pris que son propre intérêt pour guide de sa conduite entière dans cette guerre extraordinaire, et que, par conséquent, vous pouvez présumer le parti qu'il prendra, quand vous saurez de quel point du compas souffle pour lui le vent de l'avarice et de l'intérêt personnel. Mais parmi les Francs il y a des hommes d'une nature bien différente, et sur lesquels nous devons agir par des motifs bien différents aussi, si nous voulons nous rendre maîtres de leurs actions et des principes qui les gouvernent. S'il m'était permis d'agir ainsi, je supplierais Votre Majesté de songer à la manière dont un jongleur adroit, attaché à votre cour, trompe les yeux des spectateurs en leur cachant soigneusement les moyens qu'il emploie pour arriver à son but. Ces hommes, — je veux dire les plus fiers d'entre les Croisés, ceux qui agissent sous prétexte de ces doctrines qu'ils appellent la chevalerie, — méprisent la soif de l'or et l'or lui-même, si ce n'est pour en faire une poignée d'épée ou fournir à quelques dépenses qu'ils appellent nécessaires, et qui sont, dans le fait, aussi inutiles que méprisables. L'homme qui peut se laisser émouvoir par la soif du gain, ils le ravalent, le dédaignent et le méprisent, et l'assimilent, quant à la bassesse de sa convoitise, au plus méprisable serf qui ait jamais suivi la charrue ou manié la bêche. D'un autre côté, s'il arrive qu'ils aient réellement besoin d'or, ils sont assez peu cérémonieux pour en prendre là où ils savent qu'ils en peuvent facilement trouver. En sorte qu'il n'est pas plus aisé de les gagner par le don de sommes d'or, que de les forcer à quelque complaisance en leur refusant ce que l'occasion peut leur rendre nécessaire. Dans le premier cas, ils n'attachent aucune importance au don d'un vil métal jaunâtre; dans le second, ils ont l'habitude de prendre ce dont ils peuvent avoir besoin.

— Vil métal jaunâtre! s'écria Alexis; est-ce ainsi qu'ils appellent ce noble métal également respecté par les Romains et les Barbares, par les riches et les pauvres, par les hommes d'église et les laïques, ce noble métal pour lequel le genre humain tout entier intrigue, complote, s'ingère, se bat et se damne corps et âme? Un vil métal jaunâtre! ils sont fous, Agélastès, complètement fous. Les périls, les dangers, les peines et les châtiments sont les seuls arguments qu'on puisse employer envers des hommes inaccessibles à l'influence universelle à laquelle les autres obéissent.

— Mais ils ne sont pas plus accessibles à la crainte qu'à l'intérêt personnel. Dès leur plus tendre enfance, ils sont élevés à mépriser les passions qui maîtrisent les âmes ordinaires, aussi bien l'avarice qui les fait agir que la crainte qui les retient. C'est si bien le cas ici, que ce qui séduirait d'autres hommes doit, pour intéresser ceux-ci, être relevé par l'assaisonnement d'un extrême danger. Par exemple, notre héros, je lui ai raconté une légende de je ne sais quelle princesse de Zulichium, retenue sur sa couche enchantée, belle comme un ange, et attendant le chevalier bienheureux qui, rompant le charme qui l'enchaîne dans le sommeil, deviendra maître de sa personne, de son royaume de Zulichium et de ses trésors sans nombre. Eh bien ! Votre Majesté impériale me voudra-t-elle croire ? c'est tout au plus si le brave chevalier daignait écouter ma légende ou prendre intérêt à cette aventure, jusqu'à ce que je lui eusse assuré qu'il aurait à combattre un dragon ailé, auprès duquel les plus grands de ceux qui se trouvent dans les romans français ne sont que des moucherons !

— Et cette assertion a-t-elle ému notre brave ?

— Tant et si bien, que si par malheur la chaleur de ma description n'avait éveillé la jalousie de sa Penthésilée de comtesse, il aurait oublié la croisade et tout ce qui s'y rapporte, pour se mettre en quête de Zulichium et de sa souveraine endormie.

— Ma foi ! dit l'empereur, et vous m'en faites comprendre l'utilité, nous avons dans notre empire une foule innombrable de conteurs d'histoires qui ne possèdent pas au plus mince degré ce noble mépris de l'or qui est le propre des Francs. Pour une couple de bezans ils mentiraient au diable, et le battraient par-dessus le marché. Si par ce moyen nous pouvions, comme disent les marins, prendre sur les Francs l'avantage du vent !

— La discrétion, répondit Agélastès, est on ne peut plus nécessaire. Mentir purement et simplement, ce n'est pas chose très-difficile ; ce n'est que s'écarter de la vérité, ce qui revient à peu près au même que manquer le but en tirant à l'arc, quand tout l'horizon, un seul point excepté, est également indifférent au tireur. Mais émouvoir le Franc dans le sens qu'on se propose, voilà ce qui demande une connaissance profonde de son esprit et de son caractère, et la plus grande dextérité à passer d'un sujet à un autre. Si je n'en avais déployé beaucoup moi-même, j'aurais porté la peine d'un faux pas au service de Votre Majesté ; j'aurais été précipité dans ma propre cascade par la virago que j'offensais.

— Une véritable Thalestris ! je prendrai garde de ne la point blesser.

— Si je puis parler et vivre, je crois que le césar Nicéphore Brienne ferait bien d'employer la même prudence.

— Nicéphore aura à arranger cela avec notre fille. Je lui ai toujours dit qu'elle lui donne trop de cette histoire dont une page ou deux peuvent offrir un délassement, mais qui, nous en pouvons juger par nous-même, répétée chaque soir sans interruption, lasserait la patience d'un saint. — Oublie, bon Agélastès, que tu m'aies entendu proférer une pareille opinion; surtout ne te le rappelle pas quand tu seras en présence de l'impératrice notre femme et de sa fille.

— Ce n'est pas que les libertés que le césar a prises dépassent les bornes d'une innocente galanterie, mais la comtesse est dangereuse. Elle a tué aujourd'hui même Toxartis le Scythe, de ce qui ne paraissait qu'une chiquenaude sur la tête.

— Ha! je connaissais ce Toxartis, et il est vraisemblable qu'il aura mérité sa mort, car c'était un maraudeur hardi et tout à fait sans scrupules. Prenez cependant note des circonstances et des témoins du fait, afin que s'il est nécessaire nous puissions le représenter à l'assemblée des Croisés comme une agression de la part du comte et de la comtesse de Paris.

— J'espère que Votre Majesté impériale ne laissera pas aisément échapper l'heureuse occasion qui se présente de gagner à votre étendard des personnes qui jouissent d'une si haute réputation dans les rangs de la chevalerie. Il vous en coûtera peu de leur conférer une île grecque qui vaudra cent fois leur misérable seigneurie de Paris. Si vous la leur donniez sous condition d'en expulser les infidèles ou les mécontents qui pourraient s'en être temporairement emparés, il est probable que l'offre ne leur en serait que plus agréable. Je n'ai pas besoin de dire que toutes les connaissances, la prudence et les talents du pauvre Agélastès sont à la disposition de Votre Majesté impériale.

L'empereur réfléchit un moment, puis il répondit, comme après mûre considération : — Digne Agélastès, j'ose me confier à toi dans cette affaire difficile et dangereuse jusqu'à un certain point; mais je persiste dans mon dessein de leur montrer les lions de Salomon et l'arbre d'or de notre palais impérial.

— Quant à cela, il ne saurait y avoir d'objection; mais rappelez-vous de ne leur montrer que peu de gardes, car ces Francs sont comme un cheval fougueux : tant qu'il est dans son humeur habituelle, on le peut conduire avec un fil de soie; mais dès qu'il prend ombrage ou soupçon, comme ces deux époux le feraient probablement s'ils voyaient un grand nombre d'hommes armés, des rênes d'acier ne suffiraient pas pour le contenir.

— Je prendrai soin à cela aussi bien qu'à plusieurs autres choses.

— Frappe le timbre d'argent, Agélastès, afin que les officiers de notre garde-robe se rendent auprès de nous.

— Encore un mot, tandis que Votre Altesse est seule. Votre Majesté impériale veut-elle me transférer la direction de sa ménagerie ou collection d'animaux extraordinaires ?

— Vous m'étonnez, dit l'empereur, prenant un sceau sur lequel était gravé un lion avec cette devise : *Vicit Leo ex tribu Judæ*. Ceci, dit-il, vous donnera le commandement de nos tanières. Et maintenant, sois franc une fois en ta vie avec ton maître, — car la déception est ta nature, même quand tu causes avec moi. — Par quel charme espères-tu subjuguer ces sauvages indomptés ?

— Par la puissance de la dissimulation, répondit Agélastès en faisant un profond salut.

— Je crois que tu y es un adepte, dit l'empereur ; mais auquel de leurs faibles t'adresseras-tu ?

— A leur amour de la renommée, dit le philosophe ; et il sortit à reculons des appartements impériaux, en voyant les officiers de la garde-robe entrer pour compléter la toilette de l'empereur.

CHAPITRE XIV.

> Je causerai avec des sots à cervelle de fer, avec de jeunes garçons inconsidérés ; aucun n'est pour moi de ceux qui ont l'œil réfléchi : — L'ambitieux Buckingham devient circonspect.
> *Richard III.*

Au moment où ils se séparaient, l'empereur et le philosophe se livrèrent chacun à d'inquiètes réflexions sur l'entrevue qu'ils venaient d'avoir ensemble, réflexions qu'ils exprimaient par des exclamations et des phrases non terminées, quoique, pour qu'on puisse mieux comprendre l'estime qu'ils avaient l'un pour l'autre, nous allions les reproduire sous une forme plus régulière et plus intelligible.

— Ainsi donc, dit à demi ou murmura Alexis, assez bas pour ne pouvoir être compris des officiers de la garde-robe qui entraient pour s'acquitter de leurs fonctions, — ainsi donc, ce ver rongeur de livres, ce reste de la philosophie païenne, qui, Dieu me sauve, croit à peine à la vérité du christianisme, a si bien joué son rôle, qu'il force son empereur à dissimuler devant lui. Après avoir commencé à être le bouffon de la cour, il s'est insinué, en rampant, dans tous ses secrets, il s'est rendu maître de toutes ses intrigues, il a conspiré avec mon propre gendre contre moi, il a débauché mes gardes : — en vérité, cet insecte a si bien ourdi sa trame, que ma vie n'est en sûreté que tant qu'il me croira l'impériale poupée que j'affecte de paraître pour le tromper ; heureux si je puis échapper ainsi à sa prudente anticipation de mon déplaisir, et éviter qu'il ne précipite ses mesures violentes. Mais cette soudaine tempête de la croisade une fois dissipée, l'ingrat césar, le lâche fanfaron Achille Tatius, et Agélastès au cœur de serpent, apprendront si Alexis Comnène était né pour être leur dupe. Quand un Grec lutte contre un Grec, c'est un assaut de subtilité aussi bien qu'un combat avec des armes de guerre. A ces mots, il se livra aux mains des officiers de sa garde-robe, qui s'empressèrent de le revêtir de tous les ornements que la solennité exigeait.

— Je ne me fie pas à lui, se dit Agélastès, dont nous allons également traduire en langage suivi et intelligible les gestes et les exclamations ; je ne puis pas me fier à lui, je ne m'y fie pas. — Il charge quelquefois un peu trop son rôle ; — il s'est, à l'occasion, montré avec la vive intelligence de la famille des Comnène, et maintenant voilà qu'il compte sur ses lions automates pour agir sur des gens aussi habiles que les Francs et les Normands ; voilà qu'il semble s'en rapporter à moi pour se former une opinion d'hommes avec lesquels il s'est trouvé en rapport pendant plusieurs années, soit dans la paix, soit dans la guerre. Ce ne peut être que pour gagner ma confiance ; car il y avait dans ses yeux et dans ses phrases interrompues quelque chose qui semblait dire : — Agélastès, l'empereur te connaît et se méfie de toi. — Cependant, autant que j'en puis juger, notre complot continue de réussir et n'est pas encore découvert, et si j'essayais maintenant de m'en détacher, je serais perdu pour jamais. Un peu de temps pour conduire cette intrigue avec ce Franc, et il est possible qu'avec le secours de ce brave, Alexis échange sa couronne pour un cloître, ou pour une demeure plus étroite encore. Et alors, Agélastès, tu mériterais de voir ton nom effacé de la liste des philosophes, si tu ne savais pousser hors du trône l'orgueilleux et luxurieux césar, pour régner à sa place. Alors, tu seras un second Marc-Aurèle, et la sagesse de ton gouvernement, depuis longtemps inconnue au monde qui n'a eu pour chefs que des tyrans et des débauchés, fera vite oublier la manière dont tu auras acquis le pouvoir. A l'œuvre donc ; — sois actif et prudent. Les circonstances le réclament, et le prix en vaut la peine.

Tandis que ces pensées occupaient son esprit, il se couvrit, avec l'aide de Diogène, de l'un de ces vêtements simples et propres dans lesquels il se présentait toujours à la cour, costume qui indiquait aussi peu un candidat à l'empire, qu'il contrastait avec les robes magnifiques dont Alexis se couvrait en ce moment même.

Cependant, dans leurs appartements ou cabinets de toilette respectifs, le comte de Paris et la comtesse se revêtaient du plus beau costume dont ils se fussent pourvus, en cas qu'il se présentât des circonstances semblables dans leur voyage. Même en France, on voyait rarement

Robert avec la toque pacifique et le manteau traînant, dont les hautes plumes et les plis tombants étaient le costume des chevaliers en temps de paix. Cette fois, il était revêtu d'une superbe armure, la tête exceptée, qui n'était couverte que des longues boucles de ses cheveux. Le reste de sa personne était défendu par une cotte de mailles richement relevée d'argent, qui contrastait avec l'azur dont l'acier était damasquiné. Il avait les éperons aux talons, son épée au côté, et son bouclier triangulaire appendu à son cou, et portant dans le champ un grand nombre de *fleurs-de-lis semées* qui, dans la suite, furent réduites à trois, et qui furent la terreur de l'Europe, jusqu'à ce que, de nos jours, elles eussent essuyé tant de revers.

La taille élevée du comte Robert le rendait propre à porter ce costume, qui tendait à grossir et à raccourcir des personnes plus petites. Ses traits, où se peignaient le calme qui naît de la force et le noble mépris de ce qui aurait pu étonner ou ébranler un esprit ordinaire, terminaient bien ce corps si harmonieusement et si vigoureusement proportionné. Le vêtement de la comtesse avait quelque chose de plus pacifique, mais il était court et serré comme celui d'une personne qui, d'un moment à l'autre, pouvait être appelée à de mâles exercices. La partie supérieure de son vêtement consistait en plusieurs tuniques qui lui dessinaient la taille, tandis qu'une jupe richement brodée, descendant de la ceinture aux chevilles, composait une toilette qu'une dame n'aurait pas désavouée dans des temps plus modernes. Les boucles de ses cheveux étaient couvertes d'un léger casque d'acier; quelques-unes s'en échappaient pour jouer autour de sa figure, et relevaient l'éclat de ses beaux traits, qui, peut-être, eussent paru trop prononcés s'ils avaient été immédiatement entourés de fer. Par-dessus ces vêtements elle avait jeté un riche manteau de velours d'un vert foncé, qui partait de sa tête où il était attaché par une sorte de chaperon qui s'ajustait sous le casque, manteau richement brodé sur les bords et les coutures, et dont la longue queue traînait à terre. Une dague de riches matériaux ornait une ceinture, curieux ouvrage d'orfévrerie; c'était la seule arme offensive que, malgré ses habitudes belliqueuses, elle portât dans cette occasion.

La toilette de la comtesse, — comme on dirait de nos jours, — ne fût pas à beaucoup près aussitôt terminée que celle du comte Robert, qui employa ce temps, comme sont assez portés à le faire les maris de toutes les époques, en réflexions acidulées, moitié sérieuses, moitié plaisantes, sur la lenteur naturelle des dames et le temps qu'elles perdent à ôter et à remettre leurs atours. Mais quand la comtesse sortit, dans tout l'orgueil de sa beauté, de la chambre où elle s'était habillée, son mari, qui était encore son amant, la pressa sur son cœur, et usa de son privilège en prenant comme un droit un baiser à une créature si belle. Tout en le gourmandant de sa folie, et cependant en lui rendant à demi le baiser qu'elle en avait reçu, Brenhilda commença à se demander comment ils feraient pour arriver jusqu'à l'empereur.

Cette question fut bientôt résolue par un petit coup que frappa à la porte Agélastès, auquel l'empereur avait confié le soin d'introduire les nobles étrangers, comme plus familiarisé avec les manières françaises. Un son lointain, semblable au rugissement d'un lion ou au retentissement du tam-tam de nos temps modernes, annonça le commencement de la cérémonie. Les esclaves noirs qui formaient la garde, peu nombreux, comme Agélastès l'avait recommandé, étaient rangés sur deux files dans leur habit de cérémonie, blanc et or, portant d'une main un sabre nu, de l'autre une torche de cire blanche qui servit à guider le comte et la comtesse à travers les corridors intérieurs du palais et jusqu'à la salle de réception.

La porte de ce *sanctum sanctorum* était un peu plus basse que de coutume, innocent stratagème imaginé par quelque superstitieux officier de la maison impériale, pour forcer l'orgueilleux Français à s'incliner en se présentant devant l'empereur. Robert, quand la porte s'ouvrit, et qu'il découvrit dans le fond l'empereur assis sur son trône, au milieu d'un faisceau de lumières dont les rayons étaient rompus et dix mille fois répétés par les joyaux dont ses vêtements étaient couverts, s'arrêta tout court et demanda pourquoi on l'introduisait par une porte si basse. Agélastès lui montra du doigt l'empereur, comme pour éloigner une question à laquelle il ne se souciait pas de répondre. Le muet, pour excuser son silence, ouvrit la bouche et lui montra sa langue mutilée.

— Sainte Vierge ! dit la comtesse ; que peuvent avoir fait ces malheureux Africains pour mériter une condamnation et une destinée si cruelles ?

— L'heure de la rétribution est peut-être venue, dit le comte d'un air de mécontentement, tandis qu'Agélastès, avec toute la précipitation que le moment et le lieu permettaient, entra, faisant ses prostrations et ses génuflexions, sans douter que le comte ne fût obligé de le suivre, et par conséquent de s'incliner devant l'empereur. Mais Robert, indigné du tour qu'il sentait qu'on avait voulu lui jouer, se détourna et entra dans la salle d'audience en présentant à dessein le dos au monarque ; il ne montra sa figure à Alexis que lorsqu'il fut arrivé au milieu de l'appartement, moment où il fut rejoint par la comtesse qui avait fait son entrée d'une manière un peu plus décente. L'empereur, qui s'était préparé à reconnaître de la manière la plus gracieuse la politesse qu'il supposait que le comte lui devait faire, se trouva encore plus embarrassé que lorsque ce chevalier irrévérencieux s'était emparé de son trône dans le courant de la journée.

Les officiers et les nobles qui se tenaient autour de lui, quoiqu'ils eussent été choisis avec soin, étaient cependant plus nombreux qu'à l'ordinaire. puisque la réunion avait lieu non pour le conseil, mais seulement pour l'apparat. Ceux-ci prirent un air mélangé de déplaisir et de confusion, comme devant s'approprier le mieux à la contrariété qu'éprouvait Alexis, tandis que les traits rusés du Normand-Italien, Bohémond d'Antioche, qui assistait aussi à cette cérémonie, offraient un singulier mélange de gaîté fantastique et de dérision. C'est le malheur, dans de telles occasions, du plus faible ou au moins du plus timide, d'être obligé de prendre le misérable parti de fermer les yeux sur un affront qu'il ne se sent pas le courage de venger.

Alexis donna le signal pour que la cérémonie de la grande réception commençât immédiatement. Aussitôt, les lions de Salomon, qui avaient été récemment fourbis, levèrent la tête, dressèrent leur crinière, et brandirent leur queue au point d'exalter l'imagination du comte Robert, qui, déjà irrité de la manière dont il avait été introduit, crut que les rugissements de ces lions annonçaient réellement une attaque immédiate. Que les lions qu'il voyait fussent en effet les rois des forêts, — ou des humains qui avaient subi une transformation, — ou bien les productions de l'adresse et du talent d'un jongleur ou d'un profond naturaliste, le comte n'en savait rien et s'en souciait fort peu. Tout ce qu'il vit dans ce danger, c'est qu'il était digne de son courage, et son grand cœur ne lui permit pas un moment d'irrésolution. Il s'avança sur le lion le plus près, qui semblait au moment de bondir, et lui dit, d'une voix aussi forte et aussi formidable que celle de l'animal lui-même : — Attends, chien ! — et en même temps il frappa sur l'automate, de son poing fermé, armé d'un gantelet de fer, avec tant de force que la tête en éclata, et que le marche-pied du trône et le tapis furent couverts de roues, de ressorts et des autres pièces de mécanique au moyen desquelles le monstre produisait de magiques terreurs.

Robert, quand il découvrit ainsi la nature véritable de l'objet de sa colère, ne put s'empêcher d'être honteux de s'y être livré en pareille occasion. Il fut bien plus confus encore quand Bohémond, descendant du siège qu'il occupait près de l'empereur, lui dit en français : — En vérité, comte Robert, vous avez fait là un galant exploit, en affranchissant la cour de Byzance d'un objet de crainte qui avait longtemps servi à faire peur à des enfants de mauvaise humeur ou à de sauvages Barbares !

L'enthousiasme n'a pas de plus grand ennemi que le ridicule. — Pourquoi alors, dit le comte Robert, qui ne laissait pas que de rougir, pourquoi avoir déployé devant moi ces terreurs fantastiques ? Je ne suis ni un enfant ni un barbare.

— Parlez donc à l'empereur comme un homme raisonnable ; dites-lui quelque chose pour excuser votre conduite, et montrez-lui que votre bravoure ne vous a pas entièrement privé du sens commun. Et pour profiter de l'occasion, faites attention à mes paroles. — Vous et votre épouse, ayez grand soin de suivre mon exemple au souper. — Ces derniers mots furent prononcés d'un ton significatif, accompagné d'un coup d'œil qui ne l'était pas moins.

Les longs rapports que Bohémond avait eus avec la cour grecque, pendant la paix et pendant la guerre, donnaient à son opinion une grande influence sur les autres Croisés, et le comte Robert suivit son avis. Il se tourna vers l'empereur avec un geste qui se rapprochait plus d'un salut qu'il ne l'avait fait jusque-là : — Je vous demande pardon, dit-il, pour avoir brisé cette curiosité dorée ; mais, sur ma parole, les merveilles de sorcellerie et les chefs-d'œuvre d'habileté des jongleurs sont si nombreux en ce pays, qu'on ne distingue pas clairement ce qui est vrai de ce qui est faux, ce qui est réel d'avec ce qui n'est qu'une illusion. L'empereur, malgré la présence d'esprit qui le distinguait, et le courage dont ses compatriotes admettaient qu'il n'était pas dépourvu, reçut ses excuses d'une manière assez gauche; peut-être la politesse embarrassée qu'il déploya en cette occasion pourrait-elle se comparer à celle d'une dame de nos jours, lorsqu'elle accepte les excuses d'un visiteur maladroit qui lui a brisé quelque pièce de porcelaine précieuse. Il murmura quelque chose entre ses dents, — qu'il y avait longtemps que l'on conservait ces pièces de mécanique dans la famille impériale, — qu'elles avaient été faites sur le modèle des lions qui gardaient le trône du sage roi d'Israël. A quoi le comte répondit rudement qu'il doutait que le plus sage roi du monde se fût jamais amusé à effrayer ses sujets ou ses hôtes par les faux rugissements d'un lion de bois. Si, dit-il, j'ai été un peu trop prompt à le prendre pour une créature vivante, j'en ai été le premier puni, puisque j'ai endommagé mon excellent gantelet à briser en morceaux son crâne de chêne.

L'empereur, après avoir encore échangé quelques mots, principalement sur le même sujet, proposa de passer dans la salle du banquet. En conséquence, précédés par le grand écuyer tranchant, et suivis de tous les individus présents, à l'exception de l'empereur et des membres de sa famille, les deux époux français furent conduits à travers un labyrinthe d'appartements calculé pour relever l'opinion de la richesse et de la grandeur qui avaient rassemblé tant de choses merveilleuses. Ce passage, étant nécessairement long et interrompu, donna à l'empereur le temps de changer de costume, suivant l'étiquette de la cour, qui ne permettait pas qu'il parût deux fois dans le même devant les mêmes visiteurs. Il profita de cette occasion pour appeler Agélastès auprès de lui; et pour que leur conférence fût secrète, il n'employa à sa toilette que quelques-uns de ces muets destinés au service de l'intérieur.

L'empereur Alexis Comnène était singulièrement ému, quoique ce fût une des particularités de sa situation d'être toujours dans la nécessité de déguiser ses émotions, et d'affecter, en présence de ses sujets, une supériorité sur les passions humaines qu'il était loin de toujours éprouver. Ce fut donc avec gravité et d'un air de reproche qu'il demanda comment il se faisait que cet astucieux Bohémond, moitié Italien, moitié Asiatique, s'était trouvé présent à cette entrevue? S'il y a dans l'armée des Croisés, ajouta-t-il, quelqu'un qui doive conduire ce jeune fou et sa femme dans la coulisse, et leur faire voir les causes et les moyens du spectacle à l'aide duquel nous espérons leur imposer, à coup sûr, c'est ce Bohémond, ce prince d'Antioche, puisque c'est le titre qu'il prend.

— Si je puis répondre et vivre, dit Agélastès, c'est ce vieillard, Michel Cantacuzène, qui a cru que sa présence y était particulièrement désirable; mais il retourne au camp cette nuit.

— Oui, dit Alexis, pour informer Godefroy et le reste des Croisés que l'un des plus hardis et des plus renommés d'entre eux est retenu en otage avec sa femme dans notre impériale cité, et nous mettre dans l'alternative de les rendre à la liberté, ou de soutenir une guerre immédiate.

— Si c'est la volonté de Votre Altesse Impériale de penser ainsi, repartit Agélastès, elle n'a qu'à laisser le comte Robert et sa femme s'en retourner au camp avec l'Italien-Normand.

— Quoi! s'écria l'empereur, perdre ainsi tous les fruits d'une entreprise dont les préparatifs nous ont déjà coûté tant de dépenses, et qui, si notre cœur était de la même étoffe que celui des mortels ordinaires, nous auraient coûté bien davantage encore en inquiétudes et en contrariété? Non, non; qu'on fasse savoir à ceux des Croisés qui sont encore de ce côté du détroit qu'on les dispense de la cérémonie de l'hommage, et que demain, à la pointe du jour, ils aient à se réunir sur les quais qui bordent le Bosphore. Que notre amiral, s'il tient à conserver sa tête, les ait tous transportés sur l'autre rive avant midi; qu'il y ait des largesses, un banquet de princes sur le rivage d'Asie, — tout ce qui pourra accroître leur empressement à s'y faire transporter; alors, Agélastès, nous nous en fierons à nous-mêmes pour braver ce nouveau danger, soit en achetant le vénal Bohémond, soit en défiant les Croisés. Leurs forces sont éparses; leur commandant avec les principaux chefs sont tous maintenant, — ou pour la plus grande partie, — de l'autre côté du Bosphore. — Au banquet! le changement opéré dans notre toilette suffit pour satisfaire aux lois de l'étiquette, puisqu'il a plu à nos ancêtres de faire des lois sur la manière dont nous devions nous montrer à nos sujets, comme les prêtres montrent leurs images dans les châsses.

— S'il ne doit pas m'en coûter la vie, répliqua Agélastès, je dirai que ces lois n'ont pas été inconsidérément établies. Leur but a été que l'empereur, les observant toujours de père en fils pût être regardé comme quelque chose de placé au-dessus des lois communes de l'humanité; — comme la divine image d'un saint plutôt qu'un simple mortel.

— Nous le savons, dit l'empereur en souriant, et nous savons aussi que beaucoup de nos sujets, semblables aux adorateurs de Bel dans les saintes Écritures, nous traitent tellement comme une image, qu'ils nous aident à dévorer les revenus de nos provinces qui sont perçus en notre nom et pour notre usage. Ce sont choses que nous ne faisons qu'effleurer légèrement, ce n'est pas le moment de les approfondir.

Alexis quitta donc le conseil privé, après que l'ordre pour le passage des Croisés eût été écrit dans la forme voulue, et signé avec l'encre sacrée de la chancellerie impériale.

Cependant, le reste de la compagnie était arrivé dans une grande salle, qui, comme les autres appartements du palais, était décorée avec autant de goût que de magnificence; si ce n'est qu'une table, couverte d'un banquet royal, aurait pu être critiquée, en ce sens que les plats, aussi remarquables pour la richesse de la matière que pour la rareté et l'excellence des mets, étaient élevés sur des pieds, de manière à se trouver de niveau avec les femmes assises et des hommes étendus sur leurs couches.

Autour de la table se tenaient debout un grand nombre d'esclaves noirs, richement vêtus, tandis que le grand écuyer tranchant, Michel Cantacuzène, sa baguette d'or à la main, conduisait chacun des convives à la place qui lui était destinée, et lui recommandait, par signe, de se tenir debout auprès de la table jusqu'à un nouveau signal. Le haut bout de la table, ainsi garnie et entourée, était caché par un rideau de mousseline et d'argent qui tombait du sommet d'une arcade sous laquelle cette partie de la table semblait passer. L'écuyer tranchant avait continuellement les yeux fixés sur ce rideau, et quand il le vit s'agiter légèrement il inclina sa baguette d'or, et tous les convives attendirent en silence.

Le rideau mystérieux se leva comme de lui-même, et laissa voir un trône élevé de huit marches au-dessus de l'extrémité de la table, et décoré de la manière la plus magnifique. Sur le devant il y avait une petite table d'ivoire incrusté d'argent; derrière était assis Alexis Comnène, habillé d'une manière tout à fait différente qu'il l'avait été dans le courant du jour, et ce dernier costume était tellement resplendissant qu'on comprenait que ses sujets se prosternassent devant tant de splendeur. Sa femme, sa fille, et son gendre le césar, se tenaient derrière lui, la tête profondément inclinée; et ce fut avec les signes extérieurs d'une grande humilité que, sur l'ordre de l'empereur, ils descendirent de l'estrade et se mêlèrent aux convives de la table inférieure, et, tout grands personnages qu'ils étaient, prirent la place que leur indiqua la baguette du grand écuyer tranchant. En sorte qu'on ne pouvait pas dire que les invités partageassent le repas de l'empereur ni qu'ils prissent part à sa table, quoiqu'ils soupassent en sa présence, et que souvent il leur adressât la parole pour les encourager à bien manger. Aucun des plats présentés à la table inférieure n'était offert sur celle d'Alexis, mais il envoyait souvent à ceux des convives qu'il lui plaisait d'honorer d'une manière spéciale les vins ou les plats délicats qui s'élevaient devant lui comme par magie, et semblaient lui avoir été exclusivement réservés. — Le comte et la comtesse furent ceux auxquels l'empereur accorda le plus souvent cette marque de distinction.

En cette occasion la conduite de Bohémond fut particulièrement remarquable.

Le comte Robert, qui avait l'œil fixé sur lui, aussi bien à cause des paroles qu'il lui avait dites récemment que pour les regards expressifs qu'il lui avait une ou deux fois lancés, remarqua que ce prince astucieux ne touchait ni au vin ni aux plats, non pas même à ceux qui lui étaient envoyés de la propre table de l'empereur. Un morceau de pain pris au hasard dans la corbeille et un verre d'eau pure furent les seuls rafraîchissements qu'il crut devoir se permettre. Il allégua, pour excuse, le respect dû à la sainte fête de l'Avent, qui tombait ce soir-là même, et que les Grecs et les Latins s'accordaient à regarder comme sacrée.

— Je n'aurais pas attendu cela de vous, sire Bohémond, dit l'empereur, que vous dussiez refuser l'hospitalité que je vous offrais à ma propre table, et cela, le jour même où vous m'avez honoré en entrant à mon service, comme vassal, pour la principauté d'Antioche.

— Redouté suzerain, répondit Bohémond, Antioche n'est pas encore conquise, et, dans quelque contrat temporel que nous nous engagions, la conscience doit toujours avoir ses exceptions.

— Allons, noble comte, reprit l'empereur, qui, évidemment, regardait la conduite de Bohémond comme produite par la méfiance plutôt que par la dévotion, quoique ce ne soit pas notre usage, nous invitons nos enfants, nos nobles hôtes et nos principaux officiers ici présents à boire avec nous à la ronde. Qu'on emplisse les coupes appelées les neuf muses! qu'on les emplisse jusqu'au bord, du vin que l'on dit réservé à nos lèvres impériales!

Les coupes furent remplies suivant l'ordre de l'empereur; elles étaient d'or pur, et sur chacune d'elles on avait magnifiquement gravé en relief l'effigie de la muse à laquelle elle était dédiée.

— Vous, au moins, dit l'empereur, noble comte de Paris, vous et votre aimable épouse vous n'aurez pas de scrupule à faire raison à votre hôte impérial?

— Si ce scrupule doit impliquer quelque méfiance des provisions qui nous sont fournies, je dédaigne d'en avoir aucun de cette espèce, répondit le comte Robert. Si je commets un péché en prenant du vin aujourd'hui, ce n'est qu'un péché véniel, et je n'augmenterai pas de beaucoup mon fardeau en portant ce péché avec les autres jusqu'au confessionnal le plus proche.

— Prince Bohémond, dit l'empereur, ne vous laisserez-vous pas diriger par l'exemple de votre ami?

— Il me semble, répliqua le Normand-Italien, que mon ami aurait peut-être mieux fait de se laisser diriger par le mien ; mais qu'il en soit ce que sa prudence a voulu ; quant à moi, le bouquet d'un vin aussi exquis est tout ce qu'il me faut.

A ces mots il vida le vin dans un autre gobelet, et parut admirer attentivement la ciselure de la coupe et l'odeur du vin qu'elle avait contenu.

— Vous avez raison, sire Bohémond, dit l'empereur; cette coupe est d'un travail exquis, c'est l'ouvrage d'un ancien ciseleur grec. La fameuse coupe de Nestor, dont Homère nous a conservé le souvenir, était peut-être bien plus grande, mais à coup sûr elle n'égalait pas celle-ci pour la richesse de la matière, non plus que pour la beauté des ornements. Que chacun de mes hôtes étrangers accepte donc, comme un souvenir de moi, la coupe dans laquelle il a bu ou dans laquelle il aurait pu boire, et puisse l'expédition contre les infidèles être aussi heureuse que le méritent leur résolution et leur courage !

— Puissant empereur, dit Bohémond, si j'accepte votre présent, ce n'est que pour excuser l'apparente discourtoisie avec laquelle mes scrupules religieux m'ont empêché de faire raison à Votre Majesté, et pour vous montrer que nous nous séparons dans les termes de l'amitié la plus intime.

A ces mots, il fit un profond salut à l'empereur, qui lui répondit par un sourire où dominait une expression de sarcasme.

— Et moi, dit le comte Robert, comme j'ai peut-être chargé ma conscience d'un péché en buvant avec Votre Majesté Impériale, je la prie de m'excuser si je décline le blâme d'aider à dégarnir sa table de ces coupes précieuses. Nous les avons vidées à votre santé ; nous ne saurions en tirer aucun autre profit.

— Eh bien, reprit l'empereur, le prince Bohémond en profitera, lui, et elles seront portées dans sa tente, relevées encore de prix pour avoir eu l'honneur de vous servir. Il nous en reste, pour vous et pour votre comtesse, une autre suite aussi nombreuse que les grâces, encore qu'elle ne le soit pas autant que les nymphes du Parnasse. — Mais voici tinter la cloche du soir qui nous rappelle que l'heure du repos est arrivée, afin que nous soyons prêts à soutenir les travaux de demain.

L'assemblée se sépara donc. Bohémond quitta le palais cette nuit-là même, sans oublier les muses, dont il ne se montrait pas, en général, un fervent adorateur. Le résultat fut ce que le Grec astucieux avait désiré, il avait soulevé entre Bohémond et le comte, non pas une querelle, à proprement parler, mais une différence d'opinion. Bohémond sentait que le fier comte de Paris devait trouver sa conduite basse et sordide, et le comte Robert était moins porté qu'auparavant à se fier à ses conseils.

CHAPITRE XV.

Le comte de Paris et son épouse furent logés pour cette nuit dans le palais impérial de Blaquernal. Leurs appartements étaient contigus, mais la porte de communication en avait été fermée à la clef et au verrou. Ils s'étonnèrent d'abord quelque peu de cette précaution, mais elle leur fut expliquée par la sainte solennité du jour, excuse admissible et naturelle jusqu'à un certain point. Ni le comte ni la comtesse n'avaient, on peut le croire, la plus petite crainte personnelle de quoi que ce fût qui leur pût arriver. Leurs suivants, Marcian et Agathe, après s'être acquittés près de leur maître et de leur maîtresse de leurs fonctions habituelles, les quittèrent pour aller chercher le repos dans le lieu qui leur avait été assigné parmi les personnes de leur classe.

La journée précédente avait été une journée de surexcitation et de beaucoup de mouvement et d'intérêt; peut-être aussi, le vin réservé pour les lèvres impériales, dont le comte Robert n'avait bu qu'une coupe, il est vrai, mais de large capacité, était-il plus puissant que le jus délicat et de haute saveur des vignes de Gascogne. Dans tous les cas, il lui sembla, d'après le temps qu'il avait dormi, que le jour aurait déjà dû pénétrer dans sa chambre quand il s'éveilla, et cependant il n'était entouré que de ténèbres presque palpables. Quelque peu surpris, il ouvrit de grands yeux, et ne put rien discerner autour de lui que deux points d'une lumière rougeâtre qui brillaient, au milieu des ténèbres, d'un éclat qui leur était propre, comme les yeux d'un animal sauvage fixés sur sa proie. Le comte se leva sur son séant pour revêtir son armure, précaution nécessaire, si ce qu'il voyait était réellement un animal sauvage et en liberté. Mais au moment où le comte fit ce mouvement, ses oreilles furent frappées d'un hurlement profond, tel qu'il n'en avait jamais entendu, et qu'on aurait pu comparer à la masse de voix de mille monstres rugissant à la fois. A cette symphonie se joignit le bruit retentissant de chaînes de fer, et le bondissement d'une créature monstrueuse vers le lit, créature qu'un obstacle sembla cependant empêcher d'atteindre le but vers lequel elle s'était lancée. Alors elle poussa rugissements sur rugissements; ils étaient effroyables, et il était impossible que tout le palais n'en retentît pas. L'animal s'étendit à plusieurs verges plus près du lit que la place qu'il avait d'abord occupée, à en juger par le point où le comte avait vu briller ses yeux, et celui-ci ne savait quelle position ou quel mouvement ne le mettrait pas en contact avec lui. On entendait sa respiration, et le comte Robert crut même qu'il sentait la chaleur de son haleine, tandis que ses membres sans défense n'étaient peut-être pas à deux verges de distance des dents qu'il entendait s'aiguiser les unes sur les autres, et des griffes avec lesquelles il arrachait des fragments du plancher de chêne. Le comte de Paris était l'un des hommes les plus braves, à une époque où la bravoure était la propriété universelle de tous ceux qui se vantaient d'une goutte de sang noble ; et lui était un descendant de Charlemagne. Toutefois, c'était un homme ; on ne peut donc dire qu'il ait éprouvé, sans en être ému, le sentiment d'un danger si extraordinaire et si inattendu. Ce n'était point une alarme soudaine, une terreur panique ; c'était le sentiment calme d'un danger extrême, relevé par la ferme résolution de résister de tout son pouvoir, et de sauver sa vie, s'il était possible. Il se recula dans le fond du lit, qui n'était plus pour lui un lit de repos, s'éloignant ainsi, de quelques pieds, des deux globes étincelants qui demeuraient constamment fixés sur lui. En dépit de son courage, la nature lui suggéra péniblement l'image amère de ses membres brisés, torturés, lui vivant encore, entre les mâchoires de quelque monstrueux animal de proie. Une seule idée le rassurait un peu : — ce pouvait être une épreuve, une expérience du philosophe Agélastès ou de l'empereur lui-même, pour essayer ce courage dont les chrétiens se vantaient si hautement, et punir l'insulte inconsidérée que le comte avait eu la folie de faire, la veille, au monarque grec.

— On a bien raison de dire, pensa-t-il dans son agonie : — Ne bravez pas le lion dans son antre ! — Peut-être, dans ce moment même, quelque misérable esclave se demande-t-il si j'ai assez savouré cette agonie préliminaire de la mort, et s'il n'est pas temps de lâcher la chaîne qui empêche cet animal d'achever son œuvre. Mais vienne la mort quand elle voudra, on ne dira jamais que le comte Robert l'ait reçue avec des prières pour implorer la compassion, ou des cris de crainte et de douleur. Il tourna donc sa face contre la muraille, et attendit, dans une lutte morale qu'on ne saurait décrire, la mort qu'il croyait être très-prochaine.

Ses premières pensées avaient été inévitablement portées sur lui-même ; le danger avait été trop imminent et trop horrible pour admettre aucune autre idée qui aurait supposé une vue plus approfondie de son affreuse position. Toute autre réflexion sur des objets plus éloignés s'était absorbée, pour ainsi dire, dans la pensée dominante d'une mort immédiate. Mais quand ses idées s'éclaircirent, la sûreté de la comtesse fut la première qui se présenta tout à coup à son imagination. — Que ne souffrait-elle pas peut-être en ce moment ? et tandis qu'il était soumis lui-même à une épreuve si extraordinaire, à quoi n'étaient pas réservés son corps plus faible et son courage de femme? Était-elle encore à quelques pieds de distance de lui, comme au moment où il s'était couché la nuit précédente? ou bien les barbares qui avaient inventé pour lui une scène si cruelle avaient-ils profité de sa confiance imprudente et de celle de son épouse pour infliger à celle-ci quelque violence semblable, ou même encore plus perfide? Dormait-elle? était-elle éveillée ou pouvait-elle dormir à portée d'entendre de si près cet horrible cri qui ébranlait tout autour de lui? Il se résolut à prononcer son nom pour l'avertir, s'il était possible, d'être sur ses gardes, et de lui répondre sans s'aventurer témérairement dans l'appartement qui renfermait un hôte si horriblement dangereux.

Il prononça donc le nom de sa femme, mais d'une voix tremblante, et comme s'il eût craint que l'animal sauvage ne l'entendît.

— Brenhilda ! Brenhilda ! — il y a du danger ; — réveille-toi et parle-moi, mais ne te lève pas. Il n'y eut pas de réponse. — Ah çà ! que suis-je donc devenu, se dit-il à lui-même, que j'appelle Brenhilda d'Aspramont comme un enfant appellerait sa nourrice endormie, et cela parce qu'il y a un chat sauvage dans la même chambre que moi? Honte sur toi, comte de Paris ! que tes armoiries soient déchirées et tes éperons arrachés ! — Holà ! hé ! s'écria-t-il d'une voix haute mais cependant agitée, Brenhilda ! nous sommes assiégés de dangers, l'ennemi est là ! — Réponds-moi, mais ne bouge pas.

Un profond grognement du monstre qui se trouvait dans la chambre fut la seule réponse. Ce grognement semblait lui dire : — Tu n'as plus d'espérance ! — et il frappa le cœur du comte comme l'expression vraie du désespoir.

— Peut-être, cependant, se dit-il, je parle encore trop bas pour l'avertir de mon malheur. — Holà ! hé ! mon amour ! — Brenhilda !

Une voix creuse et triste, comme serait celle d'un habitant du tombeau, lui répondit de quelque distance : — Quel malheureux es-tu, toi qui t'attends à ce que les vivants pourront te répondre du séjour des morts?

— Je suis un chrétien, un noble libre du royaume de France, répondit le comte ; hier j'étais le capitaine de cinq cents hommes des plus braves de France, — c'est-à-dire les plus braves de tous les mortels, — et me voilà ici sans un seul rayon de lumière qui m'aide à éviter un chat-tigre sauvage prêt à s'élancer sur moi et à me dévorer.

— En ce cas, répondit la voix, tu es un exemple de l'inconstance de la fortune et tu ne seras pas le dernier. Moi qui souffre ici depuis trois ans, j'étais ce puissant Ursel, le concurrent d'Alexis Comnène pour la couronne de Grèce, qui fus trahi par mes confédérés. Privé de la vue, le don le plus précieux de l'humanité, j'habite ces voûtes souterraines proche voisin de ces animaux sauvages qui les occupent de temps en temps, et dont j'entends les cris de joie quand quelques infortunées victimes comme toi sont abandonnées à leur furie.

— N'as-tu donc pas entendu conduire ici, la nuit dernière, un guerrier et sa jeune épouse au son d'une musique qu'on aurait pu prendre pour une musique de noces ? — Oh Brenhilda ! toi si jeune, — si belle, — la trahison t'a-t-elle conduite à une mort si épouvantablement horrible ?

— Ne te figure pas que les Grecs gorgent leurs bêtes sauvages de mets si délicats. Pour leurs ennemis, et sous ce terme il faut entendre non-seulement tous ceux qui le sont en effet, mais tous ceux qu'ils haïssent ou qu'ils craignent, ils ont des cachots dont les portes une fois fermées ne tournent plus sur leurs gonds, des instruments d'acier rougis au feu pour leur arracher les yeux, des lions et des tigres quand c'est leur plaisir d'en finir vite avec leurs captifs. — Mais tout cela ce n'est que pour les prisonniers mâles. — Pour les femmes, — quand elles sont jeunes et belles, les princes du pays ont des places dans leur lit et dans leurs bosquets; elles n'y sont pas employées, comme les captives dans l'armée d'Agamemnon, à puiser de l'eau dans une fontaine d'Argos, mais elles y sont admirées, adorées par ceux que le sort a faits les maîtres de leurs destinées.

— Tel ne sera jamais le sort de Brenhilda ! s'écria le comte Robert ; son époux vit encore pour la protéger, et quand il mourrait, elle saurait comment le suivre sans laisser une tache sur l'écusson de l'un ou de l'autre.

L'autre captif ne répondit pas immédiatement. Ursel reprit cependant, après une courte pause : — Étranger, quel est ce bruit que je viens d'entendre ?

— Je n'entends rien, repartit le comte Robert.

— Mais moi, j'entends. La cruelle privation de mes yeux rend mes autres sens plus actifs.

— Ne te tourmente pas à ce sujet, compagnon d'infortune, mais attends en silence l'événement.

Tout à coup une lumière parut dans l'appartement, lugubre, rougeâtre et environnée de fumée. Le chevalier avait songé à une pierre et à un briquet qu'il portait habituellement sur lui; avec aussi peu de bruit qu'il avait pu, il s'en était servi pour allumer la torche placée à côté de son lit. Il la porta aussitôt à ses rideaux qui, étant de mousseline légère, furent enflammés en un moment. Le chevalier en profita pour sauter hors de son lit. Le tigre, car c'en était un, terrifié à cette vue, bondit en arrière et se retira aussi loin que sa chaîne le lui permit, sans songer à rien autre chose qu'à ce nouvel objet de terreur. Le comte Robert saisit un lourd tabouret de bois, et visant entre ces yeux qui maintenant réfléchissaient la lumière du feu, et qui naguère lui avaient paru si effrayants, il y lança ce lourd morceau de chêne avec une force qui ressemblait moins à celle d'un homme qu'à l'énergie d'une machine destinée à lancer des pierres. Il avait si bien employé ce moment, il avait si bien visé au but, que le projectile y arriva en plein avec une force incroyable. Le crâne du tigre, que peut-être ce serait exagérer que de représenter comme de la plus grande espèce, fut brisé du coup, et le comte, à l'aide de sa dague qu'heureusement on lui avait laissée, acheva le monstre, et eut la satisfaction de lui entendre pousser son dernier rugissement, et tourner dans une mortelle agonie ces yeux naguère si formidables.

Robert regarda autour de lui, et découvrit, à la lumière de l'incendie qu'il avait allumé, que l'appartement dans lequel il se trouvait n'était pas le même que celui où il s'était couché la nuit précédente. Il eût été difficile aussi de trouver un contraste plus frappant entre l'ameublement des deux, que celui qu'offraient les restes voltigeants des rideaux de mousseline à demi brûlés, et les murs épais et nus de la chambre elle-même, et le tabouret de bois qui venait de lui être d'une si grande utilité.

Le chevalier n'eut pas le loisir de tirer des conclusions sur un pareil sujet; il se hâta d'éteindre le feu qui, dans le fait, n'avait aucun aliment qui pût l'entretenir, et, à la lumière de son flambeau, passa à l'examen de l'appartement et des issues qu'il pouvait avoir. Il est à peine nécessaire de dire qu'il ne vit aucune communication avec la chambre de Brenhilda, ce qui le convainquit qu'on les avait, la nuit précédente, séparés sous prétexte de scrupules religieux, mais, dans le fait, pour accomplir quelque infâme dessein contre lui, et peut-être contre tous deux. Nous avons déjà vu quelle avait été, quant à lui, sa part d'aventures; la manière dont il avait triomphé jusque-là d'un danger formidable lui donna quelque espoir que, par son propre mérite et sa propre valeur, Brenhilda serait capable de se défendre contre toutes les attaques de la fraude ou de la force, jusqu'à ce qu'il pût s'ouvrir un chemin pour voler à son secours.

— J'aurais dû, se dit-il, avoir plus d'égards à la prudence de Bohémond dans le banquet d'hier au soir, qui me disait aussi clairement que s'il se fût servi de paroles pour l'exprimer que cette coupe de vin contenait un breuvage empoisonné. Mais, dans ce cas, honte sur ce chien d'avare! Comment était-il possible que je pensasse qu'il supputait rien de semblable, quand il ne parlait pas ouvertement comme un homme, et que, par sécheresse de cœur ou par égoïsme sordide, il me laissait courir le risque d'être empoisonné par ce despote astucieux?

En ce moment, la même voix se fit entendre du même côté qu'auparavant: — Holà! hé! holà, étranger! vivez-vous, ou bien avez-vous été égorgé? Que signifie cette suffocante odeur de fumée? Au nom de Dieu, répondez à un homme à qui ne peuvent plus rien apprendre ses yeux, fermés, hélas! pour toujours.

— Je suis libre, dit le comte, et le monstre destiné à me dévorer a poussé son dernier rugissement. Je voudrais, mon ami Ursel, puisque tel est ton nom, que tu eusses l'avantage de tes yeux pour avoir été témoin de ce combat-là; la chose en aurait valu la peine, quand tu aurais dû les perdre la minute d'après, et cela eût été grandement utile à quiconque aura la tâche d'écrire mon histoire.

Tout en s'abandonnant à cette vanité qui avait sur lui tant d'empire, il ne perdait pas de temps pour chercher comment il pourrait s'échapper du cachot; car par là seulement il pourrait espérer de retrouver la comtesse. A la fin, il reconnut une entrée dans le mur; mais elle était fortement assurée à la clef et au verrou. — J'ai trouvé le passage, cria-t-il tout haut, et la direction est précisément celle dans laquelle j'ai entendu ta voix. — Mais comment ferai-je pour ouvrir cette porte?

— C'est un secret que je t apprendrai, répondit Ursel. Plût à Dieu que je pusse aussi aisément détacher tous les verrous qui me séparent de l'air libre. Quant à ce qui est du cachot particulier où tu es renfermé, soulève la porte de toutes tes forces, jusqu'à ce que les verrous rencontrant une rainure pratiquée dans la pierre, tu n'auras qu'à pousser devant toi, pour que la porte s'ouvre. Je voudrais bien te voir, non-seulement parce qu'étant un homme brave, tu en vaudrais la peine, mais encore parce que je saurais que je ne suis pas condamné aux ténèbres à perpétuité.

Pendant qu'il parlait ainsi, le comte avait fait un paquet de son armure, à laquelle il ne manquait rien que son épée tranchefer. Il essaya ensuite quels efforts il pouvait faire pour ouvrir la porte de sa prison en se conformant aux intentions de l'aveugle. De pousser droit devant lui, il vit bientôt que cela ne lui servirait de rien; mais quand il appliqua ses forces colossales à soulever la porte aussi haut qu'elle pouvait aller, il eut la satisfaction de trouver que les verrous cédaient, quoiqu'avec peine. Un espace avait été creusé dans le mur, qui leur permettait de sortir de la gâche dans laquelle on les avait introduits de force, en sorte que, sans le secours d'une clef, mais par une poussée vigoureuse, le chevalier se fraya un étroit passage où il entra aussitôt, tenant son armure à la main.

— O étranger, je t'entends, et je sais que tu es arrivé dans le lieu de ma captivité. J'ai employé trois ans à creuser les rainures qui correspondent aux gâches dans lesquelles entrent ces verrous de fer, et j'ai su cacher mon secret aux gardiens de cette prison. Peut-être y aurait-il vingt verrous de cette espèce à scier avant que je me trouvasse en plein air. Quelle espérance y a-t-il que j'aie le courage de continuer cette tâche? Mais crois-moi, noble étranger, je me réjouis d'avoir jusqu'à ce point contribué à ta délivrance; car, si le Ciel ne bénit pas plus amplement notre soif de la liberté, nous pouvons cependant être l'un pour l'autre un objet de consolation, tant qu'il plaira à nos tyrans de nous laisser la vie.

Le comte Robert jeta les yeux autour de lui, et ne put s'empêcher de frémir, d'entendre une créature humaine accoupler les idées de consolation et de résidence dans ce qui lui semblait un tombeau pour les vivants. Le cachot d'Ursel n'avait pas plus de douze pieds carrés; il était voûté et solidement construit de grosses pierres dans lesquelles le ciseau avait creusé des mortaises pour qu'elles se liassent solidement l'une à l'autre. Un lit, un grossier tabouret, semblable à celui que Robert venait de lancer à la tête du tigre, et une table également grossière, en composaient seuls le mobilier; sur une longue pierre au-dessus du lit était cette inscription courte, mais terrible : « Zédékias Ursel, emprisonné ici aux ides de mars, A. D... mort et enterré dans le même lieu... » On avait laissé un blanc qu'on devait remplir avec la date. On pouvait à peine distinguer les traits et les formes du captif, au milieu du désordre de sa barbe et de ses vêtements. Ses cheveux non coupés ni peignés descendaient en mèches entortillées, et se mêlaient à sa barbe d'une longueur prodigieuse.

— Regarde-moi, dit le captif, et réjouis-toi de ce que tu peux voir encore à quelle misérable condition des tyrans au cœur de fer peuvent réduire un de leurs semblables, non-seulement quant à son existence mortelle, mais quant à son espérance à venir.

— Est-ce toi, repartit le comte Robert, qui commençait à sentir son sang se glacer dans ses veines, est-ce toi qui as eu le courage de passer ton temps à creuser ces blocs de pierre où les verrous étaient retenus?

— Hélas! que pouvait faire un pauvre aveugle? Il fallait bien que je m'occupasse, si je ne voulais devenir fou. Tout grand qu'était ce travail, ce n'a été pour moi que l'ouvrage de trois ans, et vous ne sauriez vous étonner que j'y aie consacré tout mon temps, puisque je n'avais rien autre chose pour l'occuper. Peut-être, et même très-vraisemblablement, est-il impossible de distinguer dans ce cachot les jours d'avec les nuits; mais l'horloge d'une cathédrale lointaine me disait quand une heure s'ajoutait aux autres, et toutes me trouvaient à frotter une pierre contre une autre pierre; mais quand la porte enfin céda, je trouvai que je n'avais fait que m'ouvrir un accès dans une prison encore plus forte que la mienne; et cependant je me réjouis, puisque cette circonstance nous a réunis, qu'elle t'a donné l'entrée de mon cachot, et à moi un compagnon pour partager ma misère.

— Élève-toi à de meilleures pensées que cela, dit le comte Robert, à des pensées de liberté, — à des pensées de vengeance. Je ne puis croire qu'une trahison si indigne ait une heureuse fin; autrement, il faut que je le dise, le Ciel ne serait pas aussi juste que nos prêtres le prétendent. Mais comment pourvoit-on à ta nourriture, dans ce cachot?

— Un gardien qui, je crois, ne comprend pas la langue grecque,

— du moins il ne m'a jamais adressé la parole, et ne m'a jamais répondu, — m'apporte un pain et une cruche d'eau qui suffisent à soutenir ma misérable existence pendant deux jours. Je vais même vous prier de vous retirer quelques instants dans le cachot voisin, afin que le gardien ne puisse s'apercevoir que nous avons des moyens de communiquer ensemble.

— Je ne vois pas comment le barbare, si c'en est un, peut entrer dans mon cachot sans passer par le vôtre; mais n'importe, je m'en vais me retirer dans la première ou dans la seconde pièce, quelle qu'elle soit, et soyez certain que le gardien aura quelqu'un avec qui lutter, avant d'achever aujourd'hui sa tournée. En attendant, figure-toi que tu es muet, aussi bien qu'aveugle, et sois persuadé que l'offre même de ma liberté ne me ferait pas déserter la cause d'un compagnon d'infortune.

— Hélas! répondit le vieillard, j'écoute tes promesses comme celles de la brise du matin, qui me dit que le soleil est au moment de se lever, quoique je sache que moi, du moins, je ne le dois plus voir. Tu es un de ces chevaliers hardis et ne doutant de rien, que depuis tant d'années l'occident de l'Europe a vomi sur cette terre pour y tenter des impossibilités; je ne puis donc attendre de toi que des espérances de secours aussi légères que les bulles de savon que souffle un enfant qui s'amuse.

— Pense mieux de nous, vieillard, répliqua le comte Robert en se retirant, ou du moins laisse-moi mourir le cœur chaud et croyant encore qu'il me sera possible de me réunir à ma bien-aimée Brenhilda.

A ces mots, il rentra dans son cachot et en referma la porte, pour que le gardien, quand il ferait sa visite, ne pût remarquer le travail d'Ursel, qui était tel, en effet, qu'il n'avait pas moins fallu, pour l'exécuter, que trois ans de solitude. — Il est malheureux, se dit-il quand il fut rentré dans sa prison, — car il concluait instinctivement que celle où l'on avait attaché le tigre lui avait été destinée, — il est malheureux que je n'aie pas trouvé pour compagnon de captivité un homme jeune et valide, au lieu d'un vieillard aveugle que l'emprisonnement et le malheur ont encore affaibli. Mais que la volonté de Dieu soit faite; je ne laisserai pas derrière moi le pauvre misérable que j'ai trouvé dans une pareille position, quoiqu'il soit complétement incapable de m'aider à accomplir ma délivrance, et qu'il doive bien plutôt la retarder. Cependant, avant que d'éteindre la torche, examinons attentivement pour voir si nous ne pourrons découvrir dans le mur aucune autre porte que celle du cachot de l'aveugle; dans le cas contraire, il faut soupçonner qu'on m'aura descendu par le plafond. Cette coupe de vin, — cette muse, comme ils l'appellent, avait bien plutôt le goût d'une médecine que d'un vin qu'on doive boire pour porter joyeusement la santé d'un ami.

Il commença, en conséquence, l'examen attentif des murs de sa prison, résolu à éteindre ensuite sa torche, afin d'attaquer dans l'obscurité et par surprise la personne qui entrerait dans son cachot. Pour une raison semblable, il traîna dans le coin le plus obscur la carcasse du tigre, et la cacha sous ce qui restait de ses draps et de ses couvertures, faisant serment, en même temps, qu'un demi-tigre décorerait à l'avenir son cimier, si, comme son grand cœur ne lui permettait pas d'en douter, il avait le bonheur de se tirer du danger dans lequel il se trouvait. — Mais, ajouta-t-il, si ces nécromantiques vassaux de l'enfer évoquent le diable contre moi, que ferai-je alors ? Et il y a tant de chances qu'ils le feront, qu'il ne faut pas éteindre cette torche. Mais c'est une puérilité pour un homme qui a été reçu chevalier dans la chapelle de Notre-Dame des Lances Rompues, de faire aucune différence entre une chambre éclairée et une chambre qui ne le serait pas. Qu'il vienne donc des démons aussi nombreux que ce cachot en pourra contenir, et nous verrons si je ne les reçois pas comme il convient à un chevalier chrétien ! A coup sûr, Notre-Dame, dont j'ai toujours été un dévot serviteur, me saura gré du sacrifice que j'ai fait de m'éloigner un moment de ma Brenhilda, pour honorer sa fête de l'Avent, circonstance qui a amené cette fatale séparation. Démons, je vous défie en corps et en esprit, et je garde les restes de cette torche pour quelque meilleure occasion ! A ces mots, il l'éteignit contre le mur, et s'assit tranquillement dans un coin, attendant ce qui pourrait arriver.

Les pensées se succédaient rapidement dans son esprit. Sa confiance dans la fidélité de sa femme, la haute opinion qu'il avait de sa force et de son activité peu communes, étaient ses principales consolations ; et il ne put se la représenter dans aucun danger si terrible, qu'il ne se ranimât par cette réflexion : — Elle est pure comme la rosée du ciel, et le Ciel n'abandonnera pas ce qui lui appartient.

CHAPITRE XVI.

> Étrange imitateur de l'homme, auquel tu inspires à la fois du dégoût et du mépris; toi qui es pour notre espèce comme un reproche et une plaisanterie, quel caprice est donc le nôtre, que nous trouvions du plaisir à voir nos propres traits, notre orgueil et nos passions, réfléchis sous une forme aussi grotesque que la tienne! *Anonyme.*

Le comte Robert de Paris s'étant caché derrière les ruines du lit, de manière à ne pouvoir être aperçu aisément, à moins qu'une forte lumière n'éclairât tout à coup sa retraite, attendit avec inquiétude, se demandant quand et comment s'introduirait le gardien chargé d'apporter des provisions aux prisonniers; mais il ne se passa pas longtemps sans que des signes certains l'avertissent de son approche.

Il entrevit une lumière pénétrant par ce qui semblait une trappe au sommet de la voûte; et il entendit une voix prononcer ces mots en anglo-saxon : — Saute, drôle, saute tout de suite; allons, sautez, mon brave Silvain : montrez-moi l'agilité de Votre Honneur. Une voix étrange, rauque et ricanante, répondit dans un langage totalement inintelligible pour le comte Robert, et semblait montrer peu d'envie d'obéir à cet ordre.

— Qu'est-ce que c'est, monsieur? reprenait l'autre interlocuteur; je crois que vous raisonnez? Si vous êtes si paresseux, je serai obligé de donner à Votre Honneur une échelle, et peut-être un coup de pied où vous savez, pour accélérer votre voyage.

En ce moment, quelque chose d'une très-grande taille, ayant forme humaine, bondit par la trappe et sauta à terre, quoique la distance pût être d'une douzaine de pieds. C'était un être gigantesque, qui avait plus de sept pieds de haut [1]. Dans sa main gauche il tenait une torche, et dans la droite un écheveau de soie qui se dévidait à mesure qu'il descendait, et qui ne se rompit pas, encore qu'il fût aisé de comprendre qu'il n'avait dû être d'aucun secours à une si volumineuse créature pour l'aider à descendre ainsi. Elle tomba avec sûreté et légèreté sur ses pieds, et, comme si elle eût rebondi sur le plancher, sauta de nouveau en l'air, au point de toucher presque la voûte. Dans cette dernière gambade, la torche qu'il portait s'éteignit; mais ce geôlier extraordinaire la fit tourner plusieurs fois autour de sa tête, avec une telle vélocité qu'elle se ralluma aussitôt. Il semblait que tel avait été son dessein; car pour s'assurer qu'il y avait réussi, il ap-

---

[1] Six pieds cinq pouces de France. (L. V.

CHAPITRE XVI.

procha avec précaution sa main gauche de la flamme. Cette expérience pratique eut, à ce qu'il paraît, des conséquences que la créature n'avait pas prévues, car elle poussa un cri de douleur, secoua sa main brûlée et proféra des sons qui avaient l'air d'une plainte articulée.

— Prends garde à toi, Sylvain, dit la même voix en anglo-saxon, d'un ton de reproche; holà! hé! à ton devoir, Sylvain! Porte la nourriture à l'aveugle, et ne t'amuse point à jouer là-bas, ou je ne te confierai plus seul une pareille commission!

La créature, — car c'eût été une témérité de l'appeler un homme, — tournant les yeux vers l'endroit d'où la voix était partie, répondit par une grimace effroyable et en montrant le poing. Cependant elle se mit aussitôt à défaire un paquet et à fourrager dans les poches d'une sorte de jaquette et de pantalon qu'elle portait, pour y chercher un trousseau de clefs qu'elle trouva enfin; après quoi elle prit un pain dans son paquet. Après avoir échauffé la paroi du mur, elle y fixa la torche à l'aide d'un morceau de cire; puis, cherchant soigneusement l'entrée du cachot du vieillard, elle l'ouvrit avec une clef qu'elle choisit dans le trousseau. Arrivée dans le corridor, elle parut chercher et découvrir le bras d'une pompe où elle emplit une cruche qu'elle portait; puis, revenant avec les débris du dernier pain et les restes de l'autre cruche d'eau, elle en mangea un peu, comme pour s'amuser, et bientôt elle rejeta à terre les fragments de pain avec une horrible grimace. Cependant le comte de Paris observait avec anxiété les mouvements de cet animal inconnu. Sa première pensée avait été que cette créature, dont la taille était beaucoup plus grande que celle de l'homme, dont les grimaces étaient si épouvantables et dont l'agilité semblait surnaturelle, ne pouvait être autre que le diable en personne ou quelqu'un de ses subalternes, dont la présence et les fonctions dans ces lugubres régions ne lui semblaient pas du tout difficiles à imaginer; cependant la voix humaine qu'il avait entendue était moins celle d'un sorcier conjurant un démon, que celle d'une personne donnant des ordres à un animal sauvage sur lequel l'éducation lui aurait acquis une grande supériorité.

— Honte sur moi, dit le comte, si je permets qu'un misérable singe, — car je suis convaincu que cet animal à face de démon n'est pas autre chose, quoique deux ou trois fois aussi grand qu'aucun de ceux de ses pareils que j'aie jamais vus; — honte sur moi, si je permets qu'il soit un obstacle à ce que je recouvre la lumière du jour et la liberté! Soyons seulement sur nos gardes, et il y a grande chance que ce geôlier velu nous serve de guide pour remonter aux régions supérieures.

Cependant l'animal, qui allait fourrageant partout, découvrit enfin le corps du tigre, — le toucha, le tira, fit une multitude de mouvements étranges, comme s'il s'étonnait de sa mort et la déplorât. Un moment il parut frappé de l'idée qu'il fallait que quelqu'un l'eût tué. Le comte Robert eut la mortification de le voir chercher de nouveau la clef du cachot d'Ursel, bondir vers la porte, comme si son intention eût été de l'étrangler, et tout cela avec une telle rapidité, qu'il eût exécuté ses projets de vengeance avant que le comte Robert pût intervenir pour l'en empêcher. Cependant, après réflexion, il sembla comprendre que l'infortuné Ursel ne pouvait être la cause de la mort du tigre, et qu'elle devait avoir pour auteur quelqu'un caché dans la première cellule.

Grommelant à voix basse, comme s'il se fût parlé à lui-même, et regardant attentivement dans tous les coins, cet animal effroyable, qui ressemblait tant à l'homme et qui lui ressemblait si peu, s'avança lentement le long de la muraille, remuant tout ce qui lui semblait propre à cacher un homme. Il allongeait de grands bras et de grandes jambes, et ses yeux, continuellement en alerte, cherchaient avec l'aide de la torche dans tous les coins du cachot.

Si le lecteur se rappelle la proximité de la collection d'animaux d'Alexis, il n'aura pas de peine à comprendre que la créature en question, dont la nature avait paru si problématique au comte de Paris, ne fût un individu de cette espèce gigantesque de singe — si ce n'était quelque animal plus rapproché encore de l'homme — à laquelle, je crois, les naturalistes ont donné le nom d'orang-outang. Cet animal diffère des autres singes en ce qu'il est comparativement plus docile et plus serviable, et que bien qu'il possède le talent d'imitation, qui est le propre de toute sa race, cependant il s'en sert moins pour une pure moquerie que dans un désir de perfectionnement et d'instruction complètement inconnu aux autres animaux de sa famille. L'aptitude qu'il a à recevoir l'instruction est vraiment surprenante, et il est probable que, placé dans une situation favorable, on pourrait jusqu'à un très-grand point en faire un animal domestique. Mais l'ardeur de la curiosité scientifique n'a jamais permis qu'on lui procurât ces avantages. Le dernier dont nous ayons entendu parler avait été vu, à ce que nous croyons nous rappeler, dans l'île de Sumatra; — il était d'une grande taille et d'une grande force, et avait plus de sept pieds de haut [1]. Il mourut en défendant d'une manière désespérée son innocente vie contre une troupe d'Européens qui auraient pu, je crois, faire un meilleur usage de la supériorité que l'éducation leur donnait sur ce pauvre indigène des forêts. C'est probablement cet animal, vu à de rares intervalles, mais qu'on ne peut oublier quand on l'a vu une fois, qui a donné naissance à la vieille fable de Pan avec ses sylvains et ses satyres. Bien plus, n'était le don de la parole dont nous ne pouvons supposer qu'aucun de ces animaux ait jamais été doué, nous serions portés à croire que le satyre que vit saint Antoine dans le désert appartenait à la famille des orangs-outangs

---

[1] Environ six pieds cinq pouces de France. (L. V.)

Nous pouvons donc plus aisément admettre ce que nous attestent les annales sur la collection d'histoire naturelle appartenant à Alexis Comnène, laquelle comprenait un animal de cette espèce, complètement dompté, réduit à l'état de domesticité, et qui montrait un degré d'intelligence à laquelle peut-être aucun autre individu de son espèce n'est jamais parvenu. Après ces courtes explications, nous reprenons le fil de notre histoire.

L'animal s'avançait donc à pas longs et silencieux ; son ombre, quand la torche était placée de manière à la rendre visible, reflétait sur la muraille une autre figure diabolique, répétant exactement sa grande taille et ses membres démesurément prolongés. Le comte Robert restait dans sa cachette, nullement impatient de précipiter une rencontre dont il était impossible de prévoir l'issue. Cependant l'homme des bois approchait, et chacun de ses pas faisait palpiter le cœur du comte au point qu'on aurait pu en entendre les battements, à l'idée d'affronter un danger d'une nature si étrange et si nouvelle. Enfin l'animal s'approcha du lit ; — ses yeux hideux se fixèrent sur ceux du comte, et aussi surpris de le voir que Robert pouvait l'être de la rencontre, il bondit d'un seul coup d'une quinzaine de pas en arrière, en poussant un cri de terreur instinctive ; puis il avança de nouveau sur la pointe des pieds, étendant sa torche le plus en avant qu'il pouvait entre lui et l'objet de sa frayeur, comme pour l'examiner d'aussi loin qu'il le pourrait faire sans danger. Le comte Robert se saisit d'un fragment de la couchette assez grand pour figurer une sorte de massue dont il se servit pour menacer l'enfant du désert.

Apparemment l'éducation du pauvre animal, comme beaucoup d'autres éducations, ne s'était pas terminée sans un certain nombre de coups, dont le souvenir était aussi frais dans sa mémoire que les leçons qu'ils lui avaient inculquées. Le comte Robert était homme à s'apercevoir et à profiter immédiatement de l'avantage qu'il se découvrait sur son ennemi, et que jusque-là il n'avait pas soupçonné. Il déploya sa riche taille, prit une attitude aussi imposante qu'en champ clos, et s'avança en menaçant l'orang-outang de sa massue, comme il eût menacé un antagoniste avec sa redoutable Tranchefer. De son côté, l'homme des bois rompit évidemment, et changea sa marche prudente en avant contre une retraite non moins prudente. Cependant il ne paraissait pas qu'il eût renoncé à tout plan de résistance ; il fit entendre un grognement hostile et colère, et se mit en garde avec sa torche, comme s'il se fût disposé à en frapper le comte. Robert résolut de profiter de l'avantage que lui donnait sur son adversaire la frayeur que celui-ci manifestait, et pour cela il était à désirer qu'il pût le priver de la supériorité de force et d'agilité qu'il était évident que cet animal devait posséder sur l'espèce humaine. En maître accompli de l'art de l'escrime, le comte feignit de menacer son sauvage antagoniste d'un coup sur le côté droit de la tête, tandis que, renversant subitement le poignet, il lui en porta un, de toutes ses forces, sur la tempe gauche, et en un instant se trouva à genoux sur lui, la dague tirée, et prêt à le priver de la vie.

Ignorant la nature de l'arme nouvelle dont il était menacé, l'orang-outang essaya, par un seul et même mouvement, de se relever de terre, de renverser son antagoniste, et de lui arracher sa dague. Il eût probablement réussi dans le premier point, car déjà il s'était relevé sur ses genoux, et semblait devoir l'emporter dans la lutte, quand il sentit que le chevalier, retirant fortement à lui le poignard dont il avait saisi la lame, lui coupait la main. Puis, quand il le vit diriger cette arme tranchante sur sa gorge, il comprit probablement que son ennemi était maître de sa vie. Il se laissa alors coucher une seconde fois sur le dos, sans plus essayer de résister, et poussa un cri lugubre et mélancolique se rapprochant de la voix humaine, et bien propre à exciter la compassion. En même temps, il se couvrit les yeux de celle de ses mains qui n'était pas blessée, comme s'il voulait dérober à sa vue la mort qui lui semblait imminente

Malgré sa frénésie militaire, le comte Robert était, dans les choses ordinaires de la vie, un homme calme, modéré et bienveillant, surtout envers les êtres inférieurs de la création. Une pensée se porta précipitamment à son esprit : — Pourquoi, se dit-il, enlèverais-je à ce monstre malheureux l'air qui traverse maintenant ses poumons, lui qui ne doit point connaître une autre existence? Et puis, ne pourrait-ce pas être quelque prince, quelque chevalier transformé par enchantement en cette forme grotesque, pour aider à la garde de ces voûtes souterraines et aux aventures merveilleuses qui doivent s'y rattacher? Ne serais-je donc pas coupable d'un crime, si je le tuais quand il s'est rendu, secouru ou non, ce qu'il a fait aussi complètement que lui permet la figure dans laquelle il a été transformé. Et si c'est un simple animal, pourquoi ne serait-il pas susceptible de quelque sentiment de reconnaissance? J'ai entendu les ménestrels chanter le lai d'Androclès et de son lion. Je me tiendrai sur mes gardes avec lui.

A cette pensée, il se releva de dessus l'homme des bois, et lui permit de se relever aussi. L'animal parut comprendre cet acte de clémence, car il murmura, d'un ton bas et suppliant, quelque chose qui semblait à la fois implorer merci et remercier de celle qu'il avait déjà éprouvée. Il pleura aussi quand il vit le sang qui sortait de sa plaie; et avec une expression de physionomie qui se rapprochait plus de la figure humaine, maintenant qu'on voyait s'y peindre la douleur corporelle et la tristesse de l'âme, il sembla attendre avec terreur ce que déciderait de son sort un être plus puissant que lui.

La petite poche que le chevalier portait sous son armure ne pouvait contenir que bien peu de chose; toutefois il s'y trouvait un vulnéraire balsamique dont il avait souvent besoin; de la charpie et une petite bande de linge roulé. Le chevalier les en retira, et fit signe à l'animal de lui présenter sa main blessée. L'homme des bois obéit avec hésitation et comme à regret. Le comte Robert fit la lotion de baume et le pansement, tout en disant à son patient que peut-être il avait tort d'employer en sa faveur un baume composé pour le service des plus nobles chevaliers ; mais qu'au moindre signe qu'il lui verrait faire, indiquant un usage ingrat du bienfait qu'il lui avait conféré, il entrerait jusqu'à la garde dans son corps la dague dont il avait déjà reconnu l'efficacité.

L'hôte des forêts regarda fixement le comte Robert, comme s'il eût compris le langage qu'il lui adressait ; puis, faisant entendre un des murmures qui lui étaient naturels, il se baissa vers la terre, baisa les pieds du chevalier, embrassa ses genoux et sembla lui jurer une reconnaissance et une fidélité éternelles. Aussi, quand le comte se fut retiré vers le lit et qu'il se fut revêtu de son armure pour attendre que la trappe se rouvrît, l'animal s'assit auprès de lui dirigeant ses yeux du même côté que les siens, et paraissant attendre tranquillement qu'il en fût ainsi.

Au bout d'une heure environ, on entendit un petit bruit dans la pièce supérieure, et l'homme des bois tira le Français par son manteau comme pour appeler son attention sur ce qui allait arriver. Après un ou deux coups de sifflet, on entendit la même voix qui avait déjà parlé s'écrier : — Sylvain, Sylvain ! à quoi t'amuses-tu là-bas ? Viens à l'instant, ou, par la Croix, tu porteras la peine de ta fainéantise !

Le pauvre monstre, comme Trinculo[1] aurait pu l'appeler, semblait parfaitement comprendre la portée de cette menace, et le montrait en se rapprochant tout près du comte Robert et faisant entendre en même temps de petits accents plaintifs, comme pour implorer la protection du chevalier. Oubliant combien il était improbable que, même dans son opinion, cet animal pût le comprendre, celui-ci lui dit : — Eh quoi ! mon ami, tu as déjà appris la principale prière des courtisans de ce pays, celle par laquelle ils demandent qu'il leur soit permis de parler et de vivre. Ne crains rien, pauvre créature, — je suis ton protecteur.

— Holà ! hé ! Sylvain ! reprit la même voix ; qui donc as-tu trouvé pour compagnon ? — Est-ce quelqu'un des démons ou des esprits d'hommes égorgés qui fréquentent, à ce que l'on dit, ces cachots ? ou bien es-tu en conversation avec ce vieux rebelle, ce vieux Grec aveugle ? — ou ce qu'on dit de toi serait-il vrai, que tu sais parler d'une manière intelligible, et que si tu ne rends que des sons inarticulés et des grognements, c'est de peur qu'on ne te force à travailler comme un homme ? Allons, arrive ici, paresseux ! tu auras la commodité d'une échelle pour monter, quoique tu n'en aies pas plus besoin que

[1] Un des personnages comiques de Shakspeare. (L. V.)

l'oiseau pour s'élever jusqu'à la flèche de la cathédrale de Sainte-Sophie. Allons, viens donc, reprit-il en passant une échelle par la trappe, et ne me donne pas la peine de descendre pour te chercher, ou par saint Swithin il t'en cuira. Viens donc comme un brave garçon, et pour aujourd'hui je t'épargnerai le fouet.

L'animal parut touché de cette rhétorique, car d'un regard douloureux, que le comte Robert vit à la lumière de la torche presque éteinte, il sembla lui dire adieu, et se dirigea en rechignant vers l'échelle, avec la même bonne grâce qu'un futur pendu apporte à cette dernière évolution. Mais le comte n'eut pas plutôt pris un air mécontent, et agité sa formidable dague, que l'intelligent animal parut prendre tout d'un coup sa résolution, et que, serrant les poings l'un contre l'autre comme un homme décidé, il revint du pied de l'échelle se placer derrière le comte Robert; — de l'air, cependant, d'un déserteur qui se sent peu à l'aise quand il se voit appelé à se mettre en campagne contre son ancien commandant.

Au bout de peu d'instants, la patience du geôlier fut épuisée, et, perdant l'espoir de voir Sylvain revenir de lui-même, il se décida à aller le chercher. Il descendit le long de l'échelle, s'aidant d'une main et de l'autre portant un trousseau de clefs, tandis qu'il avait sur la tête une sorte de lanterne sourde dont le fond était fait de telle façon qu'on pouvait la mettre sur la tête en guise de chapeau. A peine posait-il le pied à terre, qu'il fut saisi par les bras nerveux du comte de Paris. La première idée du gardien fut que c'était le singe révolté qui lui jouait un de ses tours.

— Qu'est-ce que cela, scélérat? lâche-moi, ou tu es mort!

— Tu es mort toi-même, dit le comte, qui comprit parfaitement quel avantage lui donnaient la surprise d'abord, et puis son habileté dans les exercices de la lutte.

— Trahison! trahison! cria le gardien, apprenant par cette voix qu'un étranger s'était mêlé à la contestation : — Au secours! holà! hé, là-haut! — au secours, Hereward, — Varangien, — Anglo-Saxon, ou de quelque damné nom que tu t'appelles!

Tandis qu'il parlait ainsi, la main de fer du comte Robert le saisit à la gorge, et étouffa au passage ce qu'il aurait voulu dire encore. Tous deux tombèrent lourdement, le gardien en dessous, sur le plancher du cachot, et le comte Robert, dont la position était l'excuse, plongea sa dague dans la gorge de ce malheureux. Dans ce moment même, un bruit d'armes se fit entendre, et notre connaissance Hereward, descendant précipitamment l'échelle, se trouva debout dans le cachot. La lumière qui avait roulé de dessus la tête du garde ne s'était pas éteinte; elle le lui montra perdant des flots de sang, et se débattant entre les mains d'un étranger qui l'étouffait. Hereward n'hésita pas à voler à son secours, et saisissant sur le comte de Paris le même avantage que celui-ci avait pris un moment auparavant sur son adversaire, il le tint avec force sous lui, la face contre terre.

Le comte Robert était l'un des hommes les plus vigoureux de cette époque guerrière, mais le Varangien ne l'était pas moins ; et si ce dernier n'avait pas eu un avantage décidé en tenant son adversaire sous lui, il aurait certainement été impossible de prévoir l'issue du combat.

— Rends-toi ! dit le Varangien, rescousse ou non rescousse¹, pour me servir de ton propre jargon, ou meurs d'un coup de mon poignard.

— Un comte français ne se rend jamais, répondit Robert, qui commençait à conjecturer à quelle sorte de personne il avait affaire, surtout à un esclave vagabond comme toi ! A ces mots, il fit pour se relever un effort si soudain, si bien calculé, si terrible, qu'il échappait presque aux mains vigoureuses du Varangien, si Hereward n'eût déployé de son côté la totalité de ses forces, et s'il n'eût levé son poignard pour terminer à jamais la lutte. En ce moment, on entendit une sorte de gloussement ou d'éclat de rire dont le son s'éloignait de la voix humaine ; le bras que le Varangien étendait pour frapper fut saisi avec vigueur, tandis qu'un autre bras velu, le saisissant à la gorge, le renversa sur le dos, et donna ainsi au comte Robert la facilité de se relever.

— Mort sur toi, misérable, s'écria le Varangien, sans trop savoir qui il menaçait. Mais l'homme des bois conservait apparemment un terrible souvenir de la prouesse des êtres humains ; il s'enfuit donc et grimpa légèrement au haut de l'échelle, laissant Hereward et son libérateur achever le combat avec telle chance de succès qu'il appartiendrait.

Les circonstances semblaient annoncer un combat désespéré. Tous deux étaient grands, forts et courageux ; tous deux avaient des armes défensives, et n'en avaient point d'autre offensive que le dangereux et fatal poignard. Ils s'arrêtèrent un moment l'un vis-à-vis de l'autre, et examinèrent attentivement leurs moyens respectifs de défense, avant que de hasarder un coup qui, s'il manquait le but, serait certainement rendu par l'adversaire d'une manière fatale. Pendant cet instant de silence mortel, un rayon de lumière brilla à l'ouverture de la trappe, et l'on vit la figure sauvage et alarmée de l'homme des bois se dessiner à la lumière d'une nouvelle torche qu'il baissait dans le cachot autant que le permettait la longueur de ses bras.

— Combats bravement, camarade, dit le comte Robert, car l'affaire n'a plus lieu en secret, puisqu'il a plu à ce respectable personnage de se constituer juge du camp.

Toute critique qu'était la situation, le Varangien leva les yeux et fut si frappé de l'expression sauvage et terrifiée des traits grotesques de

---

¹ Secouru ou non secouru. C'était la formule des chevaliers francs. (L. V.)

l'animal, qui exprimaient à la fois la curiosité et la frayeur, qu'il ne put s'empêcher de partir d'un grand éclat de rire.

— Sylvain, dit-il, est un de ces individus qui aimeraient mieux tenir la chandelle pour éclairer une danse si formidable que de s'y joindre.

— Y a-t-il donc, reprit le comte Robert, nécessité absolue que toi et moi nous l'exécutions, cette danse ?

— Pas d'autre que votre bon plaisir ; car je ne soupçonne pas qu'il existe entre nous aucune cause légitime de querelle qui demande à être vidée dans un tel lieu et devant un tel spectateur. Tu es, si je ne me trompe, ce hardi comte français qui, la nuit dernière, fut emprisonné dans ce cachot avec un tigre enchaîné à peu de distance de son lit ..

— Moi-même, répondit le comte.

— Et qu'est devenu l'animal que l'on t'avait opposé ?

— Il est étendu là, et désormais il ne sera pas un objet de plus de terreur que le daim dont il aurait pu faire sa proie de son vivant. — Et du doigt il lui désigna le cadavre du tigre, qu'Hereward examina à la lumière de la lanterne sourde dont nous avons déjà parlé.

— Et c'est là l'œuvre de tes mains ? dit l'Anglo-Saxon émerveillé.

— Il n'y a pas de doute, répondit le comte avec indifférence.

— Et tu as tué aussi mon camarade dans cette étrange garde ?

— Je l'ai blessé mortellement, tout au moins.

— Si tu n'es pas autrement pressé d'en finir, je te serais obligé de m'accorder un moment de trêve pour examiner sa blessure.

— Bien volontiers ; maudit soit le bras qui frapperait en traître un adversaire généreux !

Sans demander de plus amples garanties, le Varangien quitta sa position de défense et de précaution. A l'aide de la lanterne sourde, il examina la blessure du premier gardien qui était descendu dans ce champ clos, et qui, par son uniforme romain, semblait être l'un des soldats des cohortes appelées les Immortelles. Il le trouva agonisant, mais encore en état de parler.

— Ainsi, Varangien, dit-il, te voilà arrivé, à la fin ; — est-ce à ta lenteur ou à ta trahison que je dois imputer mon sort ? — Non, ne me réponds pas ! — L'étranger m'a frappé au-dessus de la clavicule ; — si nous avions longtemps vécu ensemble, ou que nous nous fussions souvent rencontrés, c'est une opération que je t'aurais faite pour t'ôter la mémoire de certains faits qui se sont passés à la Porte d'Or. — Je connais trop bien le poignard pour douter de l'effet d'un coup porté au-dessus de la clavicule par une main si puissante ; — je sens ma fin qui arrive. — L'Immortel, comme on l'appelle, devient immortel en effet, si nos prêtres nous disent la vérité, et l'arc de Sébastès est brisé avant que son carquois soit à moitié vide.

Le brigand grec se laissa retomber en arrière dans les bras d'Hereward, et termina sa vie par un gémissement, le dernier son qu'il fit entendre. Le

Varangien étendit le corps tout de son long sur le plancher du cachot.

— L'affaire se complique, dit-il; certainement je ne suis pas obligé de mettre à mort un brave chevalier, quoique mon ennemi, nationalement parlant, pour avoir tué un mécréant qui complotait en secret de m'assassiner. D'un autre côté, ce ne sont pas ici le lieu et la lumière convenables pour combattre comme les champions de deux nations. Laissons donc sommeiller cette querelle quant à présent. — Qu'en dites-vous, noble seigneur? si nous ajournions la présente dispute jusqu'à ce que nous soyons parvenus à vous tirer des prisons du palais de Blacquernal et que nous vous ayons rendu à vos amis et à ceux qui marchent à votre suite? Si un pauvre Varangien pouvait vous être de quelque utilité dans cette affaire, refuseriez-vous, une fois qu'elle serait terminée, de le rencontrer en champ clos avec les armes ordinaires à votre nation, ou avec les siennes?

— Ami ou ennemi, répondit le comte Robert, si tu veux étendre ton assistance jusqu'à ma femme, qui est prisonnière quelque part dans ce château inhospitalier, sois sûr que, quels que soient ton rang, ton pays et ta position, Robert de Paris sera également prêt, à ton choix, à te tendre la main en signe d'amitié, ou à la lever sur toi en combat singulier : — non pas dans une lutte de haine, mais toute d'honneur et d'estime; et cela, je te le jure par l'âme de Charlemagne, mon aïeul, et par la chapelle de ma patrone, Notre-Dame des Lances Rompues.

— Il suffit; il est aussi bien de mon devoir à moi, pauvre exilé, de secourir la comtesse votre épouse, que si j'étais placé aux premiers rangs de la chevalerie; car si quelque chose rend plus sacrée encore la cause du mérite et du courage, c'est lorsqu'elle se trouve être en même temps celle d'une femme faible et opprimée.

— Je devrais, reprit le comte Robert, garder ici le silence, sans lasser ta générosité par de nouvelles requêtes; cependant, si la fortune n'a pas souri à ta naissance en te faisant sortir des rangs de la noblesse et de la chevalerie, tu n'en es pas moins un homme auquel la Providence a rendu plus que justice, en t'accordant un cœur plus généreux que n'en possèdent toujours, je le crains bien, ceux qui sont arrivés aux plus hauts honneurs de la chevalerie. Ici languit dans ces cachots, je ne saurais dire qu'il vit, un vieillard aveugle, pour qui tout ce qui s'est passé depuis trois ans hors de cette prison n'a pour ainsi dire pas existé : sa nourriture n'a été que du pain et de l'eau; ses rapports se sont bornés à ceux qu'il a eus avec un geôlier taciturne; et si jamais la mort peut être appelée notre libératrice, ce serait bien dans le cas de ce vieillard aveugle. Qu'en dis-tu? cet homme, dont rien ne saurait exprimer la misère, ne profitera-t-il pas de la seule occasion qui doive peut-être s'offrir à lui de recouvrer la liberté?

— Par saint Dunstan! tu fais plus que tenir le serment que tu as prêté en qualité de redresseur de torts! Ta position est presque désespérée, et voilà que tu voudrais la rendre tout à fait telle en l'unissant d'intérêts à celle de tout malheureux que le sort peut avoir jeté sur ton passage!

— Plus nous essaierons de soulager de misères humaines, plus nous porterons avec nous de bénédictions des saints miséricordieux et de Notre-Dame des Lances Rompues, qui voit avec tant de compassion toute espèce de souffrance et de malheur dont peuvent être affligés les hommes, à l'exception des accidents qu'ils éprouvent en champ clos. Mais allons, vaillant Anglo-Saxon, fais, si tu le peux, une prompte réponse à ma requête. Il y a quelque chose dans ta figure qui respire la franchise et le bon sens, et c'est avec la plus grande confiance que je désire nous voir à la recherche de ma comtesse bien-aimée, qui, une fois délivrée, nous sera d'un puissant secours pour arriver à la délivrance des autres.

— Hé bien! soit; nous allons nous mettre en quête de la comtesse Brenhilda; et si, sa délivrance opérée, nous nous trouvons assez forts pour rendre à la liberté le vieil aveugle, ce ne sera ni ma couardise ni mon manque de compassion qui y mettront obstacle.

CHAPITRE XVII.

> Il est étrange que dans la mine obscure et sulfureuse où la cruelle ambition empile ces magasins de tonnerres endormis, l'Amour interpose parfois son maigre flambeau, et fait éclater la terrible explosion au moment où celui qui a préparé la mine s'y attend le moins. *Anonyme.*

Le même jour, vers midi, Agélastès rencontra Achille Tatius, le commandant de la garde varangienne, dans les ruines de ce même temple égyptien dont nous avons déjà parlé comme ayant été témoin d'une entrevue entre Hereward et le philosophe. Cette fois les deux interlocuteurs semblaient dans des dispositions d'esprit bien différentes : Tatius était triste, abattu, mélancolique, tandis que le philosophe conservait l'indifférence calme qui lui avait procuré et en quelque sorte mérité l'épithète d'éléphant.

— Tu t'arrêtes, Achille Tatius, maintenant que tu t'es exposé franchement à tous les dangers qui se trouvaient entre la grandeur et toi. Tu es comme le jeune enfant qui avait ouvert l'écluse sur le moulin, et qui, cela fait, au lieu de tirer le parti convenable de la machine, fut terrifié de la voir en mouvement.

— Tu me juges mal, Agélastès, complétement mal, je suis plutôt semblable au marin qui, bien que déterminé à faire le voyage, ne peut s'empêcher de jeter un triste regard sur la côte dont il s'éloigne, — et dont, peut-être, il s'éloigne pour toujours.

— Cette pensée peut être bonne en soi; mais pardonnez-moi, vaillant Tatius, si je vous dis qu'il eût mieux valu vous y livrer plus tôt; le petit-fils d'Alguric le Hun aurait dû calculer les chances et les résultats avant que d'étendre la main vers le diadème de son maître.

— Plus bas, au nom du Ciel! dit Tatius regardant tout autour de lui; ce que tu sais est un secret entre nous deux : car si le césar Nicéphore l'apprenait, où en serions-nous, nous et notre conspiration?

— Nos corps, probablement, seraient pendus au gibet, et nos âmes seraient en route pour découvrir les mystères que jusqu'ici tu as reçus de confiance.

— Hé bien! la possibilité d'un tel sort ne devrait-elle pas nous rendre prudents?

— *Hommes* prudents, soit, mais non enfants timides.

— Les murs de pierre peuvent entendre, — reprit l'acolouthos en baissant la voix. Denis le Tyran avait, à ce que j'ai lu, une oreille qui lui rapportait tout ce qui se disait le plus secrètement dans sa prison d'état à Syracuse.

— Et cette oreille est encore à Syracuse. Dis-moi, mon très-simple ami, crains-tu qu'elle n'ait été transportée ici dans une seule nuit, comme les Latins croient que la maison de Notre-Dame l'a été à Lorette?

— Non; mais l'affaire est si importante qu'on ne saurait employer trop de précautions.

— Hé bien donc! ô toi, le plus prudent des candidats à l'empire et le plus froid des chefs militaires, apprends que le césar, pensant, je crois, qu'il est impossible que l'empire échée à un autre qu'à lui, s'est mis en tête de regarder comme chose toute naturelle qu'il doive succéder à Alexis, à quelque époque que l'élection ait lieu. En conséquence, comme on prend ordinairement peu de soin pour amener un événement qui semble dans l'ordre naturel des choses, il nous a laissé, à toi et à moi, le soin de surveiller ses intérêts dans cette occasion importante; tandis que lui, le stupide voluptueux, est devenu amoureux fou, — de qui penses-tu? — de quelque chose entre l'homme et la femme : — femme dans ses traits, ses membres, et dans une partie au moins de ses vêtements; mais, par saint Georges, homme, et très-homme, dans le reste de son costume, dans ses goûts et dans ses exercices.

— Tu veux parler de l'amazone, dit Achille, de la femme de ce Franc au poignet de fer qui, la nuit dernière, a brisé d'un seul coup le lion d'or de Salomon? Par saint Georges! le moins qui lui puisse arriver d'un pareil amour, c'est d'avoir les os rompus.

— Cela n'est pas tout à fait aussi improbable que de voir l'oreille de Denis voler de Syracuse ici en une seule nuit; mais il est devenu présomptueux par suite des succès que sa prétendue beauté lui a valus auprès des dames grecques.

— Et sans doute il aura été trop présomptueux pour faire, dans ces succès, la part convenable à sa position de césar et à sa chance de devenir empereur.

— En attendant, j'ai promis de lui ménager une entrevue avec sa Bradamante, qui, peut-être, récompensera ses tendres épithètes de *Zoé kai Psyché* en séparant son âme amoureuse de sa personne sans égale.

— Mais, en attendant aussi, j'en conclus que tu as obtenu tous les ordres verbaux et par écrit qui peuvent dépendre du césar, de nature à avancer l'accomplissement de nos projets.

— Assurément; c'est une occasion qu'il ne faut pas laisser échapper. Cet accès d'amour ou de folie l'a rendu aveugle, et sans exciter trop l'attention sur la marche de notre complot, nous pouvons conduire nos affaires à bien sans occasionner de remarques malveillantes. Aussi, bien que je sente que de pareilles démarches ne conviennent guère à mon âge ni à ma réputation, cependant comme leur but final est de changer un digne acolouthos en empereur, je ne rougis pas d'avoir ménagé au césar une entrevue avec la dame qui lui tient si fort à cœur. — Cependant, quels progrès as-tu fait auprès des Varangiens, qui, sous le rapport de l'exécution, sont le bras droit de notre entreprise?

— Pas tout à fait aussi considérables que je l'aurais désiré; je me suis pourtant assuré de cinquante ou soixante de ceux que j'ai trouvés les plus accessibles, et je ne doute pas que, le césar une fois mis de côté, nous ne leur fassions crier : Vive Achille Tatius!

— Et quoi de nouveau, quant à ce brave qui assistait à nos lectures, votre Edward, comme l'appelle Alexis?

— Je n'ai fait aucune impression sur lui; et j'en suis fâché, parce qu'il jouit de l'estime de ses camarades, et que c'est un de ceux que les autres suivraient le plus volontiers. En attendant, je l'ai placé comme sentinelle additionnelle auprès de cette tête de fer, le comte de Paris, et il est probable qu'il le tuera, car ils ont tous deux un amour invétéré de batailles. Si dans la suite les Croisés nous en faisaient une cause de guerre, nous en serions quittes pour leur livrer le Varangien, en disant que la mort du comte a été une catastrophe imprévue et le résultat d'une haine personnelle. Tout cela bien préparé à l'avance, quand et comment agirons-nous avec l'empereur?

— Quant à cela, il nous faut consulter le césar ; car, bien que le bonheur qu'il attend aujourd'hui ne soit pas plus certain que son élévation à l'empire qu'il espère pour demain, et qu'il soit plus fortement préoccupé de ses succès auprès de sa comtesse que de la perspective d'une couronne, il veut cependant être traité comme le chef de l'entreprise

Ma Vie et mon Ame.

qui doit la lui donner. Mais pour vous dire mon opinion, vaillant Tatius, je crois que la journée de demain sera la dernière où Alexis tiendra les rênes de l'empire.

— Fais-le-moi savoir d'une manière certaine aussitôt que tu le pourras, afin que je puisse prévenir mes complices qui doivent rassembler les bourgeois révoltés et ceux des Immortels qui sont d'accord avec nous, dans le voisinage de la cour et en position d'agir ; — surtout pour que je puisse disperser dans des postes éloignés ceux des Varangiens auxquels je ne saurais me fier.

— Comptez sur moi, pour vous donner les nouvelles et les instructions les plus positives dès que j'aurai vu Nicéphore Brienne. — Permettez-moi une question : que fera-t-on de la femme du césar ?

— Ma foi, on la mettra quelque part, n'importe où, pourvu que je ne sois plus obligé d'entendre son histoire. Si ce n'avait été pour cette peste de lectures, qui reviennent tous les soirs, peut-être aurais-je poussé la bonté jusqu'à prendre moi-même soin de sa destinée, et jusqu'à lui apprendre la différence qu'il y a entre un véritable empereur et ce Brienne, qui a une si haute opinion de lui-même. A ces mots ils se séparèrent, l'acoulouthos ayant l'œil et le geste infiniment plus assurés qu'au commencement de cette entrevue.

Agélastès accompagna d'un sourire méprisant son complice qui s'éloignait : — Voilà un grand sot ! dit-il ; son défaut de bon sens empêche que ses yeux ne soient éblouis par la torche qui ne saurait manquer de le consumer. Un misérable qui n'a reçu qu'une demi-éducation, qui n'agit qu'à demi, ne pense qu'à demi et n'ose qu'à demi ; dont les plus pauvres pensées, — et celles qui méritent ce nom doivent être bien pauvres en effet, — ne sont pas le produit de sa propre intelligence. Il s'attend à circonvenir le brave, l'orgueilleux, le hautain Nicéphore Brienne ! S'il le fait, ce ne sera point par sa propre habileté, et encore moins par sa valeur. Anne Comnène, cette âme pleine de talent et de génie, ne sera pas enchaînée à une bûche aussi peu douée de la pensée que ce demi-barbare. Non, — elle aura un époux de pure extraction grecque, et riche de cette science qu'on étudiait quand Rome était grande et la Grèce illustre. Et ce ne sera pas le moindre charme du trône impérial, que de le partager avec une femme à qui ses études personnelles auront appris à apprécier et à estimer celles de l'empereur. — Il fit un pas ou deux d'un air de dignité, et puis, comme retenu par la conscience, il ajouta à demi-voix : Mais si Anne est destinée à l'empire, il s'ensuit naturellement qu'Alexis doit mourir. — On ne saurait se fier à aucun consentement qu'il pourrait donner. Hé bien ! dans ce cas, qu'importe ? — La mort d'un homme vulgaire est chose indifférente, si elle doit placer sur le trône un philosophe et une historienne ; à quelle époque les maîtres de l'empire se sont-ils montrés curieux de savoir par qui et comment étaient morts leurs prédécesseurs ? — Diogène ! holà ! Diogène !

L'esclave ne vint pas immédiatement, en sorte qu'Agélastès, tout entier aux espérances de sa grandeur future, eut encore le temps d'ajouter quelques mots : — Fi donc ! — je dois, à ce que disent les prêtres, compter avec le Ciel pour bien d'autres choses ; j'ajouterai cela à la liste. La mort de l'empereur peut être amenée de vingt manières sans que j'en aie le blâme. Le sang que nous avons versé peut tacher nos mains si l'on y regarde de près, mais il est difficile qu'on en voie la trace sur notre front. — En cet instant Diogène parut. — La dame française a-t-elle été amenée ici? demanda le philosophe.

L'esclave fit un signe affirmatif.

— Comment a-t-elle supporté cette translation?

— Assez bien, quand elle a su que votre seigneurie l'approuvait. Elle s'était irritée de se voir séparée de son mari et retenue prisonnière dans le palais. Elle s'est livrée à plusieurs actes de violence sur les esclaves de la maison impériale ; on disait qu'elle en avait tué plusieurs ; peut-être faut-il croire qu'elle leur a seulement fait une mortelle peur. Elle m'a reconnu dès qu'elle m'a vu, et quand je lui ai dit que je venais lui offrir un asile pour la journée dans votre propre logement, jusqu'à ce que vous puissiez opérer la délivrance de son mari, elle y a consenti aussitôt, et je l'ai déposée dans la maison de vos jardins secrets de Cythère.

— Admirablement fait, mon fidèle Diogène. Tu es comme ces génies qui obéissaient aux possesseurs de certains talismans orientaux ; je n'ai qu'à t'indiquer mes désirs pour les voir aussitôt accomplis.

Diogène s'inclina profondément et se retira.

— Cependant, esclave, dit Agélastès se parlant à lui-même, rappelle-toi qu'il y a quelquefois du danger à savoir trop de choses. — Si jamais ma moralité était mise en question, un trop grand nombre de mes secrets sont à la discrétion de Diogène.

En ce moment un coup trois fois répété, et frappé sur une des statues qui se trouvaient en dehors de la maison, interrompit ce soliloque. Cette statue avait été construite de façon à rendre une sorte de tintement, et on l'avait ainsi fait parler jusqu'à un certain point.

— C'est un de nos confédérés, se dit Agélastès. Qui peut venir si tard? Il toucha de son bâton la statue d'Isis, et le césar Nicéphore Brienne entra dans toute la richesse du costume grec, costume gracieux qu'il avait pris soin d'arranger pour faire ressortir sa beauté personnelle. — Qu'il me soit permis d'espérer, monseigneur, dit Agélastès en recevant le césar avec les apparences de la gravité et de la réserve, que Votre Altesse vient me dire que la réflexion lui a fait changer de sentiment, et que, quel que fût l'objet de la conférence que vous vouliez avoir avec la dame française, elle se peut différer au moins jusqu'à ce que le but principal de notre conspiration ait été heureusement atteint.

— Non, mon cher philosophe, répondit le césar ; ma résolution une fois prise n'est pas le jouet des circonstances. Croyez-moi, je n'ai pas accompli tant de travaux sans être prêt à en entreprendre d'autres. Les faveurs de Vénus sont la récompense des travaux de Mars. Et je ne croirais pas qu'il valût la peine d'adorer le dieu *armipotens*, avec les fatigues et les risques qui accompagnent son service, si je n'avais préalablement obtenu quelques preuves décisives que je puis également me couronner du myrte, symbole des faveurs de sa belle maîtresse.

— Je vous demande pardon de ma témérité, reprit Agélastès ; mais Votre Altesse impériale a-t-elle réfléchi qu'elle joue ici avec la dernière imprudence, non-seulement un empire, mais sa propre vie, mais la mienne, mais celle de tous ceux qui se sont réunis dans cette entreprise hasardeuse? Et contre quel enjeu risque-t-elle tout cela? contre les faveurs si précaires d'une femme, d'une femme qui tient le milieu entre son sexe et le démon, et qui, suivant toute probabilité, doit être fatale à notre entreprise, soit qu'elle y prête les mains, soit qu'elle s'en offense. Si, par le fait, elle se montre telle que vous le désirez, nécessairement elle voudra garder son amant à ses côtés, et lui épargner le danger de s'engager dans une conspiration périlleuse ; et si elle demeure, comme le monde le croit, fidèle à son époux et au sentiment qu'elle lui a voué à l'autel, vous pouvez prévoir combien elle s'offensera probablement si vous persistez dans un hommage qu'elle a déjà si mal accueilli.

— Bah, vieillard! tu tournes au radotage, et au milieu des grandes connaissances que tu possèdes sur d'autres sujets, tu as perdu les plus précieuses de toutes, — celles qui se rapportent à la plus belle partie de la création. Pense à l'impression que probablement devra faire un galant dont la position sociale n'a rien d'ignoble, et qui n'est pas trop mal tourné, sur une dame qui devra craindre les conséquences d'un refus! Allons, Agélastès, assez de tes croassements qui présagent une mauvaise destinée, comme ceux de la corneille perchée sur un chêne à gauche de celui qui l'entend. Au contraire, dis-moi, dans les meilleurs termes que tu pourras, comment un amant trop timide n'a jamais conquis une belle femme, et comment celui-là mérite le mieux l'empire, qui sait entrelacer le myrte de Vénus avec le laurier d'Apollon. Allons, mon vieil ami, ouvre-moi l'entrée secrète qui joint ces ruines magiques avec des grottes façonnées sur le modèle de Cythère ou de Naxos.

— Il faut en passer par ce que vous voulez, dit le philosophe avec un soupir profond et qui avait quelque chose d'affecté.

— Ici, Diogène! cria tout haut le césar ; quand on t'appelle, le mal n'est pas loin. Allons, ouvre-moi l'entrée, mon fidèle nègre ; le diable est là tout près, disposé à répondre au premier son que feront entendre ces pierres.

Le nègre leva les yeux vers son maître, qui lui fit signe qu'il consentait à la demande du césar. Diogène alors se porta vers une partie du mur en ruine qui était couverte d'arbustes grimpants qu'il écarta tous avec soin. Cette opération permit de voir une petite porte irrégulièrement fermée, depuis le seuil jusqu'au sommet, de grandes pierres carrées que l'esclave enleva et mit en tas à côté, comme pour les replacer ensuite. — Je te laisse ici, dit Agélastès au nègre, pour garder cette porte, et ne laisser, au péril de ta vie, passer personne qui n'ait le mot d'ordre. Il serait dangereux qu'elle demeurât ouverte à cette heure du jour.

L'obséquieux Diogène porta la main à son sabre et à sa tête, comme pour formuler la promesse ordinaire d'être fidèle ou de mourir : c'était le geste dont les esclaves se servaient généralement pour exprimer qu'ils avaient compris les ordres de leur maître. Diogène alors alluma une petite lanterne, prit une clef, ouvrit une porte intérieure en bois, et se prépara à marcher devant.

— Halte-là! l'ami Diogène, dit le césar; tu n'as pas besoin de ta lanterne pour distinguer un honnête homme, et si par hasard tu en cherches un, je te dirai que tu ne t'es pas mis dans le bon chemin pour le trouver. Cloue-toi contre ces plantes grimpantes devant l'entrée, et reste là, comme on te l'a dit, pour contenir la curiosité de quiconque pourrait être attiré par la vue de ce passage secret.

L'esclave noir se recula, et donna la lampe au césar; Agélastès suivit la lumière à travers un couloir long, étroit et voûté, mais qui avait des soupiraux d'espace en espace, et n'était pas, à l'intérieur, négligé comme l'extérieur l'aurait pu faire croire.

— Je ne veux pas entrer avec vous dans les jardins ou dans les bosquets de Cythère, dit Agélastès; je suis trop vieux pour avoir des sacrifices à y offrir. Toi-même, impérial césar, tu dois bien connaître la route, l'ayant traversée à diverses époques, et, si je ne me trompe, pour les plus agréables motifs.

— Je ne t'en dois que plus de remercîments, mon excellent ami Agélastès, toi qui oublies ton âge pour servir la jeunesse de tes amis.

CHAPITRE XVIII.

Il nous faut maintenant retourner dans les cachots du palais Blacquernal, où les circonstances avaient formé une union, du moins temporaire, entre le vigoureux Varangien et le comte Robert de Paris, deux hommes dont les caractères avaient plus de ressemblance que probablement ni l'un ni l'autre n'eût voulu le reconnaître. Les vertus du Varangien étaient de cette espèce simple et franche que la nature inculque dans le cœur d'un homme brave qui depuis longtemps s'est accoutumé à ne savoir absolument plus ce que c'est que la crainte, et à braver à l'instant toute espèce de danger. D'un autre côté, le comte avait toute la bravoure, la générosité, l'amour des aventures qui caractérisaient le jeune soldat; il y joignait toutes les vertus, en partie réelles, en partie imaginaires, que ceux de son rang et de son pays devaient à l'esprit de la chevalerie. On aurait pu comparer le premier au diamant tel qu'il sort de la mine, avant qu'il n'ait été taillé et enchâssé; l'autre était la pierre ornée, taillée à facettes et richement montée. Elle avait peut-être un peu perdu de sa substance première; mais, aux yeux du connaisseur, elle avait en même temps quelque chose de plus brillant, de plus magnifique que *le brut*, pour me servir de l'expression des lapidaires. Dans le second cas, la valeur était plus artificielle; dans le premier, elle était plus intrinsèque et plus naturelle. Le Varangien commença sa conversation avec le comte sur un ton familier qui approchait plus de la grossièreté que probablement il ne s'en doutait lui-même, et la plus grande partie de son discours, quoique l'intention en fût la plus innocente du monde, aurait pu être mal prise par son nouveau compagnon d'armes. Ce qui cependant aurait pu y paraître le plus offensant, c'était un mépris complet, obstiné, des titres que pouvaient porter ceux auxquels il parlait. Cela était conforme aux manières des Saxons ses ancêtres; mais il était très-probable que cela devait déplaire aux Francs aussi bien qu'aux Normands, qui, déjà, avaient reçu les priviléges du système féodal, et qui tenaient aux momeries héraldiques ainsi qu'au cri de guerre que les chevaliers regardaient comme appartenant exclusivement à leur ordre.

Hereward était porté, il en faut convenir, à faire peu de cas de ces distinctions, tandis qu'il avait une propension au moins suffisante à se faire une haute idée de la puissance et de la richesse de l'Empire grec qu'il servait, et de la dignité personnelle d'Alexis Comnène, dignité qu'il était disposé à accorder aux officiers grecs placés par l'empereur à la tête de son propre corps, et particulièrement à Achille Tatius. Hereward savait que cet homme était un lâche, et de plus il le soupçonnait, à demi, d'être un traître. Cependant l'acolouthos n'en était pas moins le canal direct par lequel passaient les grâces impériales conférées aux Varangiens en général, aussi bien qu'à Hereward en particulier, et il avait toujours l'habileté de représenter ces faveurs comme le résultat plus ou moins immédiat de son intercession personnelle. Il passait pour embrasser vigoureusement la cause des Varangiens dans toutes les disputes qui pouvaient s'élever entre eux et les autres corps de l'armée. Il était d'humeur libérale, avait constamment la main ouverte, donnait toujours à chaque soldat ce qui lui était dû, et sauf cette bagatelle que le courage n'était pas son fort, il eût été difficile à ces étrangers de demander un chef qui fût plus selon leurs désirs. En outre, notre ami Hereward était admis dans sa société ; il l'accompagnait, ainsi que nous l'avons vu, dans des expéditions secrètes, et pour me servir d'une phrase expressive, quoique vulgaire, il trempait profondément dans l'affection servile qu'avait vouée à ce nouvel Achille la majeure partie de ses myrmidons.

Cet attachement pouvait s'expliquer comme une amitié pour leur commandant, aussi forte que le permettaient, d'un côté l'absence d'honneur, de l'autre l'absence de l'estime. Le plan donc qu'Hereward avait formé pour la délivrance du comte Robert comportait autant de fidélité à l'empereur, et à son représentant l'acolouthos, qu'il pouvait en faire accorder avec son désir de rendre justice au chevalier français indignement traité.

Pour accomplir ce plan, il conduisit le comte Robert à travers les voûtes souterraines du palais de Blacquernal, qu'il connaissait parfaitement pour y avoir été, depuis peu, souvent placé en sentinelle par l'ordre d'Achille Tatius, qui se promettait d'en tirer avantage lors de sa prochaine conspiration. Quand ils furent en plein air et à quelque distance des sombres tours du palais, il demanda brusquement au comte de Paris s'il connaissait Agélastès le philosophe. Le comte répondit négativement.

— Voyez-vous, sire chevalier, continua Hereward, vous vous faites du tort à vous-même en cherchant à m'en imposer. Vous devez le connaître, puisque je vous ai vu hier dîner avec lui.

— Ha! ce savant vieillard? je n'en connais rien qui vaille la peine qu'on l'avoue ou qu'on le dissimule à toi ou à tout autre. C'est un homme astucieux, à demi héraut, à demi ménestrel.

— A demi procureur des plaisirs des autres, et scélérat tout à fait, ajouta le Varangien. Sous le masque d'une apparente bonne humeur, il cache sa connivence aux vices des autres ; avec le spécieux jargon de la philosophie, il est parvenu à n'avoir plus aucune croyance religieuse, aucuns principes de morale. Enfin, avec l'apparence du dévouement le plus servile, il arrivera, si on ne l'arrête à temps, à priver son maître, trop confiant, de l'empire et de la vie, ou bien s'il y échoue, il trahira ses associés moins habiles que lui et les conduira à la misère et à la mort.

— Quoi, vous savez tout cela, dit le comte Robert, et vous laissez aller cet homme sans l'accuser!

— Oh! soyez tranquille. Je ne saurais encore former aucun plan qu'Agélastès ne puisse contreminer; mais le temps viendra, et déjà il approche, où l'attention de l'empereur sera irrésistiblement tournée sur la conduite de cet homme, et alors le philosophe n'aura qu'à se bien tenir, ou par saint Dunstan, le barbare le renversera! Seulement je voudrais sauver de ses griffes un imprudent ami qui a eu le malheur de prêter l'oreille à ses discours pernicieux.

— Mais, qu'ai-je à voir avec cet homme ou ses projets coupables?

— Beaucoup, encore que vous n'en sachiez rien. Le chef apparent de cette conspiration n'est autre que le césar, qui devrait être le plus fidèle sujet de l'empereur; mais depuis que celui-ci a nommé un sébasto-crator, c'est-à-dire un officier d'un rang plus élevé et plus rapproché du trône que le césar lui-même, celui-ci a été mécontent et désaffectionné, quoiqu'il soit plus difficile de dire au juste depuis quand il a trempé dans les projets astucieux d'Agélastès. Tout ce que je sais, c'est que depuis plusieurs mois il a nourri libéralement, ainsi que sa fortune le lui permet, les vices et la prodigalité du césar. Il l'a encouragé à montrer peu de respect à sa femme, quoique fille de l'empereur; enfin, il a semé de mauvais vouloirs entre lui et les autres membres de la famille impériale. Si Brienne n'a plus la réputation d'un homme raisonnable et d'un bon général, il l'a perdue en suivant les avis de cet adroit fourbe.

— Et que me fait tout cela? Qu'Agélastès soit un sujet fidèle ou un esclave prêt à trahir son maître, Alexis Comnène n'est pas tellement mon allié, ni celui de mes amis, que je doive me mêler dans les intrigues de sa cour.

— Vous pouvez vous tromper en ceci, si ces intrigues compromettaient le bonheur et la vertu de...

— Mort de mille martyrs! s'écria le chevalier, ces misérables intrigues, ces querelles d'esclaves, impliqueraient-elles une simple pensée de soupçon contre la noble comtesse de Paris? Les serments de la génération tout entière ne suffiraient pas pour prouver qu'un seul des cheveux de Brenhilda ait blanchi sur sa tête!

— Bien imaginé, vaillant chevalier; tu es un mari comme en demande l'atmosphère de Constantinople : peu de vigilance et une confiance robuste. Vous trouverez dans cette cour beaucoup d'amis.

— Écoute, reprit le comte Robert, c'est assez de paroles entre nous; n'allons même ensemble que jusqu'à ce que nous ayons trouvé quelque coin solitaire dans cette damnée ville, où nous puissions reprendre la tâche que nous avons laissée inachevée.

— Quand tu serais un duc, sire comte, tu ne pourrais inviter au combat quelqu'un qui y soit plus disposé; mais considère l'inégalité des enjeux. Si je tombe, ce sera une perte bientôt oubliée; mais ma mort rendra-t-elle à ta femme sa liberté, si elle en a été privée, ou son honneur, s'il a été terni? — Ma mort fera-t-elle autre chose qu'enlever de ce monde la seule personne désireuse de t'aider à ses propres risques et périls, qui espère te réunir à ta femme, et te replacer à la tête de tes soldats?

— J'avais tort, répliqua le comte de Paris, j'avais entièrement tort; mais prends garde, mon brave ami, comment tu accouples le nom de Brenhilda d'Aspramont avec le mot déshonneur. Au lieu de cette conversation irritante, dis-moi plutôt où nous allons maintenant.

— Aux jardins de Cythère, qui appartiennent à Agélastès, et dont nous ne sommes pas éloignés. Il faut qu'il y ait un chemin plus court que celui que nous suivons en ce moment; autrement je ne saurais m'expliquer comment il s'y rend en si peu de temps, des sombres ruines du temple d'Isis, ou du palais impérial de Blacquernal.

— Et pour quels motifs et depuis combien de temps supposes-tu que ma comtesse soit détenue dans ces jardins?

— Depuis hier. Plusieurs de mes camarades, à ma prière, m'avaient aidé à surveiller de près le césar et votre dame. Nous avons distinctement aperçu des signes d'admiration, d'une part, et de courroux, de l'autre; et il nous a paru qu'Agélastès, étant le complaisant de Nicéphore, terminerait probablement cette affaire en vous séparant tous les deux de l'armée des Croisés, afin que votre femme, comme il est arrivé auparavant à plus d'une matrone, puisse avoir le plaisir d'habiter les jardins du digne philosophe, tandis que vous, monseigneur, vous seriez logé à perpétuité dans le château de Blacquernal.

— Malheureux! pourquoi ne m'as-tu pas appris tout cela hier?

— C'est quelque chose en effet de bien vraisemblable, que je me sois permis de quitter les rangs pour aller faire une pareille communication à un homme que non-seulement j'étais loin de regarder comme un ami, mais en qui je voyais un ennemi personnel! Il me semble qu'au lieu de tenir un pareil langage, vous devriez être reconnaissant que tant de circonstances qui tiennent toutes du hasard m'aient conduit à vous sauver et à vous seconder.

Le comte Robert sentit la justesse de ce qu'on lui disait, bien qu'en même temps son caractère fougueux lui fît désirer de se venger, selon sa coutume, sur celui qui se trouvait sous sa main.

Cependant ils étaient arrivés à ce que les habitants de Constantinople appelaient les jardins du philosophe. Hereward espérait en obtenir l'entrée : car il avait surpris, en partie du moins, les signaux secrets d'Achille Tatius et d'Agélastès, depuis qu'il avait été introduit auprès de ce dernier dans les ruines du temple d'Isis. On ne lui avait pas, il est vrai, communiqué le secret tout entier ; mais, confiant dans ses rapports avec l'acolouthos, on n'avait pas hésité à lui révéler certains détails qui, avec une intelligence aussi forte que celle de l'Anglo-Saxon, ne pouvaient manquer de le rendre bientôt maître de l'ensemble. Le comte Robert et son compagnon s'arrêtèrent devant une porte cintrée, seule ouverture dans un mur très-élevé, et l'Anglo-Saxon allait y frapper, quand une idée lui vint tout à coup :

— Que ferons-nous si c'est ce misérable Diogène qui ouvre la porte ? dit-il. Nous serons obligés de le tuer, pour qu'il n'aille pas donner l'alarme et nous trahir. Ma foi, c'est une affaire de nécessité, et le scélérat a mérité la mort par cent crimes horribles.

— Tue-le donc toi-même ; sa condition se rapproche davantage de la tienne, et à coup sûr je n'irai pas souiller le nom de Charlemagne du sang d'un esclave noir.

— Merci de Dieu ! il faut cependant que vous preniez part à l'action, s'il lui vient du renfort, et que je sois accablé par le nombre.

— Cette circonstance donnerait à la chose l'apparence d'une mêlée ou d'un combat général, et sois sûr que je ne me tiendrai pas les bras croisés, si je puis faire autrement avec honneur.

— Je n'en doute pas ; mais c'est une distinction qui me paraît étrange, qu'avant de se défendre contre un ennemi, ou de l'assaillir, il faille lui demander son arbre généalogique.

— Ne crains rien. Les strictes règles de la chevalerie sont bien effectivement telles que je viens de te le dire ; mais quand la question est de savoir si l'on combattra ou non, on est très-indulgent pour une décision affirmative.

— Cela étant, je vais frapper en exorciste, et nous verrons quel est le démon qui va paraître.

A ces mots, il frappa d'une manière particulière. La porte s'entr'ouvrit en dedans ; une négresse naine parut sur le seuil. — Ses cheveux blancs contrastaient singulièrement avec son teint, et avec le rire sardonique particulier à ces esclaves. Elle avait aussi dans sa physionomie quelque chose qui, sévèrement interprété, eût pu se traduire par de la méchanceté et du plaisir à contempler les misères humaines.

— Agélastès est-il... — mais le Varangien n'avait pas complété sa phrase, qu'elle lui répondait en lui montrant du doigt une promenade ombragée.

L'Anglo-Saxon et le Franc tournèrent leurs pas de ce côté, et la vieille sorcière murmura plutôt qu'elle ne dit distinctement : — Varangien, vous êtes l'un des initiés; prenez garde qui vous amenez avec vous, quand vous seriez tout au plus le bienvenu peut-être en vous présentant seul.

Hereward lui fit signe qu'il la comprenait, et en un moment ils furent hors de vue. Ce sentier tournait agréablement sur lui-même, sous les ombrages d'un jardin oriental, où des massifs de fleurs, des labyrinthes d'arbrisseaux fleuris, et les épais rameaux de grands arbres, rendaient fraîche et agréable la brise de midi.

— Ici, dit Hereward, nous avons besoin de toute notre circonspection; car il est probable que la biche que nous cherchons y a trouvé un refuge. Il vaudrait mieux que vous me permissiez de passer devant, car vous êtes trop vivement agité pour posséder le calme nécessaire à un bon éclaireur. Tenez-vous derrière ce chêne, et que de vains scrupules d'honneur ne vous empêchent pas de vous cacher sous cette charmille, et même sous la terre, si vous veniez à entendre un bruit de pas. — Si les amants sont d'accord, il est probable qu'Agélastès fait sa ronde pour éloigner les importuns.

— Mort et furies! s'écria l'impétueux Franc, cela n'est pas possible. — Notre Dame des Lances-Rompues, prends la vie de ton fidèle adorateur, plutôt que de lui infliger une pareille agonie!

Toutefois, il sentit la nécessité de se maîtriser fortement, et sans plus d'observations, il permit au Varangien de s'éloigner, non toutefois sans le suivre attentivement de l'œil. Il fit lui-même quelques pas hors du poste qui lui avait été assigné, et put voir son compagnon s'arrêter devant un pavillon peu éloigné du point où ils s'étaient séparés. Il remarqua qu'il appliquait l'œil d'abord, et puis l'oreille, à l'une des fenêtres presque entièrement masquée par des bouquets de plantes grimpantes. Il lui sembla même qu'il distinguait sur la physionomie du Varangien les traces d'une impression profonde, et en conséquence il ne put résister à l'envie de savoir ce que l'autre venait d'apprendre ainsi.

Il s'avança donc sans faire le moindre bruit, à travers les mêmes labyrinthes de feuillage qui avaient protégé l'approche d'Hereward, et ses mouvements furent tellement silencieux qu'il toucha l'Anglo-Saxon sur l'épaule pour l'avertir de sa présence, avant que celui-ci eût pu même le soupçonner.

Hereward, ne sachant pas d'abord qui le touchait ainsi, se retourna vers l'importun avec une figure rouge comme un charbon ardent. Toutefois, quand il vit que c'était le chevalier français, il leva les épaules comme s'il prenait en pitié l'impatience d'un homme qui ne pouvait se contenir prudemment. Puis, se retirant en arrière, il lui concéda le privilége d'un petit coin de la fenêtre, d'où l'on pouvait voir ce qui se passait dans l'appartement, sans qu'on pût être aperçu de l'intérieur par l'œil le plus pénétrant. Le demi-jour qui pénétrait dans cet asile du plaisir était bien la lumière qui convenait à un temple dédié à la déesse de Cythère. On y voyait des portraits et des groupes de sculpture dans le goût de ceux qu'ils avaient déjà remarqués dans le kiosque de la cataracte, mais qui présentaient des idées plus libres. Peu d'instants après, la porte du pavillon s'ouvrit, et la comtesse entra accompagnée de sa suivante Agathe. La dame se jeta, en arrivant, sur un sopha, tandis que sa suivante, très-jeune et très-jolie fille, se tint modestement en arrière, de sorte qu'il eût été difficile de distinguer ses traits.

— Que penses-tu, disait la comtesse, d'un ami aussi suspect qu'Agélastès, d'un ennemi aussi galant que ce césar?

— Qu'en pourrais-je penser, répondait la damoiselle, si ce n'est que ce que ce vieillard appelle de l'amitié est de la haine, et que ce que le césar appelle un amour de la patrie qui ne lui permet pas de mettre ses ennemis en liberté, n'est, dans le fait, qu'une trop vive affection pour sa belle captive?

— De cette affection, il recevra le même prix que si c'était en réalité le sentiment hostile dont il lui veut donner la couleur. — Mon fidèle et noble seigneur, si tu avais une idée des calamités auxquelles je suis assujettie, tu franchirais bientôt tous les obstacles pour voler à mon secours!

— Es-tu un homme, dit le comte Robert à son compagnon, et peux-tu me conseiller de demeurer tranquille en entendant ceci?

— Je suis un seul homme, dit l'Anglo-Saxon, et vous, monseigneur, vous êtes un seul homme aussi; toute notre arithmétique ne fera pas qu'ensemble nous soyons plus de deux; or il est probable qu'en ce lieu il suffirait d'un coup de sifflet du césar ou d'un cri d'Agélastès pour nous susciter mille ennemis qui viendraient facilement à bout de nous, quand nous serions aussi intrépides que Bevis d'Hampshire. — Restez donc tranquille et gardez le silence. C'est un conseil que je vous donne, non pas pour ma propre vie : en m'embarquant dans une pareille affaire avec un aussi étrange compagnon, j'ai suffisamment prouvé que j'y tenais peu. Ce que j'en dis, c'est dans l'intérêt de votre salut et de celui de madame la comtesse, qui se montre aussi vertueuse qu'elle est belle.

— Je me suis laissé tromper d'abord, dit Brenhilda à sa suivante; la morale sévère, le profond savoir et la rigide rectitude qu'affectait ce vieillard dépravé m'avaient fait croire au caractère qu'il se donnait. Mais ce vernis mensonger s'est effacé depuis qu'il m'a laissé apercevoir son ignoble alliance avec l'indigne césar, et la laide peinture est restée dans sa dégoûtante et primitive nature. Néanmoins, si par adresse ou subtilité je pouvais tromper cet archi-trompeur, — puisqu'en grande partie il m'a enlevé toute autre espèce d'arme, — je ne refuserais pas d'employer une ruse que peut-être il trouvera égale au moins à la sienne.

— Entendez-vous cela? dit le Varangien au comte de Paris. N'allez pas par votre impatience rompre la trame des prudentes mesures de votre épouse. Je pèserais volontiers l'esprit d'une femme contre la valeur d'un homme, toutes les fois que cette expérience est permise. Ne nous hâtons donc pas de lui porter secours, jusqu'à ce que les circonstances nous montrent qu'il est nécessaire de le faire pour sa sûreté ou notre succès.

— Amen! dit le comte de Paris; mais avec toute ta prudence, n'espère pas, sire Saxon, me persuader de quitter ce jardin sans avoir tiré une complète vengeance de cet indigne césar et de ce prétendu philosophe, si réellement il se trouve qu'il ait joué un rôle... Le comte commençait à élever la voix, quand le Saxon, sans cérémonie, lui mit la main sur la bouche. — Tu prends une grande liberté, dit le comte Robert, qui baissa cependant le ton.

— Hé vraiment, reprit Hereward, quand le feu est à la maison, je ne m'arrête pas à demander si l'eau que je jette dessus est parfumée ou non.

Cette observation rappela le chevalier franc au sentiment de sa situation, et s'il ne fut pas charmé de la manière dont le Saxon s'excusait, du moins il garda le silence. En ce moment on entendit un bruit à distance. — La comtesse prêta l'oreille et changea de couleur : — Agathe, dit-elle, nous sommes comme des champions dans la lice, et voici venir notre adversaire. Retirons-nous dans cet autre appartement, et reculons ainsi pour un instant une rencontre si alarmante. — A ces mots, les deux jeunes femmes se retirèrent dans une espèce d'anti-chambre qui conduisait à l'appartement principal, et dont la porte s'ouvrait derrière le sopha que Brenhilda venait de quitter.

A peine avaient-elles disparu que, comme on le dirait dans une mise en scène, entrèrent de l'autre côté le césar et Agélastès. Peut-être avaient-ils entendu les derniers mots de Brenhilda, car le césar répétait à voix basse : —

« Militat omnis amans, habet et sua castra Cupido[1]. »

— Pourquoi notre belle ennemie a-t-elle retiré ses forces? N'importe, cela montre qu'elle pense à la guerre, même quand elle ne voit pas l'ennemi. Ma foi! tu n'auras pas cette fois à me reprocher, Agélastès, de précipiter mes amours et de me priver du plaisir de la poursuite. Par le Ciel! je règlerai aussi tranquillement ma marche, que si j'avais réellement sur les épaules tout le poids des années qui met entre nous une telle différence. Car, mon vieil ami, je soupçonne terriblement que chez toi c'est ce vieux scélérat de Temps qui seul a arraché les plumes de Cupidon.

— Ne parlez pas ainsi, puissant césar, répondit le vieillard; c'est

---

[1] Tout amant combat, et l'amour aussi a ses forteresses.

la main de la Prudence qui, privant l'aile de Cupidon de quelques-unes de ses plumes trop longues, lui en laisse cependant assez pour un vol plus égal et plus sûr.

— Ton vol, cependant, était moins mesuré quand tu as réuni tout cet arsenal, — ce magasin complet des attributs de Cupidon, dans lequel tu as la bonté de permettre que je vienne m'armer, ou plutôt réparer mon équipement.

En parlant ainsi il jeta les yeux sur toute sa personne, brillante de pierreries, ornée d'une chaîne d'or, de bracelets, de bagues et d'autres bijoux, lesquels, joints à un costume neuf et magnifique qu'il avait revêtu depuis son arrivée dans les jardins de Cythère, tendaient à mieux faire ressortir ce que son extérieur avait d'avantageux.

— Je suis charmé, reprit Agélastès, que vous ayez trouvé parmi ces jouets que je ne porte jamais maintenant, et dont j'ai fait bien rarement usage même quand j'étais jeune, quelque chose qui puisse faire valoir vos avantages naturels. Seulement, rappelez-vous cette petite condition, que celles de ces bagatelles qui ont eu l'honneur de faire aujourd'hui partie de votre costume ne peuvent point revenir à un propriétaire plus obscur, mais qu'elles doivent rester attachées à cette grandeur dont elles ont une fois formé l'un des ornements.

— Je ne saurais y consentir, mon digne ami; je sais que tu n'évalues ces joyaux qu'autant qu'un philosophe le peut faire, c'est-à-dire pour rien autre chose que pour les souvenirs qui s'y rattachent. Ce grand cachet monté en bague, par exemple, je t'ai entendu dire qu'il avait appartenu à Socrate; s'il en est ainsi, tu ne peux le regarder sans une dévote reconnaissance pour le Ciel, qui n'a pas permis que ta philosophie fût mise à l'épreuve par une Xantippe. Ces agrafes, dans un temps plus reculé, se détachaient pour laisser voir la délicieuse gorge de Phryné, et maintenant elles appartiennent à un homme qui rendrait mieux hommage aux beautés qu'elles cachaient ou découvraient, que ne le savait faire le cynique Diogène. Ces boucles aussi.....

— Je veux t'épargner toute cette dépense d'esprit, brave jeune homme, ou plutôt noble césar, répondit Agélastès qui ne laissait pas que de se sentir piqué. Ménage ton esprit, — tu auras amplement occasion de l'employer tout à l'heure.

— Ne crains rien; et puisque tu le veux ainsi, occupons-nous maintenant de faire usage des dons que nous devons soit à la nature, soit à notre cher et vénérable ami. — Mais on vient au-devant de nos désirs, ajouta-t-il en voyant la porte s'ouvrir tout à coup, et la comtesse entrer dans l'appartement.

Il s'inclina profondément devant Brenhilda, qui avait fait quelques changements à sa toilette pour en relever la splendeur, et sortait en ce moment du boudoir où elle s'était pendant quelques instants retirée.

— Salut, noble dame, dit le césar ; cette visite a pour but de vous présenter mes excuses de vous retenir ainsi, et jusqu'à un certain point, contre votre volonté, dans ces régions étranges où vous vous trouvez sans vous y être attendue.

— Ne dites pas jusqu'à un certain point, mais entièrement contre mon inclination, qui serait de me réunir à mon époux, le comte de Paris, et aux fidèles vassaux qui ont pris la Croix sous sa bannière.

— Telles étaient, sans doute, vos pensées, dit Agélastès, quand vous avez quitté l'Occident ; mais, belle comtesse, n'ont-elles éprouvé aucun changement ? Vous avez quitté un pays où la terre ruisselle de sang humain à la moindre provocation, et vous êtes venue dans une contrée dont la principale maxime est d'augmenter la masse de la félicité humaine par tous les moyens qui se peuvent imaginer. Dans l'Occident, celui-là et celle-là sont le plus respectés qui savent le mieux employer leur force oppressive à rendre les autres misérables ; tandis que, dans cet empire plus pacifique, nous réservons nos couronnes pour le spirituel jeune homme ou la femme aimable qui savent le mieux rendre heureuse la personne qui leur a voué son affection.

— Mais, révérend philosophe, repartit la comtesse, vous qui mettez tant d'art à recommander le joug du plaisir, sachez que vous êtes en contradiction avec tout ce qu'on m'a enseigné depuis l'enfance. Dans le pays où j'ai pris naissance, nous sommes si loin de reconnaître vos doctrines, que nous ne nous marions que comme s'accouplent les lions : quand le mâle a forcé la femelle à reconnaître la supériorité de ses forces et de sa valeur. Telle est notre règle, qu'une damoiselle, même de médiocre condition, se croirait outrageusement dégradée si elle épousait un galant dont la renommée dans la carrière des armes serait encore inconnue.

— Mais, noble dame, répliqua le César, un homme mourant peut donc encore conserver quelque faible rayon d'espérance ? s'il est vrai qu'il reste une chance de gagner, par la gloire des armes, cette affection qui a été plutôt volée que librement accordée, combien s'empresseraient de lutter pour obtenir un prix si beau ! Quelle entreprise paraîtrait trop téméraire à une telle condition ! et quel est l'individu dont le cœur ne sentirait pas qu'en tirant l'épée pour obtenir un tel prix, il a juré de ne la pas remettre dans le fourreau sans pouvoir se dire avec orgueil : Ce que je n'ai pas encore obtenu, je l'ai mérité !

— Vous voyez, madame, dit Agélastès, qui, espérant que le discours du césar avait fait quelque impression, avait hâte de le faire suivre d'un commentaire convenable, — vous voyez que le feu de la chevalerie embrase aussi ardemment le sein des Grecs que celui des Occidentaux.

— Oui, répondit Brenhilda, et j'ai aussi entendu parler du fameux siége de Troie, où un misérable lâche enleva la femme d'un homme courageux, évita toutes les occasions qui lui étaient offertes d'une rencontre avec l'époux qu'il avait offensé, finit par causer la mort de ses nombreux frères, la destruction de sa ville natale ainsi que de toutes les richesses qu'elle contenait, et mourut lui-même de la mort d'un misérable poltron, regretté seulement de son indigne maîtresse : ce qui montre comment vos ancêtres entendaient les règles de la chevalerie.

— Belle dame, dit le césar, vous confondez : l'offense de Pâris fut celle d'un Asiatique dissolu ; le courage qui la punit fut celui des Grecs.

— Vous êtes savant, seigneur ; mais ne pensez pas que je me fie à vos belles paroles, jusqu'à ce que vous me présentiez un chevalier grec assez hardi pour regarder sans trembler le cimier de mon noble époux.

— Il me semble que cela ne serait pas extrêmement difficile ; si l'on ne m'a pas flatté, on m'a jugé comme l'égal, au moins les armes à la main, d'hommes plus dangereux que celui auquel la destinée de la comtesse Brenhilda a été si étrangement liée.

— C'est ce que nous pourrons bientôt essayer ; vous ne sauriez nier, je pense, que, séparé de moi par quelque trahison indigne, mon époux ne soit encore en votre pouvoir, et qu'il ne vous soit facile de le faire paraître quand vous voudrez. Je ne demanderai pour lui d'autre armure que celle qu'il porte en ce moment, d'autre arme offensive que sa bonne épée Tranchefer ; alors placez-le dans cette chambre ou dans toute autre arène également étroite, et s'il rompt d'une semelle, s'il demande merci ou s'il meurt sous son bouclier, hé bien ! que Brenhilda soit le prix du vainqueur. — Ciel miséricordieux ! s'écria-t-elle en se laissant tomber sur le sopha, pardonne-moi le crime d'avoir même pu supposer une telle issue du combat ; c'est presque douter de ton infaillible jugement !

— Toutefois, reprit le césar, trouvez bon que je prenne acte de ces précieuses paroles, et que je ne les laisse pas tomber à terre. — Laissez-moi espérer que celui à qui le Ciel donnera assez de courage et de force pour vaincre ce comte de Paris dont vous faites un si grand cas, lui succèdera dans vos affections ; et, croyez-moi, le soleil ne se précipite pas à travers la voûte céleste vers le lieu de son repos avec plus de célérité que je n'en mettrai à chercher cette rencontre.

— Par le Ciel ! dit le comte Robert à Hereward, à voix basse, mais du ton de la plus vive agitation, ce serait trop de s'attendre que je vais rester là tranquille, quand j'entends ce méprisable Grec, qui n'oserait supporter le bruit de ma Tranchefer lorsqu'elle quitte le fourreau, oser me braver quand il me croit absent, et faire l'amour à la dame que j'ai choisie ! — Et elle aussi, il me semble qu'elle souffre trop de licence de ce freluquet bavard. Par la sainte Croix ! je vais sauter dans cet appartement, les confondre par ma présence, et donner à ce gentil fanfaron une leçon dont probablement il se souviendra!

— Sauf votre respect, dit le Varangien, seul auditeur de ce discours violent, vous vous laisserez diriger par la raison calme tant que je serai avec vous. Une fois que nous serons séparés, que le démon de la chevalerie errante, qui a pris si pleinement possession de toi, t'emporte sur ses épaules, et te conduise aussi loin qu'il le voudra!

— Tu es une brute, repartit le comte en le regardant d'un air aussi méprisant que l'expression dont il venait de se servir, — une brute non-seulement sans humanité, mais dépourvue des sentiments naturels d'honneur et de honte. Le plus méprisable de tous les animaux ne se tient pas tranquille quand il en voit un autre attaquer sa femelle. Le taureau présente les cornes à son rival; — le mâtin ouvre sa mâchoire puissante; — et même le cerf timide devient furieux, et frappe en pareil cas.

— Parce que ce sont des bêtes, et que les objets de leur amour sont aussi des créatures sans pudeur et sans raison, incapables de comprendre la sainteté d'un choix une fois fait. Mais toi, noble comte, est-ce que tu ne peux pas non plus comprendre le plan évident de cette pauvre dame, abandonnée du monde entier, pour te conserver sa foi, en évitant les piéges dont l'entourent les méchants? Par l'âme de mes pères! mon cœur est ému de tant d'innocentes ruses, que je vois mêlées à la candeur et à la fidélité les plus parfaites. C'est au point que moi-même, à défaut d'un plus digne champion, je lèverais ma hache pour la défendre!

— Je te remercie, mon brave ami, je te remercie d'aussi grand cœur que s'il était possible que tu demeurasses seul pour rendre ce bon office à Brenhilda, la bien-aimée de plus d'un noble seigneur, la suzeraine de vassaux nombreux et puissants; et, ce qui est plus, bien plus que des remercîments, je te demande pardon des torts que je viens d'avoir envers toi il n'y a qu'un moment.

— Vous n'avez pas besoin de mon pardon; je ne m'offense pas de ce qui ne m'a pas été dit avec l'intention sérieuse de m'offenser. — Chut! on parle de nouveau.

— C'est étrange, disait le césar en se promenant dans l'appartement; mais il me semble, Agélastès, bien plus, je suis certain que j'ai entendu des voix près de ton pavillon secret.

— C'est impossible, répondit Agélastès; cependant, je vais sortir et m'en assurer.

Voyant qu'il quittait le pavillon, le Varangien fit comprendre au comte qu'il fallait absolument qu'ils se couchassent derrière une haie de buis, qui les masqua entièrement. Le philosophe fit sa ronde lentement et l'œil aux aguets; et nos deux écouteurs furent obligés de

CHAPITRE XVIII.

garder le silence le plus strict et de s'abstenir de toute espèce de mouvement, jusqu'à ce qu'il eût terminé sa recherche inefficace et fût rentré dans l'appartement.

— Par ma foi, dit le comte, avant que nous retournions à notre observatoire, il faut, mon brave ami, que je te le dise à l'oreille que jamais je n'ai éprouvé une tentation si forte que celle que j'avais tout à l'heure de briser la cervelle à ce vieil hypocrite, si j'avais pu concilier cela avec ce que je dois à mon honneur ; et comme le tien ne devait pas te faire éprouver un pareil obstacle, j'aurais donné gros pour que tu sentisses une impulsion de cette nature et que tu lui eusses obéi.

— Il m'est bien passé quelques idées comme cela par la tête ; mais je ne les suivrai pas jusqu'à ce que je puisse les accorder avec votre propre sûreté, et surtout avec celle de la comtesse.

— Je te remercie de nouveau pour ta bonne volonté à son égard ; et, par le Ciel! si à la fin il faut que nous nous battions, comme il est vraisemblable, je ne refuserai ni un loyal antagoniste, ni un honorable quartier si la chance tournait contre toi.

— Je te remercie à mon tour ; mais, au nom du Ciel, tais-toi dans cette conjoncture, et puis après tu feras ce que tu voudras.

Avant que le Varangien et le comte eussent repris leur poste d'observation, ceux qui étaient dans l'appartement, convaincus que personne ne les écoutait, avaient recommencé leur conversation, à voix basse, il est vrai, mais du ton le plus animé.

— C'est en vain, disait la comtesse, que vous voudriez me persuader que vous ne savez pas où est mon époux, ou que votre influence ne suffirait pas pour faire cesser sa captivité. Quel autre pourrait avoir intérêt à bannir l'époux ou à le mettre à mort, que celui qui feint d'admirer la femme ?

— Vous me jugez mal, belle dame, répliqua le césar, et vous oubliez que je ne puis en aucune façon être appelé la cheville ouvrière de cet empire ; que mon beau-père Alexis est l'empereur, et que celle qui s'appelle ma femme est jalouse comme un démon de mes moindres mouvements. — Quelle possibilité y a-t-il que j'aie pu opérer votre emprisonnement et celui de votre époux ? L'affront public que le comte a fait à l'empereur était d'une telle nature, qu'il devait vraisemblablement en tirer vengeance par la ruse ou par la violence. Quant à moi, je n'en ai pas été autrement touché que comme l'humble vassal de tes charmes, et c'est par la prudence et l'habileté du sage Agélastès qu'il m'a été permis de te tirer du gouffre où tu aurais infailliblement péri. Non, ne pleure pas, belle dame ; jusqu'à présent nous ne connaissons pas encore avec certitude le sort du comte Robert. Il serait, crois-moi, prudent de le regarder comme s'il n'existait plus, et de choisir un meilleur protecteur.

— Un meilleur? dit Brenhilda; je ne saurais jamais en avoir un, même quand je le choisirais entre tous les chevaliers de l'Europe!

— Ce bras, reprit le césar en se posant dans une attitude martiale, déciderait la question, si l'homme dont tu fais tant de cas était encore sur la surface de la terre et en liberté.

— Tu es... s'écria Brenhilda en le regardant fixement, tandis que tous ses traits exprimaient la colère et l'indignation, — tu es... Mais il ne sert de rien de te dire ton véritable nom. Crois-moi, le monde en retentira un jour et saura l'apprécier à sa juste valeur. Fais attention à ce que je te vais dire : Robert de Paris est mort, — ou prisonnier, je ne sais où.

— Il ne peut donc accepter le combat dont tu parais si désireux. — Mais voici Brenhilda, héritière par sa naissance de la maison d'Aspramont, et, par mariage, l'épouse légitime du brave comte de Paris ; elle n'a jamais été vaincue dans la lice par homme qui vive, le vaillant comte excepté, et puisque tu es si fâché de ne pouvoir combattre son époux, tu ne saurais, je crois, avoir d'objections à faire si elle consent à se mesurer avec toi, en son lieu et place?

— Comment, madame, répondit le césar étonné, est-ce sérieusement que vous vous proposez pour tenir la lice contre moi?

— Contre vous! contre tous les sujets de l'Empire grec, s'ils osent affirmer que le traitement fait à Robert de Paris est juste, et son emprisonnement légal.

— Et les conditions sont-elles les mêmes que si le comte Robert avait tenu la lice? Le vaincu restera-t-il à la discrétion du vainqueur?

— Il semble qu'il en doive être ainsi, et je ne refuserai pas cette chance; seulement, si c'est l'autre champion qui mord la poussière, le noble comte Robert sera rendu à la liberté, et il lui sera permis de partir avec tous les honneurs dus à son rang.

— Je ne m'y refuse pas, dit le césar, pourvu que cela soit en mon pouvoir.

Un bruit sourdement prolongé, comme celui du tam-tam moderne, interrompit ici la conférence.

CHAPITRE XIX.

Le Varangien et le comte, au risque d'être découverts, étaient demeurés assez près pour suivre le sens de la conversation, sans cependant en entendre tous les mots.

— Il accepte son défi? demanda le comte Robert.

— Et en apparence, de grand cœur, répondit Hereward.

— Oh! sans doute, sans doute; — mais il ne sait pas à quel degré d'habileté une femme peut atteindre dans le maniement des armes.

Pour ma part, Dieu le sait, mon enjeu est assez fort dans cette querelle, mais telle est ma confiance que, par Dieu, je voudrais qu'il le fût plus encore. Je le jure par Notre-Dame des Lances-Rompues, je voudrais que tous les sillons de terre que je puis posséder, que tout ce qui m'appartient, depuis le comté de Paris jusqu'à la courroie qui attache mes éperons, dépendissent de l'issue d'un combat loyal entre votre césar, ainsi que vous l'appelez, et Brenhilda d'Aspramont.

— C'est une noble confiance, et je n'oserais dire que ce soit une confiance téméraire ; seulement je ne puis m'empêcher de me rappeler que ce césar est un homme aussi fort que beau, habile dans le maniement des armes, et par-dessus tout, bien moins retenu que vous ne l'êtes par les strictes lois de l'honneur. Il y a bien des moyens de gagner ou de donner l'avantage qui, dans la manière de voir du césar, n'empêcheront pas le combat d'être égal, quoique peut-être il n'en soit pas de même dans l'opinion du chevaleresque comte de Paris, ou même du pauvre Varangien. Mais, d'abord, laissez-moi vous conduire dans quelque lieu de sûreté, car votre évasion ne saurait manquer d'être bientôt découverte, si même elle ne l'est déjà ; les sons que nous avons entendus indiquent que quelques-uns des conspirateurs sont déjà entrés dans le jardin pour toute autre chose que pour des affaires d'amour. Toutefois, j'ai peine à supposer qu'il vous convienne d'adopter le parti le plus sage ?

— Et quel est ce parti ?

— De donner ta bourse, quand ce serait tout ce qui te resterait au monde, à quelque pauvre marinier qui te transportera de l'autre côté de l'Hellespont ; cela fait, de te hâter de porter ta plainte à Godefroy de Bouillon, de rassembler le plus que tu pourras compter d'amis parmi les Croisés, de revenir à leur tête, et de menacer cette ville d'un assaut immédiat, si l'empereur ne te rend ton épouse si déloyalement retenue, et s'il n'intervient pour empêcher ce combat absurde et contre nature.

— Ainsi, tu voudrais que j'allasse prier les Croisés d'intervenir pour empêcher un combat loyalement convenu ? Penses-tu que Godefroy de Bouillon tournât le dos au noble but de son pèlerinage pour un motif si peu digne, ou que la comtesse de Paris regardât comme un service un moyen de salut qui ternirait à jamais son honneur, en rompant un engagement solennel accepté sur son propre défi ? — Jamais !

— Dans ce cas, mon jugement est en défaut ; car je vois que je ne puis forger aucun expédient auquel votre esprit extravagant ne mette obstacle, sous des prétextes tous plus frivoles les uns que les autres. Voici un homme qui est tombé au pouvoir de ses ennemis, par suite du stratagème le plus bas ; une ruse tout aussi condamnable a été pratiquée à l'égard de son épouse, dont la vie et l'honneur courent un égal danger, et cependant il croit de son devoir de garder à l'égard de ces empoisonneurs nocturnes la même bonne foi que s'il s'était engagé envers les hommes les plus honorables!

— Tu dis une pénible vérité; mais ma parole est l'emblème de ma foi. Si je l'ai donnée à un ennemi qui en manque aussi bien que d'honneur, c'est une imprudence de ma part; mais si, une fois donnée, j'y manque, le déshonneur me devient personnel: c'est une tache dont je ne pourrai jamais laver mon écusson.

— Votre intention est-elle donc de souffrir que l'honneur de votre femme demeure, comme il est engagé en ce moment, exposé aux chances d'un combat inégal?

— Que Dieu et les saints te pardonnent une telle pensée! J'irai voir ce combat d'un cœur aussi ferme, si ce n'est aussi léger, que je l'aie jamais eu en voyant briller deux lances. Si, par suite de quelque accident ou d'une trahison, car autrement la chose ne serait pas possible, Brenhilda d'Aspramont venait à être vaincue par un pareil antagoniste, je m'élance dans la lice, je proclame le césar pour ce qu'il est, — un lâche! — je montre la fausseté de sa conduite depuis le commencement jusqu'à la fin, j'en appelle à tous ceux qui porteront un cœur noble pour m'entendre, et alors — Dieu montre où est le bon droit!

Hereward s'arrêta un moment et secoua la tête. Tout cela, dit-il, serait assez faisable, pourvu que le combat eût lieu en présence de vos compatriotes, ou encore, par la messe! pourvu que les Varangiens fussent préposés à la garde de la lice. Mais la trahison, dans toutes ses branches, est tellement familière aux Grecs, que je me demande si, dans la conduite de leur césar, ils verraient autre chose qu'un stratagème excusable et naturel du seigneur Cupidon, une chose propre plutôt à exciter le sourire qu'à amener la honte et le châtiment.

— S'il est une nation qui puisse sourire à une plaisanterie de ce genre, que le Ciel lui refuse toute sympathie dans le moment de son plus grand besoin, quand son épée sera brisée entre ses mains, quand les femmes et les filles pousseront des cris sous la main impitoyable d'un ennemi barbare!

Hereward regarda son compagnon, dont les joues brûlantes et les yeux étincelants indiquaient assez l'enthousiasme.

— Je vois, dit-il, que vous êtes décidé, et je sens qu'on ne saurait avec justice qualifier autrement votre résolution que comme un acte d'héroïque folie. — N'importe! il y a longtemps que la vie est amère au pauvre Varangien exilé. Le matin l'arrache d'un lit sans joie, où le soir il s'était couché, fatigué d'avoir porté une arme mercenaire dans les querelles des étrangers. Il y a longtemps qu'il soupire après l'occasion de se débarrasser de la vie dans une cause honorable, et celle-ci en est une où se trouve impliqué l'honneur dans sa plus fine essence,

CHAPITRE XIX.

puis, cela s'accorde avec mon plan de sauver l'empereur, plan qui sera singulièrement facilité par la chute de son gendre ingrat. Après s'être ainsi parlé à lui-même, il s'adressa au comte Robert : — Hé bien, sire comte, comme tu es le plus intéressé dans cette affaire, je consens à t'en abandonner la direction ; mais j'espère que tu me permettras de mêler à tes résolutions quelques avis d'une nature plus simple et moins fantastique. Par exemple, ton évasion ne saurait manquer d'être bientôt généralement connue ; il y a plus, la prudence exige que je sois le premier à en donner la nouvelle ; autrement, le soupçon retomberait sur moi. — Où comptes-tu te cacher ? car, assurément, on se livrera partout à des recherches minutieuses.

— Quant à cela, je devrais m'en rapporter à ce que tu voudras bien me suggérer, en te remerciant à l'avance de tous les mensonges que tu seras obligé d'inventer et de faire dans mon intérêt, te priant seulement d'en faire aussi peu qu'il te sera possible, car c'est une monnaie de mauvais aloi dont je n'ai jamais moi-même fait usage.

— Sire comte, permettez-moi d'abord de vous faire observer que jamais chevalier qui ait ceint une épée n'a été plus esclave de la vérité, quand on est vrai à son égard, que le pauvre Varangien qui marche maintenant à côté de vous. Mais quand le gain de la partie ne dépend pas d'un franc jeu ; quand on endort la prudence des hommes par des mensonges ; quand on engourdit leurs sens par des breuvages mêlés d'opium, quand on ne se fait scrupule de me tromper par aucun moyen, a-t-on le droit de s'attendre que, me payant d'une si mauvaise monnaie, je n'en passerai, moi, que de bonne et de légale ? Pour le présent, il faut que vous vous teniez caché dans mon pauvre logement, au quartier des Varangiens, le dernier lieu où l'on s'avisera probablement d'aller vous chercher. Prenez mon manteau et suivez-moi. Maintenant que nous sommes au moment de sortir du jardin, on ne trouvera pas étonnant que vous marchiez à quelques pas derrière moi, comme un soldat derrière son officier ; car je ne suis pas fâché de vous dire, en passant, sire comte, que les Varangiens sont des gens que les Grecs ne se soucient pas de regarder trop longtemps ni trop fixement.

Ils se trouvaient alors revenus à la porte que la négresse leur avait ouverte lorsqu'ils étaient entrés. Il paraît qu'on avait confié à Hereward les moyens de sortir des jardins du philosophe, quoiqu'il ne pût s'y introduire sans l'entremise de la portière. Il prit une clef dans sa poche, ouvrit la porte, et ils se trouvèrent en liberté. Ils traversèrent une partie de la ville, en choisissant de préférence les rues les moins fréquentées. Hereward marchait devant, et le comte le suivait sans parler et sans se permettre la moindre observation. Enfin ils s'arrêtèrent devant la porte du quartier des Varangiens.

14.

— Dépêchez-vous, dit le soldat de faction, le dîner est déjà commencé. Ces paroles sonnèrent agréablement à l'oreille d'Hereward, qui était grandement effrayé qu'il ne plût au camarade de les arrêter et de les examiner. Il gagna son propre logement par un corridor obscur, et introduisit le comte dans une petite chambre qui était celle de son soldat; après s'être excusé de l'y laisser seul pour quelques instants, il se retira, fermant la porte à clef, de crainte des curieux et des importuns.

Le démon du soupçon n'avait guère de prise sur un esprit aussi loyal et aussi franc que celui du comte Robert, et cependant la dernière action d'Hereward ne laissa pas que de lui susciter quelques réflexions pénibles.

— J'ai besoin que cet homme soit fidèle, se dit-il, car je lui ai accordé une confiance que mériteraient bien peu de soldats dans sa position mercenaire. Qu'est-ce qui l'empêcherait d'aller trouver le principal officier de son corps, et de lui dire que le prisonnier français, le comte Robert de Paris, dont la femme doit se battre en champ clos contre le césar, s'est bien en effet échappé ce matin des cachots de Blacquernal, mais qu'avant midi il s'est laissé prendre au piége, et qu'il est de nouveau prisonnier dans le quartier des gardes varangiennes? — Quels moyens de défense aurai-je, s'il me livre à ces mercenaires? — Ce que l'homme pouvait faire, je n'ai pas manqué de l'accomplir avec la protection de Notre-Dame des Lances Rompues. J'ai tué un tigre en combat singulier, — j'ai tué l'un de mes gardiens, — j'ai vaincu l'animal gigantesque et terrible qui lui servait de second, — j'ai trouvé des paroles assez puissantes pour gagner ce Varangien, au moins en apparence; cependant tout cela ne m'encourage pas à espérer que je puisse longtemps résister à dix ou douze de ces mangeurs de bœuf, guidés contre moi par un homme de la vigueur et de la taille du camarade de tout à l'heure. — Mais fi donc, Robert! de telles pensées sont indignes d'un descendant de Charlemagne. Depuis quand est-ce donc qu'il te prend fantaisie de compter tes ennemis? depuis quand es-tu devenu soupçonneux? Un cœur qui peut se vanter avec justice d'être incapable de fraude ne doit-il pas, en honneur, être le dernier à la soupçonner chez autrui! L'œil de ce Varangien est ouvert; son calme dans le danger est frappant; il a la parole plus libre et plus franche qu'un traître ne l'a jamais eue : si donc c'en est un, il n'y a plus à se fier à aucun homme vivant; car la bonne foi, la sincérité et le courage sont écrits sur le front de celui-ci.

Pendant que le comte Robert réfléchissait ainsi à sa position, et combattait les doutes et les soupçons que son incertitude faisait naître en foule, il commença à sentir qu'il n'avait pas mangé depuis longtemps, et au milieu de doutes et de craintes d'une nature plus héroïque, il lui vint presque l'idée peu rassurante qu'on avait dessein de laisser la faim l'affaiblir avant que de s'aventurer dans sa chambre pour en finir avec lui.

Nous verrons mieux jusqu'à quel point ces doutes étaient mérités ou injustes, en suivant Hereward après qu'il fut sorti de son logement. Il s'assit d'abord au dîner, qu'il expédia en toute hâte, affectant d'être tourmenté par un violent appétit, mais, dans le fait, afin que la manière dont il dévorait le dispensât de questions désagréables, et même de toute conversation. Le repas terminé, il quitta immédiatement ses camarades, pour affaire de service, à ce qu'il leur dit, et se rendit chez Achille Tatius, qui avait son logement dans le même quartier. Un esclave syrien qui ouvrit la porte, après avoir fait un salut profond à Hereward, qu'il connaissait pour le favori de l'acolouthos, lui dit que son maître était sorti, mais qu'il l'avait chargé de lui dire que si Hereward désirait lui parler, il le trouverait aux jardins du philosophe, ainsi appelés parce qu'ils appartenaient au sage Agélastès.

Hereward se mit aussitôt en route, et, profitant de la connaissance qu'il avait de Constantinople pour prendre le plus court chemin, il se trouva, en peu d'instants, devant la même porte qui déjà, le matin, s'était ouverte pour lui et pour le comte Robert. La même négresse parut, obéissant au même signal; et quand il lui eut demandé Achille Tatius, elle répondit avec quelque humeur : — Puisque vous étiez ici ce matin, je m'étonne que vous ne l'ayez pas rencontré, ou qu'ayant besoin de lui parler, vous ne soyez pas resté jusqu'à ce qu'il arrivât. Je suis certaine que l'acolouthos vous a demandé peu de temps après que vous étiez entré dans ce jardin.

— Cela ne regarde pas les vieilles femmes, répondit le Varangien; je rends compte de mes actions à mon commandant et non pas à toi. — Il entra donc, et évitant le sentier ombragé qui conduisait au Bosquet d'Amour, — c'est ainsi qu'on appelait le pavillon dans lequel il avait surpris la conversation du césar et de la comtesse de Paris, — il arriva devant un bâtiment simple dont la façade humble et modeste semblait annoncer le séjour d'un savant et d'un philosophe. En passant devant les fenêtres, il fit un peu de bruit, espérant attirer l'attention soit d'Achille Tatius, soit de son complice Agélastès. Ce fut le premier qui l'entendit et qui répondit. La porte s'ouvrit; un magnifique panache s'inclina pour que celui qui le portait pût franchir le seuil, et le superbe Achille Tatius entra dans le jardin : — Qu'y a-t-il de nouveau, ma fidèle sentinelle? Qu'as-tu à me dire à cette heure? Tu es mon excellent ami, et un soldat pour lequel je professe la plus haute estime; et je suppose facilement qu'il faut que ta nouvelle soit d'une grande importance, puisque tu me l'apportes toi-même, et à une heure si peu ordinaire.

— Plaise au Ciel, répondit Hereward, que la nouvelle que je vous apporte soit de celles qu'on reçoit volontiers !

— Dis-la donc immédiatement, bonne ou mauvaise ; tu parles à un homme auquel la crainte est inconnue. — Mais son œil qui exprimait l'abattement en regardant le soldat, — le sang qui affluait à sa figure et s'en retirait aussitôt, — ses mains qui s'occupaient d'une manière indécise à ajuster le ceinturon de son épée : — tout en lui accusait une disposition d'esprit bien différente de celle que voulait indiquer son ton d'assurance. — Courage, mon fidèle soldat, dis-moi ta nouvelle ; je suis en état de l'écouter, quelle qu'elle puisse être.

— La voici en deux mots : Votre Valeur m'avait ordonné ce matin de remplir l'office de chef des rondes autour des cachots du palais de Blacquernal, dans lesquels est emprisonné ce vieux traître aveugle d'Ursel, et où avait été incarcéré, pendant la nuit, le belliqueux comte Robert de Paris.

— Je me le rappelle parfaitement. — Après ?

— Pendant que je prenais quelque repos au-dessus des souterrains, j'entendis partir d'en bas des cris dont la nature particulière attira mon attention ; je me hâtai de chercher quelle en pouvait être la cause ; je regardai par la trappe dans le cachot, et quoique je ne pusse rien voir d'une manière bien distincte, je reconnus, aux cris et aux gémissements plaintifs que j'entendais, que l'homme des bois, l'animal appelé Sylvain, que nos soldats ont suffisamment habitué à notre langue saxonne pour lui faire remplir utilement les fonctions de sous-geôlier, se plaignait de quelque blessure grave qu'il venait de recevoir. Je descendis avec une torche. Je trouvai le lit sur lequel on avait couché le prisonnier, réduit en cendres ; le tigre, qu'on avait enchaîné à quelques pas de distance seulement, avait le crâne brisé ; Sylvain, étendu à terre, faisait entendre des cris de terreur et de souffrance ; plus de prisonnier dans le cachot. Il y avait des traces qui m'indiquèrent que tous les verrous avaient été tirés par un soldat mytilénien, de garde avec moi, lorsqu'il avait fait sa ronde à l'heure accoutumée ; et comme, en continuant la mienne avec anxiété, je découvris à la fin son cadavre frappé d'un coup de poignard à la gorge, je fus obligé de croire que pendant que j'examinais ainsi son cachot, le comte Robert, dont l'audace habituelle a dû très-bien s'arranger de cette aventure, avait gagné les étages supérieurs, à l'aide de l'échelle et de la trappe qui m'avaient servi à descendre.

— Pourquoi donc n'as-tu pas immédiatement crié à la trahison et n'as-tu pas mis sur pied toute la garde ?

— Je n'ai pas osé m'aventurer à le faire sans les ordres de Votre Valeur. Le cri alarmant de trahison, et les diverses rumeurs qui probablement l'auraient suivi, eussent amené des recherches tellement sévères que peut-être elles eussent mis au jour certaines matières auxquelles l'acolouthos lui-même prend un intérêt direct, et qui auraient pu le rendre l'objet de quelque soupçon.

— Tu as eu raison, dit Achille Tatius à voix basse, et cependant nous ne pouvons pas cacher plus longtemps l'évasion d'un prisonnier de cette importance, si nous ne voulons passer pour ses complices. — Où crois-tu que ce malheureux fugitif ait cherché un refuge?

— C'est ce que j'espérais apprendre de la haute sagesse de Votre Valeur.

— Ne penses-tu pas qu'il aura traversé l'Hellespont pour rejoindre ses compatriotes et ses adhérents?

— Cela est fort à craindre, et pour peu que ce comte ait écouté les avis de quelqu'un qui connaisse le pays, c'est là le conseil qu'il en aura reçu.

— En ce cas, le danger de le voir revenir à la tête d'un corps de Francs, pour chercher à se venger, est moins immédiat que je ne le craignais d'abord; car l'empereur a donné des ordres positifs pour que les bateaux et les galères qui ont transporté les Croisés sur la côte d'Asie revinssent immédiatement sans ramener un seul d'entre eux. En outre ils ont tous — c'est-à-dire les chefs — fait serment, avant de passer, qu'ils ne tourneraient plus le dos au but de leur expédition, aussitôt qu'ils auraient le pied sur la route directe de la Palestine.

— S'il en est ainsi, l'une de ces deux propositions est hors de doute : ou le comte Robert est sur la côte orientale du détroit, privé des moyens de revenir avec ses collègues pour se venger du mauvais traitement qu'il a reçu, et alors nous pouvons impunément braver sa colère; — ou bien il erre quelque part dans Constantinople, sans un ami, sans un allié pour prendre son parti et l'encourager à faire connaître ouvertement ses griefs prétendus. — Dans l'un ou l'autre cas, je crois que ce serait manquer d'adresse que d'aller porter au palais la nouvelle de son évasion, ce qui ne ferait qu'alarmer la cour et fournir à l'empereur le sujet de bien des soupçons. — Mais il n'appartient pas à un ignorant barbare comme moi de prescrire un plan de conduite à votre valeur et à votre prudence, et il me semble que le sage Agélastès vous serait un bien meilleur conseiller qu'un homme comme moi.

— Non, non, non, dit précipitamment l'acolouthos en baissant la voix; le philosophe et moi sommes très-bons amis, les meilleurs amis du monde; nous sommes unis ensemble par les liens les plus étroits; mais si nous en étions à cette alternative que l'un de nous dût jeter la tête de l'autre devant le marche-pied de l'empereur, tu ne me conseillerais pas, j'espère, à moi, dont les cheveux n'ont pas encore trace de blancheur, d'être le dernier à faire l'offrande. C'est pourquoi nous ne dirons rien de ce malheur, mais nous fournirons tous les mandats nécessaires et nous ferons les recommandations les plus pressantes pour qu'on cherche ce comte de Paris mort ou vivant, et, dans cette dernière hypothèse, pour qu'on l'enferme dans la salle de police de notre propre corps. Quand tu auras fait tout cela, tu m'en donneras nouvelle. J'ai bien des moyens de m'en faire un ami, en arrachant sa femme à tout danger, avec l'aide des haches de nos fidèles Varangiens. Qu'y a-t-il dans cette métropole qui puisse leur résister?

— Rien, quand elles sont levées dans une cause juste.

— Ha! — Que dis-tu? — ou plutôt qu'entends-tu par là? — Mais je comprends. Tu es scrupuleux; tu tiens, dans toute action où tu te trouves engagé, à avoir le juste et légal commandement de ton supérieur, et tu penses que dans cette affaire de discipline et de service, c'est le devoir de ton acolouthos de satisfaire à tes honorables scrupules. Tu auras un ordre par écrit, te donnant plein pouvoir de chercher et d'emprisonner ce comte étranger dont nous venons de parler. — Entends-tu, mon excellent ami, ajouta l'acolouthos avec quelque hésitation, je crois que tu ferais mieux de partir et de commencer, ou plutôt de continuer tes recherches. Je pense qu'il est inutile d'informer notre ami Agélastès de ce qui est arrivé, à moins que ses conseils ne nous deviennent plus nécessaires qu'ils ne me le paraissent jusqu'ici. — Allons, — vite, au quartier; je trouverai un prétexte pour lui expliquer ta présence ici, si ce vieillard curieux m'en parle, comme il est probable qu'il n'y manquera pas. — Allons, au quartier; et agis comme si tu étais porteur de l'ordre le plus positif et des pouvoirs les plus étendus; j'aurai soin de te donner tout cela par écrit, dès que moi-même j'y serai rentré.

Le Varangien se hâta d'obéir.

— Ma foi, se dit-il, n'est-ce pas une chose étrange et propre à faire d'un honnête homme un coquin pour toute sa vie, que de voir comment le diable encourage les débutants dans la carrière du mensonge? J'ai dit une plus grande fausseté, — ou du moins j'ai caché une vérité plus importante que de ma vie je n'aie eu encore occasion de le faire: — qu'en résulte-t-il? Mon commandant me jette à la tête, pour ainsi dire, un ordre suffisant pour me mettre à couvert et me protéger dans tout ce que j'ai fait et dans tout ce que je puis entreprendre encore! Si le diable se conduisait toujours ainsi envers ses âmes dévouées, il me semble qu'elles auraient peu de raison de se plaindre de lui, et que les gens plus honnêtes en auraient peu aussi de s'étonner de leur nombre. Mais un temps vient, à ce qu'on dit, où il manque rarement de les abandonner; c'est pourquoi, arrière, Satan! Si j'ai paru être ton serviteur pour un court moment, ç'a été dans un but honnête et chrétien.

Pendant qu'il se livrait à ces pensées, il retourna par hasard la tête, et tressaillit en voyant apparaître une créature de taille plus grande et de forme plus étrange que l'homme, couverte d'une fourrure d'un rouge foncé, à l'exception de la face, dont l'expression était laide et à la fois triste et mélancolique. L'une de ses mains était entourée d'un bandage, et la manière gênée dont il la portait indiquait la souffrance d'une blessure récente. Hereward était tellement préoccupé de ses propres réflexions, qu'au premier abord il s'imagina que c'était le diable qu'il avait évoqué; mais après un moment de surprise, il reconnut son vieil ami Sylvain. — Ha! mon vieux camarade, je suis charmé que tu sois parvenu à t'introduire dans ce jardin, où tu trouveras quantité de fruits pour ta consommation. Mais prends garde; aie soin de ne te pas faire découvrir. C'est un conseil d'ami ; profites-en.

L'homme des bois répondit à cet avis par un grognement inarticulé.

— Je te comprends ; tu me dis que tu ne rapporteras rien de ce que tu as vu ; et, ma foi, j'aurai plus de confiance en toi que dans la plupart des autres individus de race bipède, sans cesse occupés à se circonvenir et à s'égorger les uns les autres.

Un instant après que l'animal fut hors de vue, Hereward entendit les cris d'une femme qui appelait au secours. Il fallait que les accents de cette voix offrissent un intérêt bien extraordinaire au Varangien, puisque, oubliant le danger de sa situation personnelle, il se détourna de son chemin pour voler immédiatement au secours de la suppliante.

CHAPITRE XX.

> Elle vient! elle vient! dans tous les charmes de la jeunesse, d'un amour sans égal et d'une fidélité à l'abri du soupçon.

HEREWARD ne fut pas longtemps à suivre la voix à travers les promenades boisées. Une femme se jeta dans ses bras, effrayée, à ce qu'il semblait, par Sylvain qui la poursuivait de près. L'arrivée d'Hereward, la hache d'armes levée, l'arrêta dans sa course ; il poussa un cri d'épouvante, et se sauva dans le plus épais du feuillage adjacent.

Débarrassé de lui, Hereward eut le temps de jeter les yeux sur la femme qu'il venait de secourir. Elle était vêtue d'étoffes de différentes couleurs, parmi lesquelles prédominait cependant le jaune clair. Sa tunique était de cette nuance, et, comme une robe moderne, elle dessinait les formes on ne peut plus régulières de cette femme grande et belle. Le manteau ou surtout qui la couvrait entièrement était de drap très-fin, et le chaperon qui le surmontait, étant retombé en arrière par la rapidité de sa course, laissait voir une forêt de cheveux magnifiques, tressés avec une simplicité du meilleur goût. La figure était pâle comme la mort, par suite du danger que cette femme avait couru, et, malgré toutes les terreurs qui s'y peignaient, on ne pouvait s'empêcher de remarquer son exquise beauté.

Hereward fut frappé de la foudre à cette apparition. Le vêtement n'était ni grec ni italien ; ce n'était pas non plus le costume des Francs ; — il était *saxon!* — et il se liait ainsi, par mille tendres souvenirs, à l'enfance et à la jeunesse du Varangien. La circonstance était des plus extraordinaires ; des Saxonnes, il y en avait bien à Constantinople qui partageaient la fortune des Varangiens, et souvent elles préféraient porter dans la ville leur costume national, parce que la réputation et la bravoure de leurs maris leur assuraient un degré de respect que n'eussent peut-être pas obtenu les femmes grecques, ou d'autres étrangères du même rang ; mais presque toutes ces Saxonnes étaient personnellement connues d'Hereward. Cependant, le moment n'était pas propre à de longues réflexions ; lui-même était en danger, — et la situation de la jeune femme pouvait en présenter aussi. Dans tous les cas, il était convenable de quitter la partie la plus fréquentée des jardins. Il ne perdit donc pas un moment pour porter la Saxonne évanouie dans une retraite qu'heureusement il connaissait. Un sentier couvert, caché par la végétation, conduisait, par une sorte de labyrinthe, à une grotte artificielle au fond de laquelle, à demi recouverte de coquilles, de Mousses et de spath, était étendue la statue gigantesque et à demi couchée d'une divinité fluviale, avec ses attributs ordinaires, — c'est-a-dire le front couronné de lis d'eau et de joncs, et sa grande main appuyée sur une urne. L'attitude de la statue entière répondait à l'inscription : — JE DORS ; — NE M'ÉVEILLEZ PAS.

— Maudite relique du paganisme, s'écria Hereward, qui, en proportion de ses lumières, était un chrétien zélé, — souche brutale, ou stupide pierre que tu es, je vais t'éveiller du poids de ma vengeance. A ces mots, il frappa la tête de la divinité endormie d'un coup de sa hache d'armes, et dérangea tellement le mécanisme de la fontaine que l'eau commença à couler dans le bassin.

— Allons, tu es tout de même un bon bloc de pierre, d'envoyer un secours si nécessaire à ma pauvre compatriote. Avec ta permission, tu vas lui céder également une partie de ta couche. En parlant ainsi, il déposa la belle qu'il portait, et qui n'avait pas encore recouvré ses sens, sur le piédestal où était couché le dieu du fleuve. Naturellement, son attention se trouva reportée sur la figure de sa compatriote, et il éprouva une si vive émotion, mêlée d'espérance et de crainte, qu'on ne pourrait mieux la comparer qu'aux oscillations incertaines d'une torche mourante, dont on ne saurait dire si elle va se rallumer ou s'éteindre tout à fait. Ce fut avec une sorte d'attention machinale qu'il continua de faire tous ses efforts pour rappeler à elle-même la belle créature qui était devant lui. Ses émotions étaient celles de l'astronome auquel le lever de la lune rend lentement la contemplation de ce ciel, but de ses espérances comme chrétien, source de ses connaissances comme philosophe. Le sang remonta au visage de la Saxonne; elle se ranima, et le souvenir se réveilla même plus tôt chez elle que chez le Varangien étonné.

— Bienheureuse vierge Marie! s'écria-t-elle, ai-je effectivement épuisé jusqu'à la dernière goutte la coupe amère de la vie? — Est-ce en ce lieu que tu réunis après la mort tes zélés adorateurs? Parle, Hereward, si tu es autre chose qu'une vaine créature de mon imagination; — parle, et dis-moi si je n'ai fait que rêver de cet ogre monstrueux?

— Reviens à toi, Berthe, ma bien-aimée, dit l'Anglo-Saxon rappelé à lui-même par le son de sa voix, et prépare-toi à supporter ce que tu dois voir, et ce que ton Hereward a à te raconter. Cet être hideux existe en effet; — mais ne t'effraie pas, ne cherche pas des yeux où te cacher : — ta jolie main armée d'une baguette suffirait pour maîtriser son courage. Et ne suis-je pas ici, Berthe? Voudrais-tu demander une autre sauvegarde?

— Non, non! s'écria-t-elle, saisissant le bras de l'amant qu'elle venait de retrouver. — Ne vous reconnais-je pas maintenant?

— Est-ce maintenant seulement que vous me reconnaissez, Berthe?

— Je le soupçonnais auparavant, répondit-elle en baissant les yeux, mais maintenant je reconnais avec certitude cette marque de la défense du sanglier.

Hereward donna le temps à l'imagination de sa compatriote de se remettre du choc qu'elle avait si soudainement éprouvé, avant de s'aventurer à ramener la conversation sur les événements actuels, évènements qui présentaient tant de sujets de doute et de crainte. Il lui laissa donc le temps de rappeler à son souvenir toutes les circonstances de la chasse donnée au hideux animal par leurs deux familles réunies. Elle raconta avec des accents entrecoupés comment jeunes et vieux, hommes et femmes, avaient décoché leurs traits sur l'animal terrible; comment le sien, mieux dirigé sans doute, tout faible qu'il était, le blessa dangereusement; comment, furieux de la douleur qu'il éprouvait, l'animal s'était précipité sur la personne qui en était la cause; comment il avait tué son cheval d'un seul coup et l'aurait tuée elle-même, si Hereward, voyant qu'il échouait dans tous ses efforts pour lancer son cheval sur le monstre, n'eût mis pied à terre et ne se fût placé de sa personne entre Berthe et le sanglier. La victoire avait été chèrement disputée; le sanglier était mort, mais Hereward avait reçu au-dessus du sourcil une grave blessure, dont celle qu'il avait sauvée venait de reconnaître la cicatrice. — Hélas! dit-elle, qu'avons-nous été depuis ce moment, et que sommes-nous l'un pour l'autre sur cette terre étrangère?

— Réponds pour toi si tu le peux, ma Berthe; — et si tu le peux, dis avec vérité que tu es toujours la même Berthe qui avait engagé sa foi à Hereward. Crois-moi, ce serait un péché de supposer que les saints nous eussent tous deux réunis ici, si jamais nous devions être séparés de nouveau.

— Hereward, tu n'as pas conservé dans ton sein l'oiseau d'amour avec plus de soin que je l'ai fait; dans la patrie ou à l'étranger, dans la liberté ou dans l'esclavage, dans la joie ou dans l'affliction, dans l'abondance ou dans le besoin, j'ai toujours eu présente à la pensée la foi que j'avais jurée à Hereward sur la pierre d'Odin.

— Pas un mot de plus là-dessus; c'était une cérémonie impie, et rien de bien n'en pouvait résulter.

— Qu'y avait-il donc de si impie? reprit la jeune fille; et ses grands yeux bleus se remplirent de larmes. — Hélas! c'était un bonheur pour moi de penser qu'Hereward m'appartenait par cet engagement solennel!

— Écoute-moi, Berthe, répliqua Hereward en la prenant par la main. Nous n'étions guère alors que deux enfants, et notre serment, tout innocent qu'il fût en lui-même, devenait coupable en ce sens que nous le prêtions en présence d'une muette idole représentant celui qui, de son vivant, avait été un magicien sanguinaire et cruel. Mais la première fois que l'occasion s'en présentera, nous renouvellerons notre engagement devant un autel d'une sainteté réelle, et nous promettrons de faire une pénitence convenable pour avoir, dans notre ignorance, rendu hommage à Odin. C'est ainsi que nous apaiserons le vrai Dieu qui seul peut nous soutenir au milieu des funestes tempêtes qui vraisemblablement viendront nous assaillir.

Abandonnant quant à présent nos deux amants au milieu de leurs discours d'amour d'une nature si pure, si simple et si touchante, nous dirons en peu de mots au lecteur tout ce qu'il a besoin de savoir de l'histoire de chacun d'eux, depuis la chasse du sanglier jusqu'au moment de leur réunion dans les jardins d'Agélastès.

Dans cette position douteuse où se trouvaient les hommes mis hors la loi, Waltheoff, le père d'Hereward, et Engelred, père de Berthe, avaient coutume de réunir leurs tribus, non encore soumises, quelquefois dans les fertiles régions du Devonshire, quelquefois dans les solitudes boisées de l'Hampshire, mais, autant que possible, à portée d'entendre le *bugle*[1] du fameux Ederic le forestier, qui, pendant si longtemps, fut le chef des Saxons insurgés. Les deux autres dont nous venons de parler étaient au nombre des derniers braves qui défendirent l'indépendance de la race anglo-saxonne, et qui, comme leur capitaine Ederic, étaient généralement connus sous le nom de *forestiers*, comme des hommes qui vi-

---

[1] Espèce de cor, ou plutôt de cornet à bouquin, fait d'une corne de bœuf. (L. V.)

vaient de la chasse quand ils étaient arrêtés ou repoussés dans leurs excursions militaires. Ils firent, à cette époque, un pas en arrière dans les voies de la civilisation, et se rapprochèrent des Germains, leurs anciens aïeux, plus que leurs prédécesseurs immédiats, lesquels, avant la bataille d'Hastings, avaient fait de rapides progrès vers la vie civilisée.

De vieilles superstitions avaient recommencé à revivre parmi eux; c'est ainsi que les jeunes garçons et les jeunes filles avaient coutume de s'engager leur foi réciproque dans des cercles de pierres, consacrés, disait-on, à Odin, bien que, depuis longtemps, ils eussent cessé de professer envers lui la foi sincère de leurs ancêtres païens.

Les proscrits revenaient encore, sur un autre point remarquable, aux mœurs des anciens Germains. Les circonstances réunissaient souvent les jeunes gens des deux sexes. Il était à craindre que des mariages trop hâtifs ou des liaisons moins durables n'accrussent la population bien au delà de ses moyens d'entretien ou de défense. Les lois des forestiers défendaient donc strictement qu'aucun mariage eût lieu avant que l'époux n'eût accompli sa vingt-unième année. Les jeunes gens convenaient à l'avance de s'unir, et les parents ne s'y opposaient pas, pourvu que les jeunes amants attendissent que le futur mari eût atteint l'époque fixée. Ceux qui enfreignaient cette règle encouraient l'épithète déshonorante de *nidderings* ou d'indignes; — et cette épithète avait quelque chose de si dégradant, que plusieurs avaient mis fin à leurs jours plutôt que d'endurer la vie sous un pareil opprobre. Mais ceux qui enfreignaient la loi étaient en bien petit nombre, au milieu d'une race si bien façonnée à la retenue et au sacrifice des intérêts personnels. Il arrivait de là que la femme honorée pendant tant d'années comme quelque chose de sacré, devenue enfin mère de famille, reçue dans les bras et près du cœur de l'époux qui l'avait si longtemps attendue, était regardée comme quelque chose de plus élevé que l'idole d'un moment; et que, sentant le cas qu'on faisait d'elle, elle s'efforçait de s'en rendre digne dans toutes les actions de sa vie.

Ce fut donc par toute la population des deux tribus, aussi bien que par leurs parents, que depuis la chasse du sanglier Hereward et Berthe furent considérés comme des amants dont le Ciel avait indiqué l'alliance, et qu'ils furent encouragés à se fréquenter autant que leur inclination les y porterait. Les jeunes hommes de la tribu évitaient de demander la main de Berthe pour la conduire à la danse, et les jeunes filles n'employaient pas les petits artifices de leur sexe pour attirer Hereward ou le retenir auprès d'elles, quand Berthe était présente à la fête. Ils s'étaient donc pris l'un l'autre par la main à travers la pierre perforée qu'on appelait l'autel d'Odin, quoique dans la suite on l'ait attribuée aux Druides. Ils demandèrent à ce dieu que s'ils manquaient à la foi qu'ils allaient se jurer, leur crime fût puni par les douze épées nues que tenaient autour d'eux pendant la cérémonie un nombre égal de jeunes gens, et que leurs malheurs fussent si nombreux que douze jeunes filles qui se tenaient là aussi tout autour ne pussent les raconter ni en vers ni en prose.

La torche du Cupidon saxon brilla pendant quelques années d'un feu aussi vif que lorsqu'elle avait été allumée pour la première fois. Cependant le temps arriva où nos deux amants devaient être soumis aux épreuves de l'adversité, sans qu'aucun d'eux l'eût mérité par sa perfidie. Les années s'étaient écoulées rapidement; Hereward comptait avec anxiété les mois et les semaines qui le séparaient encore de sa fiancée, et celle-ci commençait à ne plus repousser avec autant de modestie les protestations et les caresses d'un homme qui devait bientôt lui appartenir tout entier. Cependant, Guillaume le Roux [1] avait formé le projet d'exterminer entièrement les forestiers, dont la haine implacable et l'amour remuant de la liberté avaient si souvent troublé la tranquillité de son royaume et méprisé ses lois sur l'administration des forêts. Il rassembla ses troupes normandes et y réunit un corps de Saxons qui s'étaient soumis à sa puissance. Il réussit par ce moyen à conduire des forces écrasantes contre les bandes de Waltheoff et d'Engelred, qui ne trouvèrent d'autre ressource que de jeter les femmes de leurs tribus et tous ceux qui ne pouvaient porter les armes dans un couvent d'Augustins dont le prieur Kenelm était leur parent; puis, le moment de la bataille venu, ils se montrèrent dignes de leur ancienne valeur en résistant jusqu'à la fin. Ces deux chefs malheureux restèrent sur le champ de bataille. Hereward et son frère faillirent partager leur sort; mais quelques Saxons, habitants du voisinage, s'étant aventurés sur le théâtre du combat, où les vainqueurs n'avaient laissé d'autre butin que la part des milans et des corbeaux, trouvèrent les corps de ces deux jeunes gens qui conservaient encore quelque étincelle de vie. Comme ils étaient bien connus et généralement aimés, on les recueillit et on prit soin d'eux, jusqu'à ce que leurs blessures fussent cicatrisées et que leurs forces commençassent à revenir. Hereward apprit alors la triste nouvelle de la mort de son père et d'Engelred. Il s'enquit ensuite de ce qu'étaient devenues sa fiancée et la mère de celle-ci. Les pauvres paysans auxquels il s'adressait ne purent lui faire qu'une réponse bien peu satisfaisante. Les chevaliers et les nobles normands s'étaient emparés de quelques-unes des femmes qui allaient chercher un refuge dans le couvent; ils en avaient fait leurs esclaves. Quant aux autres, ils les avaient mises toutes dehors, ainsi que les moines qui leur avaient donné asile. Le couvent, après avoir été pillé de fond en comble, était devenu la proie des flammes.

A demi mort lui-même en apprenant une telle nouvelle, Here-

---

[1] Fils et successeur de Guillaume le Conquérant. (L. V.)

ward partit; et au risque de perdre la vie, car les forestiers saxons avaient été mis hors la loi, il commença à chercher ces deux femmes qui lui étaient si chères, et à s'informer de leur sort parmi les misérables créatures qui se traînaient encore dans les environs du couvent, comme des abeilles à moitié brûlées errent autour de leurs ruches enfumées. Mais au milieu des terreurs auxquelles chacun d'eux avait été en proie, aucun n'avait conservé d'yeux pour les malheurs de ses voisins; tout ce qu'ils purent dire, ce fut que la femme et la fille d'Engelred étaient bien certainement perdues; et leur imagination leur suggéra tant de détails de nature à briser le cœur, qu'Hereward cessa de songer à des recherches qui probablement se devaient terminer d'une manière si inutile et si horrible.

Dès sa plus tendre enfance, le jeune Saxon avait été élevé dans une haine patriotique des Normands, que leur dernière victoire, on le pense bien, n'avait pas dû lui faire aimer davantage. Il rêva d'abord de traverser le détroit pour aller faire la guerre à ses ennemis dans leur propre pays; mais une idée si extravagante ne pouvait se maintenir longtemps dans son esprit. Une rencontre qu'il fit décida de son sort; ce fut celle d'un vieux pèlerin qui avait connu ou qui du moins prétendait avoir connu son père et être natif d'Angleterre. Cet homme était un Varangien déguisé, choisi dans ce dessein plein d'adresse et d'artifice, et bien pourvu d'argent. Dans la situation désespérée des affaires d'Hereward, cet homme n'eut pas de peine à lui persuader d'entrer dans la garde varangienne, en ce moment occupée à faire la guerre aux Normands; car c'est ainsi que, pour s'accommoder à l'humeur d'Hereward, il lui plut de désigner les guerres de l'empereur contre Robert Guiscard, son fils Bohémond, et d'autres aventuriers en Italie, en Grèce ou en Sicile. Un voyage en Orient impliquait l'idée d'un pèlerinage et donnait au malheureux Hereward la chance de racheter ses péchés en visitant la Terre Sainte. En gagnant Hereward, le recruteur s'assura en même temps les services de son frère, qui avait fait vœu de ne pas se séparer de lui.

La haute réputation de courage dont jouissaient les deux frères fit que l'adroit recruteur les regarda comme une excellente acquisition; et ce fut d'après les notes très-étendues qu'il tenait sur la moralité et les antécédents des nouveaux soldats qu'il procurait à l'empereur, qu'Agélastès avait recueilli sur la famille d'Hereward et ses amours ces détails dont il s'était servi lors de sa première entrevue avec le Varangien, pour essayer de lui donner l'idée qu'il possédait des connaissances surnaturelles. C'est ainsi que plusieurs de ses compagnons d'armes s'étaient laissé gagner par les conspirateurs. Les notes du recruteur, on le peut supposer, se trouvaient entre les mains d'Achille Tatius, qui les avait communiquées à Agélastès, lequel, de cette façon, s'était facilement donné, parmi ces soldats ignorants, la réputation d'avoir des connaissances supérieures à celles qu'un homme peut acquérir ; mais la foi sincère et la brusque loyauté d'Hereward lui avaient suffi pour éviter le piége.

Telle était l'histoire d'Hereward. Celle de Berthe forma le sujet d'une conversation passionnée entre les deux amants, souvent interrompue par de tendres caresses telles que s'en peuvent permettre deux amants vertueux qui se trouvent tout à coup réunis après une séparation qui semblait devoir être éternelle. Mais cette histoire de Berthe peut se réduire à bien peu de mots. Dans le sac général du monastère, un vieux chevalier normand s'était emparé de Berthe, comme de sa part du butin. Frappé de sa beauté, il avait résolu d'en faire la suivante de sa fille qui sortait à peine de l'adolescence, et qu'il aimait comme la prunelle de ses yeux, comme le seul enfant qu'il eût eu de son épouse chérie, et que le Ciel avait envoyé tard pour bénir leur alliance. Il était dans l'ordre des choses que la comtesse d'Aspramont, qui était beaucoup plus jeune que son mari, le gouvernât, et que Brenhilda, leur fille, les gouvernât tous les deux.

Toutefois, il est juste de faire observer que le chevalier d'Aspramont aurait désiré diriger les goûts de sa fille vers des amusements plus féminins que ceux qui commençaient déjà à mettre sa vie en danger. Le bon vieux chevalier savait par expérience qu'il ne lui eût servi de rien de prétendre la contrarier ouvertement. Il voulut donc essayer de l'influence que pourrait avoir sur elle l'exemple d'une compagne un peu plus âgée, et c'est dans ce dessein qu'au milieu du sac du couvent il s'était emparé de la jeune Berthe. Terrifiée au dernier degré, celle-ci se tenait convulsivement dans les bras de sa mère ; le chevalier d'Aspramont, qui avait un cœur plus sensible qu'on n'en trouvait généralement, à cette époque, sous une cuirasse d'acier, ému de l'affliction de la mère et de la fille, et pensant que la première aussi pourrait être utile auprès de son épouse, étendit sa protection sur toutes les deux. Il les retira de la presse, et quelques soldats s'étant hasardés à lui disputer cette double part dans le butin, il les paya, partie avec quelques petites pièces de monnaie, partie avec de grands coups du revers de sa lance.

L'excellent chevalier revint bientôt dans son château. C'était un homme d'une conduite rangée et de mœurs régulières. Les charmes de la jeune vierge saxonne, et ceux plus mûrs de sa mère, n'empêchèrent pas qu'elles ne voyageassent en tout honneur et en toute sûreté jusqu'au château patrimonial d'Aspramont. Là, les maîtres les plus habiles qu'on put se procurer furent réunis pour enseigner à la jeune Berthe tous les arts de son sexe, dans l'espérance que sa maîtresse Brenhilda pourrait éprouver le désir de prendre part aux mêmes leçons. La jeune Saxonne devint habile, il est vrai, dans la musique, les travaux à l'aiguille, et dans tout ce qu'à cette époque on enseignait aux femmes ; mais la comtesse Brenhilda conserva pour les amusements guerriers le même goût exclusif qui faisait tant de peine à son père, mais que sa mère avait encouragé d'autant plus aisément, qu'elle-même autrefois l'avait éprouvé.

Cependant, les deux captives étaient traitées avec bonté. Brenhilda s'attacha infiniment à la jeune Anglo-Saxonne, non pas tant pour son habileté dans les arts de son sexe que pour l'activité qu'elle montrait dans tous les exercices du corps, et qu'elle devait à l'état d'indépendance où elle avait passé la première partie de sa jeunesse.

La dame d'Aspramont se montrait bonne aussi pour les deux captives, et cependant il y eut un point sur lequel elle exerça à leur égard une petite tyrannie. Elle avait conçu l'idée, et y avait été confirmée par un confesseur ignorant, que les Saxons étaient païens, ou du moins hérétiques. Elle avait insisté auprès de son époux pour que les deux esclaves attachées à sa personne et à celle de sa fille fussent rendues dignes de cet office par un second baptême qui leur donnerait de nouveau l'entrée de l'église chrétienne.

Quoiqu'elle sentît la fausseté et l'injustice de cette accusation, la mère eut assez de bon sens pour se soumettre à la nécessité ; elle reçut donc à l'autel, et dans toutes les formes, le nom de Marthe auquel elle répondit pendant le reste de sa vie.

Mais en cette occasion, Berthe montra une résolution qui ne s'accordait guère avec la docilité et la douceur de son caractère habituel. Elle refusa hardiment d'être admise une seconde fois dans le giron de l'Église, dont sa conscience lui disait qu'elle était déjà membre, et de changer contre un autre le nom qu'elle avait reçu sur les fonts baptismaux. Ce fut en vain que le vieux chevalier commanda, que la maîtresse menaça, que sa mère elle-même conseilla et supplia. Cependant, prise en particulier et serrée de près par celle-ci, elle lui fit enfin connaître son motif, qu'on ne soupçonnait pas même auparavant. — Je sais, dit-elle en versant un torrent de larmes, que mon père serait mort avant que de me voir me soumettre à cette insulte ; et puis, — qu'est-ce qui m'assure que les serments prêtés à la Saxonne Berthe conserveront leur force obligatoire, si on substitue en sa place une Française Agathe ? Ils peuvent me bannir, ils peuvent me tuer s'ils le veulent ; mais si le fils de Waltheoff doit jamais revoir la fille d'Engelred, il retrouvera cette même Berthe qu'il a connue dans les forêts de l'Hampshire.

Tous les raisonnements furent vains, la jeune Saxonne s'obstina ; et, pour essayer de vaincre sa résolution, la dame d'Aspramont parla enfin de la renvoyer du service de sa jeune maîtresse et de la bannir du château. Elle avait pris son parti, même sur un tel malheur. Elle répondit respectueusement, mais avec fermeté, qu'elle éprouverait un chagrin bien amer en se séparant de sa jeune maîtresse, mais qu'elle préférerait aller mendier sous son propre nom que de trahir la foi de ses pères et de la condamner comme une hérésie, en acceptant un nom d'origine française. Brenhilda entra dans l'appartement au moment même où sa mère allait prononcer la sentence de bannissement dont elle avait menacé Berthe. — Ne vous arrêtez pas parce que je suis entrée, madame, dit l'intrépide jeune fille ; je suis aussi intéressée que Berthe dans la sentence que vous allez prononcer. Si elle passe en exilée le pont-levis du château d'Aspramont, je ferai de même quand elle aura séché des larmes que mes emportements n'avaient jamais pu arracher de ses yeux. Elle sera mon écuyère, mon garde du corps, et le barde Lancelot me suivra, portant ma lance et mon bouclier.

— Et avant que le soleil soit couché, dit sa mère, vous serez, mademoiselle, revenue de cette folle expédition.

— Que le Ciel favorise mon projet, madame, répondit la jeune héritière ; le soleil, ni à son lever ni à son coucher, ne me verra revenir avant que le nom de Berthe et celui de sa maîtresse soient connus jusqu'où les pourra porter la trompette de la renommée. — Allons, courage! ma gentille Berthe ; si le Ciel t'a arrachée à ton pays, à l'objet de ta foi, il t'a donné une sœur, une amie, à la gloire de laquelle la tienne va se trouver pour jamais attachée.

La dame d'Aspramont fut confondue; elle savait que sa fille était parfaitement capable de faire ce qu'elle disait; elle savait de plus que, même avec le concours de son époux, il lui serait fort difficile de l'en empêcher. Elle garda donc le silence, tandis que la matrone saxonne, autrefois appelée Urique et maintenant Marthe, parlait ainsi à sa fille Berthe : — Mon enfant, si vous faites quelque cas de l'honneur, de la vertu, de la reconnaissance, et même de votre propre intérêt, adoucissez votre cœur à l'égard de votre maître et de votre maîtresse, et suivez l'avis d'une mère qui a plus d'années et de jugement que vous. Et vous, ma chère jeune demoiselle, ne forcez pas votre mère à croire que le goût des exercices dans lesquels vous excellez a détruit chez vous l'affection filiale et la modestie naturelle à votre sexe! — Puisqu'elles paraissent toutes deux obstinées, madame, poursuivit la matrone après avoir attendu quelque temps pour voir l'effet de son discours, peut-être, si vous me le daignez permettre, pourrais-je proposer un expédient qui pourrait à la fois satisfaire les désirs de Votre Seigneurie, s'accommoder à l'obstination de ma fille, et reconnaître les bonnes dispositions de sa généreuse maîtresse. — La dame d'Aspramont fit signe à la Saxonne de continuer.

— Les Saxons, très-chère dame, ne sont aujourd'hui ni païens ni hérétiques; ils sont, quant à l'époque où l'on doit observer le carême et quant à d'autres points de doctrine controversés, humblement soumis au pape de Rome, et cela, notre digne évêque le sait bien, puisqu'il a réprimandé quelques-uns des domestiques pour m'avoir appelée vieille païenne. Cependant nos noms sonnent mal aux oreilles françaises, et ils ont en effet quelque chose de païen; si donc on veut bien ne pas exiger que ma fille se soumette à la cérémonie d'un nouveau baptême, elle consentira à laisser de côté son nom de Berthe tant qu'elle demeurera dans votre honorable maison. Cet expédient coupera court à un débat, qui, avec votre permission, ne me paraît pas d'une importance assez grande pour troubler plus longtemps la paix de ce château. Je jurerais bien que, si vous avez cette indulgence pour le scrupule que témoigne ma fille, elle vous en montrera sa gratitude en redoublant, s'il est possible, de zèle et d'assiduité dans son service auprès de sa jeune maîtresse.

La dame d'Aspramont ne demanda pas mieux que d'embrasser le moyen qu'on lui présentait de se tirer de cette querelle en compromettant sa dignité aussi peu que possible. — Si le bon évêque, dit-elle, approuve un pareil compromis, je n'y refuserai pas moi-même mon consentement. — Le prélat donna son approbation d'autant plus aisément qu'on lui avait dit que la jeune héritière le voulait ainsi et qu'elle n'en démordrait pas. La paix fut donc rétablie dans le château, et Berthe reconnut son nouveau nom d'Agathe comme un nom de service, mais non pas comme un nom de baptême.

Cette grande dispute produisit un seul résultat bien positif, ce fut d'accroître l'amour enthousiaste de Berthe pour sa jeune maîtresse. Avec cette attention délicate qui caractérise le domestique affectueux et l'ami placé dans une position inférieure, elle s'efforça de la servir comme elle savait qu'elle aimait à l'être; et conséquemment elle flatta sa maîtresse dans ces fantaisies chevaleresques qui la faisaient remarquer même dans le siècle où elle vivait, et qui, dans le nôtre, en eussent fait un Don Quichotte féminin. Berthe ne fut jamais atteinte, à la vérité, de la fureur de sa maîtresse; mais comme elle était forte, parfaitement taillée, et qu'elle y mettait de la bonne volonté, elle fut bientôt en état de remplir les fonctions d'écuyère près d'une dame aventurière. De plus, comme elle avait été habituée dès son enfance à voir des combats, du sang et des mourants, elle vit sans épouvante les dangers auxquels sa maîtresse s'exposait, sans la fatiguer de remontrances, sauf dans des occasions rares, et quand ces dangers devenaient par trop inquiétants. Cette complaisance de Berthe lui valut un droit de conseil dont elle se servit toujours dans les meilleures intentions et dans les moments les plus favorables, augmentant ainsi son influence sur sa maîtresse, tandis qu'une opposition directe et constante la lui aurait infailliblement fait perdre.

Quelques mots suffirent à Berthe pour raconter la mort du comte d'Aspramont, — le mariage romanesque de sa jeune maîtresse avec le comte de Paris, — leur engagement simultané dans le rang des Croisés, — et enfin les événements déjà connus du lecteur.

Hereward ne comprit pas exactement quelques-uns des derniers incidents de cette histoire, à cause d'une petite contestation qui s'était élevée entre Berthe et lui pendant le cours de son récit. Quand elle eut avoué avec quelle simplicité de jeune fille elle avait obstinément refusé de changer de nom, dans la crainte que cette circonstance ne portât préjudice aux serments qui l'unissaient à Hereward, celui-ci ne put s'empêcher, pour reconnaître sa tendresse, de la presser sur son sein, et d'imprimer sur ses lèvres l'expression de sa gratitude. Elle se dégagea immédiatement de ses bras, les joues teintes cependant de modestie plutôt que de colère, et lui dit gravement : — Assez, assez, Hereward ! ceci peut se pardonner dans une réunion si peu espérée ; mais, à l'avenir, nous devrons nous rappeler que nous sommes probablement les derniers de notre race, et qu'il ne faut pas qu'on puisse dire qu'Hereward et Berthe ont oublié les mœurs de leurs ancêtres. Pensez que bien que nous soyons seuls, les ombres de nos pères ne sont pas loin, et qu'elles veillent pour voir quel usage nous ferons d'une entrevue que peut-être leur intercession nous a procurée.

— Vous me faites injure, Berthe, si vous me croyez capable d'oublier votre devoir et le mien, dans un moment où nous devrions témoigner notre reconnaissance au Ciel d'une bien autre manière qu'en enfreignant ses préceptes et les recommandations de nos parents. La question est maintenant de savoir comment nous nous retrouverons quand nous allons nous être séparés, car je crains bien que nous ne devions l'être encore.

— Oh ! ne parlez pas ainsi ! s'écria la malheureuse Berthe.

— Il faut que nous nous séparions, pour un temps du moins ; mais je te jure par la poignée de mon épée et par le manche de ma hache, que la lame n'est pas plus fidèle au fourreau que je ne le serai pour toi.

— Mais pourquoi donc me quitter, Hereward ? et pourquoi ne pas plutôt m'aider à délivrer ma maîtresse.

— Ta maîtresse ! s'écria Hereward ; ô honte ! faut-il que tu aies jamais pu donner ce nom à une femme mortelle !

— Mais elle *est* ma maîtresse, et par mille liens affectueux qui ne se peuvent rompre tant que la reconnaissance sera la récompense de la bonté.

— Et quel est son danger ? de quoi a-t-elle besoin, cette dame si accomplie que tu appelles ta maîtresse ?

— Son honneur et sa vie sont également en danger ; elle est convenue de rencontrer le césar en combat singulier, et comme un bas mécréant qu'il est, il n'hésitera pas à profiter de tous les avantages dans cette rencontre, qui, suivant toutes les vraisemblances, pourra être fatale à ma maîtresse.

— Qui te fait penser ainsi ? Cette dame, si l'on m'a dit vrai, a déjà vaincu en combat singulier des adversaires plus redoutables que le césar.

— Cela est vrai ; mais vous parlez de choses qui se sont passées dans un pays bien différent, où la bonne foi et l'honneur ne sont pas de vains mots, comme je crains bien qu'ils ne le soient ici. Crois-moi, ce n'est point une terreur de jeune fille qui m'a fait revêtir le costume de mon pays, pour lequel, dit-on, les Grecs gardent quelque respect. Je vais apprendre aux chefs de la croisade le péril où se trouve ma noble dame; je m'en fierai à leur humanité, à leur religion, à leur amour de l'honneur, à leur crainte de la honte, pour venir à son secours dans cette nécessité; et maintenant que j'ai eu le bonheur de te rencontrer, tout le reste ira bien; — oui, tout ira bien. — Je reviendrai vers ma maîtresse, et je lui dirai qui j'ai vu.

— Arrête encore un moment, ô mon trésor que je viens de retrouver! et laisse-moi peser soigneusement cette affaire. Cette dame française regarde les Saxons comme la poussière que tu enlèves de ses vêtements. Elle traite, — elle estime les Saxons comme des païens et des hérétiques. Elle a osé t'imposer les fonctions d'esclave, à toi née de condition libre! L'épée de son père s'est trempée jusqu'à la garde dans le sang anglo-saxon, — peut-être dans celui de Waltheoff et d'Engelred! Elle s'est montrée, en outre, une folle présomptueuse, qui a voulu s'attribuer les trophées et les occupations guerrières qui appartiennent à l'autre sexe. Enfin il sera difficile de trouver un champion pour combattre à sa place, puisque tous les Croisés sont passés en Asie, le pays où ils avaient, disent-ils, l'intention de porter la guerre; et, par l'ordre de l'empereur, aucun d'eux n'obtiendra les moyens de revenir ici.

— Hélas! hélas! comme ce monde nous change! Le fils de Waltheoff, je l'avais autrefois connu brave, hardi, généreux, prêt à voler aux secours de ceux qui en avaient besoin. Tel je me le représentais tant que nous avons été séparés : aujourd'hui je le retrouve prudent, égoïste et froid!

— Silence, damoiselle; apprends à connaître celui dont tu parles, avant de le juger. La comtesse de Paris a été ce que je viens de dire; et cependant elle n'a qu'à se présenter hardiment dans la lice, et quand la trompette de son adversaire aura sonné trois fois, une autre lui répondra qui annoncera l'arrivée de son noble époux pour se battre au lieu d'elle; ou bien, s'il ne paraissait pas, — je récompenserai ses bontés pour toi, Berthe, et je serai prêt à prendre sa place.

— Le ferais-tu! le ferais-tu en effet? Oh! voilà qui est parlé comme doit parler le fils de Waltheoff, — le digne fils de sa race! Je vais me hâter de retourner près de ma maîtresse et de la consoler; car, à coup sûr, si jamais le jugement de Dieu a décidé de l'issue d'un combat singulier, son influence se fera sentir dans celui-ci. — Mais tu m'as dit que le comte était ici, — qu'il était en liberté? — car c'est surtout ce dont va s'informer ma maîtresse.

— Il faudra qu'il lui suffise de savoir que son époux est sous la di-

rection d'un ami qui s'efforcera de le protéger contre ses propres ex-
travagances et contre sa propre folie ; que dans tous les cas il est sous
la direction d'un homme qui, s'il ne peut prétendre au titre de son
ami, n'a jamais agi et n'agira jamais à son égard comme son ennemi.
— Et maintenant, adieu, toi si longtemps perdue, — si longtemps
aimée ! — Avant qu'il ne pût en dire davantage, la vierge saxonne,
ayant essayé deux ou trois fois en vain de trouver des mots pour
exprimer sa gratitude, se jeta dans les bras de son amant, et, en
dépit de cette modestie dont elle venait tout à l'heure de faire profession, elle imprima sur ses lèvres les remerciements qu'elle ne pouvait
prononcer.

Ils se séparèrent, Berthe pour retourner près de sa maîtresse dans
le pavillon qu'elle n'avait pas quitté sans émotion et sans danger, Hereward pour sortir par la petite porte que gardait la vieille négresse,
qui, en faisant un compliment au beau Varangien sur ses succès auprès des dames, lui fit comprendre qu'elle avait été en quelque sorte
témoin de son entrevue avec la jeune Saxonne. Une pièce d'or, pro-
venant de largesses récentes, servit pour acheter amplement son silence ; et le soldat, sortant du jardin du philosophe, se dirigea d'un
pas rapide vers son quartier, — jugeant qu'il était grand temps de
faire servir quelque nourriture au comte Robert, qui en avait été privé
toute la journée.

C'est une observation populaire que la sensation de la faim ne se lie
à aucune émotion douce ou agréable, et qu'au contraire elle est particulièrement propre à irriter celles de la colère et de l'impatience.
Il n'est donc pas étonnant que le comte Robert, qui était à jeun depuis si longtemps, reçût le Varangien avec plus de brusquerie que
la circonstance n'en comportait, et que ne méritait certainement
l'honnête Varangien, qui, dans le cours de cette journée, avait plus
d'une fois exposé sa vie pour les intérêts de la comtesse et du comte
lui-même.

— Ainsi, monsieur, dit-il avec cet accent affecté d'un supérieur
qui veut dissimuler à son inférieur son déplaisir sous un air d'indifférence et de dédain, — vous avez été pour nous un hôte bien libéral !
— Non pas que cela soit de grande conséquence ; mais il me semble
qu'un comte du royaume très-chrétien ne dîne pas tous les jours avec
un soldat mercenaire, et qu'il pouvait attendre de lui, sinon l'ostenta-
tion, du moins les parties essentielles de l'hospitalité.

— Et moi il me semble, ô comte très-chrétien, que ceux de votre
rang élevé qui, par le fait de leur volonté ou des circonstances, deviennent les hôtes de gens tels que moi, doivent se tenir pour satisfaits et ne pas blâmer la lésinerie de celui qui les reçoit, mais bien
les difficultés de la position, si le dîner ne paraît qu'une fois en vingt-
quatre heures. — En même temps il frappa des mains, et son do-

mestique Edric se présenta. Le comte parut étonné de voir un troisième personnage introduit dans sa retraite : — Je réponds de cet homme, dit Hereward ; puis se retournant vers Edric : — Quels vivres as-tu, lui dit-il, à offrir au noble comte?

— Rien autre chose que le pâté froid, terriblement ébréché par sa rencontre avec Votre Honneur, à déjeûner.

Le soldat domestique apporta, suivant l'ordre qui lui en fut donné, un grand pâté qui avait déjà soutenu, le matin, une si furieuse attaque, que le comte Robert de Paris, assez délicat sur cet article, comme la plupart des nobles Normands, se demanda quelque temps si ses scrupules à cet égard ne devraient pas l'emporter sur son appétit ; mais, en y regardant de plus près, la vue, l'odorat et un jeûne de vingt heures se réunirent pour le convaincre que le pâté était excellent, et que le plateau sur lequel il était servi présentait certains coins encore non attaqués. Il surmonta donc ses scrupules, et fit une large brèche dans les flancs du pâté, ne s'arrêtant que pour caresser un flacon de généreux vin rouge placé devant lui de la manière la plus engageante. Il y but un grand coup qui acheva de lui rendre sa bonne humeur, et fit disparaître tout à fait le mécontentement avec lequel il avait d'abord accueilli Hereward.

— Maintenant, par le Ciel, dit-il, je devrais être honteux de manquer moi-même de cette politesse que je recommande aux autres ! Voilà que, comme un rustre Flamand, j'ai dévoré les provisions de mon brave hôte, sans seulement l'inviter à s'asseoir avec moi à sa propre table, et à en prendre sa part.

— Je ne ferai pas assaut de politesse avec vous là-dessus, dit Hereward ; et plongeant sa main tout entière dans la croûte du pâté, il se mit à dévorer, avec une rapidité merveilleuse, le contenu mélangé qu'il en avait retiré. Le comte s'éloigna de la table, en partie par suite du dégoût que lui inspiraient les manières d'Hereward. Celui-ci, cependant, appelant Edric à joindre ses efforts aux siens contre le malheureux pâté, montra qu'à sa manière il s'était imposé quelque gêne par respect pour son hôte, tandis qu'avec l'aide de son valet, il débarrassait entièrement le plateau de tout ce qui pouvait encore le surcharger. A la fin, le comte Robert réunit assez de courage pour adresser à Hereward une question qu'il avait eue sur le bord des lèvres depuis le retour de celui-ci.

— Mon brave camarade, tes recherches ne t'ont-elles rien appris de nouveau sur le sort de mon épouse infortunée, de ma fidèle Brenhilda?

— Quant à des nouvelles, j'en ai, répondit l'Anglo-Saxon ; maintenant, qu'elles soient bonnes ou mauvaises, c'est ce dont je vous laisserai juge. Voici ce que j'ai appris : — ainsi que vous le savez, elle est convenue de se mesurer avec ce césar, en champ-clos, avec des conditions qui peut-être vous paraîtront étranges, mais auxquelles elle a consenti sans scrupule.

Fais-moi connaître ces conditions, et peut-être me paraîtront-elles moins étranges qu'à toi.

Mais tandis qu'il affectait de parler avec la froideur la plus complète, ses yeux étincelants et ses joues cramoisies accusaient assez le changement survenu dans sa pensée. — La comtesse et le césar, dit Hereward, comme vous l'avez en partie entendu vous-même, doivent se battre; si la comtesse l'emporte, naturellement elle reste la femme du noble comte de Paris; si elle est vaincue, elle devient la maîtresse du césar Nicéphore Brienne.

— Que les saints et les anges ne le permettent pas! S'ils souffraient qu'une pareille trahison triomphât, nous serions excusables de douter de leur puissance!

— Cependant, il me semble que ce serait une précaution qui n'aurait rien de honteux, que vous et moi, avec d'autres amis, si nous pouvons en réunir quelques-uns, on nous vît le bouclier au poing, dans la lice, le jour de ce fameux combat. Le triomphe ou la défaite est dans la main de la Providence; mais, ce dont nous devons nous assurer par nous-mêmes, c'est de voir si la comtesse est traitée avec cette loyauté à laquelle doit s'attendre tout honorable adversaire, et dont les Grecs, ainsi que vous en avez eu l'expérience par vous-même, ne se feront pas scrupule de se dispenser.

— A cette condition, et en protestant que même le danger le plus extrême de ma dame ne me fera pas enfreindre les règles d'un loyal combat, à coup sûr j'assisterai à celui-ci, si tu peux, brave Saxon, m'en fournir les moyens. — Mais arrête un moment : tu me promettras de ne pas faire savoir à la comtesse que je suis présent, encore moins de me désigner à elle au milieu de la foule des chevaliers. Oh! c'est que tu ne sais pas combien la vue de l'objet aimé peut nous enlever de notre courage, même au moment où nous en avons le plus besoin.

— Nous ferons nos efforts pour arrranger les choses comme vous le désirez, pourvu que vous n'alliez pas chercher d'autres difficultés imaginaires; car, sur ma parole, une affaire déjà si compliquée en elle-même n'a pas besoin d'être embarrassée encore de vaines subtilités de votre bravoure nationale. En attendant il y a bien des choses à faire cette nuit, et pendant que je vais m'en occuper, il faut que vous, seigneur chevalier, vous restiez ici sous le déguisement et avec la nourriture qu'Édric pourra se procurer. Ne craignez aucune curiosité importune de la part de vos voisins. Nous autres Varangiens, nous savons respecter les secrets les uns des autres, de quelque nature qu'ils puissent être.

CHAPITRE XXI.

> Une destruction immédiate vint s'attacher à leurs pas aussi bien qu'à ceux du reste des complices : — Mon cher oncle, aidez-moi à faire partir différents corps de troupe pour Oxford, et quelque part que soient ces traîtres, ils périront, je le jure.
> *Richard II.*

HEREWARD, en prononçant les mots qui terminent le chapitre précédent, laissa le comte dans son appartement et se rendit pans le palais de Blacquernal. Nous avons rendu compte de sa première introduction à la cour ; mais depuis ce temps il y avait été fréquemment appelé, non-seulement par l'ordre de la princesse Anne Comnène, qui prenait grand plaisir à lui adresser des questions sur les coutumes et les mœurs de son pays natal, et tenait note de ses réponses pour les traduire ensuite dans le langage ampoulé qui lui était propre, mais encore par l'ordre direct de l'empereur, qui, partageant à cet égard l'humeur de bien des princes, aimait à recueillir des informations de la bouche des personnes qui occupaient à sa cour le rang le plus infime. La bague que la princesse avait donnée au Varangien lui avait servi plus d'une fois de laissez-passer ; elle était si généralement connue des esclaves du palais, qu'Hereward n'eut besoin que de la glisser dans la main de l'un des principaux d'entre eux pour être introduit dans une petite pièce peu éloignée du grand salon des Muses, dont nous avons déjà parlé. Dans ce petit appartement il trouva l'empereur, son épouse Irène et leur savante fille, Anne Comnène, assis près l'un de l'autre et vêtus très-simplement. L'ameublement lui-même était celui que l'on trouvait chez les citoyens aisés, sauf que, devant chaque porte, il y avait des portières rembourrées en édredon pour prévenir le risque des écouteurs.

— Notre fidèle Varangien ! dit l'impératrice.

— Mon guide et mon maître, ajouta la princesse Anne, quant aux mœurs et coutumes de ces hommes couverts d'acier dont il est nécessaire que je me forme une idée exacte.

— Votre Majesté impériale, reprit l'impératrice, ne pensera pas, je l'espère, que votre épouse et votre fille inspirée des Muses, soient de trop pour entendre les nouvelles qu'apporte ce brave et loyal soldat ?

— Ma chère épouse, répondit l'empereur, et vous ma fille bien-aimée, jusqu'ici je vous ai épargné le fardeau d'un pénible secret que j'ai renfermé dans mon sein, quoiqu'il pût m'en coûter de chagrin solitaire et d'anxiété non partagée. Ma noble fille, cette calamité vous sera particulièrement sensible, puisque vous allez apprendre à éprouver des sentiments d'horreur pour un homme dont votre devoir a été jusqu'ici d'avoir une opinion bien différente.

— Sainte Vierge! s'écria la princesse

— Rappelez votre courage; souvenez-vous que vous êtes une enfant née dans la chambre de pourpre, non pour pleurer sur les injures faites à votre père, mais pour les venger; — et qu'à vos yeux l'homme même qui a eu l'honneur de partager votre couche ne doit pas avoir la moitié autant d'importance que la grandeur impériale et sacrée à laquelle vous participez.

— Que peut faire présager un pareil exorde? dit Anne Comnène, dans une grande agitation.

— Que le césar paie d'ingratitude toutes mes bontés, même celle qui l'a fait entrer dans ma famille et l'a rendu mon fils adoptif. Il s'est associé à une bande de traîtres dont les noms suffiraient pour évoquer le diable, comme ceux d'une proie qui ne saurait lui échapper.

— Est-il possible que Nicéphore ait agi ainsi? s'écria la princesse étonnée et confondue; Nicéphore, qui souvent appelait mes yeux les fanaux qui le dirigeaient! Est-il possible qu'il ait agi ainsi envers mon père, dont il m'écoutait lui raconter les exploits à toutes les heures du jour, protestant qu'il ne savait ce qui l'enchantait davantage, de la beauté du récit ou de l'héroïsme des actions! Il pensait avec mon âme, il voyait avec mes yeux, il aimait avec mon cœur! — O mon père! il est impossible que Nicéphore soit traître à ce point. Songez au temple des Muses près duquel nous sommes!

- Si j'y songeais, se dit Alexis en lui-même, j'y trouverais la seule apologie qu'on pût faire valoir pour excuser ce traître. Un peu de miel est chose agréable, mais le cœur se soulève s'il faut en avaler un rayon tout entier. Puis il dit en élevant la voix : — Consolez-vous, ma chère fille. Nous-même nous nous sommes refusé longtemps à croire cette honteuse vérité; mais nos gardes ont été embauchés; leur commandant, l'ingrat Achille Tatius, ainsi qu'Agélastès, également traître, se sont laissés séduire pour favoriser notre emprisonnement ou notre assassinat. Malheureuse Grèce! Au moment où elle avait le plus besoin des soins protecteurs de son père, elle devait en être privée par un coup imprévu et sans pitié!

Ici l'empereur ne put retenir ses larmes; mais il serait difficile de dire si c'était en pensant à la perte qu'avaient failli essuyer ses sujets, ou au danger qu'avait couru sa propre vie.

— Il me semble, dit Irène, que Votre Majesté Impériale est lente à prendre des mesures contre un pareil danger.

— Avec votre gracieuse permission, reprit la princesse, je croirais au contraire que l'empereur s'est trop hâté d'y ajouter foi. Il me semble que le témoignage d'un Varangien, en accordant même qu'il eût toujours été aussi brave qu'on le dit, n'est qu'une garantie bien faible contre l'honneur de votre gendre, — contre la bravoure et la fidélité éprouvées de l'acolouthos, — contre le sens profond, la vertu et la prudence du plus grand de vos philosophes...

— Et contre l'amour-propre d'une fille trop savante, ajouta l'empereur, et qui ne veut pas permettre à son père de juger par lui-même de ce qui le concerne de si près. Je te le dirai, Anne; je connais chacun d'entre eux et la confiance qu'on peut leur accorder. L'honneur de ton Nicéphore, — la bravoure et la fidélité de l'acolouthos, — la vertu et la sagesse d'Agélastès. — Est-ce que je n'ai pas eu tout cela dans ma bourse? est-ce que tout cela n'y serait pas encore si ma bourse avait continué d'être bien garnie, et que mon bras fût resté aussi fort qu'il l'était naguère? Mais les papillons s'envolent quand le temps devient froid, et maintenant il faut que je résiste à la tempête sans leur assistance. Vous parlez du manque de preuves! j'ai des preuves suffisantes du danger que j'ai vu par moi-même, et cet honnête soldat m'a communiqué des détails qui correspondent parfaitement avec ce que j'avais remarqué. Il sera le Varangien des Varangiens; je le nommerai acolouthos à la place de ce traître; et qui sait ce qui pourra arriver ensuite?

— N'en déplaise à Votre Altesse, dit le Varangien, qui jusque là avait gardé le silence, beaucoup d'hommes dans cet empire s'élèvent aux dignités par la chute de leurs patrons; mais c'est une route vers la grandeur avec laquelle je ne saurais familiariser ma conscience. De plus, je viens de recouvrer une personne qui m'est chère et dont j'étais séparé depuis longtemps; je compte incessamment demander le congé de Votre Majesté pour quitter ces lieux, où je laisserai des milliers d'ennemis derrière moi, et aller passer le reste de ma vie, de même qu'un grand nombre de mes compatriotes, sous la bannière de William, roi d'Écosse.

— Me séparer de *toi*, homme incomparable! s'écria l'empereur très-ému; où trouverai-je un soldat, — un champion, — un ami aussi fidèle?

— Noble sire, répliqua l'Anglo-Saxon, je suis sensible comme je le dois à vos bontés et à votre munificence; mais permettez-moi de vous prier de m'appeler par mon propre nom, et de ne me promettre rien autre chose que votre pardon pour avoir été l'agent d'une telle confusion parmi vos serviteurs. Non-seulement le sort qui menace Achille Tatius, mon bienfaiteur, le césar qui, je crois, me veut du bien, et, jusqu'à Agélastès, m'est pénible en ce sens que ce sera moi qui l'aurai amené; mais je sais qu'il est arrivé que, d'une façon ou d'une autre, ceux auxquels Votre Majesté avait prodigué, un jour, les expressions les plus honorables de sa faveur, ont été trouvés, le lendemain, propres à servir de nourriture aux corneilles et aux milans, et quant à moi, je confesse que je ne voudrais pas qu'on pût dire que c'est pour cela que j'ai apporté mes membres anglais sur les rivages de la Grèce.

— T'appeler par ton propre nom, mon Edward, reprit l'empereur (murmurant en même temps entre ses dents : Par le Ciel! j'ai encore oublié le nom de ce barbare), — par ton propre nom, certainement, quant à présent ; mais seulement jusqu'à ce que nous en ayons trouvé un qui explique mieux la confiance que nous avons en toi. En attendant, jette les yeux sur ce parchemin qui contient tous les détails que j'ai pu réunir sur ce complot, et puis passe-le à ces deux femmes incrédules, qui ne croiront que l'empereur est en danger que lorsque le poignard des conspirateurs l'aura frappé.

Hereward fit ce qui lui était commandé ; il parcourut le parchemin, en faisant signe de la tête que le contenu lui paraissait conforme à la vérité. Puis il le présenta à Irène, qui, après en avoir lu quelques lignes, fut saisie d'une émotion si violente qu'elle eut à peine la force de désigner du doigt le passage qui excitait sa colère, en s'écriant : lisez, lisez, ma fille, et jugez de la reconnaissance et de l'affection du césar !

La princesse Anne-Comnène, tirée de l'abattement profond auquel elle s'était laissée aller, jeta les yeux sur le passage que sa mère lui indiquait, d'abord avec un air de curiosité languissante, puis bientôt avec l'intérêt le plus vif. Elle crispa le parchemin entre ses doigts, comme un faucon enfonce ses serres dans sa proie ; son œil s'enflamma d'indignation, et ce fut avec un accent pareil au cri de fureur de ces oiseaux qu'elle s'écria : — Homme sanguinaire, traître au cœur double ! que voulais-tu donc? Non, mon père, ajouta-t-elle en se levant avec courroux, ce n'est pas la voix d'une princesse indignement trompée qui intercédera pour détourner de la tête de Nicéphore le châtiment que sa trahison a mérité ! A-t-il donc pensé qu'une princesse née dans la pourpre pouvait être chassée par un divorce, — égorgée peut-être, — avec la misérable formule des Romains: « Rends-moi les clefs et ne sois plus l'esclave chargée de ma maison [1] ? » — Une fille du sang des Comnène devait-elle être exposée à des outrages que le dernier des citoyens romains oserait à peine se permettre envers une femme d'aussi basse condition que lui !

En parlant ainsi, elle essuya convulsivement ses yeux. Ses beaux traits, dont l'expression naturelle était la douceur, devinrent ceux d'une furie. Hereward la contempla avec un mélange de crainte, de dégoût et de compassion. Elle éclata de nouveau ; car la nature, qui l'avait douée de grand talents, lui avait donné en même temps une énergie de passions bien supérieure à la froide ambition d'Irène, ou à la politique astucieuse, basse et mesquine de l'empereur.

— Il le paiera, s'écria-t-elle, il le paiera cher ! Traître caressant et perfide ! — et cela pour une barbare qui n'a plus rien de son sexe !

---

[1] Telle était la formule laconique du divorce romain. (W. S.)

J'avais cru en remarquer quelque chose lors du dîner dans la maison de ce vieux fou ; et cependant, si cet indigne césar s'expose aux chances de ce combat, il est moins prudent que je n'aurais quelque raison de le croire. Pensez-vous, mon père, qu'il poussera la folie jusqu'à nous faire l'affront d'une trahison si publique? Et ne trouverez-vous pas quelques moyens d'assurer notre vengeance?

— Allons! pensa l'empereur, voilà une difficulté de surmontée ; elle court à la vengeance, il faudra la retenir plutôt du mors et de la bride que la pousser avec la cravache. Si toutes les femmes jalouses de Constantinople cherchaient à se venger avec une telle fureur, il faudrait que nos lois, comme celles de Dracon, fussent écrites non avec de l'encre, mais avec du sang. — Écoutez-moi, dit-il à haute voix, vous ma femme, et vous ma fille, et toi mon fidèle Edward, vous apprendrez, et vous apprendrez seuls, la manière dont je compte diriger le vaisseau de l'état au milieu de tous ces écueils : — Voyons d'abord clairement les moyens à l'aide desquels il se propose d'agir, et cet examen nous apprendra ceux que nous devons leur opposer. Un certain nombre de Varangiens a été malheureusement séduit, sous prétexte de certains griefs que leur général a traîtreusement suscités. On doit prendre soin d'en placer quelques-uns près de notre personne. — Il en est parmi eux qui croient le traître Ursel mort ; mais quand il le serait, son nom suffirait encore pour réunir tous ses anciens adhérents. — J'ai pour les satisfaire sur ce point un moyen dont je ne dirai rien quant à présent. Une partie considérable des immortels de la garde s'est aussi laissée séduire ; ceux-là, on doit les placer de façon à ce qu'ils puissent appuyer la poignée de Varangiens qui, d'après le complot, doivent attaquer notre personne. — Maintenant, un léger changement dans la disposition des troupes suffira pour déranger le plan des traîtres, et les placer dans une telle position au milieu de nos soldats restés fidèles, que ceux-ci n'aient pas de peine à les tailler en pièces au besoin. Tu recevras, mon cher Edward — ou... mon cher... n'importe ton nom, tu recevras plein pouvoir pour ordonner et faire exécuter ce changement.

— Et le combat, monseigneur? dit le Saxon.

— Tu n'aurais pas été un vrai Varangien si tu ne m'avais pas fait cette question, dit l'empereur en lui souriant avec bonne humeur. Quant au combat, le césar l'a demandé, et nous aurons soin qu'il ne puisse reculer contre ce qu'il présenterait de dangereux. Il ne peut honorablement éviter d'entrer en lice contre cette femme, tout étrange que soit une pareille rencontre ; de quelque manière quelle se termine, il est certain que la conspiration éclatera, et comme elle aura lieu contre des gens préparés et armés, il est certain aussi qu'elle sera étouffée dans le sang des conspirateurs!

— Ma vengeance ne demande pas cela, dit la princesse, et l'honneur de Votre Majesté est intéressé aussi à protéger cette comtesse.

— Ce n'est guère mon affaire, repartit l'empereur ; elle est venue ici avec son époux sans qu'ils y fussent aucunement invités. Il s'est conduit en ma présence avec une insolence qui mérite tous les résultats que cette folle aventure peut avoir pour sa comtesse et pour lui. En vérité, je ne voulais que l'effrayer à la vue de ces animaux que dans leur ignorance ils croient enchantés, et causer à sa femme une légère alarme, peu habituée qu'elle est à l'impétuosité d'un amoureux grec ; là se serait bornée ma vengeance. Mais, maintenant que je l'ai satisfaite, il pourrait arriver que je prisse son épouse sous ma protection.

— C'est une pitoyable vengeance, dit l'impératrice, que vous, qui avez passé le méridien de la vie, et dont l'épouse pourrait commander quelque attention, vous vous constituiez un objet d'alarmes pour un aussi bel homme que le comte Robert, et pour cette Amazone qu'il appelle sa femme !

— Sauf votre permission, dame Irène, non ; j'avais laissé ce rôle, dans la comédie projetée, à mon gendre le césar.

Mais quand le pauvre empereur venait ainsi de fermer jusqu'à un certain point une écluse, il en avait, de fait, ouvert une autre bien autrement formidable.

— Cela n'en fait que plus de honte à la prudence de Votre Majesté, mon père ! s'écria la princesse Anne Comnène. Oui, c'est une honte qu'avec une barbe comme la vôtre vous preniez part à de si indécentes folies, et que vous alliez jeter le désordre dans l'intérieur des familles, et dans celle même de votre propre fille. Qui peut dire que le césar Nicéphore Brienne ait jamais regardé avec convoitise une autre femme que la sienne, avant que l'empereur lui ait enseigné à le faire, et l'ait enveloppé dans un tissu d'intrigues et de trahisons, où il a mis en danger la vie du père de son épouse ?

— Ma fille ! ma fille ! dit l'impératrice ; il faut être, je crois, la fille d'une louve pour tourmenter son père dans des circonstances si malheureuses, quand peut-être il n'a pas assez de toutes ses facultés pour défendre sa vie !

— Femmes, cessez toutes deux, je vous prie, vos clameurs insensées, et laissez-moi nager du moins pour sauver ma vie sans me troubler de vos sottises. Dieu sait si je suis un homme à encourager, je ne dirai pas un mal réel, mais jusqu'à son apparence.

Alexis, en prononçant ces derniers mots, fit le signe de la croix et poussa un soupir dévot. En ce même moment sa femme Irène fit quelques pas vers lui, et l'apostrophant avec une amertume dans le regard et l'accent que pouvait seul expliquer une haine conjugale concentrée longtemps et éclatant tout à coup : — Alexis, lui dit-elle, que cette affaire se termine comme elle voudra, vous avez vécu en hypocrite et vous ne sauriez manquer de mourir de même. — A ces mots, elle sortit de l'appartement avec un air de noble indignation, emmenant sa fille avec elle.

L'empereur un peu confus la suivit quelque temps des yeux, mais redevenu bientôt maître de lui-même, il se retourna vers Hereward avec un air de majesté blessée, et lui dit : — Ah ! mon cher Edward, — car ce mot s'était enraciné dans son esprit au lieu du nom moins euphonique d'Hereward, — tu vois ce qu'il en est, même chez les plus grands ; tu vois que même l'empereur, dans des moments difficiles, peut être mal compris aussi bien que le dernier bourgeois de Constantinople. Néanmoins, j'ai tant de confiance en toi, Edward, qu'il m'importe que tu saches que ma fille, Anne Comnène, n'est pas du caractère de sa mère, mais plutôt du mien. Tu vois avec quelle religieuse fidélité elle honore des liens indignes que j'espère rompre bientôt pour lui donner d'autres chaînes de Cupidon qui seront plus légères à porter. Edward, c'est en toi que repose principalement ma confiance. Les circonstances nous fournissent une occasion heureuse entre toutes les autres, si nous savons en profiter, de tenir tous ces traîtres réunis sur un terrain avantageux. Lorsque cette journée sera venue, pense, comme le disent les Francs dans leurs tournois, que de beaux yeux te regardent ; tu ne saurais imaginer une récompense qui soit en mon pouvoir et que je ne sois heureux de t'accorder.

— Il n'en est pas besoin, répondit le Varangien assez froidement ; ma plus haute ambition est de mériter cette épitaphe sur ma tombe : « Hereward fut fidèle. » Cependant, je vais vous demander une preuve de confiance devant laquelle peut-être vous reculerez.

— Vrai ! dit l'empereur ; en deux mots, quelle est cette demande ?

— La permission d'aller au camp du duc de Bouillon solliciter sa présence dans la lice, pour être témoin de ce combat extraordinaire.

— Pour qu'il puisse revenir avec ces fous furieux de croisés, et saccager Constantinople sous prétexte de rendre justice à ses confédérés ? Varangien, c'est du moins dire ouvertement ta pensée.

— Non, par le Ciel ! s'écria vivement Hereward ; le duc de Bouillon ne viendra pas avec un nombre de chevaliers plus considérable que ce qu'il faut pour former une garde raisonnable, dans le cas où l'on userait de quelque trahison envers la comtesse de Paris.

— Hé bien, soit ; je me conformerai même en cela à tes désirs. Mais si toi, Edward, tu trompais ma confiance, pense que non-seulement tu perdrais tout ce que mon amitié t'a promis, mais que tu encourrais, en outre, la damnation due au misérable qui trahit son maître en l'embrassant.

— Quant à ta récompense, noble sire, j'y renonce dès ce moment. Une fois que ton diadème sera assis fermement sur ton front, et ton sceptre bien assuré dans ta main, si je suis encore en vie, et que mes pauvres services t'en semblent dignes, je te demanderai les moyens de quitter cette cour et de retourner dans l'île lointaine où je suis né. Cependant, dans l'intervalle, ne me crois pas infidèle, par la seule raison que je le pourrais être avec impunité. Votre Altesse impériale apprendra qu'Hereward ne vous est pas moins fidèle que votre main droite le pourrait être à votre main gauche. — Après avoir prononcé ces mots il prit congé en faisant un profond salut. L'empereur le suivit avec un regard où se peignait un mélange de doute et d'admiration.

— Je lui ai accordé toutes les preuves de confiance qu'il m'a demandées, même le pouvoir de me perdre entièrement, si telle est son dessein. Il n'a qu'un mot à dire, et toute cette multitude de croisés, tous ces fous dont j'ai contenu la fureur à grande dépense de mensonges et d'or, vont revenir, le fer et le feu à la main, réduire Constantinople en cendres, et semer de sel la place qu'elle aura occupée. Je viens de faire ce que j'avais résolu de ne faire jamais : — j'ai aventuré mon royaume et ma vie sur la foi d'un homme né d'une femme. Combien de fois n'ai-je pas dit, bien plus, combien de fois n'ai-je pas juré que je ne me hasarderais pas sur une si fragile garantie ; et cependant, pas à pas, voilà que je me suis laissé conduire ! Je ne saurais dire , — mais il y a dans les regards et dans la parole de cet homme une bonne foi qui m'a vaincu, et, ce qui est presque incroyable, ma confiance en lui s'est accrue à mesure qu'il me montrait davantage combien mon pouvoir était peu de chose sur lui. Je lui ai jeté, comme un pêcheur rusé, tous les appâts que j'ai pu imaginer, et quelques-uns tels qu'un roi les eût difficilement dédaignés ; il n'a voulu mordre à aucun d'eux, mais il avale, pour ainsi dire, l'hameçon tout net, et entre à mon service sans une ombre d'intérêt personnel. — Tout cela ne serait-il que de la trahison deux fois distillée ? — ou bien cela pourrait-il être ce que les hommes appellent du désintéressement ? — Si je croyais qu'il dût me trahir, il n'est pas encore trop tard ; — il n'a pas encore franchi le pont-levis, — il n'est pas encore hors de l'atteinte des gardes du palais, habitués à obéir sans hésitation. — Mais non, — je serais alors seul sur la terre, sans un ami, sans un confident. — J'entends le bruit de la porte extérieure qui s'ouvre ; le sentiment de mes dangers a donné certainement plus d'activité, chez moi, au sens de l'ouïe. — La porte se referme. — Le sort en est jeté ; il est en liberté, — et il faut qu'Alexis Comnène triomphe ou périsse, suivant qu'un mercenaire Varangien sera fidèle ou non.

Il frappa dans ses mains ; un esclave parut, auquel il demanda du vin. Il le but, et sentit son cœur se ranimer. — M'y voilà décidé, se dit-il ; j'attendrai, sans m'en inquiéter davantage, le résultat de ce coup de dé qui doit me sauver ou me perdre.

A ces mots il se retira dans son appartement, et on ne le vit plus de la nuit.

CHAPITRE XXII.

> Mais oui, j'entends une triste fanfare de trompettes comme serait un signal de mort. CAMPBELL.

Le Varangien, la tête tourmentée des graves affaires dont il se trouvait chargé, s'arrêtait de temps en temps, en traversant les rues éclairées par la clarté de la lune, pour fixer quelques idées qui lui venaient à l'esprit, et en apprécier plus exactement toutes les chances. Ses pensées étaient de nature à l'encourager et à l'alarmer alternativement. Autour de chacune d'elles se groupaient une masse de petites idées accessoires qui en découlaient et qui disparaissaient à leur tour, chassées par des réflexions d'un ordre tout opposé. C'était l'une de ces conjonctures dans lesquelles les âmes ordinaires se sentent incapables de supporter le fardeau que le sort leur a tout à coup jeté, et où les âmes douées d'un courage peu commun, et de ce premier de tous les dons du Ciel, le bon sens fondé sur la présence d'esprit, sentent au contraire leurs talents éveillés et exaltés par la circonstance, tel qu'un bon coursier gouverné par un cavalier d'expérience et de courage.

Comme il était dans un de ces accès de rêverie qui à plusieurs fois pendant cette nuit avaient suspendu sa marche fière et belliqueuse, Hereward crut que son oreille venait de saisir le son lointain d'une trompette. Il en fut surpris; une trompette sonner à cette heure indue et dans les rues de Constantinople, annonçait quelque chose d'extraordinaire; car, comme tous les mouvements militaires étaient réglés par des ordonnances spéciales, le repos de la nuit ne pouvait guère être troublé sans quelque grande cause. Mais quelle était cette cause?

L'insurrection avait-elle éclaté tout à coup et d'une manière autre que celle que les conspirateurs avaient décidée? — Dans ce cas, sa réunion avec sa fiancée, après une si longue absence, n'était que le prélude trompeur d'une séparation éternelle. — Ou bien les Croisés, gens dont il était difficile de calculer les mouvements, avaient-ils pris tout à coup les armes, et revenaient-ils du rivage opposé pour surprendre la ville? cela était très-possible. Les différents sujets de plainte qu'on leur avait donnés étaient bien nombreux; et maintenant que pour la première fois ils se trouvaient réunis en un seul corps, et qu'ils avaient pu se raconter réciproquement les perfidies des Grecs, rien de plus vraisemblable, de plus naturel, et même de plus excusable que de se livrer à des projets de vengeance.

Mais les sons qu'il entendait ressemblaient plutôt à une fanfare régulièrement sonnée qu'aux éclats tumultueux des trompettes et des bugles qui accompagnent et annoncent la prise d'une ville, quand les horreurs d'un assaut n'ont pas encore fait place à cette triste paix que le vainqueur, fatigué de carnage et de rapine, accorde enfin aux malheureux habitants. Mais quelle que fût la cause de ces sons inusités au milieu de la nuit, il fallait qu'Hereward la connût. Il se dirigea donc vers une grande rue, dans le voisinage de son quartier, d'où les sons semblaient partir. D'autres raisons encore lui avaient fait prendre ce chemin.

Les habitants de ce quartier de la ville ne paraissaient pas violemment émus de ce signal militaire. La clarté de la lune s'étendait sur la rue, interrompue par les ombres gigantesques des tours de Sainte-Sophie, dont les infidèles, depuis qu'ils ont pris Constantinople, ont fait leur principale mosquée. On ne voyait pas un être humain dans les rues, et ceux qui regardaient un instant à leur porte ou à leurs fenêtres ne tardaient pas à trouver leur curiosité satisfaite, car ils retiraient aussitôt la tête et se renfermaient chez eux.

Hereward ne put s'empêcher de se rappeler les traditions que racontaient les anciens de sa tribu dans les épaisses forêts de l'Hampshire ; traditions dans lesquelles il était question de chasseurs surnaturels qu'on entendait suivre, avec des chevaux et des chiens qu'on n'apercevait jamais, une chasse invisible dans les forêts profondes de la Germanie. Il lui semblait que tels devaient être les sons dont retentissaient ces forêts hantées des esprits, pendant ces chasses fantastiques, et que telle était aussi la terreur dont ces clameurs étranges devaient pénétrer ceux qui les entendaient.

— Fi! se dit-il, en réprimant la tendance qu'il éprouvait à s'abandonner aux mêmes craintes superstitieuses ; est-ce que ces idées d'enfant conviennent à un homme sur qui repose une si grande confiance, et dont on attend tant de choses ? Il continua donc d'avancer, sa hache d'armes sur l'épaule, et s'approchant de la première personne qu'il vit s'aventurer pour regarder hors de sa porte, il la questionna sur la cause de cette musique militaire à une telle heure.

— Je ne saurais vous dire, n'en déplaise à Votre Seigneurie, répondit le bourgeois, peu désireux, à ce qu'il paraissait, de rester au grand air ou d'entrer en conversation, mais grandement disposé, au contraire, à éloigner des questions ultérieures. C'était ce bourgeois de Constantinople, ce profond politique avec lequel nous avons déjà fait connaissance au commencement de cette histoire. Il se hâta de rentrer dans sa maison pour couper court à l'entretien.

Le lutteur Stéphanos se montra sur le seuil de la maison voisine, dont la porte était ornée de guirlandes de chêne et de lierre en honneur de quelque victoire récente. Il ne se retira pas, lui, encouragé en partie par la conscience de sa force personnelle, et en partie par une insolence de mauvaise humeur que quelques personnes de cette espèce confondent souvent avec le vrai courage. Lysimaque, son flatteur et son admirateur, se tenait caché derrière ses larges épaules.

Quand Hereward passa devant eux, il leur adressa la même question qu'il avait déjà faite au premier bourgeois : — Savez-vous ce que signifient ces sonneries de trompettes à une pareille heure?

— Vous devriez le savoir mieux que nous, répondit Stéphanos d'un ton hargneux ; car, à en juger par votre hache et votre casque, ce sont vos trompettes et non pas les nôtres qui troublent les honnêtes gens dans leur premier sommeil.

— Esclave! s'écria le Varangien d'un ton qui fit tressaillir l'athlète victorieux. — Mais... quand cette trompette sonne, un soldat n'a pas le temps de châtier ton insolence comme elle le mérite.

Le Grec bondit en arrière et se renferma dans sa maison, tirant sur lui les verrous et renversant presque, dans sa retraite précipitée, l'artiste Lysimaque, qui écoutait leur conversation.

Hereward arriva à son quartier, où la musique militaire semblait avoir fait halte. Mais, quand le Varangien eut franchi le seuil de la grande cour, les sons de la trompette éclatèrent de nouveau avec une telle force qu'il en fut presque assourdi, quelque accoutumé qu'il y fût.
— Que signifie cela, Engelbrecht? dit-il à la sentinelle varangienne qui se promenait devant la porte, la hache à la main.

— La proclamation d'un défi et d'un combat, répondit Engelbrecht. Nous allons voir d'étranges choses, camarade. La folie des Croisés a été contagieuse pour les Grecs ; ils les ont infectés de leur manie ferrailleuse, comme on dit que les chiens se communiquent la rage de l'un à l'autre.

Hereward ne répondit pas à la sentinelle, mais se hâta de se jeter dans un groupe de ses compagnons réunis dans la cour, à demi armés, ou plutôt tout à fait en désarroi, comme des gens tirés de leur lit à l'improviste, et qui s'étaient rassemblés autour des trompettes, lesquels étaient dans toute la splendeur de leur grande tenue. Celui qui portait le gigantesque instrument, et dont le devoir était de faire connaître les ordres exprès de l'empereur, était là à son poste, et les musiciens étaient protégés par une compagnie de Varangiens armés et commandés par Achille Tatius en personne. Hereward, auquel ses camarades faisaient place pour qu'il pût s'approcher, vit qu'il y avait là aussi de service six des hérauts de l'empereur, dont quatre avaient déjà fait la proclamation, deux à la fois, et dont les deux autres l'avaient répétée une troisième fois, comme c'était l'usage à Constantinople pour tous les ordres importants de l'empereur. Achille Tatius, dès qu'il vit son confident, lui fit un signe qu'Hereward interpréta comme un désir de lui parler aussitôt que la proclamation serait terminée. Le héraut, dès que la fanfare de trompettes se fut tue, prit la parole en ces termes :

— Par l'ordre du très-resplendissant et très-divin prince Alexis Comnène, empereur du très-saint Empire romain, le désir de Sa Majesté impériale est de faire savoir à tous et à chacun des sujets de son empire, de quelque sang et de quelque race qu'il soit ou à quelque communion religieuse qu'il appartienne, ce qui suit : Nous vous faisons savoir qu'à deux jours de la date des présentes, notre bien-aimé gendre, le très-estimé césar, a bien voulu consentir à rencontrer en combat singulier notre ennemi juré Robert, comte de Paris, à raison de sa conduite insolente en s'emparant publiquement de notre siège impérial, et non moins encore en brisant, en notre impériale présence, ces curieux objets d'art qui ornaient notre trône, et qui s'appelaient par tradition les Lions de Salomon. Et, pour qu'il ne reste aucun homme en Europe qui ose dire que les Grecs sont en arrière d'aucune autre nation du monde, dans aucun des exercices guerriers en usage parmi les nations chrétiennes, lesdits nobles ennemis, renonçant à tout secours du mensonge, des charmes ou de la magie, videront cette querelle en trois courses avec des lances à fer émoulu, et trois passes d'armes avec des épées aiguisées. Le juge du combat sera le très-honorable empereur, et l'issue en sera décidée par son très-gracieux et infaillible plaisir; et qu'ainsi Dieu montre où est le bon droit!

Une autre fanfare formidable de trompettes termina la cérémonie. Achille alors renvoya les hommes de la compagnie d'escorte, aussi bien que les hérauts et les musiciens, à leurs quartiers respectifs, et appelant Hereward en particulier près de lui, il lui demanda s'il n'avait rien appris au sujet du prisonnier, Robert, comte de Paris.

— Rien, répondit le Varangien, si ce n'est ce que contient votre proclamation.

— Tu penses donc que ce comte y a été une des parties intervenantes?

— Je le pense; je ne connais personne qui puisse s'engager à répondre pour lui qu'il se présentera dans la lice.

— Mais, vois-tu, mon très-excellent quoique très-obtus Hereward, ce césar notre ami a poussé l'extravagance jusqu'à vouloir mettre sa pauvre intelligence dans la balance contre celle d'Achille Tatius. Il se pique aussi de point d'honneur, l'ineffable fou, et il lui répugne qu'on puisse dire qu'il a défié une femme ou qu'il en a reçu un cartel. C'est pour cela qu'il a substitué le nom du comte à celui de son épouse. Si donc le comte ne paraît pas, le césar se pavane sous le soleil, comme le combattant qui a provoqué et qui remporte la victoire à bon marché, puisque personne ne la lui aura disputée, et il demande à haute voix que la comtesse lui soit remise entre les mains, comme la captive due à ses flèches et à sa lance redoutable. Ce sera le signal d'un tumulte général, au milieu duquel l'empereur, s'il n'est pas tué sur la place, sera transporté dans l'un des cachots de son propre palais de Blacquernal, pour y endurer le sort que sa cruauté a infligé à tant d'autres.

— Mais...

— Mais — mais — mais tu es un sot. N'as-tu pas le bon sens de voir que ce brave césar veut éviter une rencontre avec la femme, tandis qu'il désire vivement se donner les airs d'en provoquer une avec le mari. Notre affaire, à nous, c'est d'arranger ce combat de manière à y rassembler, en armes, tous ceux qui sont disposés à prendre part à l'insurrection. Occupe-toi seulement de veiller à ce que nos fidèles amis soient placés près de la personne de l'empereur, et en écartent tous ceux des gardes qui voudraient s'interposer et lui prêter secours. Après cela, que ce césar combatte le comte ou la comtesse, ou même qu'il n'y ait pas de combat du tout, la révolution n'en sera pas moins accomplie, et les Tatius remplaceront les Comnène sur le trône impérial de Constantinople. Va donc, mon fidèle Hereward, et n'oublie pas que le mot de passe, pour les insurgés, est le nom d'Ursel, nom qui vit encore dans l'affection du peuple, quoiqu'il ne reste plus de lui depuis longtemps qu'un cadavre dans les cachots du palais de Blacquernal.

— Quel était cet Ursel, dont on parle si diversement ?

— Un compétiteur d'Alexis Comnène au trône, — bon, brave et honnête, mais vaincu par les ruses plutôt que par la bravoure et l'habileté de son antagoniste. Il est mort, à ce que je crois, dans le palais de Blacquernal; mais quand, ou comment, c'est ce que bien peu de gens sauraient dire. — Allons, mon Hereward, en avant et sois actif; donne des paroles d'encouragement aux Varangiens, — gagne à notre cause tous ceux que tu pourras. Des immortels, ainsi qu'on les appelle, et des bourgeois mécontents, il y en a assez de préparés à répondre au cri que nous pousserons, et à nager dans les eaux de ceux sur qui nous pouvons compter pour commencer l'entreprise. La finesse d'Alexis à éviter les assemblées populaires ne lui sera, cette fois, d'aucun secours; il ne peut, par égard pour son honneur, éviter d'être présent à un combat dont il doit être juge; et que Mercure soit loué de m'avoir inspiré les paroles éloquentes qui l'ont déterminé, après quelque hésitation, à cette proclamation !

— Ainsi donc, vous l'avez vu ce soir?

— Si je l'ai vu ! cela ne fait pas question ; si j'avais ordonné que ces trompettes sonnassent sans son autorisation, leurs fanfares eussent suffi pour détacher ma tête de mes épaules.

— Il s'en est fallu de peu que je ne vous rencontrasse au palais, reprit Hereward, dont le cœur battait presque aussi fort que si cette rencontre dangereuse eût eu effectivement lieu.

— J'en ai entendu dire quelque chose ; j'ai appris que tu étais venu prendre les derniers ordres de celui qui remplit encore le rôle de souverain. A coup sûr, si je t'y avais vu avec cette figure extérieurement calme, ouverte et honnête, tromper ce Grec rusé par l'affectation même de ta brusque franchise, je n'aurais pu m'empêcher de rire du contraste de ta physionomie avec les pensées secrètes de ton cœur.

— Dieu seul connaît les pensées de notre cœur, mais je le prends à témoin que je suis fidèle à ma promesse et que je m'acquitterai de la tâche qui m'a été confiée.

— Bravo! mon honnête Anglo-Saxon; fais-moi le plaisir d'appeler mes esclaves pour me désarmer, et lorsque toi-même tu dépouilleras la cuirasse et le casque d'un simple garde du corps, dis-leur qu'ils ne recouvriront pas plus de deux fois le corps d'un homme à qui le sort en destine de bien plus dignes de lui.

Hereward n'osa pas confier à sa voix le soin de répondre à quelque chose de si clair; il salua profondément, et se retira dans son logement.

Quand il y entra, il y fut salué par la voix joyeuse du comte Robert, qui ne se donnait pas la peine de la modérer pour qu'elle ne fût pas entendue du dehors, bien que cette attention eût dû lui être suggérée par la prudence.

— L'as-tu entendu, mon cher Hereward? As-tu entendu cette proclamation par laquelle cet antilope grec me défie en combat singulier, avec des lances à fer émoulu, et à trois passes d'armes avec des épées aiguisées? Cependant il y a quelque chose d'étrange, c'est qu'il n'ait pas trouvé plus prudent d'avoir affaire à ma femme. Peut-être pense-t-il que les Croisés ne permettraient pas un pareil combat; mais, par Notre-Dame-des-Lances-Rompues! il ne sait pas que les chevaliers de l'occident sont aussi jaloux de la réputation de courage de leurs femmes que de la leur propre. J'ai passé cette nuit tout entière à me demander de quelle armure je me revêtirais, et quel moyen j'imaginerais pour me procurer un cheval, et si je ne lui ferais pas assez d'honneur de ne faire usage que de ma seule Tranchefer contre toute son armure offensive et défensive.

— J'aurai soin néanmoins que vous soyez mieux pourvu que cela, en cas de besoin; — vous ne connaissez pas les Grecs.

CHAPITRE XXIII.

Le Varangien ne quitta pas le comte de Paris, jusqu'a ce que celui-ci lui eût remis entre les mains l'anneau qui lui servait de cachet, *semé de lances rompues*, pour parler la langue du blason, et portant cette devise orgueilleuse : « La mienne est encore intacte. »

Pourvu de ce gage de confiance, son affaire était maintenant de donner avis du combat projeté au chef des Croisés, et de lui demander, au nom de Robert de Paris, un détachement de chevaliers occidentaux suffisant pour assurer la stricte observance des règles de l'honneur et de la loyauté dans la disposition de la lice et pendant la durée du combat. Les devoirs imposés à Hereward étaient tels qu'il lui était impossible de se rendre de sa personne au camp de Godefroy, et bien qu'il y eût un grand nombre de Varangiens auxquels il pût se fier sous le rapport de la fidélité, il n'en connaissait aucun sous ses ordres immédiats sur l'intelligence desquels il pût suffisamment compter pour une commission si importante et si nouvelle. Dans cette perplexité, il se dirigea, sans savoir trop pourquoi, vers les jardins d'Agélastès, où la fortune lui procura une seconde entrevue avec Berthe.

— Je vois, dit celle-ci, qu'il faut que je prenne pour moi cette partie périlleuse de l'entreprise. Et pourquoi pas? Ma maîtresse, au sein de la prospérité, ne s'était-elle pas offerte à courir le monde à cause de moi? J'irai pour elle dans le camp de ce seigneur français; c'est un homme d'honneur, un chrétien pieux, et les chevaliers qui l'accompagnent sont tous des pèlerins pleins de foi. Une femme ne peut rien avoir à craindre, qui va trouver de pareils hommes et leur porter un pareil message.

Le Varangien connaissait trop bien les habitudes des camps pour laisser la belle Berthe entreprendre seule une pareille excursion. Il choisit donc, pour lui servir d'escorte, un vieux soldat qui lui était attaché, et qu'il savait digne de toute sa confiance. Après avoir longuement expliqué à Berthe tous les détails concernant le message dont elle allait se charger, et lui avoir recommandé de se trouver prête et hors des murs du jardin à la pointe du jour, il reprit le chemin de son quartier.

L'aurore était à peine levée quand Hereward revint au lieu où il avait quitté Berthe, la veille, accompagné du fidèle soldat à la protection duquel il avait résolu de la confier. Peu d'instants après, il les vit s'em-

barquer à bord d'une petite barque qui était à l'ancre dans le port, après
que le patron eut examiné avec quelque attention leur permis de passer
à Scutari. Il était délivré au nom de l'acolouthos, comme s'il émanait
de ce traître, et contenait deux signalements qui se rapportaient parfaitement à Berthe et au vieil Osmond son conducteur.

La matinée était délicieuse, et il ne se passa pas longtemps avant que
la ville de Scutari ne s'offrit à la vue de nos voyageurs, présentant,
comme aujourd'hui encore, une architecture variée à laquelle on ne
peut refuser de la beauté, encore qu'on lui puisse reprocher peut-être
quelque chose de trop fantastique. Ces diverses constructions s'élevaient
hardiment au-dessus d'un épais bouquet de cyprès et d'autres arbres
d'une taille gigantesque, d'autant plus grands, probablement, qu'on les
respectait comme ornements des cimetières et protecteurs des morts.

A l'époque dont nous parlons, une circonstance accidentelle, non
moins frappante que belle, rendait doublement intéressante une scène
qui, dans tous les temps, n'a pu manquer de l'être infiniment. Une
portion considérable de cette armée, si diverse dans ses éléments, qui
était venue pour reconquérir, sur les infidèles, les lieux saints de la
Palestine et le Saint-Sépulcre lui-même, avait établi un camp à un
mille environ de Scutari. Or, comme la plupart des Croisés, à l'exception des chefs principaux, étaient privés de l'usage des tentes,
le reste de l'armée s'était construit des huttes temporaires qui offraient
à l'œil un aspect qui ne manquait pas d'agrément, décorées qu'elles
étaient de fleurs et de feuillages, et surmontées de grands pennons
et de bannières qui flottaient chargées de devises variées, annonçant
que la fleur de l'Europe se trouvait réunie en cet endroit. Un immense
bourdonnement, comme celui d'une ruche nombreuse, s'élevait entre
le camp des Croisés et la ville voisine de Scutari, et de temps en temps
il était interrompu par des sons plus aigus, par les notes de quelque instrument de musique, ou par les cris plus élevés de quelque femme ou
de quelque enfant, que ce fussent des cris de joie ou des cris de frayeur.

Enfin, nos deux voyageurs débarquèrent sans accident, et comme
ils approchaient d'une des portes du camp, ils en virent sortir une
joyeuse troupe de cavaliers, pages ou écuyers, qui allaient exercer leurs
chevaux ou ceux de leurs maîtres. D'après le bruit qu'ils faisaient,
conversant dans le ton le plus élevé de leur voix, faisant sauter, galoper
et caracoler leurs palefrois, on eût dit que la discipline matinale les
avait appelés à remplir ce devoir avant que le repos n'eût dissipé
entièrement les fumées des orgies de la veille. Aussitôt qu'ils aperçurent
Berthe et ses compagnons, ils s'en approchèrent en poussant des cris
qui indiquaient qu'ils étaient Italiens.

— All'erta! all'erta! — roba de guadagno, cameradi [1].

---

[1] Alerte! alerte! voilà du butin, camarades!

CHAPITRE XXIII.

Ils se réunirent autour de l'Anglo-Saxon et de ses deux compagnons, répétant leurs cris de manière à faire trembler Berthe. Ils lui demandaient tous à la fois ce qu'elle venait faire dans leur camp.

— Cavaliers, répondit celle-ci, je voudrais parler au général en chef, ayant un message pour son oreille privée.

— Pour l'oreille de qui? demanda un beau jeune homme de dix-huit ans qui paraissait l'un des principaux de cette cavalcade, et qui semblait avoir la tête plus forte ou l'avoir moins surchargée de vin. — Lequel de nos chefs désirez-vous voir?

— Godefroy de Bouillon.

— En vérité! reprit le page; ne sauriez-vous vous contenter d'un personnage un peu moins important? Promenez les yeux autour de vous; nous sommes tous jeunes et passablement riches. Monseigneur de Bouillon est vieux, et s'il a quelques sequins, il n'est pas homme à les prodiguer de cette manière.

— Cependant j'ai un gage pour Godefroy de Bouillon, répondit Berthe, un gage qu'il ne méconnaîtra pas; et je pense qu'il saurait peu de gré à quiconque m'empêcherait d'arriver librement jusqu'à lui. — A ces mots elle lui montra une petite boîte qui contenait le cachet du comte de Paris. — Je vais vous confier ceci, dit-elle, si vous me promettez de ne pas l'ouvrir, et de me procurer un libre accès vers le noble chef des Croisés.

— J'accepte, répondit le jeune homme, et si tel est le bon plaisir du duc, vous serez admise auprès de lui.

— Ernest l'Apulien, dit l'un de ses compagnons, ton esprit friand s'est fait prendre au trébuchet.

— Tu es un sot ultramontain, répondit Ernest; il peut y avoir là-dessous plus d'importance que ton esprit et le mien n'en sauraient comprendre. Cette jeune fille et l'un de ses compagnons portent le costume des Varangiens de la garde impériale. Peut-être l'empereur leur a-t-il confié un message; il serait assez dans la politique d'Alexis d'avoir fait choix de pareils envoyés. Escortons-les donc, en tout bien tout honneur, jusqu'à la tente du général.

— De tout mon cœur, répondit Polydore. Une jeune fille aux yeux bleus est une jolie chose; mais je n'aime pas la sauce du grand-prévôt, ni le costume dont il affuble ceux qui succombent à la tentation[1]. Cependant, avant de me montrer aussi fou que mon compagnon, je voudrais savoir quel est le nom et la condition de cette jolie fille, qui vient rappeler à de nobles princes et à de pieux pèlerins qu'ils ont dans leur temps partagé les folies humaines?

Berthe s'avança, et dit quelque chose à l'oreille d'Ernest. Cependant Polydore et les autres jeunes gens ne se faisaient faute de plaisan-

---

[1] Ceux d'entre les Croisés qui étaient reconnus coupables d'une certaine faute en faisaient pénitence, enduits de poix et recouverts de plumes, bien que l'on regarde à tort cette punition comme plus moderne. (W. S.)

teries et de mots plus que gais, et que nous ne croyons pas devoir rapporter ici, quoique bien caractéristiques de ceux qui se les permettaient. Ils eurent pour effet d'ébranler jusqu'à un certain point le courage de la jeune Saxonne, qui eut quelque peine à reprendre assez d'assurance pour leur dire : — Messeigneurs, si vous avez des mères, des sœurs jeunes et belles, que vous vouliez sauver du déshonneur au prix de tout votre sang ; — si vous aimez et si vous honorez ces saints lieux, que vous avez juré de délivrer des infidèles, ayez compassion de moi pour mériter le succès de votre entreprise.

— Ne craignez rien, jeune fille, dit Ernest, je serai votre protecteur ; et vous, camarades, laissez-vous guider par mes conseils. Pendant toutes vos criailleries, j'ai jeté un coup d'œil, quoique un peu contre ma promesse, sur le gage qu'elle m'a remis, et je vous jure que si celle qui le porte était insultée ou maltraitée, il est probable que Godefroy de Bouillon en tirerait une sévère vengeance.

— Ma foi, camarade, si ce que tu nous dis est vrai, je m'empresserai moi-même de conduire cette jeune femme en honneur et sûreté jusqu'à la tente de Godefroy de Bouillon.

— Les princes, reprit Ernest, ne tarderont pas à s'y réunir en conseil ; ce que j'ai dit, je le soutiendrai de mon bras et de mon sang. Je pourrais peut-être en conjecturer davantage ; mais je crois que cette brave jeune fille est parfaitement dans le cas de parler pour elle-même.

— Que le Ciel te bénisse, généreux écuyer, dit Berthe, et qu'il te rende aussi heureux que brave ! Ne vous embarrassez pas autrement de moi que pour me remettre saine et sauve en présence de votre chef Godefroy.

— Nous perdons du temps, s'écria Ernest sautant à bas de son cheval ; vous n'êtes pas, la belle, une molle Orientale, et je présume que vous saurez sans difficulté conduire un cheval tranquille ?

— Sans la moindre, répondit Berthe ; et s'enveloppant de son manteau, elle s'élança sur le palefroi, légère comme une linote qui vient se reposer sur un buisson de roses. — Et maintenant, mon jeune seigneur, comme l'affaire qui m'amène ne comporte effectivement aucun délai, je vous serai fort obligée de me conduire immédiatement à la tente de Godefroy de Bouillon.

Dans son empressement à profiter de la politesse du jeune Apulien, Berthe avait eu l'imprudence de se séparer de son vieux Varangien ; mais les intentions du jeune écuyer étaient honorables, et il la conduisit à travers cette forêt de huttes et de tentes jusqu'à celle du célèbre général en chef des Croisés.

— Ici, dit-il, il faut que vous attendiez un instant, sous la protection de mes camarades (car deux ou trois pages les avaient suivis jusque-là, par curiosité, pour voir comment la chose se terminerait) ; et moi je vais aller prendre les ordres du duc de Bouillon à ce sujet.

Il n'y avait pas d'objection à présenter, et Berthe n'avait rien de mieux à faire que d'admirer l'extérieur de la tente dont Alexis, dans l'un de ses moments de générosité et de munificence, avait fait présent au chef des Francs. Elle était soutenue par de grands pieux en forme de lance, et qui semblaient d'or massif; ses rideaux étaient d'une étoffe épaisse de soie et coton, relevée de broderies d'or. Les gardes qui se tenaient autour, du moins pendant que le conseil était assemblé, étaient de graves écuyers, pour la plupart attachés à la propre personne des princes souverains qui avaient pris la Croix. On pouvait donc leur confier la garde de l'assemblée, sans crainte qu'ils n'allassent rapporter les paroles qui, par hasard, auraient pu venir à leurs oreilles. Leur extérieur était sérieux et réfléchi; ils avaient l'air d'hommes qui avaient pris la Croix non pas comme une vaine aventure guerrière, mais comme une entreprise la plus solennelle et du plus saint intérêt. L'un d'entre eux arrêta l'Italien, et lui demanda quelle affaire l'autorisait à vouloir entrer dans le conseil des Croisés, qui déjà étaient en séance. Le page répondit en déclinant son nom : « Ernest d'Otrante, page du prince Tancrède; » — puis il dit qu'il venait annoncer une jeune femme, laquelle apportait un gage au duc de Bouillon, et était chargée d'un message qu'elle disait devoir lui transmettre verbalement.

Cependant Berthe avait détaché son manteau ou surtout, et disposé le reste de ses vêtements suivant la mode des Anglo-Saxonnes. Elle avait à peine terminé cette petite toilette, que le page du prince Tancrède revint pour la conduire en présence du conseil des Croisés. Elle obéit au signal qu'il lui fit, tandis que les autres jeunes gens qui l'avaient escortée jusque-là, s'étonnant de la facilité avec laquelle elle obtenait une audience, se retirèrent à une distance respectueuse du pavillon pour y causer à l'aise sur la singularité de cette aventure.

L'ambassadrice elle-même entra dans la chambre du conseil, d'un visage qui indiquait un agréable mélange de timidité et de réserve, en même temps que la résolution bien arrêtée de remplir son devoir dans tous les cas. Il se trouvait là une quinzaine des principaux Croisés, assemblés en conseil sous la présidence de leur généralissime Godefroy. Lui-même était un personnage robuste et grand, parvenu à cette époque de la vie où l'on suppose que les hommes n'ont rien perdu de leur résolution, quoiqu'ils aient cependant acquis une prudence et une circonspection inconnues à la jeunesse. La figure de Godefroy respirait la sagesse unie au courage, et ressemblait à ses cheveux, où quelques fils d'argent se mêlaient déjà à ses boucles d'ébène.

Tancrède, le plus noble des chevaliers chrétiens, était assis à peu de distance de lui, avec Hugues, comte de Vermandois, généralement appelé le Grand-Comte, l'égoïste et artificieux Bohémond, le puissant Raymond de Provence, et d'autres princes croisés, tous plus ou moins complétement couverts de leur armure.

Berthe ne perdit pas courage; elle s'avança avec une grâce timide vers Godefroy, mit entre ses mains la bague que lui avait rendue le jeune page, fit une profonde révérence et parla en ces termes : — Godefroy, comte de Bouillon, comte de Basse-Lorraine, chef de la sainte entreprise appelée la croisade, et vous, ses braves camarades, ses pairs et ses compagnons, quels que soient les titres d'honneur qui vous sont dus, moi, une humble vierge d'Angleterre, fille d'Engelred, autrefois franklin[1] de l'Hampshire, et depuis chef des Forestiers ou Anglo-Saxons libres, sous le commandement du célèbre Edric; moi, dis-je, je réclame la créance qui est due au porteur du gage certain que je mets entre vos mains, de la part d'un chevalier qui n'est pas le moins considérable d'entre vous, du comte Robert de Paris...

— Notre très-honorable confédéré, interrompit Godefroy en regardant la bague. — La plupart d'entre vous, messeigneurs, doivent, je pense, connaître son cachet, — un champ semé de fragments de lances rompues.

Le cachet passa de main en main et fut généralement reconnu.

Cette formalité préliminaire accomplie, la jeune fille reprit son message en ces termes : — A vous tous, fidèles Croisés, compagnons de Godefroy de Bouillon, et spécialement au duc lui-même; — à vous tous, dis-je, excepté à Bohémond d'Antioche, que le comte de Paris regarde comme indigne de son attention...

— Ah! moi, indigne de son attention! s'écria Bohémond. Qu'entendez-vous par là, damoiselle? — Mais le comte de Paris m'en rendra lui-même raison.

— Sauf votre faveur, sire Bohémond, dit Godefroy, il n'en sera pas ainsi. Les articles dont nous sommes convenus nous défendent de nous envoyer des cartels les uns aux autres, et toutes discussions qui ne pourraient se terminer à l'amiable entre les parties doivent l'être à la majorité des voix dans cet honorable conseil.

— Je crois deviner maintenant, monseigneur, répliqua Bohémond, ce dont il s'agit. Le comte de Paris est disposé à s'en prendre à moi de ce que, dans la soirée qui a précédé notre départ de Constantinople, je lui ai donné un bon conseil qu'il a dédaigné et dont il a refusé de faire son profit...

— C'est une chose qui s'expliquera plus facilement, interrompit Godefroy, quand nous aurons entendu son message. — Dites-nous donc, damoiselle, ce que le seigneur Robert de Paris vous a chargée de nous exposer, afin que nous puissions prendre quelques mesures dans une affaire qui jusqu'ici paraît assez obscure.

Berthe reprit son message, et après avoir brièvement raconté les événements récents, elle conclut en ces termes : — Le combat doit avoir lieu demain, deux heures environ après le lever de l'aurore,

---

[1] Propriétaire saxon. Le lecteur trouvera de plus amples explications dans les notes sur *Ivanhoe*. (L. V.)

et le comte prie le noble duc de Bouillon de vouloir bien permettre qu'une cinquantaine de lances de France y assistent pour lui assurer ce traitement loyal et honorable, qu'autrement il aurait quelque raison de craindre de ne pas recevoir de la part de son adversaire. Ou bien, s'il y a quelques jeunes et braves chevaliers qui, de leur propre mouvement, désirent assister à ce combat, le comte regardera leur présence comme un honneur. Dans ce cas, il prie que lesdits chevaliers soient compris soigneusement dans le nombre des Croisés armés qui se présenteront dans la lice, en sorte que le tout soit limité, par l'inspection personnelle du duc Godefroy, à cinquante lances seulement qui sont suffisantes pour obtenir la protection requise, tandis qu'un nombre plus considérable pourrait être regardé comme le commencement d'une agression contre les Grecs, et une occasion de raviver des disputes qui, quant à présent, sont heureusement assoupies.

Berthe avait à peine conclu son manifeste et fait une très-gracieuse révérence au conseil, qu'il s'éleva dans l'assemblée une sorte de chuchotement qui se changea bientôt en une discussion plus animée

Le serment solennel qu'ils avaient prêté de ne point tourner le dos à la Palestine, maintenant qu'ils venaient de mettre la main à la charrue, fut une objection vigoureusement présentée par quelques-uns des plus vieux chevaliers, et par deux ou trois prélats d'un rang élevé qui étaient venus prendre part à la délibération. D'un autre côté, les jeunes chevaliers s'enflammaient d'indignation en apprenant la manière déloyale dont leur compagnon avait été pris au piége, et peu d'entre eux se seraient résignés à manquer un combat singulier dans un pays où de pareils spectacles étaient rares, et quand il devait y en avoir un à si peu de distance.

Godefroy avait appuyé sa tête sur ses mains et semblait dans une grande perplexité. Rompre avec les Grecs après avoir supporté tant d'injures pour conserver les avantages d'une paix avec eux, semblait très-impolitique ; c'était sacrifier tout ce qu'on avait obtenu par la longue patience dont on avait usé envers Alexis Comnène. D'un autre côté, Godefroy, comme homme d'honneur, se voyait obligé de ressentir l'injure faite au comte Robert de Paris, que son caractère brillant et chevaleresque avait fait l'idole de l'armée. C'était aussi la cause d'une dame belle et brave, et tout chevalier de l'armée se croirait tenu par son vœu de courir à sa défense. Lors donc que Godefroy parla, ce fut pour déplorer la difficulté de l'affaire et le court espace de temps qu'on avait pour prendre un parti.

— Avec toute soumission à monseigneur le duc de Bouillon, dit Tancrède, j'étais chevalier avant que d'être Croisé ; j'avais prononcé les vœux de chevalerie avant que de placer sur mon épaule le signe bienheureux de notre rédemption. Le vœu le plus anciennement fait est celui auquel on doit obéir d'abord Ainsi donc je ferai pénitence pour avoir négligé les obligations de mon second vœu, tandis que je m'acquitterai du premier devoir d'un chevalier, — la délivrance d'une dame malheureuse d'entre les mains d'hommes que leur conduite envers elle, ainsi qu'envers cette armée entière, me permet à tous égards de qualifier de traîtres et de perfides.

— Si mon parent Tancrède, dit Bohémond, veut contenir un moment son impétuosité, et si vous, messeigneurs, daignez, comme vous l'avez fait quelquefois, écouter mon avis, je pense que je vais vous indiquer comment nous pourrions ne violer en rien notre serment, et cependant venir efficacement au secours de nos frères de pèlerinage; — je vois quelques regards soupçonneux dirigés sur moi, causés peut-être par la manière grossière dont ce jeune guerrier, toujours vaillant, et dans cette occasion presque fou, a protesté à l'avance contre mon concours. Le grand tort que j'ai eu envers lui, c'est de l'avoir prémuni, par le conseil et par l'exemple, contre la trahison qui se préparait, et de lui avoir conseillé la modération et la tempérance. Mon avertissement, il l'a méprisé; mon exemple, il a négligé de le suivre. Aussi est-il tombé dans le piége qu'on lui a tendu, pour ainsi dire, devant ses propres yeux. Cependant le comte Robert, en m'insultant de la sorte, n'a suivi que l'impulsion d'un caractère que le malheur et le désappointement ont rendu déraisonnable et frénétique. Je suis si loin de conserver aucun mauvais vouloir à son égard, qu'avec la permission de votre seigneurie et celle du conseil, je suis prêt à courir au lieu du rendez-vous avec cinquante lances, suivie chacune de dix hommes, ce qui fera en tout cinq cents hommes au moins, et à la tête d'une pareille compagnie, je fais peu de doute que je ne puisse délivrer le comte et sa femme.

— C'est une noble proposition, dit le duc de Bouillon, et pleine de ce charitable pardon des injures qui convient au but si chrétien de notre expédition. Mais, frère Bohémond, tu as oublié la principale difficulté, à savoir, que nous avons juré de ne point tourner le dos au but sacré de notre voyage.

— Si nous pouvons éluder notre serment dans la circonstance actuelle, repartit Bohémond, il devient de notre devoir de le faire. Sommes-nous de si mauvais écuyers, ou nos chevaux sont-ils si indociles, que nous ne puissions les conduire à reculons jusqu'à l'embarcadère de Scutari? Nous pouvons les mettre à bord de ce même pas rétrograde; nous arrivons ainsi à la côte d'Europe, où notre serment cesse de nous lier; nous délivrons le comte et la comtesse de Paris, et notre vœu reste tout entier tel qu'il a été inscrit dans la chancellerie du Ciel.

De bruyants applaudissements s'élevèrent : — Longue vie au brave Bohémond! — honte sur nous si nous ne volons pas au secours d'un chevalier si valeureux et d'une dame si aimable, puisque nous le pouvons faire sans enfreindre notre vœu!

— La question, reprit Godefroy, me paraît plutôt éludée que résolue; cependant les clercs les plus instruits et les plus scrupuleux ont admis de pareils expédients, et je n'hésite pas plus à admettre celui que propose Bohémond, que si l'ennemi eût attaqué nos derrières, ce qui pour nous eût fait d'une contre-marche une nécessité absolue.

Il y eut dans l'assemblée plusieurs personnes, et particulièrement des gens d'église, qui pensèrent que le serment solennellement prêté par les Croisés devait être observé à la lettre; mais Pierre l'Ermite, qui avait place au conseil et qui en était même l'un des membres influents, déclara que son opinion était que puisque l'observance rigoureuse de leur vœu tendrait à diminuer les forces de la croisade, elle serait illégale, et qu'il ne fallait pas le suivre littéralement, s'il pouvait être éludé par une interprétation plus large.

Il offrit lui-même de conduire à reculons l'animal qu'il montait, c'est-à-dire son âne; et bien qu'il renonçât à donner cet exemple par déférence pour Godefroy de Bouillon, qui craignait que cela ne devînt une occasion de scandale pour les païens, ses arguments, néanmoins, eurent tant de force, que les chevaliers, loin de se faire scrupule de cette contre-marche, tinrent à grand honneur de faire partie de la troupe qui devait aller ainsi à reculons à Constantinople assister au combat, et ramener en sûreté dans le camp le valeureux comte de Paris, de la victoire duquel personne ne doutait, et l'Amazone son épouse.

Il fallut, pour mettre fin à cette émulation, l'autorité de Godefroy, qui choisit lui-même les cinquante chevaliers qui devaient composer le détachement. Il les prit de différentes nations et en donna le commandement au jeune Tancrède d'Otrante. Malgré les réclamations de Bohémond, Godefroy le garda près de sa personne, sous prétexte que la connaissance qu'il avait du pays et des habitants était absolument nécessaire au conseil pour qu'il pût arrêter le plan de la campagne en Syrie, mais dans le fait parce qu'il redoutait l'égoïsme d'un homme aussi rusé qu'habile dans l'art militaire, qui, se voyant à la tête d'un corps détaché, pourrait être tenté, si l'occasion s'en présentait, d'augmenter son pouvoir et ses domaines aux dépens du but pieux de la croisade générale. Les jeunes gens désignés pour l'expédition s'occupèrent avec empressement de se procurer des chevaux tellement bien dressés et si dociles qu'ils pussent exécuter facilement la manœuvre d'équitation qui devait légitimer le mouvement en arrière auquel on se voyait forcé. Le choix fut fait à la fin, et le détachement reçut l'ordre de se former en armes, c'est-à-dire sur la ligne orientale du camp des chrétiens. Cependant, Godefroy avait remis à Berthe, pour le comte de Paris, un message dans lequel, après l'avoir légèrement blâmé de n'avoir pas mis plus de prudence avec les Grecs, il l'informait qu'il envoyait à son secours un détachement de cinquante lances, avec un nombre proportionné d'écuyers, de pages et d'archers, en tout cinq cents hommes commandés par le vaillant Tancrède. Le duc lui disait qu'il lui envoyait encore une armure complète de la meilleure trempe que Milan pût fournir, avec un excellent cheval de guerre dont il le priait de se servir dans la lice, car Berthe n'avait point oublié d'insinuer que le comte Robert manquait absolument d'un équipement de chevalier. Godefroy lui-même mit la bride entre les mains de Berthe.

— Ne crains pas, jeune fille, de te confier à ce coursier ; il est aussi doux et aussi docile qu'il est vif et courageux. Monte-le, et prends garde de ne point t'éloigner du prince Tancrède d'Otrante, car il sera le fidèle défenseur d'une jeune fille qui a montré dans ce jour tant d'habileté, de courage et de fidélité.

Berthe s'inclina profondément, et ses joues se colorèrent en recevant cet éloge de la bouche d'un homme dont les talents et le mérite étaient si généralement estimés, qu'ils l'avaient porté à la situation éminente de généralissime d'une armée qui comptait dans ses rangs les capitaines les plus braves et les plus distingués de la chrétienté.

— Quels sont ces deux individus? demanda Godefroy à Berthe, lui désignant du doigt ses deux compagnons, restés à quelque distance devant la tente.

— L'un, répondit la damoiselle, est le maître de la barque qui m'a passée ici ; l'autre est un vieux Varangien qui m'a protégée dans la route.

— Mais comme leur but pourrait être d'exercer leurs yeux ici et leur langue sur l'autre rivage, je ne crois pas prudent de leur permettre de vous accompagner. Il faudra qu'ils restent ici pendant un court espace de temps. Les bourgeois de Scutari ne comprendront pas tout d'abord quelle est notre intention, et je désirerais que le prince Tancrède et son détachement fussent les premiers à annoncer leur propre arrivée.

Berthe signifia donc à ses deux compagnons la volonté du général français, mais sans leur en déduire les motifs. Le batelier se récria sur la dureté qu'il y avait à interrompre ses travaux journaliers, et Osmond se plaignit vivement du retard qu'on apportait à son service. Toutefois, sur l'ordre de Godefroy, Berthe ne les quitta pas sans leur avoir plusieurs fois répété qu'ils ne tarderaient pas à recouvrer leur liberté. Se voyant ainsi abandonnés, chacun chercha à s'amuser suivant son goût. Le batelier se promena, examinant, la bouche béante, tout ce qui était nouveau pour lui ; Osmond accepta l'offre d'un déjeuner, que lui firent quelques domestiques, et se trouva bientôt aux prises avec un flacon de vin rouge qui l'eût réconcilié avec un sort pire que celui qu'il éprouvait.

Le détachement de Tancrède, cinquante lances avec leur suite, en tout cinq cents hommes armés, après avoir pris à la hâte quelques rafraîchissements, se trouva équipé et à cheval avant l'heure étouffante de midi. Après quelques manœuvres dont les Grecs de Scutari, en qui la curiosité était singulièrement excitée, avaient peine à comprendre le but, ils se formèrent sur une seule colonne par quatre de front. Quand les chevaux furent tous dans cette position, les cavaliers commencèrent à les faire aller à reculons. C'était une manœuvre à laquelle les chevaux et les hommes n'étaient pas tout à fait inaccoutumés ; aussi les spectateurs n'en furent-ils pas d'abord très-étonnés ; mais quand ils virent que la même évolution rétrograde se continuait, et que les Croisés semblaient, un moment, entrer dans la ville de Scutari de cette façon extraordinaire, les Grecs commencèrent à avoir quelques soupçons de la vérité. Les cris, à la fin, devinrent généraux, lorsque Tancrède et quelques autres, dont les chevaux étaient extraordinairement bien dressés, arrivèrent au port, s'emparèrent d'une galère et la poussèrent au large, sans s'arrêter aux remontrances des officiers de l'empereur.

D'autres cavaliers n'atteignirent pas le but aussi aisément ; eux ou leurs chevaux étaient moins habitués à continuer cette manœuvre pénible pendant un long espace de temps. Aussi un grand nombre de cavaliers, ayant fait à reculons cent ou deux cents pas, pensèrent qu'ils avaient suffisamment accompli leur vœu par cette sorte de pénitence, et, prenant l'allure ordinaire pour traverser la ville, s'emparèrent sans plus de cérémonie de plusieurs navires qu'on avait laissés sur le rivage d'Asie, contrairement aux ordres formels d'Alexis. Quelques cavaliers moins habiles éprouvèrent différents accidents ; car bien que ce fût un proverbe de l'époque, qu'il n'y a rien d'aussi courageux qu'un cheval aveugle, cependant, dans ce mode nouveau d'équitation où ni le cheval ni le cavalier ne voyaient le chemin qu'ils allaient prendre, plusieurs coursiers furent renversés, d'autres acculés contre de dangereux obstacles, et les os des cavaliers eux-mêmes eurent plus à souffrir que dans une marche ordinaire.

Les cavaliers qui étaient ainsi tombés auraient couru risque d'être égorgés par les Grecs, si Godefroy, surmontant ses scrupules religieux, n'eût envoyé un escadron pour les dégager, tâche qui fut facilement accomplie. La plus grande partie des hommes de Tancrède parvinrent à s'embarquer plus tôt ou plus tard, et, en dernière analyse, il ne lui en manqua guère qu'une trentaine. Cependant, pour accomplir leur voyage, le prince d'Otrante lui-même et la plupart de ses compagnons furent obligés de se livrer à l'exercice peu chevaleresque de la rame. Ils le trouvèrent extrêmement fatigant, non-seulement parce qu'ils nageaient contre vent et marée, mais encore parce qu'ils n'étaient point habitués à ce métier-là. Placé sur une hauteur voisine, Godefroy en personne suivait leur marche avec une vive sollicitude, et s'aperçut à regret de la difficulté qu'ils éprouvaient à avancer, difficulté qu'augmentait encore la nécessité où ils étaient de marcher ensemble, et pour cela d'attendre celles de leurs barques qui étaient plus lentement ou moins habilement manœuvrées. Cependant ils avançaient, et le généralissime n'eut pas le plus petit doute qu'avant le coucher du soleil ils ne dussent atteindre sains et saufs l'autre côté du détroit.

Il quitta à la fin son poste d'observation, après y avoir placé une sentinelle sûre, avec ordre de venir l'avertir dès que le détachement atteindrait l'autre rive. Ce soldat pouvait le voir aisément, si le débarquement avait lieu le jour; dans le cas contraire, s'il faisait nuit avant qu'ils ne fussent arrivés, le prince d'Otrante avait ordre d'allumer certains fanaux, et s'ils rencontraient quelque résistance de la part des Grecs, de les disposer d'une certaine façon qui indiquerait le danger où ils se trouveraient.

Godefroy expliqua alors aux autorités grecques de Scutari, qu'il avait convoquées devant lui, la nécessité où il se trouvait de réunir en toute hâte toutes les embarcations qu'on pourrait se procurer, parce qu'il était résolu à transporter, en cas de besoin, une forte division de son armée pour soutenir le détachement qu'il venait d'envoyer. Il revint ensuite à son camp, dont les murmures confus, rendus plus bruyants par de nombreuses discussions sur les événements de la journée, se mêlaient aux mugissements des flots de l'Hellespont.

CHAPITRE XXIV.

> Tout est prêt; — les cavités de la mine sont bourrées de combustibles, qui, aussi innocents qu'un sable noir, tant qu'ils ne sont pas enflammés, n'attendent qu'une étincelle pour changer de nature, à ce point que celui qui les arrache au sommeil dans lequel ils reposaient, n'a guère moins à craindre de leur explosion que celui qui sait que leur furie est dirigée contre la tour qu'il habite. *Anonyme.*

QUAND le ciel s'obscurcit tout à coup, et que l'atmosphère devient épaisse et étouffante, les êtres inférieurs de la création ont le sentiment de la tempête qui approche. Les oiseaux fuient dans les buissons, les bêtes fauves courent aux retraites que leur instinct leur a fait découvrir dans l'épaisseur des forêts, les animaux domestiques témoignent l'appréhension de l'orage qui s'apprête par de singulières actions, et par des mouvements qui décèlent le trouble et la crainte.

Il semble que la nature humaine elle-même, si l'on étudie avec soin ses instincts originaux, possède aussi cette faculté de prévision qui annonce l'approche de la tempête aux êtres inférieurs; peut-être même la culture de nos facultés intellectuelles va-t-elle trop loin quand elle nous apprend à ne pas écouter et à mépriser entièrement ces sentiments que la nature avait originairement mis en nous, comme des sentinelles avancées, pour nous prémunir contre un danger imminent

Cependant il en reste quelque chose en nous; et cette espèce de prescience, qui nous prépare à des nouvelles tristes ou alarmantes, peut se comparer aux prophéties des fatales sœurs, qui nous arrivent comme un nuage soudain.

Pendant toute la journée qui devait précéder le combat du césar et du comte de Paris, il courut dans la ville de Constantinople les bruits les plus contradictoires et en même temps les plus sinistres. On disait qu'une conspiration était au moment d'éclater ; d'autres annonçaient que la guerre allait secouer sa bannière sur la ville dévouée; on n'était pas d'accord sur la cause précise de la conspiration, non plus que sur la nature des ennemis qu'on allait avoir à combattre. Quelques-uns disaient que les barbares des frontières de la Thrace, les Hongres, comme on les appelait alors, et les Cumans, s'étaient rassemblés sur les frontières, les avaient franchies, et marchaient sur Constantinople. D'autres disaient que les Turks, alors établis en Asie, avaient résolu d'aller au-devant de l'attaque dont les Croisés les menaçaient en Palestine, en surprenant non-seulement les pèlerins occidentaux, mais encore les chrétiens de l'Orient, par l'une de leurs innombrables invasions, exécutées avec la rapidité qui les caractérisait.

Une autre version qui se rapprochait un peu plus de la vérité disait que les Croisés eux-mêmes, ayant découvert les différentes causes de plainte qu'ils avaient contre Alexis, avaient résolu de revenir avec toutes leurs forces réunies contre la capitale, dans le dessein de le punir et de le détrôner ; et les bourgeois étaient singulièrement alarmés des conséquences du ressentiment d'hommes si farouches dans leurs habitudes, et si étranges dans leurs manières. En un mot, quoiqu'ils ne fussent pas d'accord sur la cause précise du danger, cependant ils convenaient généralement que quelque chose d'épouvantable s'apprêtait, idée dans laquelle les confirmaient jusqu'à un certain point les mouvements de troupes qui avaient lieu. Les Varangiens et les Immortels s'assemblaient graduellement et occupaient les points les plus forts de la ville, jusqu'à ce qu'enfin on s'aperçut que les galères, les barques et les transports dont Tancrède et les siens s'étaient emparés, se mettaient en mouvement en partant de Scutari, et cherchaient à gagner dans le détroit une hauteur où la prochaine marée pût les jeter dans le port de Constantinople.

Alexis Comnène fut frappé lui-même de ce mouvement inattendu des Croisés. Cependant, après avoir eu quelque conversation avec Hereward, en qui il avait une trop grande confiance pour pouvoir reculer, il se rassura quelque peu, surtout en considérant la faiblesse du détachement qui semblait méditer une action aussi hardie que l'attaque de la capitale. Il répondit donc d'un air insouciant à ceux qui l'entouraient, qu'il n'était guère à supposer qu'une trompette pût sonner la charge et être entendue dans le camp des Croisés, sans que parmi tant de chevaliers il s'en trouvât quelques-uns désireux de voir la cause et l'issue du combat.

Les conspirateurs eux-mêmes eurent leurs craintes secrètes, quand on aperçut dans le détroit la flottille de Tancrède. Agélastès monta sur une mule, et s'enfuit sur le bord de la mer, à l'endroit qu'aujourd'hui on appelle Galata. Il rencontra le vieux batelier de Berthe, que Godefroy avait mis en liberté, en partie à cause du mépris qu'il faisait de sa personne, en partie parce qu'il était probable que ses rapports serviraient à amuser les conspirateurs de la ville. Examiné de près par Agélastès, il confessa qu'autant qu'il en pouvait savoir, ce détachement était envoyé à la demande de Bohémond, et sous le commandement de son parent Tancrède, dont on voyait la bannière bien connue flotter sur le principal navire. Cette nouvelle donna du courage à Agélastès, qui, dans le cours de ses intrigues, avait ouvert des communications secrètes avec le rusé et toujours mercenaire prince d'Antioche. Le but du philosophe avait été d'obtenir de Bohémond un corps de troupes à sa solde, pour prendre part à la conspiration projetée, et soutenir les insurgés. Il est vrai que Bohémond n'avait pas répondu; mais le récit que faisait le batelier, et la vue de la bannière de Tancrède, parent de Bohémond, déployée dans le détroit, persuadaient au philosophe que ses conditions, ses présents et ses promesses lui avaient gagné l'avaricieux Italien, et que les étrangers qui arrivaient, choisis par Bohémond, venaient pour agir en sa faveur.

Comme Agélastès s'en retournait, il faillit renverser un individu qui, aussi complétement caché que lui dans son manteau, ne semblait pas plus envieux d'être reconnu. Cependant Alexis Comnène, — car c'était l'empereur lui-même, — reconnut Agélastès, moins aux traits de son visage qu'à sa taille et aux habitudes de son corps, et ne put s'empêcher de murmurer, en passant, à son oreille, ces vers si connus, auxquels les différents talents du philosophe prétendu donnaient un certain degré d'à-propos :

      « Grammaticus, rhetor, geometres, pictor, alipes,
      Augur, schœnobates, medicus, magus, omnia novit
      Græculus esuriens; in cœlum jusseris, ibit [1]. »

Agélastès tressaillit d'abord au son inattendu de la voix de l'empereur; son premier mouvement fut de se croire trahi. Mais bientôt il recouvra sa présence d'esprit, et sans s'occuper du rang de la personne à laquelle il parlait, il ne put s'empêcher de répondre à une citation par une autre, qui devait renvoyer l'alarme à l'endroit d'où il l'avait reçue. Le passage qui lui vint à l'esprit fut celui dans lequel le fantôme de

---

[1] Grammairien, rhéteur, géomètre, peintre, coureur, augure, danseur de corde, médecin, magicien, le Grec doit à la faim toutes les connaissances; ordonne-lui de monter au ciel, il ira.

Cléonice murmure à l'oreille des tyrans qu'elle a fait mettre à mort :

« Tu cole justitiam ; teque atque alios manet ultor [1]. »

Cette phrase, et les souvenirs qui s'y rattachaient, allèrent jusqu'au cœur de l'empereur, qui cependant passa son chemin sans répondre et sans avoir l'air de comprendre.

— Le misérable conspirateur, pensa-t-il, est entouré de ses complices ; autrement il n'eût pas hasardé cette menace. Peut-être, ce qui serait pis encore, — Agélastès lui-même, sur la limite extrême de ce monde, a-t-il obtenu cette singulière faculté de voir dans l'avenir, qui est le propre des personnes dans cette position. Il est possible qu'il parle moins par sa propre volonté, que mû par un étrange esprit de prescience qui lui dicte ses paroles à son insu. Serait-il donc possible que j'eusse tellement péché dans mes devoirs comme empereur, qu'on me puisse justement appliquer les sombres avertissements que l'infortunée Cléonice adressait à son ravisseur et meurtrier ? Il me semble que non. Il me semble que si je n'avais pas déployé une juste sévérité, je n'aurais pu conserver le trône où il a plu au Ciel de me faire asseoir, et où, comme chef d'un empire, il est de mon devoir de me maintenir. Il me semble que, tout compte fait, le nombre de ceux qui ont éprouvé ma clémence peut bien faire contre-poids au nombre de ceux qui ont subi le juste châtiment de leurs crimes. — Mais, quelque méritée qu'ait été cette vengeance, l'ai-je toujours exercée d'une manière légale et que je puisse justifier ? Je doute que ma conscience puisse répondre facilement à une question si directe ; et quand il aurait les vertus d'Antonin lui-même, où est l'homme qui, placé dans une position si élevée, et qui entraîne une telle responsabilité, pourrait soutenir un interrogatoire tel que celui qu'implique le terrible avertissement que j'ai reçu de ce traître ? *Tu cole justitiam,* — nous devons tous pratiquer la justice envers notre prochain ; — *teque atque alios manet ultor,* — nous pouvons tous être appelés devant un être vengeur. — Je verrai le patriarche ; — je le verrai à l'instant, je lui confesserai mes fautes envers l'Église, et par son indulgence plénière, j'acquerrai le droit de passer le dernier jour dans la conscience de mon innocence, ou au moins du pardon que j'aurai obtenu : — c'est une disposition d'esprit dont jouissent rarement ceux que Dieu a jetés dans les rangs élevés.

Dans cette disposition, il se rendit au palais du patriarche Zosime, auquel il pouvait s'ouvrir avec d'autant plus de sûreté que le prélat, depuis longtemps, considérait Agélastès comme un ennemi secret de l'Église, comme un homme attaché aux anciennes doctrines du paganisme. Dans le conseil d'état, ils étaient adversaires aussi, et l'empereur ne doutait pas qu'en communiquant au patriarche le secret de la conspiration, il

---

[1] Respecte la justice ; le Vengeur veille aussi sur toi.

n'obtint un loyal et ferme concours dans la défense qu'il se proposait de faire. Il fit donc entendre comme signal un petit coup de sifflet, et un officier de confiance, bien monté et qui l'avait suivi dans sa promenade, quoiqu'à une distance suffisante pour ne pas être remarqué, se rapprocha de lui.

De cette manière, Alexis Comnène se hâta de se rendre au palais du patriarche, aussi rapidement que le lui permettait son intention de ne point se faire remarquer en traversant la rue. Pendant toute la durée de cette course, la citation menaçante d'Agélastès lui revint souvent à l'esprit ; et parmi les actions de son règne, sa conscience ne lui en rappela qu'un trop grand nombre qui ne se pouvaient justifier par la nécessité (qu'on appelle emphatiquement la grande excuse des tyrans), et qui toutes méritaient la terrible vengeance du Ciel, si longtemps différée.

Lorsqu'il arriva vis-à-vis des magnifiques tours qui ornaient la façade principale du palais du patriarche, au lieu de se diriger vers la grande entrée, il fit un détour pour arriver à une cour étroite, et donnant de nouveau sa mule à garder à l'officier qui l'accompagnait, il s'arrêta devant une poterne dont le cintre abaissé et l'humble architecture semblaient exclure l'idée qu'elle pût conduire à aucun lieu de quelque importance. Cependant, quand il frappa, un prêtre d'un ordre inférieur vint ouvrir la porte, et avec un profond salut, lorsque l'empereur se fut fait connaître, il l'introduisit respectueusement dans l'intérieur du palais. Alexis, ayant demandé une entrevue secrète avec le patriarche, fut conduit à sa bibliothèque particulière, où le vieux prêtre le reçut avec le plus profond respect, que la nature de ce qu'il apprit changea bientôt en un sentiment d'étonnement et d'horreur.

Alexis Comnène était regardé par beaucoup de courtisans, et même par quelques-uns des membres de sa famille, comme un hypocrite dans la profession de ses sentiments religieux. Mais c'était là une accusation à la fois sévère et injuste. Alexis comprenait, il est vrai, quel puissant appui il trouvait dans le concours du clergé, et se montrait disposé à des sacrifices, soit envers l'Église en général, soit envers certains prélats en particulier qui lui avaient manifesté leur attachement pour sa personne. Mais bien que d'un côté Alexis fît rarement un sacrifice de cette nature sans quelque vue de politique temporelle, de l'autre il les regardait comme commandés par ses sentiments dévots. Souvent il se fit honneur de différentes donations et de différents actes, comme s'ils lui avaient été dictés par une piété sincère, tandis qu'ils n'étaient que les fruits de sa politique. Sa manière d'envisager ces sortes de mesures était celle d'une personne chez laquelle la vision s'exécute obliquement, en sorte qu'elle voit le même objet différemment suivant le point où le hasard la place pour l'examiner.

L'empereur, dans sa confession, déroula les erreurs de son gouvernement devant le patriarche, appuyant sur chacune de ses infractions à la morale, et les dépouillant des excuses et des palliatifs auxquels sa propre imagination avait eu recours pour en atténuer la gravité. Le patriarche apprit, à son grand étonnement, le véritable mot de plus d'une intrigue de cour qu'il avait envisagée sous un tout autre aspect, avant que l'empereur, dans son récit, lui eût montré comment il justifiait sa conduite en telle circonstance, ou comment elle était tout à fait sans excuse. Au total, la balance était certainement beaucoup plus en faveur d'Alexis que le patriarche ne l'eût supposé en étudiant de loin les intrigues de la cour, où les ministres et les courtisans, pour faire compensation aux applaudissements qu'ils avaient donnés en conseil aux plus blâmables actions du monarque absolu, lui imputaient partout ailleurs des motifs bien plus coupables que ceux qui l'avaient fait agir réellement. Beaucoup d'hommes avaient été sacrifiés, à ce que l'on croyait, à la haine personnelle ou à la jalousie de l'empereur, et le patriarche comprit alors que s'ils avaient perdu la vie ou la liberté, c'est qu'il avait été impossible qu'ils la conservassent sans compromettre la tranquillité de l'état et la sûreté du monarque.

Zosime apprit encore, ce que peut-être il soupçonnait déjà, qu'au milieu du silence profond du despotisme qui semblait dominer dans tout l'empire grec, cet empire cependant était fréquemment en proie à des agitations convulsives qui indiquaient que sous cette surface tranquille existait un volcan. Ainsi, tandis que les fautes légères, que les murmures proférés ouvertement contre le gouvernement impérial, étaient rares et sévèrement punis, les conspirations les plus redoutables et les plus noires contre la vie et l'autorité de l'empereur étaient formées par ceux-là mêmes qui approchaient le plus de sa personne. Souvent il en était instruit à l'avance; mais il fallait que l'explosion fût proche pour qu'il osât tirer parti de ce qu'il savait, et punir les conspirateurs.

Le patriarche apprit avec autant d'horreur que d'étonnement l'histoire entière de la trahison du césar et de ses complices, Agélastès et Achille Tatius. Ce qui le surprit surtout, c'est que l'empereur, ayant connaissance d'une conspiration aussi terrible dans son palais et dans sa famille même, eût pu parer avec tant d'habileté au danger dont les Croisés le menaçaient en même temps.

— A cet égard, répondit l'empereur, auquel le prélat ne put s'empêcher de laisser voir son étonnement, j'ai été singulièrement malheureux. Si j'avais été sûr des forces de mon propre empire, j'aurais pu choisir entre deux partis également francs et vigoureux à l'égard de ces furieux guerriers de l'Occident; — j'aurais pu, mon révérend père, consacrer les sommes que j'ai distribuées entre Bohémond et les plus cupides des Croisés, à soutenir honorablement et ouvertement l'armée des chrétiens occidentaux, et à les transporter en Palestine sans les exposer aux grandes pertes que la résistance des infidèles leur fera vraisemblablement éprouver; leurs succès, alors, eussent dans le fait été mon ouvrage, et un royaume latin de Palestine, défendu par ces guerriers couverts d'acier, eût été pour l'empire une barrière que les Sarrasins n'auraient pu franchir. Ou bien, si je l'avais cru plus utile dans l'intérêt de l'empire et de la sainte Église dont vous êtes le chef, nous eussions pu défendre à force ouverte les frontières de nos états contre une armée qui s'en approchait avec des intentions si équivoques, et sous le commandement de tant de chefs si peu d'accord entre eux. Si le premier essaim de ces sauterelles, sous le commandement de celui qu'ils appelaient Gautier Sans-Argent, fut affaibli par les Hongres, et puis totalement détruit par les Turks, comme la pyramide d'os humains l'atteste encore sur la frontière du pays, à coup sûr les forces réunies de l'empire grec auraient eu peu de peine à dissiper cette seconde nuée, bien que commandée par les Godefroy, les Bohémond et les Tancrède.

Le patriarche garda le silence, car, bien qu'il eût peu d'affection pour les Croisés, et que même il les détestât comme membres de l'Église latine, il lui semblait fort douteux que les armées grecques pussent soutenir une bataille rangée contre eux, et encore moins les vaincre.

— Dans tous les cas, reprit Alexis, comprenant tout ce que signifiait ce silence, si j'avais été vaincu, je serais tombé sous mon bouclier comme il convenait à un empereur grec, et je ne me serais pas vu contraint d'avoir recours à de misérables moyens, à attaquer mes ennemis à la dérobée, et avec des troupes déguisées en infidèles. La vie des soldats de l'empire qui sont tombés dans ces obscures escarmouches eût été perdue plus utilement pour eux et pour moi, s'ils étaient morts en combattant ouvertement pour leur empereur et pour leur pays; maintenant, et par la fatalité des circonstances, mon nom passera à la postérité comme celui d'un astucieux tyran, qui a engagé ses sujets dans de fatales divisions pour assurer la sûreté de sa misérable vie. Patriarche! que ces crimes ne restent pas sur ma tête; je les renvoie aux rebelles dont les intrigues m'ont forcé à adopter de telles mesures!

— Mon revérend père, quel sera mon sort dans l'autre vie? — et de quel œil la postérité me verra-t-elle, elle qui me croira l'auteur de tant de désastres?

— Quant à l'autre vie, répondit le patriarche, Votre Majesté s'est jetée entre les bras de la sainte Église, qui a le pouvoir de lier et de délier. Vous avez d'amples moyens de vous la rendre propice, et je vous ai déjà indiqué ce qu'elle a raisonnablement le droit d'attendre de votre repentir et du pardon qu'elle vous accordera.

— Ces moyens, je les emploierai dans toute leur étendue, et je ne vous ferai pas l'injure de douter de leur efficacité dans l'autre vie. Dans celle-ci, cependant, et surtout dans la crise importante où nous nous trouvons, l'opinion favorable de l'Église peut m'être fort utile. Si

CHAPITRE XXIV.

nous nous entendons bien l'un et l'autre, mon bon Zosime, ses docteurs et ses évêques devront tonner en ma faveur, et ne pas me faire attendre les bénéfices de son pardon jusqu'à ce que la pierre funéraire se soit fermée sur moi.

— Certainement non, si vous exécutez scrupuleusement les conditions que je viens de stipuler.

— Et ma mémoire dans la postérité, comment en prendre soin?

— Quant à cela, il faut vous en fier à la piété filiale et aux talents littéraires de votre savante fille, Anne Comnène.

— Il est probable, répondit l'empereur en secouant la tête, que ce malheureux césar sera la cause d'une querelle entre nous, car je ne saurais guère lui pardonner tant d'ingratitude et de révolte, parce que ma fille s'attache à lui par un stupide amour de femme. En outre, mon bon Zosime, les pages qu'écrit une historienne comme ma fille ne sont pas de celles que la postérité doive accepter sans examen. Un Procope, un esclave philosophe, mourant de faim dans un grenier, a la prétention d'écrire la vie d'un empereur dont jamais il n'a osé approcher; et, bien que le principal mérite de son livre soit de contenir certaines particularités que nul n'eût osé publier du vivant du prince, cependant personne n'hésite à les admettre comme vraies, une fois qu'il a disparu de la scène du monde.

— Sur ce point, je ne saurais offrir à Votre Majesté Impériale ni secours ni protection; cependant, si votre mémoire est injustement attaquée sur la terre, ce sera un sujet de peu d'importance pour Votre Altesse, qui jouira alors, j'en ai la confiance, d'un état de béatitude que de vaines calomnies ne sauraient plus troubler. Le seul moyen d'éviter d'être calomnié après votre mort, ce serait que Votre Majesté profitât de ce qui lui reste encore de vie pour écrire ses propres mémoires; car je suis convaincu que vous pourriez alléguer des excuses fort légitimes pour un grand nombre de vos actes qui, sans cela, pourraient paraître tout à fait dignes de blâme.

— Changeons de sujet, dit l'empereur. Puisque le danger est imminent, occupons-nous du présent, et laissons aux âges à venir le soin de nous juger comme ils l'entendront. — Mon révérend père, quelle est, dans votre opinion, la circonstance qui encourage ces conspirateurs à faire un appel si audacieux à la populace et aux soldats grecs?

— A coup sûr, répondit le patriarche, l'incident du règne de Votre Majesté qui lui a suscité le plus de haine et de vengeance a été le sort d'Ursel. On dit qu'après une capitulation qui lui assurait la vie, la liberté et l'intégralité de ses membres, il a été, par vos ordres, condamné à mourir de faim dans les cachots du palais de Blacquernal. Les habitants de Constantinople et les soldats de la garde appelés les Immortels ont conservé un souvenir reconnaissant de son courage, de sa libéralité et des autres vertus qui ont rendu son nom populaire.

— Et vous croyez, dit l'empereur regardant fixement son confesseur, que le souvenir de cet Ursel est la cause la plus dangereuse de l'effervescence du peuple?

— Je ne saurais douter que son nom hardiment prononcé et artificieusement répété ne doive être le mot d'ordre d'un horrible tumulte.

— Grâces au Ciel, je serai sur mes gardes à cet égard. Bonne nuit, mon révérend père, et comptez que tout ce qui est porté sur ce parchemin, où j'ai apposé ma signature, sera accompli avec la plus fidèle exactitude. Seulement, ne mettez pas trop d'impatience dans cette affaire; — une telle pluie de bienfaits tombant d'un seul coup sur l'Église pourrait bien faire soupçonner que ses prélats et ses ministres agissent plutôt par suite d'un marché entre l'empereur et le patriarche, qu'ils ne donnent ou ne reçoivent l'offrande faite par un pécheur en pénitence de ses crimes. Cette opinion, mon père, serait injurieuse pour vous et pour moi.

— Nous accorderons à Votre Altesse tous les délais raisonnables qu'elle croira devoir prendre. Nous espérons que vous vous rappellerez que ce marché, si on peut lui donner ce nom, c'est vous qui l'avez demandé, et que les avantages que l'Église doit en retirer sont la condition du pardon qu'elle accorde à Votre Majesté, et du concours qu'elle lui promet.

— C'est vrai, — c'est très-vrai, — et je ne l'oublierai pas. Encore une fois, adieu; et de votre côté, n'oubliez pas non plus ce que je vous ai dit. Voilà une nuit, Zosime, dans laquelle il faut que l'empereur travaille comme un esclave, s'il ne veut revenir à l'humble condition d'Alexis Comnène; et encore n'aurait-il plus à présent où reposer sa tête.

A ces mots il prit congé du patriarche, qu'il laissa enchanté des avantages qu'il avait obtenus pour son église, et que ses prédécesseurs s'étaient en vain efforcés de lui assurer. Aussi résolut-il de soutenir le trône chancelant d'Alexis.

CHAPITRE XXV.

> Le Ciel connaît son temps ; le boulet a sa destination, la flèche et le javelot atteignent ce qu'ils doivent atteindre ; les animaux même, êtres inférieurs et dévoués dans l'ordre de la nature, y remplissent chacun la tâche qui leur a été assignée.
> *Ancienne Comédie.*

Après avoir rencontré l'empereur de la manière que nous avons dit, Agélastès prit les mesures qui lui vinrent à l'esprit pour assurer le succès de sa conspiration ; puis il revint au pavillon de ses jardins, où était toujours l'épouse de Robert de Paris. La comtesse n'avait pour compagne qu'une femme nommée Vexhelia, la femme du soldat qui avait escorté Berthe jusqu'au camp des Croisés ; l'affectueuse jeune fille ayant exigé que pendant son absence sa maîtresse ne fût pas privée d'une suivante, et d'une suivante se rattachant d'une manière quelconque à la garde varangienne. Pendant toute la journée, Agélastès avait joué le rôle d'un politique ambitieux, d'un égoïste esclave de la fortune, d'un conspirateur subtil et ténébreux ; et maintenant, comme pour épuiser la liste des différents personnages du drame humain, il lui plut de se montrer dans le rôle d'un insidieux sophiste, et de justifier, ou de paraître justifier, du moins, les criminels moyens à l'aide desquels il était parvenu à la richesse et aux honneurs, et qu'il espérait en ce moment devoir l'élever jusqu'au trône.

— Belle comtesse, dit-il, pourquoi couvrir d'un voile de mélancolie ces traits si bien faits pour inspirer l'amour ?

— Me prenez-vous, répondit Brenhilda, pour une souche, une pierre, ou pour une créature privée de toute faculté sensitive ? Pensez-vous que je doive endurer les mortifications, l'emprisonnement, le malheur et le danger, sans exprimer les sentiments qui sont le propre de l'espèce humaine ? Croyez-vous qu'à une dame comme moi, aussi libre que le faucon sauvage, vous puissiez faire l'injure de la retenir captive sans qu'elle soit sensible à cet affront ou irritée contre ceux qui le lui infligent ? Et penses-tu que je recevrai des consolations de toi, — de toi, qui es l'un des principaux artisans de cette trame de trahisons dans laquelle je me trouve si bassement enveloppée ?

— Non par moi, du moins, répondit Agélastès ; frappez dans vos mains, demandez ce que vous voulez, et si un seul esclave refusait de vous obéir immédiatement, mieux vaudrait pour lui qu'il ne fût jamais né. Si je n'avais, dans l'intérêt de votre honneur et de votre sûreté, consenti à me faire pour un court espace de temps votre gardien, cet office eût été usurpé par le césar : vous connaissez son but, et vous pouvez en partie conjecturer quels moyens il eût employé pour y parvenir. Pourquoi donc verser des larmes puériles sur l'honorable contrainte dans laquelle vous êtes actuellement retenue pour bien peu de temps, contrainte à laquelle, suivant toute probabilité, le redoutable bras de votre époux aura mis un terme demain avant le milieu du jour ?

— Ne saurais-tu comprendre, homme de beaucoup de mots, mais de peu de pensées honorables, qu'un cœur comme le mien, habitué à ne compter que sur lui-même et sur sa propre valeur, doit nécessairement éprouver de la honte en se voyant obligé d'accepter, même de l'épée d'un époux, cette sûreté que je ne voudrais devoir qu'à la mienne ?

— Comtesse, tu te laisses égarer par l'orgueil, ce sentiment qui domine chez la femme. Crois-tu donc qu'il n'y ait pas eu chez toi une prétention coupable à renoncer au rôle de mère et d'épouse, pour adopter celui d'une de ces folles écervelées qui, comme des spadassins de l'autre sexe, sacrifient tout ce qui est honorable et utile à une affectation absurde et ridicule de courage ? Crois-moi, belle dame, le vrai système de vertu qui te conviendrait serait de remplir gracieusement dans la société la place qui t'est propre, de plaire aux personnes de l'autre sexe, d'élever tes enfants ; tout ce qui va au delà pourra bien te rendre un objet de haine ou de terreur, mais n'ajoutera rien à tes qualités aimables.

— Toi qui prétends au titre de philosophe, tu devrais savoir, ce me semble, que la renommée qui suspend ses guirlandes sur la tombe d'un héros ou d'une héroïne vaut toutes les futiles occupations dans lesquelles les personnes vulgaires passent leur vie entière. Une heure de vie pleine d'actions glorieuses et de nobles dangers vaut des années passées dans la misérable observance d'un stupide décorum, dans lequel les hommes se traînent à travers l'existence, comme les eaux stagnantes à travers un marais, sans être honorés ni même remarqués.

— Ma fille, dit Agélastès en se rapprochant de la comtesse, c'est avec peine que je vous vois en proie à des illusions décevantes qu'un instant de réflexion calme suffirait pour dissiper. Nous pouvons nous flatter que des êtres infiniment supérieurs à nous passent le temps à balancer le bien et le mal dans ce monde, l'issue des combats, la destinée des empires, suivant leurs idées du bien ou du mal, ou plutôt suivant celles que nous nous en faisons. Les Grecs païens, célèbres pour leur science et couverts de gloire pour leurs actions, expliquaient aux hommes d'une intelligence ordinaire l'existence supposée de Jupiter et de son panthéon, où différentes divinités présidaient aux différentes vertus, aux différents vices, et réglaient, tant dans ce monde que dans l'autre, la destinée de ceux qui les pratiquaient. Les plus instruits et les plus sages d'entre les anciens rejetaient cette interprétation vul-

CHAPITRE XXV.

gaire, et quoiqu'en public ils affectassent une grande déférence pour le culte reçu, cependant, en particulier, avec leurs disciples, ils reniaient ces grossières absurdités du Tartare et de l'Olympe, ces vaines doctrines de l'existence des dieux eux-mêmes, et cette attente absurde, conçue par le vulgaire, d'une immortalité attribuée à des créatures mortelles sous tous les rapports, soit quant à la conformation de leurs corps, soit quant à la croyance intime de leurs âmes. Parmi ces hommes sages et vertueux, il y en avait qui accordaient l'existence de ces divinités supposées, mais qui niaient qu'elles prissent plus de souci des actions des hommes que de celles des autres animaux. En admettant l'existence de ces dieux, ils leur attribuaient une vie gaie, joyeuse, exempte d'inquiétudes, et telle que l'auraient demandée les disciples d'Épicure. D'autres philosophes, plus hardis ou plus conséquents, niaient entièrement l'existence de divinités sans but et sans objet, et croyaient que des êtres surnaturels dont l'existence et les attributs n'étaient attestés par rien de surnaturel, n'existaient pas en réalité.

— Arrête, misérable! s'écria la comtesse, et sache que tu ne parles pas à l'un de ces aveugles païens dont tu viens de me détailler les doctrines abominables et leurs résultats. Sache que si je suis une pécheresse, je n'en suis pas moins sincèrement une fille de l'Église, et cette croix déployée sur mon épaule est un emblème suffisant des vœux que j'ai faits dans sa cause. Sois donc aussi prudent que tu es rusé; car, crois-moi, si tu fais raillerie ou blâme de ma sainte religion, ce que mes paroles ne sauraient réfuter, je le réfuterais sans hésitation avec la pointe de ma dague.

— C'est un genre d'argumentation, belle dame, répondit Agélastès en s'éloignant de Brenhilda, auquel je serais désespéré de pousser votre gentillesse. Mais quoique je ne veuille pas m'aventurer à rien dire des puissances supérieures et bienveillantes auxquelles vous attribuez le gouvernement de ce monde, à coup sûr vous ne vous offenserez pas si je vous parle des misérables superstitions adoptées pour expliquer ce que les Mages appellent le mauvais principe. Dans aucune croyance humaine a-t-il jamais été adopté aucun être aussi misérable — je pourrais dire aussi ridicule — que le Satan des chrétiens? Le corps et les membres d'un bouc, des traits grotesques formés pour exprimer les passions les plus exécrables, une puissance à peine inférieure à celle de la Divinité elle-même, et en même temps une capacité à peine égale à celle du plus stupide d'entre les hommes! Qu'est-il donc, cet être, au moins le second arbitre de la race humaine, sinon un esprit immortel avec les petites passions, les petites haines vindicatives d'un vieillard ou d'une vieille femme?

En cet endroit de son discours, Agélastès fit une pause singulière. Une glace d'une grande étendue ornait l'appartement, en sorte que le philosophe pouvait voir la figure de Brenhilda s'y réfléchir, et remarquer les changements qui s'y peignaient, encore qu'elle l'eût détournée de lui en haine des doctrines qu'il professait. Le philosophe avait naturellement les yeux fixés sur la glace, et il demeura confondu de voir s'y détacher de derrière un rideau une figure qui le regardait avec la mine et l'expression qu'on attribue à Satan dans les légendes des moines, ou à un satyre dans les histoires païennes.

— Homme! dit Brenhilda, dont l'attention fut attirée par ce qui semblait l'apparition du diable, tes paroles mauvaises et tes pensées plus mauvaises encore ont-elles évoqué le malin esprit entre nous? Si cela est, renvoie-le immédiatement, ou par Notre-Dame des Lances Rompues, tu vas savoir, mieux que tu ne le sais en ce moment, ce que c'est qu'une fille de France, quand elle se trouve en présence du diable lui-même et de ceux qui prétendent avoir le pouvoir de l'évoquer! Je ne désire pas une pareille rencontre; mais si je suis obligée d'en venir aux mains avec un ennemi si horrible, tu peux m'en croire, personne ne dira que Brenhilda en ait eu peur.

Agélastès, après avoir contemplé quelque temps avec horreur et surprise la figure qui se peignait dans la glace, retourna la tête pour voir quelle était la substance qui donnait un aussi étrange reflet. Cependant l'objet avait disparu derrière le rideau, et probablement s'y cachait. Ce ne fut qu'une ou deux minutes après que sa figure, moitié menaçante, moitié moqueuse, se réfléchit de nouveau dans la glace.

— Par les dieux! s'écria Agélastès..

— Mais, dit la comtesse, vous venez, il n'y a qu'un moment, de nier leur existence.

— Par les dieux! répéta Agélastès, reprenant à moitié ses esprits, c'est Sylvain, cette singulière caricature de l'espèce humaine qu'on dit avoir été amenée ici de la Taprobane [1]. Je parierais bien que lui aussi il croit à son bon vivant de dieu Pan, et à son vieux patron Sylvanus. Pour ceux qui ne sont pas initiés, ce peut être un objet plein de terreur; mais il recule devant le philosophe, comme l'ignorance devant la lumière. — A ces mots, d'une main il écarta le rideau derrière lequel l'animal s'était blotti après être rentré dans le pavillon par la fenêtre du jardin, et de l'autre il leva un bâton dont il menaça de frapper l'animal, en lui disant : — Hé bien, Sylvain, quelle insolence est ceci? — A votre place!

En prononçant ces mots, il frappa l'animal; malheureusement le coup tomba sur sa main blessée, et y rappela une douleur aiguë. Le naturel sauvage de Sylvain se réveilla, et la crainte de l'homme ne le retint plus; il poussa un cri à la fois féroce et étouffé, se précipita sur le philosophe et lui serra autour du cou, avec la dernière furie, ses bras robustes et nerveux. Le vieillard résista et lutta de toutes ses forces pour se dégager, mais ce fut en vain. Sylvain ne lâcha point prise;

---

[1] L'île de Ceylan. (L. V.)

CHAPITRE XXV.

il serra de plus en plus ses bras vigoureux, et parut décidé à ne pas abandonner son ennemi, jusqu'à ce qu'il lui eût fait rendre le dernier soupir. Deux hurlements plus aigus, accompagnés d'une horrible contorsion de la face et d'un tremblement convulsif des mains, annoncèrent, avant que cinq minutes se fussent écoulées, que l'horrible lutte était erminée.

Agélastès demeura étendu mort sur le plancher; son assassin Sylvain, sautant loin du corps comme terrifié de ce qu'il avait fait, s'échappa par la fenêtre. La comtesse demeura étonnée, ne sachant au juste si elle venait d'être témoin d'un exemple des jugements du Ciel, surnaturel dans son exécution, ou d'un acte de ses vengeances exécuté par l'entremise d'un agent mortel. Sa nouvelle suivante, Vexhelia, n'était pas moins stupéfaite, quoiqu'elle connût beaucoup mieux cet animal.

— Madame, dit-elle, cette créature gigantesque est un animal d'une grande force, ressemblant à l'homme pour ses formes, mais monstrueux dans sa taille, qui, encouragé par sa force immense, devient quelquefois féroce dans ses rapports avec l'espèce humaine. J'ai souvent entendu les Varangiens en parler comme appartenant au muséum impérial. Nous ferons bien d'enlever le corps de ce malheureux homme, et de le cacher dans le jardin sous quelque taillis épais. Il n'est pas probable qu'on s'aperçoive ce soir de son absence, et demain il se passera des choses si importantes, que vraisemblablement on n'aura guère le temps de s'occuper de lui. La comtesse Brenhilda y consentit, car elle n'était pas une de ces femmes timorées pour lesquelles la figure d'un mort est un objet de terreur.

Se fiant à la parole qu'elle lui avait donnée, Agélastès avait permis à la comtesse de se promener en liberté avec sa suivante dans les jardins, ou au moins dans la partie voisine du pavillon. Elles couraient donc peu de risque d'être interrompues, lorsqu'elles transportèrent le corps à elles deux, et le cachèrent sans beaucoup de peine dans la partie la plus épaisse de l'un des bosquets qui ornaient le jardin.

Tandis qu'elles revenaient vers le lieu de leur habitation ou de leur emprisonnement, la comtesse, moitié se parlant à elle-même, moitié s'adressant à Vexhelia, dit : — Je suis fâchée de cet événement; non pas que cet infâme vieillard ne méritât pas que le châtiment du Ciel tombât sur lui au moment même où il se montrait blasphémateur et infidèle, mais parce que le courage et la loyauté de l'infortunée Brenhilda pourront encourir quelques soupçons, sa mort ayant eu lieu quand il était seul avec elle et sa suivante, et personne autre n'ayant été témoin de l'étrange manière dont le vieux blasphémateur a fini sa vie. — Tu le sais, toi, bienheureuse Notre-Dame des Lances Rompues! toi la protectrice de Brenhilda et de son époux; tu sais que quelles qu'aient pu être mes fautes, je ne mérite pas le plus léger soupçon de trahison! Je remets ma cause entre tes mains, et je m'en rapporte parfaitement à ta sagesse et à ta bonté pour rendre témoignage en ma faveur. A ces mots elle rentra dans le pavillon sans être aperçue de personne, et termina cette journée si pleine d'événements dans de pieuses et humbles prières.

CHAPITRE XXVI.

> Voulez-vous entendre l'histoire d'une dame espagnole, et comment elle aima un Anglais ? Ses vêtements étaient magnifiques, elle était couverte des joyaux les plus riches qu'on puisse imaginer, jolie de figure, gracieuse de sa personne, et très-noble de naissance ainsi que de parenté.
> *Vieille Ballade.*

Nous avons quitté Alexis Comnène au moment où, après avoir déchargé sa conscience dans l'oreille du patriarche, il en avait reçu l'assurance du pardon et de la protection de l'église nationale. Il prit congé de ce haut dignitaire avec quelques exclamations de triomphe, si obscures dans leur expression, qu'il eût été difficile de dire au juste ce qu'elles signifiaient. Son premier soin, en rentrant dans le palais de Blacquernal, fut de s'informer de sa fille. On lui dit qu'elle était dans la chambre incrustée de magnifiques bas-reliefs en marbre, d'où cette princesse, ainsi que plusieurs autres membres de sa famille, tirait l'orgueilleuse appellation de *Porphyrogenita*[1], ou née dans la pourpre. Son visage était voilé par les soucis ; à la vue de son père elle s'abandonna ouvertement à un chagrin irrésistible.

— Ma fille, dit l'empereur avec une dureté de ton qui ne lui était pas habituelle, et une gravité calme qu'il conserva au lieu de sympathiser avec l'affliction de la belle historienne, — si vous voulez empêcher le stupide imbécile, auquel j'ai eu la folie de vous unir, de se montrer à tous les yeux à la fois monstre d'ingratitude et traître, vous ne manquerez pas de l'exhorter à demander son pardon en toute humilité et après avoir fait une ample confession de ses crimes, ou, par mon sceptre et ma couronne ! il mourra de mort. Je ne pardonnerai à aucun de ceux qui auront couru volontairement à leur sort en se déclarant mes ennemis, et en se rangeant ouvertement sous l'étendard de la révolte qu'a levé mon gendre ingrat.

— Que demandez-vous de moi, mon père ! dit la princesse ; pouvez-vous vous attendre à ce que je trempe mes propres mains dans le sang

---

[1] *Porphyrogénète* signifie littéralement, non pas *Né dans la pourpre*, mais bien *Né dans le porphyre* (dans la chambre de porphyre). Le porphyre est, comme on sait, un marbre précieux d'une très-belle couleur pourprée. (L. V.)

de cet infortuné? Voudriez-vous en tirer une vengeance plus terrible encore que celle que les dieux de l'antiquité tiraient des coupables qui avaient offensé leur pouvoir suprême?

— Ne le pense pas, ma fille! Crois plutôt que, dans mon amour pour toi, je veux faire de ma fille le dernier instrument peut-être qui puisse arracher ce stupide fou, ton mari, à la mort qu'il méritait si bien.

— Mon père, Dieu sait que ce n'est point au risque de votre vie que je voudrais racheter celle de Nicéphore; mais quoique mes enfants n'existent plus, c'est lui qui fut leur père, et les femmes ne peuvent oublier un tel lien, alors même que le sort l'a rompu. Permettez-moi seulement d'espérer que l'occasion sera donnée à ce malheureux coupable de réparer ses erreurs; et croyez-moi, ce ne sera pas ma faute s'il renouvelle jamais des menées aussi perfides que contraires à la nature, qui mettent en ce moment sa vie en danger.

— Suis-moi donc, ma fille, et sache qu'à toi seule je suis au moment de révéler un secret d'où pourrait dépendre la sécurité de ma vie et de ma couronne, aussi bien que le pardon de mon gendre.

A ces mots il se revêtit en toute hâte du costume d'un esclave du sérail, ordonnant à sa fille de serrer sa robe autour d'elle, et de prendre à la main une lampe allumée.

— Où allons-nous, mon père? demanda Anne Comnène.

— Il importe peu, répondit l'empereur, puisque ma destinée m'appelle, et que la tienne veut que tu sois mon porte-torche. Crois-moi, et fais-en mention dans ton livre si tu l'oses: Alexis Comnène, même quand ses intentions sont innocentes et pures de tout mauvais vouloir, ne descend pas sans alarme dans ces cachots que ses prédécesseurs ont creusés pour les hommes. Garde le silence, et si nous rencontrons quelqu'un des habitants de ces régions inférieures, ne prononce pas un mot, ne fais pas une observation à sa vue.

Après avoir traversé le labyrinthe d'appartements du palais, ils arrivèrent dans la grande salle qu'Hereward avait traversée le soir de sa première introduction dans le sanctuaire où Anne Comnène faisait une lecture de son histoire, et que l'on appelait le Temple des Muses. Comme nous l'avons dit, cette salle était revêtue de marbre noir, et faiblement éclairée; à l'extrémité supérieure de l'appartement était un petit autel sur lequel fumait de l'encens, et au-dessus duquel s'étendaient, comme s'ils se fussent détachés du mur, deux bras et deux mains imitant ceux de l'homme, et que la fumée ne permettait de voir que d'une manière imparfaite.

Au bout de cette galerie, une petite porte de fer conduisait à un escalier étroit et en spirale, ressemblant pour la grandeur et la forme à un puits à poulie. Les degrés en étaient excessivement raides, et l'empereur, après avoir fait à sa fille un geste pour lui ordonner de l'accompagner, commença à descendre, à l'aide de la lumière douteuse de la lampe, l'escalier étroit et difficile par lequel ceux qui visitaient les régions souterraines du palais de Blacquernal semblaient dire adieu à la clarté du jour. Ils passèrent successivement, en descendant toujours, devant plusieurs portes conduisant probablement à différents étages de cachots, d'où l'on entendait sortir obscurément des gémissements et des voix plaintives, tels que ceux qui avaient précédemment attiré l'attention d'Hereward. L'empereur ne parut en prêter aucune à ces signes de la misère humaine ; déjà ils avaient passé devant trois étages ou trois couches superposées de cachots, lorsqu'ils arrivèrent à la rangée la plus basse, dont la base était le roc vif, grossièrement creusé, et sur lequel on avait élevé des murs latéraux et des voûtes de marbre massif et non poli.

— Ici, dit Alexis Comnène, toute espérance, toute attente d'un avenir prennent congé de l'homme, au bruit d'une clef qui tourne ou d'un verrou qui se tire. Et cependant il n'en sera pas toujours ainsi : — les morts revivront et reprendront leurs droits, les déshérités de ces régions feront encore entendre leurs réclamations pour habiter le monde supérieur. Mais si je ne puis utilement appeler le Ciel à mon secours, sois assurée, ma fille, qu'au lieu d'être l'être stupide que j'ai bien voulu paraître aux yeux du monde, et tel que je me suis laissé peindre dans ton histoire, je braverai tous les dangers dont me menace la multitude qui s'élève maintenant entre moi et mon repos. Il n'y a encore qu'une seule chose d'arrêtée, c'est que je veux vivre et mourir empereur ; et toi, Anne, sois assurée que s'il y a quelque puissance dans cette beauté et ces talents dont on fait tant d'éloges, il faudra que ce soir tu l'emploies au service du père à qui tu en es redevable.

— Que voulez-vous dire, mon empereur et mon père ? — Sainte Vierge ! est-ce là la promesse que vous m'aviez faite d'épargner la vie de l'infortuné Nicéphore ?

— Et je l'épargnerai en effet ; je m'occupe en ce moment même de cet acte de clémence. Mais ne pense pas que je veuille réchauffer de nouveau dans mon sein ce serpent domestique dont la piqûre a été si près de me donner la mort. Non, ma fille ; je t'ai cherché un époux plus digne de toi, un homme capable de maintenir et de défendre les droits de l'empereur ton père : — et prends garde d'opposer aucun obstacle à mes volontés ! Regarde ces murs, de marbre aussi, quoique non polis, et rappelle-toi qu'il est tout aussi possible de mourir dans une chambre de marbre que d'y naître.

La princesse Anne fut effrayée de voir son père dans une disposition d'esprit si différente de celle qu'elle lui avait jusqu'alors connue : — O Ciel ! s'écria-t-elle, par un sentiment de terreur dont elle s'expliquait à peine l'objet, ô Ciel ! plût à Dieu que ma mère fût ici !

— Anne, vos craintes sont aussi vaines que vos exclamations ; je suis un de ces hommes, voyez-vous, qui, dans les occasions ordinaires, ont à peine un désir qui leur soit propre ; je suis un homme qui, dans les occasions ordinaires, me tiens l'obligé de ma femme et de ma fille de ce qu'elles veulent bien me sauver la peine de penser et de juger. Mais quand le vaisseau de l'état est entre des brisants et que le patron est appelé à la barre, croyez-moi, il ne permettra pas qu'une main inférieure s'ingère à y toucher; la femme et la fille auxquelles il montrait dans la prospérité une indulgence coupable peut-être, il ne les laissera pas heurter sa volonté quand il peut encore la dire sienne. Il n'est guère possible que tu n'aies pas compris que j'étais à peu près disposé à te donner, comme une marque de ma sincérité, à cet obscur Varangien, sans lui faire une question sur son sang ou sa naissance; tu pourras m'entendre tout à l'heure te promettre à un homme qui, pendant trois ans, a habité ces voûtes souterraines, et qui va être césar à la place de Brienne, si je puis lui faire accepter une princesse pour sa fiancée et un trône impérial pour héritage, au lieu du cachot où il meurt de faim.

— Mon père, vos paroles me font trembler, dit Anne Comnène. — Comment peux-tu te fier à un homme qui a éprouvé ta cruauté? — comment peux-tu rêver que rien puisse te réconcilier sincèrement avec celui que tu as privé de la vue?

— Ne t'inquiète pas de cela; il m'appartient ou il ne saura jamais ce que c'est que de s'appartenir de nouveau à soi-même. — Et toi, ma fille, sois sûre de ceci: c'est que si ma volonté est telle, tu seras demain la femme de celui qui est aujourd'hui mon prisonnier, ou que tu te retireras dans le couvent le plus sévère, pour y dire au monde un éternel adieu. Garde donc le silence, attends ton sort, quel qu'il puisse être, et n'espère pas qu'aucun effort puisse rien changer à ta destinée.

En concluant ce singulier dialogue, dans lequel il avait pris un ton tout à fait nouveau pour sa fille, et sous lequel elle avait tremblé, il avait franchi plus d'une porte solidement fermée, tandis qu'Anne, marchant d'un pas incertain, l'éclairait dans cette route obscure. A la fin, il entra par un autre corridor dans la cellule où était confiné Ursel. Il le trouva couché, en proie aux angoisses d'une misère sans espoir, — car celui que l'indomptable courage du comte de Paris avait un instant réveillé dans son cœur s'était de nouveau évanoui. Il tourna ses yeux privés de vue vers l'endroit où il entendait le mouvement des verrous et l'approche des pas.

— Une nouveauté dans ma prison, dit-il; un homme s'approche d'un pas lourd et assuré, accompagné d'une femme ou d'un enfant qui effleure à peine le sol! — Est-ce ma mort que vous m'apportez? — Croyez-moi, j'ai vécu assez longtemps dans ce cachot pour dire à mon arrêt qu'il est le bienvenu.

— Ce n'est pas ta mort, noble Ursel, dit l'empereur déguisant tant soit peu sa voix. La vie, la liberté, tout ce que peut donner le monde, l'empereur Alexis le met aux pieds de son noble ennemi, et il espère que de nombreuses années de fortune et de pouvoir, avec le commandement d'une grande partie de l'empire, auront bientôt effacé le souvenir des cachots de Blacquernal.

— Cela ne peut pas être, dit Ursel avec un soupir; celui pour les yeux duquel le soleil est couché au milieu du jour, celui-là n'a plus rien à espérer, même du plus heureux changement de circonstances.

— Vous n'en êtes pas entièrement sûr, repartit l'empereur. Permettez-nous de vous convaincre que les intentions qu'on a à votre égard sont réellement favorables et libérales; j'espère que vous en serez récompensé en reconnaissant que votre position est plus susceptible d'être améliorée que vos appréhensions ne vous permettraient de le croire d'abord. Faites un effort; essayez si vos yeux ne sont pas sensibles à la lumière de cette lampe.

— Faites de moi ce qu'il vous plaira; je n'ai ni le courage de vous faire des remontrances, ni la force de mettre votre cruauté au défi. J'ai le sentiment de quelque chose qui ressemble à une lumière, mais je ne saurais dire si c'est une réalité ou une illusion. Si vous êtes venu pour me délivrer de ce sépulcre des vivants, je prie Dieu de vous récompenser; si, au contraire, sous ce prétexte décevant, votre intention est de m'ôter la vie, je ne puis que recommander mon âme au Ciel, et le soin de venger ma mort à celui dont la vue pénètre dans les lieux les plus obscurs où l'injustice croit se cacher.

Après avoir ainsi parlé, la révolution qui s'opérait dans ses esprits le rendant pour ainsi dire incapable de donner aucun autre signe de vie, Ursel se laissa retomber en arrière sur sa couche de paille; il ne prononça pas un mot de plus pendant tout le temps qu'Alexis le débarrassa de ces chaînes qu'il avait si longtemps portées, qu'elles semblaient presque faire partie de lui-même.

— C'est une affaire, Anne, dans laquelle ton aide aurait peine à me suffire, dit l'empereur. Il eût été à désirer qu'en réunissant nos forces, nous eussions pu, toi et moi, le transporter à l'air libre, car il y a peu de prudence à montrer les secrets de cette prison à ceux qui ne les connaissent pas encore. Néanmoins, va, mon enfant, et à quelque distance de l'escalier par lequel nous sommes descendus, tu trouveras Edward, le courageux et fidèle Varangien; tu lui communiqueras mes ordres, et il viendra ici pour m'aider; n'oublie pas de m'envoyer aussi le médecin expérimenté Douban.

Terrifiée, à moitié suffoquée, à moitié morte d'horreur, la princesse éprouva quelque soulagement du ton un peu plus doux dont son père venait de lui parler. D'un pas encore chancelant, bien qu'encouragée par la teneur de ses instructions, elle remonta l'escalier qui conduisait au cachot souterrain. Comme elle approchait des dernières marches, une haute et forte figure interposa sa grande ombre entre la lampe et l'ouverture de cette espèce de puits. Mortellement effrayée à l'idée de devenir la femme d'un malheureux repoussant comme Ursel, la princesse se laissa aller à un moment de faiblesse, et quand elle considéra la triste alternative que son père lui avait laissée, elle ne put s'empêcher de penser que le beau et brave Varangien qui avait déjà sauvé la famille impériale d'un danger si imminent était une personne bien plus convenable pour un second époux, si tant il y avait qu'elle dût être forcée d'en prendre un, que l'être singulier et dégoûtant que la politique de son père venait de retirer du fond des cachots de Blacquernal.

Je ne voudrais pas dire d'Anne Comnène, qui était une femme timide, mais non une femme privée de sensibilité, qu'elle eût embrassé une pareille proposition si la vie de son époux actuel, Nicéphore Brienne, n'eût été en un extrême danger. Il était évident que l'empereur était déterminé à ne lui faire grâce de la vie qu'à condition de rompre les liens qui l'unissaient à sa fille, pour lui donner, à elle, un époux plus fidèle et plus disposé à se montrer gendre affectionné. Peut-être aussi l'idée d'adopter le Varangien comme second mari n'était-elle pas entrée décidément dans l'esprit de la princesse. Le moment où elle était, était un moment de danger. Tout secours, pour être efficace, devait être prompt; une fois qu'il aurait été obtenu, peut-être la princesse aurait-elle eu une occasion de se délivrer d'Ursel et du Varangien, sans les détacher du parti de son père et sans perdre elle-même ses bonnes grâces. Dans tous les cas, le moyen le plus sûr de salut était de gagner, s'il était possible, le jeune soldat, dont les traits et la tournure étaient de nature à ne pas rendre cette tâche désagréable à une femme jeune et belle. Les plans de conquête sont si naturels au beau sexe, et l'ensemble de cette idée traversa si rapidement le cerveau d'Anne Comnène, qu'y étant entrée pour la première fois au moment où l'ombre du soldat s'était interposée entre elle et sa lampe, elle s'était emparée exclusivement de son imagination, lorsqu'après force saluts et force marques d'étonnement de la voir remonter l'échelle de l'Achéron, le Varangien s'avança, plia le genou et offrit la main à cette belle dame, pour l'aider à sortir de ce triste escalier.

— Mon cher Hereward, dit la princesse avec une familiarité qui ne semblait pas ordinaire, combien je me réjouis en cette épouvantable nuit d'être tombée sous votre protection! Je sors de lieux que les esprits d'enfer semblent avoir eux-mêmes disposés pour l'espèce humaine! Les alarmes de la princesse, la familiarité d'une belle femme qui, sous l'influence d'une crainte mortelle, cherchait un refuge, comme la colombe effrayée, dans le sein d'un homme fort et courageux, doivent être l'excuse d'Anne Comnène pour la tendre épithète dont elle avait salué Hereward. Et s'il lui avait convenu de répondre sur le même ton, chose qui eût pu fort bien arriver, tout fidèle qu'il fût, si cette rencontre avait eu lieu avant qu'il n'eût revu sa Berthe; il est à croire, pour dire la vérité, que la fille d'Alexis ne s'en serait pas autrement offensée. Épuisée qu'elle était, elle laissa reposer sa tête sur la large poitrine et sur l'épaule de l'Anglo-Saxon, et ne fit aucun effort pour se relever, quoique le décorum de son sexe et de son rang semblât le lui commander. Hereward fut obligé de lui demander, du ton calme et respectueux d'un soldat qui parle à une princesse, s'il devait appeler ses femmes. — Non, non, répondit-elle d'une voix faible et à demi étouffée; j'ai à exécuter un ordre de mon père, et il ne convient pas que je m'entoure de témoins.

— Il sait que je suis en sûreté, Hereward, puisqu'il me sait avec toi; et si je vous suis un fardeau dans mon état actuel de faiblesse, je reviendrai bientôt à moi si vous voulez me déposer sur les degrés de cet escalier de marbre.

— A Dieu ne plaise, madame, dit Hereward, que je sois si négligent de votre santé précieuse! Je vois deux des suivantes de Votre Altesse, Astarté et Violante, qui vous cherchent. — Permettez-moi de les appeler, et je ferai faction auprès de vous, si vous n'êtes pas en état de vous retirer dans votre chambre, où il me semble que l'agitation de vos nerfs serait plus aisément calmée.

— Fais comme tu voudras, Barbare, répondit la princesse, reprenant ses esprits et un peu piquée peut-être, ne pensant pas que la scène demandât un plus grand nombre de personnages que les deux qui étaient actuellement sur le théâtre; puis, comme si elle venait seulement de se rappeler la commission dont son père l'avait chargée, elle engagea le Varangien à descendre auprès de lui.

En de telles occasions, les moindres circonstances produisent leur effet sur les acteurs. L'Anglo-Saxon sentit que la princesse était offensée; mais que ce fût de se trouver dans ses bras ou d'y être presque découverte par ses deux suivantes, voilà ce qu'il ne se permit pas de deviner. Il descendit donc sous les tristes voûtes pour rejoindre Alexis, la hache à deux tranchants, mortelle à tant de Turks et dont il ne se séparait jamais, brillant sur son épaule.

Astarté et sa compagne avaient été dépêchées par l'impératrice Irène à la recherche de la princesse dans la partie des appartements du palais qu'elle avait coutume d'habiter. Elles n'avaient pu trouver nulle part la fille d'Alexis, quoique l'impératrice leur eût dit que le motif pour lequel elle la faisait chercher était de la nature la plus urgente. Toutefois, rien ne se passe dans un palais qui soit tout à fait inaperçu, et les messagers de l'impératrice apprirent à la fin qu'on avait vu leur maîtresse et l'empereur descendre le triste escalier des cachots, escalier que, par une allusion classique aux régions infernales, on appelait le puits d'Achéron. Elles se dirigèrent donc de ce côté, ainsi que nous l'avons dit. Hereward jugea nécessaire de dire que son Altesse Impériale s'était évanouie quand elle s'était trouvée subitement en plein air. La princesse, de son côté, se débarrassa brusquement de ses jeunes suivantes, et déclara qu'elle était assez bien remise pour se rendre dans l'appartement de sa mère. La révérence qu'elle fit à Hereward en le quittant avait quelque chose de hautain, quoique évidemment modifié par un regard d'estime et d'affection. En traversant un appartement dans lequel se tenaient plusieurs des serviteurs de l'empereur, elle s'adressa à l'un d'entre eux, vieillard respectable et médecin habile, auquel elle donna à voix basse et en peu de mots l'ordre d'aller rejoindre son père, qu'il trouverait au bas de l'escalier appelé le puits d'Achéron, lui recommandant de prendre son cimeterre avec lui. Entendre, ce fut comme à l'ordinaire, obéir, et Douban, car tel était son nom, ne répondit que par un signe qui annonçait son obéissance immédiate. Cependant, Anne Comnène se rendit en toute hâte dans les appartements de sa mère, où elle trouva l'impératrice seule.

— Sortez, dit Irène à ses suivantes, et ne laissez qui que ce soit pénétrer ici, même quand ce serait l'empereur qui le commanderait. — Fermez la porte, Anne Comnène, ajouta-t-elle ensuite; et si la jalousie du sexe le plus fort ne nous permet pas le privilége qu'il se réserve, d'assurer avec des verrous et des barres de fer l'intérieur de nos appartements, profitons aussi promptement que possible des moyens qui nous sont donnés d'être seules. Rappelez-vous, princesse, que quelque implicites que soient vos devoirs envers votre père, ils le sont encore davantage envers moi qui suis du même sexe que vous, et qui puis vous appeler, dans le sens rigoureux de la lettre, le sang de mon sang et les os de mes os. — Soyez sûre que votre père en ce moment ne connaît pas les sentiments propres à notre sexe; ni lui, ni aucun homme vivant, ne peuvent se faire une juste idée des angoisses d'un cœur qui bat sous une robe de femme. Ces hommes, Anne, mettraient en pièces sans scrupule les plus tendres liens d'affection, l'édifice entier du bonheur domestique, où se trouvent les soucis d'une femme, sa joie, ses peines, son amour et son désespoir. Mets donc ta confiance en moi, ma fille, et crois-moi, je sauverai à la fois la couronne de ton père et ton bonheur. La conduite de ton époux a été coupable, Anne, mais c'est un homme; — et lui donner ce nom, c'est l'accuser, comme de fragilités naturelles, de trahison, d'infidélité, de toute espèce de folie et de légèreté auxquelles son sexe est enclin. Nous ne devrions donc penser à ses fautes que pour les lui pardonner.

— Madame, répondit Anne Comnène, permettez-moi de vous faire observer que vous recommandez à une princesse née dans la pourpre une conduite qui conviendrait à peine à la malheureuse femme qui porte une cruche pour aller puiser à la fontaine du village l'eau dont elle a besoin. Tous ceux qui m'entourent ont appris à avoir pour moi le respect dû à ma naissance. Quand ce Nicéphore Brienne a rampé sur ses genoux jusqu'à la main de votre fille que vous lui tendiez, il recevait plutôt le joug d'une maîtresse qu'il n'acceptait une alliance domestique avec une épouse. Il a marché à sa perte sans l'ombre même de cette tentation que peuvent présenter comme excuse ceux qui sont moins coupables dans sa condition; et si c'est la volonté de mon père qu'il soit banni, emprisonné ou mis à mort pour le crime qu'il a commis, ce n'est pas l'affaire d'Anne Comnène de s'interposer, puisqu'elle a été le plus indignement outragée de tous les membres de la famille impériale, qui tous ont le droit de se plaindre de sa fausseté.

— Ma fille, répondit l'impératrice, j'en tombe d'accord avec vous: la trahison de Nicéphore envers votre père et moi est presque impardonnable, et je ne vois pas aisément d'après quel principe, excepté celui de générosité, on pourrait lui laisser la vie. Mais quant à vous, vous êtes dans une position différente de la mienne, et vous pouvez, en épouse tendre et affectionnée, comparer l'intimité qui régnait antérieurement entre vous, avec le changement sanglant qui sera bientôt la conclusion et la conséquence de ses crimes. Il possède des formes et des traits que les femmes se rappellent souvent, que celui auquel ils appartiennent soit vivant ou mort. Pensez à ce qu'il vous en coûtera de vous souvenir qu'un impitoyable exécuteur a reçu ses derniers adieux, — que cette belle tête n'a pas trouvé où se mieux reposer que sur un informe billot, — que cette langue dont vous préféreriez les accents au plus doux instrument de musique, est ensevelie dans la poussière !

Anne, qui n'était point insensible aux avantages personnels de son époux, fut vivement émue d'un appel si plein de force. — Pourquoi me désoler ainsi, ma mère? s'écria-t-elle en pleurant. Si je ne sentais pas aussi vivement que vous semblez le désirer, ce moment, tout affreux qu'il soit, je le pourrais supporter aisément; je n'aurais qu'à penser de lui ce qu'il est en effet; je n'aurais à opposer aux charmes de sa personne que la noirceur de son âme qui les égale au moins, pour me résigner au sort qu'il a mérité, et me soumettre sans résistance à la volonté de mon père.

— Et cette volonté serait de te lier, sur un seul mot de sa bouche, à quelque obscur malheureux, auquel, dans ses habitudes de complots et d'intrigues, quelque misérable chance aura fourni l'occasion de se rendre important aux yeux de l'empereur, et qui, pour cela seul, doit recevoir en récompense la main d'Anne Comnène !

— Ne pensez pas si mal de moi, madame ; — je sais, aussi bien que nulle femme grecque l'ait jamais su, comment je me devrais garantir du déshonneur; et vous pouvez m'en croire, vous n'aurez jamais à rougir de votre fille.

— Ne me parlez pas ainsi, puisque je rougirais également de la cruauté impitoyable qui abandonnerait à son sort un époux jadis tendrement aimé, et d'une passion à laquelle je ne saurais donner un nom, mais qui le remplacerait par un Barbare obscur, tiré des cachots de Blacquernal !

CHAPITRE XXVI.

La princesse fut étonnée de voir que sa mère avait connaissance des desseins même les plus secrets que son père avait formés, pour le cas où les circonstances l'y pourraient contraindre. Elle ignorait qu'Alexis et son auguste épouse, quoiqu'ils vécussent généralement avec cette décence toujours exemplaire chez des personnes de leur rang, avaient cependant de temps à autre, dans des occasions importantes, de ces querelles de ménage dans lesquelles, provoqué par l'apparente incrédulité de sa femme, le mari se trouvait poussé à lui laisser deviner plus clairement des projets que, de sang-froid, il ne lui eût pas volontairement communiqués.

La princesse fut vivement affectée de cette prévision de la mort de son époux, et il eût été difficile qu'il en fût autrement. Mais cependant ce qui l'offensa et la blessa le plus, ce fut de voir que sa mère regardait comme chose convenue qu'elle dût remplacer immédiatement le césar par un successeur encore incertain, mais à tout événement par un successeur indigne. Quelques considérations qui eussent pu faire d'Hereward l'objet de son choix, elles perdaient tout leur poids dès que cette alliance lui était présentée sous ce jour odieux et dégradant. En outre, il ne faut pas perdre de vue que les femmes, presque instinctivement, nient toujours leurs premières pensées en faveur d'un adorateur, et que rarement elles les avouent, à moins que le temps et les circonstances ne concourent à les y porter. Elle appela donc le Ciel à témoin lorsque dans sa colère elle fit la réponse suivante :

— Soyez témoin, Notre-Dame, reine du Ciel, soyez témoins, saints et martyrs, et vous tous bienheureux, qui êtes plus que nous-mêmes les gardiens de notre pureté mentale, soyez témoins que je ne me connais aucune passion que je n'ose avouer, et que si la vie de Nicéphore dépendait de mes prières à Dieu ou aux hommes, méprisant et oubliant toutes mes injures, cette vie serait aussi longue que celle que le Ciel ait jamais accordée à ceux de ses serviteurs qu'il a enlevés de ce monde sans leur faire souffrir les angoisses de la mort !

— Vous avez juré hardiment, dit l'impératrice : Anne Comnène, ayez soin de tenir votre parole ; car, croyez-moi, elle sera mise à l'épreuve.

— A quelle épreuve, ma mère ? est-ce à moi de prononcer sur le sort du césar, qui n'est pas soumis à mon pouvoir ?

— Je vais vous le faire savoir, repartit gravement l'impératrice ; et la conduisant vers une sorte de garde-robe qui formait un cabinet dans l'épaisseur du mur, elle écarta le rideau qui en masquait l'entrée, et la mit en présence de son époux infortuné, Nicéphore Brienne, à demi vêtu, et l'épée nue à la main. Le regardant comme un ennemi, et ayant conscience de quelques projets qui avaient traversé son esprit, par rapport à lui, dans le cours de ces tribulations, la princesse poussa un cri à demi étouffé en l'apercevant si près d'elle, et une arme à la main.

— Sois plus calme, dit l'impératrice, ou ce malheureux, s'il est découvert, ne tombe pas moins victime de tes frayeurs puériles que de ta funeste vengeance.

Il sembla que ce peu de mots eussent rappelé Nicéphore à l'esprit de son rôle; il baissa la pointe de son épée à terre, se laissa tomber aux genoux de la princesse, et joignit les mains pour solliciter son pardon.

— Qu'as-tu à demander de moi? dit sa femme, naturellement assurée, par l'humble posture de son époux, qu'en ce moment elle était la plus forte; — qu'as-tu à demander de moi, que la reconnaissance outragée, l'affection trahie, les vœux les plus solennels violés, et les liens les plus tendres de la nature brisés comme la toile de l'araignée, te permettent d'exprimer sans honte?

— Ne suppose pas, Anne, répondit le suppliant, que dans ce moment terrible je veuille jouer l'hypocrisie pour sauver le misérable reste d'une existence déshonorée; je ne désire qu'une chose, c'est de me séparer chrétiennement de toi, de faire ma paix avec le Ciel et de nourrir une dernière espérance, celle d'arriver, quoique chargé de bien des crimes, dans ces régions supérieures, où seulement je pourrai trouver ta beauté et tes talents égalés au moins, sinon surpassés.

— Tu l'entends, ma fille, reprit Irène, il ne te demande que le pardon; tu es dans une position qui te rapproche de Dieu, puisque en lui remettant ses fautes, tu peux encore lui sauver la vie.

— Tu te trompes, ma mère; il ne m'appartient pas de lui pardonner son crime, encore moins de lui remettre le châtiment. Tu m'as appris à penser de moi-même comme les âges futurs le feront. Que diront-ils de moi, si on me représente à eux comme une fille dénaturée qui a pardonné à celui qui voulait assassiner son père, parce qu'elle voyait en lui son propre époux infidèle?

— Vous le voyez, sérénissime impératrice, dit le césar; n'est-ce pas là le comble du désespoir? et n'est-ce pas en vain que j'ai offert tout mon sang pour effacer cette tache d'ingrat et de parricide? Ne me suis-je pas purgé de la partie la plus impardonnable de l'accusation, de celle qui me reprochait d'avoir prémédité le meurtre du divin empereur? N'ai-je pas juré par tout ce que les hommes ont de plus sacré que mon projet n'allait pas plus loin que de séquestrer pour un peu de temps Alexis des fatigues de l'empire, que de le mettre en un lieu où il jouirait tranquillement de l'aisance et du repos, tandis que, toutefois, il gouvernerait implicitement l'empire, ses ordres sacrés étant transmis par moi aussi fidèlement qu'ils l'aient été jamais à aucun égard et dans aucun temps?

— Insensé! s'écria la princesse, t'es-tu approché si près des marches du trône d'Alexis Comnène, et as-tu osé te former de lui une idée si fausse, que tu aies pu croire qu'il consentît jamais à n'être dans tes mains qu'une marionnette à l'ombre de laquelle tu gouvernerais l'empire? Sache que le sang de Comnène n'est pas si misérable. Mon père aurait combattu ta trahison les armes à la main, et ce n'est que par la mort de ton bienfaiteur que tu aurais pu satisfaire ta criminelle ambition.

— Restez dans cette croyance, répondit le césar; j'en ai dit assez pour une vie qui ne m'est pas, qui ne doit plus m'être chère. Appelez vos gardes, et qu'ils tranchent les jours de l'infortuné Brienne, puisqu'il est devenu odieux à celle qu'autrefois il appelait sa bien-aimée Anne Comnène. Ne craignez pas qu'aucune résistance de ma part rende mon arrestation douteuse ou fatale à ceux qui l'opèreront. Nicéphore Brienne, dès ce moment, n'est plus césar, et c'est ainsi qu'il jette aux pieds de sa princesse et de son épouse les pauvres moyens qui lui restaient pour résister à la juste sentence qu'elle va prononcer sur lui.

A ces mots, il jeta son épée aux pieds de la princesse, tandis qu'Irène s'écria, en pleurant ou en feignant de pleurer amèrement : — J'avais lu des scènes pareilles, mais je n'aurais jamais pensé que ma propre fille pût être la principale actrice dans l'une d'elles. — Aurais-je jamais pu penser que son âme, admirée de tous comme un palais digne d'être occupée par Apollon et par les Muses, ne conserverait pas une place pour les vertus plus humbles et plus aimables de charité et de compassion féminines qui se bâtissent un asile dans le sein de la plus obscure fille de village? Ton esprit naturel et tes talents auraient-ils endurci ton cœur en le polissant? Dans ce cas, mieux vaudrait cent fois y renoncer, et garder à leur place ces douces et domestiques vertus qui sont le premier honneur du cœur d'une femme. Une femme sans pitié est un monstre pire que celle à qui toute autre passion a fait oublier son sexe.

— Que voulez-vous que je fasse? Vous, ma mère, vous devriez savoir mieux que moi que la vie de mon père est à peine compatible avec l'existence de cet homme entreprenant et cruel. Oh! je suis sûre qu'il médite encore son plan de conspiration. Celui qui a pu tromper une femme de la manière dont il m'a trompée, n'abandonnera pas un projet qui se fonde sur la mort de son bienfaiteur.

— Vous êtes injuste à mon égard, dit Brienne se relevant tout à coup et lui imprimant un baiser sur les lèvres avant qu'elle n'eût le temps de s'en défendre; je jure, par cette caresse, la dernière sans doute entre nous, je jure qu'à quelques folies que j'aie cédé dans ma vie, jamais je n'ai été coupable d'une trahison de cœur envers une femme aussi supérieure au reste de son sexe en esprit naturel et en talents qu'en beauté personnelle.

La princese, fort adoucie, secoua la tête et répondit : — Ah! Nicéphore! — tel était autrefois votre langage, et peut-être telles étaient alors vos pensées! Mais aujourd'hui, qui m'en garantira la sincérité?

— Ces talents, cette beauté mêmes, s'écria Nicéphore.

— Et si tu exiges quelque chose de plus, ajouta Irène, ta mère elle-même se portera sa caution. Ne crois pas qu'une telle garantie soit insignifiante dans cette affaire; Irène est ta mère et l'épouse d'Alexis Comnène; elle est intéressée, plus que personne au monde, à la prospérité et à l'accroissement du pouvoir et de la dignité de son époux et de son enfant. Ta mère voit dans cette circonstance une occasion de te montrer généreuse, de combler les brèches de la maison impériale, et de reconstruire la machine gouvernementale sur une base inébranlable désormais, si la bonne foi et la reconnaissance sont autre chose que des mots.

— Il faut donc nous en fier implicitement à cette bonne foi et à cette reconnaissance, reprit la princesse, puisque telle est votre volonté, ma mère, quoique je sache, par l'étude et par l'expérience du monde, qu'il y ait bien de la témérité dans une pareille confiance; mais bien que nous oubliions l'une et l'autre les erreurs de Nicéphore, l'empereur est toujours, en définitive, la personne de laquelle il dépend de lui pardonner et de lui rendre son ancienne faveur.

— Ne crains pas Alexis, répondit sa mère; il parlera d'une manière ferme et décidée; mais s'il n'agit pas au moment même où se forme sa résolution, il n'y a pas plus à compter sur lui que sur la glace au moment du dégel. Apprends-moi, si tu le peux, ce que l'empereur fait en ce moment, et crois-moi, je trouverai moyen de le ramener à notre opinion.

— Faut-il donc que je trahisse les secrets que mon père m'a confiés, et que je les révèle à un homme qui naguère encore a joué le rôle de son ennemi déclaré?

— N'appelle pas cela trahir, repartit Irène, puisqu'il est écrit : Tu ne trahiras personne, moins encore ton père et le père de l'empire. Cependant, le bienheureux saint Luc a écrit que les hommes seront trahis par leurs père et mère, et par leurs frères, et par leurs parents et amis, et à coup sûr aussi par leurs filles; tout ce que je veux dire par là, c'est que tu nous découvriras des secrets de ton père tout ce qui peut nous mettre à même de sauver la vie de ton époux. La nécessité des circonstances excuse ce qu'autrement il y aurait d'irrégulier dans cette conduite.

— Hé bien donc, soit, ma mère; puisque j'ai consenti, trop aisément peut-être, à arracher ce malfaiteur à la justice de mon père, je comprends qu'il faut que j'assure son salut par tous les moyens qui sont en mon pouvoir. J'ai laissé mon père au bas de cet escalier qu'on appelle le puits d'Achéron, dans la cellule d'un aveugle auquel il donnait le nom d'Ursel.

— Sainte Marie! s'écria l'impératrice, tu viens de prononcer un nom qui ne l'a pas été depuis bien longtemps à la lumière.

— Le sentiment des dangers auxquels l'exposent les vivants, dit le

césar, a-t-il donc poussé l'empereur à invoquer le secours des morts? —
Il y a trois ans qu'Ursel a cessé de vivre.

— Peu importe, répondit Anne Comnène ; mon père est en ce moment en conférence avec un misérable prisonnier auquel il donnait ce nom.

— C'est un danger de plus, reprit le cesar ; il ne peut oublier avec quel zèle j'avais embrassé la cause de l'empereur actuel contre lui, et aussitôt qu'il sera en liberté, il cherchera à se venger. Il faut prendre nos précautions, car cette circonstance accroît nos embarras. — Asseyez-vous, ma bonne, ma bienfaisante mère, et toi, mon épouse chérie, qui as préféré ton amour pour un mari indigne aux suggestions des sentiments de jalousie et de vengeance ; asseyez-vous, et voyons comment nous pourrions, sans manquer à nos devoirs envers l'empereur, amener dans un port de salut notre vaisseau battu par la tempête.

Il déploya toute la grace naturelle de ses manières pour conduire à leurs siéges la mère et la fille ; il se plaça entre elles d'un air de confiance, et bientôt ils furent tous sérieusement occupés à concerter les mesures qu'il convenait de prendre pour le lendemain, sans oublier celles dont l'effet devait être de sauver la vie du césar et d'assurer en même temps l'empire grec contre la conspiration dont il avait été l'instigateur et le chef. Brienne s'aventura à insinuer que peut-être le meilleur moyen serait de laisser marcher la conspiration comme il avait d'abord été résolu, engageant en même temps sa parole que les droits de l'empereur ne seraient point violés dans cette lutte ; mais son influence sur l'impératrice et sur sa fille ne put s'étendre jusqu'à en obtenir une confiance illimitée. Toutes deux protestèrent ouvertement qu'elles ne lui permettraient pas de quitter le palais ou de prendre la plus petite part dans la confusion dont la journée du lendemain devait nécessairement être témoin.

— Vous oubliez, nobles dames, dit le césar, que mon honneur est engagé à ce que je me trouve en lice contre le comte de Paris.

— Ne me parlez pas de votre honneur, Brienne, dit Anne Comnène ; ne sais-je pas bien que quoique l'honneur des chevaliers occidentaux soit une espèce de Moloch, un démon qui se nourrit de chair et s'abreuve de sang, l'honneur des guerriers orientaux, bien qu'à l'intérieur il parle aussi haut et fasse autant de bruit, est bien moins implacable sur le champ de bataille? Ne croyez pas que j'aie pardonné de si graves injures pour recevoir en paiement d'aussi mauvaise monnaie qu'un tel *honneur*. Votre esprit est peu inventif, si vous ne pouvez découvrir quelque excuse dont les Grecs se tiendront satisfaits. Pour parler clairement, Brienne, vous n'irez pas à ce combat, que ce soit pour votre bien ou pour votre mal. Ne croyez pas que je consente à ce que vous rencontriez le comte ou la comtesse, soit pour un combat sérieux, soit pour une conférence amoureuse. En un mot, vous pouvez compter que vous resterez prisonnier ici jusqu'après l'heure assignée à cette insigne folie.

Le césar, peut-être, n'était pas très-fâché dans son cœur que sa femme se fût exprimée si énergiquement et si résolument contre le combat projeté. — Si, dit-il, votre bon plaisir est de prendre mon honneur en tutelle, je suis quant à présent votre prisonnier, et je ne saurais lutter contre votre volonté. Une fois que j'aurai recouvré ma liberté, je recouvrerai aussi l'usage de ma valeur et de ma lance.

— Soit, sire paladin, répondit la princesse assez froidement ; j'ai bon espoir que ni votre valeur ni votre lance ne vous commettront avec ces enragés de Paris, ni mâle ni femelle, et que nous réglerons le degré de fureur auquel votre courage peut s'élever, d'après les maximes de la philosophie grecque et le jugement de la bienheureuse Notre-Dame de Merci, et non par celui de Notre-Dame des Lances Rompues.

En ce moment, un coup frappé avec autorité à la porte troubla la consultation du césar et des deux dames.

CHAPITRE XXVII.

> *Le Médecin :* — Rassurez-vous, ma bonne dame, vous voyez que la grande rage du mal est guérie chez lui. Mais il y a encore du danger : pour réparer le temps qu'il a perdu, priez-le de rentrer, et ne le fatiguez plus jusqu'à ce qu'il ait recouvré plus de calme.
>
> *Le roi Lear.*

Nous avons laissé l'empereur Alexis au fond d'une voûte souterraine, gardant à la lumière d'une lampe prête à expirer un prisonnier qui semblait n'avoir pas plus longtemps à vivre. Pendant quelques instants il prêta l'oreille aux pas de sa fille qui se retirait, il s'impatienta et commença à désirer son retour longtemps avant qu'il ne fût possible qu'elle eût traversé l'espace qui le séparait du sommet de ce triste escalier. Pendant une minute ou deux, il endura avec patience l'absence du secours qu'il l'avait envoyée chercher ; mais d'étranges soupçons commencèrent à traverser son imagination. Serait-il possible ? aurait-elle changé de dessein à cause des mots un peu durs dont il s'était servi à son égard ? Aurait-elle résolu d'abandonner son père à son sort dans ce moment d'extrême nécessité ? et devait-il ne plus compter sur le secours qu'il l'avait priée d'appeler ?

Le court espace de temps que la princesse avait perdu dans une sorte de conversation galante avec le Varangien Hereward, l'impatience de l'empereur le décupla, et il commença à craindre qu'elle ne fût allée chercher les complices du césar pour attaquer leur prince dans cette position sans défense, et mener à fin leur conspiration à demi déconcertée.

Après un temps considérable, rempli par le sentiment d'une mortelle incertitude, il commença à se rappeler, redevenu plus calme, combien peu de chances il y avait que la princesse voulût, même par égard pour elle, irritée comme elle l'était au plus haut degré de la conduite de son époux, joindre ses efforts à ceux du césar pour écraser celui qui s'était montré envers elle un père indulgent et affectueux. Au moment où il venait de s'arrêter à cette manière de voir plus rassurante, il entendit des pas dans l'escalier, et, après une descente longue et inégale, Hereward, revêtu de sa pesante armure, arriva tranquillement au bas des degrés. Derrière lui, pantelant et tremblant, en partie de froid, en partie de terreur, venait Douban, l'esclave habile dans l'art de guérir.

— Sois le bienvenu, mon brave Hereward! sois le bienvenu, Douban, dont l'habileté dans la science de la médecine suffirait pour contrebalancer le poids des ans qui pèsent sur lui.

— Votre Altesse, dit Douban, est bien bonne de... Mais ce qu'il avait intention d'ajouter fut coupé court par une violente attaque de toux, suite de son âge, de la faiblesse de sa constitution, de l'humidité du cachot, et de ce qu'il y avait de pénible à descendre un escalier si long et si difficile.

— Tu n'es pas accoutumé, dit Alexis, à visiter tes patients dans un séjour si misérable; et cependant, les nécessités d'état nous obligent de confiner dans ces humides et sombres régions beaucoup d'hommes qui n'en sont pas moins nos bien-aimés sujets, aussi bien en réalité qu'en vertu de leur titre.

Le médecin continua de tousser, peut-être pour s'excuser de faire à cette observation une réponse d'assentiment peu d'accord avec ce que lui dictait sa conscience, observation qui, bien qu'elle partît d'un homme qui devait connaître la matière, n'en paraissait pas plus vraisemblable.

— Oui, mon cher Douban, reprit l'empereur, c'est dans cette cage, solide comme l'acier et le diamant, que nous avons cru nécessaire d'enfermer le redoutable Ursel, dont la renommée s'est étendue dans le monde entier pour ses talents militaires, son habileté politique, sa bravoure personnelle, et mille autres qualités que nous avons été obligé d'obscurcir pendant un temps, afin que nous pussions, dans l'occasion favorable, laquelle se présente maintenant, les restituer au monde dans tout leur lustre. Tâte-lui donc le pouls, Douban; regarde-le comme un homme qui a souffert un emprisonnement sévère avec toutes ses privations, et qui se trouve au moment d'être rendu tout à coup à la vie et à toutes les jouissances qui lui donnent du prix.

— Je ferai de mon mieux, répondit Douban ; mais que Votre Majesté considère que nous travaillons sur un sujet frêle et fatigué, dont la santé paraît presque épuisée, et qui pourrait disparaître en un instant, — comme cette pâle et tremblante lumière, à l'existence précaire de laquelle paraît ressembler beaucoup celle de ce malheureux patient.

— Mon cher Douban, réclame donc l'assistance d'un ou deux des esclaves muets de l'intérieur, qui souvent t'ont aidé en de semblables cas ; — ou plutôt, arrête... Edward, tes mouvements seront plus rapides ; va, je te prie, appeler les muets. Dis-leur d'apporter une litière pour transporter le patient ; et toi, Douban, prends la direction supérieure de toute cette affaire. Qu'on le transfère immédiatement dans un appartement convenable, pourvu que ce soit un appartement secret ; qu'il y jouisse des conforts du bain, et de tout ce qui pourra relever ses forces, — vous rappelant qu'il doit, s'il est possible, paraître demain comme l'un des témoins du combat.

— Cela sera difficile, dit Douban, après avoir été soumis à une telle nutrition et à de tels traitements, ce que son pouls n'indique que trop clairement.

— Ç'a été, répondit l'empereur, une erreur étrange du gardien des cachots, le misérable scélérat, qui ne manquerait pas d'avoir sa récompense, si le Ciel ne la lui avait déjà donnée par l'entremise extraordinaire de Sylvain, un homme des bois qui, hier, a mis à mort le geôlier, qui méditait celle de son prisonnier. — Oui, mon cher Douban, un simple soldat de ceux de notre garde appelés les Immortels a failli détruire la fleur de ceux que nous lui avions confiés, et que, pour un temps, nous avions été forcé de séquestrer en ce lieu. C'est ainsi qu'un grossier marteau eût brisé en pièces un diamant sans égal ; mais les destinées ont empêché un pareil malheur.

Les aides étant arrivés, le médecin, qui paraissait plus habitué à agir qu'à parler, ordonna qu'un bain fût immédiatement préparé avec des plantes médicinales, et dit que son opinion était qu'il ne fallait pas que le patient fût dérangé jusqu'au lendemain, et avant que le soleil fût avancé dans sa carrière. Ursel fut donc conduit au bain, qui lui fut donné suivant les prescriptions du médecin, mais sans amener aucun symptôme d'amélioration matérielle. De là, il fut transféré dans une belle chambre à coucher, ouvrant par une large fenêtre sur l'une des terrasses du palais d'où la perspective était on ne peut plus étendue. Toutes ces opérations avaient lieu sur un corps tellement stupéfié par les souffrances antérieures, tellement mort aux sensations ordinaires de l'existence, que ce n'était qu'après que la sensibilité aurait été graduellement rétablie par la friction aux membres enflés, et par d'autres moyens analogues, que le médecin espérait que les nuages qui obscurcissaient l'intelligence pourraient enfin se dissiper.

Douban entreprit volontiers d'obéir aux ordres de l'empereur, et demeura au chevet du malade jusqu'à l'aube du jour, prêt à aider la nature autant que l'habileté médicale le pouvait faire.

Entre les muets, plus habitués à être les exécuteurs de la colère de l'empereur que de son humanité, Douban choisit un homme d'un extérieur moins farouche que les autres, et, par l'ordre d'Alexis, lui fit comprendre que la tâche à laquelle on l'employait devait être tenue secrète ; et l'esclave endurci ne fut pas moins étonné de voir que les attentions qu'on avait pour le malade devaient être plus mystérieuses que ses sanglants offices de mort et de torture.

Le patient reçut dans un silence passif les attentions qu'on lui prodiguait ; et s'il en avait quelque conscience, c'était du moins sans une compréhension distincte de leur objet. Après le bain rafraîchissant et l'échange voluptueux de l'humide et grossière masse de paille sur laquelle il s'était étendu pendant des années, pour une couche du duvet le plus fin, on offrit à Ursel une potion sédative légèrement opiacée. Le bienfaisant restaurateur de la nature vint, ainsi invoqué ; le captif tomba dans un délicieux sommeil qui lui était depuis longtemps inconnu, et qui sembla absorber entièrement ses facultés mentales aussi bien que son corps. Ses traits se relâchèrent un peu de leur tension rigide ; les membres, n'étant plus tourmentés par des crampes soudaines et des douleurs aiguës, reprirent peu à peu une position d'aisance parfaite et de repos.

Le soleil colorait depuis longtemps l'horizon, et la brise rafraîchissante du matin avait pénétré jusque dans les appartements somptueux du palais de Blacquernal, quand un petit coup, légèrement frappé à la porte de la chambre, réveilla Douban, qui avait profité de l'état de calme où se trouvait son malade pour prendre lui-même un peu de repos. La porte s'ouvrit, un individu parut, revêtu du costume d'un officier du palais, et cachant sous une longue barbe artificielle et blanche les traits de l'empereur lui-même. — Douban, dit Alexis, comment va ton patient, dont la santé est aujourd'hui d'une si haute importance pour l'empire grec ?

— Bien, monseigneur, répondit le médecin, extrêmement bien ; et si on ne le dérange pas en ce moment, je parierais tout ce que je puis posséder de connaissances que la nature, aidée du médecin, triomphera des influences impures d'un cachot humide et malsain. Seulement soyez prudent, monseigneur ; n'allez pas jeter trop hâtivement cet Ursel au milieu des affaires, avant qu'il n'ait mis quelque ordre dans le cours interrompu de ses idées, avant que son esprit n'ait repris son ressort, et son corps quelque force.

— Je maîtriserai mon impatience, mon cher Douban, ou plutôt je me laisserai diriger par toi. Penses-tu qu'il soit éveillé ?

— Je serais porté à le croire ; mais il n'ouvre pas les yeux et il me paraît résister absolument à l'impulsion naturelle qui devrait le porter à se lever et à regarder autour de lui.

— Parle-lui, et nous saurons ce qui se passe dans son esprit.

— Il y a quelque risque, répondit le médecin ; mais je vais vous obéir. — Ursel, dit-il en s'approchant du lit de son malade aveugle ; puis il répéta d'une voix un peu plus forte : Ursel ! Ursel !

— Paix ! silence ! murmura le patient ; ne troublez pas les bienheureux dans leur extase, n'appelez pas le plus misérable des hommes à finir la coupe d'amertume que son sort l'avait forcé de commencer.

— Encore, encore, dit l'empereur tout bas à Douban ; essaie encore. Il est important pour moi de savoir jusqu'à quel degré il a perdu ses sens ou les possède encore.

— Cependant, répondit le médecin, je ne voudrais pas, par une précipitation coupable et par une insistance hors de propos, amener une aliénation totale, et le plonger soit dans une folie absolue, soit dans un état de stupeur où il pourrait demeurer longtemps.

— Assurément non ; mes ordres sont ceux d'un chrétien à un autre chrétien, et je ne demande pas d'autre obéissance que celle qui se peut accorder avec la loi de Dieu et des hommes.

Il s'arrêta un moment après cette déclaration, et cependant deux minutes ne s'étaient pas écoulées, qu'il pressait de nouveau le médecin d'interroger encore son malade.

— Si vous ne me croyez pas compétent pour juger du traitement qui convient à mon malade, répondit Douban, un peu fier de la confiance forcée que l'empereur lui accordait, vous pouvez en prendre vous-même la peine et le risque.

— Parbleu, c'est ce que je vais faire, repartit l'empereur, car on ne peut s'arrêter aux scrupules des médecins, quand la destinée des empires et la vie des monarques sont dans l'autre plateau de la balance.

— Lève-toi, noble Ursel ! entends une voix autrefois bien connue de tes oreilles te féliciter de ton retour à la gloire et aux honneurs ! Jette les yeux autour de toi, et vois comme le monde te sourit, rappelé du fond d'une prison à l'empire !

— Artificieux démon ! murmura Ursel, tu emploies les appas les plus trompeurs pour augmenter la misère des malheureux ! Sache, tentateur, que je sais à quoi m'en tenir sur toutes les images décevantes de la nuit dernière, — tes bains, — tes lits, — les jardins de félicité. — Mais tu aurais plus tôt fait d'amener un sourire sur les joues de saint Antoine l'ermite, que de me faire plier les miennes à la façon des voluptueux mondains.

— Essaie, insensé, reprit l'empereur, et fie-t'en à l'évidence de tes sens de la réalité des plaisirs qui t'environnent ; ou si tu t'obstines dans ton manque de foi, attends un moment, et je vais ramener avec moi un être d'une beauté si incomparable, qu'un seul de ses regards vaudrait la peine que les yeux te fussent rendus, quand tu ne devrais la voir qu'un instant. — A ces mots il quitta l'appartement.

— Traître vieilli dans la fourbe, s'écria Ursel, n'amène personne ici ! N'essaie pas, à l'aide des formes idéales et du fantôme de la beauté, d'accroître les illusions qui dorent un moment mon cachot, et cela sans doute pour détruire la dernière étincelle de ma raison, et puis après changer cet enfer terrestre contre un cachot dans les régions infernales elles-mêmes.

— Son esprit est un peu dérangé, se dit à lui-même le médecin; c'est assez souvent la conséquence d'un long emprisonnement solitaire. Je m'étonnerais fort que l'empereur pût tirer aucun service rationnel de cet homme, après qu'il est demeuré si longtemps entre les murs d'un si horrible cachot : — Tu penses donc, ajouta-t-il en adressant la parole à son malade, que les soulagements que tu parais avoir éprouvés cette nuit, que ces bains, ces rafraîchissements, n'ont été qu'un songe trompeur sans aucune réalité ?

— Oui, — et que serait-ce autre chose ?

— Et tu penses aussi qu'en te levant comme nous t'y engageons, tu ne ferais que te résigner à une vaine tentation pour t'éveiller encore plus malheureux qu'auparavant ?

— Oui, oui, répondit le malade.

— Que penses-tu donc de l'empereur, par l'ordre duquel tu souffres une captivité si sévère ?

Peut-être Douban eût-il désiré s'être abstenu de cette question, car au moment même où il la faisait, la porte de l'appartement s'ouvrit, et l'empereur entra, tenant au bras sa fille vêtue avec simplicité, quoique avec la splendeur convenable à son rang. Il paraît qu'elle avait eu le temps de revêtir une robe blanche qui ressemblait à un costume de demi-deuil, et dont le principal ornement était un chapelet de diamants qui entourait et liait les longues tresses de cheveux noirs qui lui retombaient jusqu'à la ceinture. Terrifiée presque jusqu'à la mort, elle avait été surprise par son père dans la compagnie du césar et de sa mère. La même voix de tonnerre qui avait confié Brienne, comme plus que suspect de trahison, à une forte garde de Varangiens, lui avait commandé d'accompagner son père dans la chambre à coucher d'Ursel où elle se trouvait maintenant, résolue à s'attacher jusqu'à la fin à la mauvaise fortune de son époux, mais en même temps à n'avoir recours à aucune prière, à aucune remontrance, avant que d'avoir vu si les intentions d'Alexis à son égard étaient toujours aussi sévères, aussi irrévocables. Quoique les plans d'Alexis eussent été rapidement formés, et que rapidement aussi ils eussent été déconcertés par le hasard, il restait quelque espoir de le ramener à ce que désiraient sa femme et sa fille, c'est-à-dire au pardon de Nicéphore Brienne. Alexis fut étonné

19.

et peu satisfait, peut-être, d'entendre le malade occupé à parler de lui avec son médecin.

— Ne pense pas, disait Ursel, que quoique je sois enfermé dans ce cachot et traité plus mal que le rebut de l'humanité, quoique, de plus, j'aie été privé de la vue, le don le plus précieux du Ciel, — quoique j'aie souffert tout cela par la cruelle volonté d'Alexis Comnène, ne pense pas, dis-je, que je le regarde comme mon ennemi. Au contraire, c'est par lui que l'aveugle et malheureux prisonnier a appris à chercher une liberté bien moins restreinte que celle que peut donner ce monde misérable, et une vision bien plus nette de ce côté méprisable de la tombe qu'on n'en peut avoir sur le mont Pisgah. Compterais-je donc l'empereur au nombre de mes ennemis? lui qui m'a enseigné la vanité des choses terrestres, — le néant des plaisirs mondains, et l'espérance pure d'un monde meilleur en échange certain de ce monde de misère où nous vivons actuellement? — Non !

L'empereur, à demi décontenancé au commencement de ce discours, fut étonné de la manière inattendue dont il se terminait bien plus à son avantage qu'il ne l'aurait pu supposer. Il prit donc l'attitude d'une personne modeste qui entend son propre éloge, et d'un homme vivement frappé de l'entendre sortir de la bouche d'un adversaire généreux.

— Mon ami, dit-il tout haut, comme vous jugez bien de mes desseins, quand vous supposez que cette expérience, que les hommes de votre trempe acquièrent dans l'adversité, était tout ce que j'avais en vue pour vous dans une captivité que des circonstances contraires ont prolongée au delà, bien au delà de mes intentions! Permettez-moi d'embrasser l'homme généreux qui sait si bien interpréter les desseins d'un ami, embarrassé parfois, mais toujours fidèle.

Le patient se souleva sur son lit.

— Arrête ! s'écria-t-il; il me semble que mes facultés commencent à revenir. Oui, murmura-t-il, c'est bien là la voix traîtresse qui m'accueillit d'abord comme un ami, et puis commanda que je fusse privé de la vue ! — Accrois ta rigueur si tu le veux, Comnène ; — ajoute si tu le peux aux tortures de mon emprisonnement ; — mais puisque je ne peux voir ta figure inhumaine et hypocrite, épargne-moi, par pitié, le son d'une voix plus odieuse à mon oreille que les crapauds, que les serpents, — que tout ce que la nature a de plus nuisible et de plus repoussant !

Ce discours fut prononcé avec tant d'énergie, que ce fut en vain que l'empereur essaya de l'interrompre, quoique ce langage d'une passion naturelle et franche retentît à ses oreilles, aussi bien qu'à celles de sa fille et de Douban, plus qu'il n'y avait compté.

— Lève ta tête, imprudent, dit-il, et mets un frein à ta langue pour ne pas continuer un langage qui pourrait te coûter cher ; regarde-moi.

et vois si je ne t'ai pas réservé une récompense capable de balancer tous les maux dont ta folie m'accuse.

Jusque-là le prisonnier avait conservé les yeux obstinément fermés, regardant le souvenir imparfait des objets qu'il lui avait semblé voir la veille au soir comme une pure illusion d'une imagination trompée, si ce n'est comme des images fallacieuses qui lui auraient été présentées par quelques démons. Mais maintenant, quand ses yeux rencontrèrent en face la taille majestueuse de l'empereur et les formes gracieuses de son aimable fille éclairée des tendres rayons de l'aube matinale, il s'écria d'une voix défaillante : — J'y vois ! j'y vois ! — Après avoir proféré ces mots, il retomba en arrière sur sa couche, dans un évanouissement qui donna une nouvelle occasion à Douban d'exercer son art et d'employer ses remèdes.

— Quelle cure merveilleuse ! s'écria le médecin ; le comble de mes désirs serait de posséder un secret si merveilleux.

— Fou ! dit l'empereur, ne saurais-tu comprendre qu'il est facile de rendre ce qu'on n'a jamais enlevé ? — Puis il ajouta en baissant la voix : On lui a fait subir une pénible opération qui l'a amené à croire que les organes de la vision étaient détruits chez lui. Comme la lumière pénétrait rarement dans son cachot, et que, quand elle le faisait, ce n'était que d'une manière douteuse et presque imperceptible, les ténèbres physiques et mentales qui l'enveloppaient l'empêchaient d'avoir le sentiment de l'existence de cette précieuse faculté, dont il se croyait privé. Peut-être tu me demanderas ma raison pour lui infliger une si étrange déception ? — c'était simplement pour que son souvenir s'effaçât de l'esprit du peuple qui le croirait ainsi incapable de régner, en même temps que je réservais sa vue, afin que si l'occasion s'en présentait, il fût toujours en mon pouvoir de le délivrer de son cachot, et d'employer son courage et ses talents comme je me propose de le faire aujourd'hui au service de l'empire, pour contre-balancer ceux de quelques autres conspirateurs.

— Et Votre Altesse Impériale peut-elle se flatter de s'être acquis l'affection et la fidélité de cet homme par la conduite qu'elle a tenue envers lui ?

— C'est ce que je ne saurais dire, répondit l'empereur, et c'est ce que l'avenir nous apprendra ! Tout ce que je sais, c'est que ce ne sera pas ma faute si Ursel ne préfère pas, avec la liberté, un long exercice du pouvoir,—sanctionné peut-être par une alliance dans ma propre famille, — et la jouissance continue des précieux organes de la vue, dont un homme moins scrupuleux l'aurait privé; s'il ne préfère, dis-je, tout cela à la privation de la lumière et de la liberté.

— Puisque tels sont les opinions et les desseins de Votre Altesse, il m'appartient d'y aider et non de les contredire. Permettez-moi donc de vous prier, ainsi que la princesse, de vous retirer, afin que j'emploie les remèdes qui peuvent raffermir un esprit si étrangement ébranlé, et lui rendre complétement l'usage de ces yeux dont il a été si longtemps privé.

— Soit, dit l'empereur; mais fais attention, Douban, qu'Ursel n'est pas entièrement en état de liberté, jusqu'à ce qu'il ait exprimé la résolution d'agir dans mes intérêts. Il peut être utile que tu saches, aussi bien que lui, que bien qu'il n'y ait aucune utilité à le plonger de nouveau dans les cachots du palais de Blacquernal, si cependant il aspirait, ou quelqu'un en son nom, à se mettre à la tête d'un parti, dans ces temps de fièvre politique, — par l'honneur d'un gentilhomme, pour jurer comme les Francs, il verra qu'il est encore à portée de la hache d'armes de mes Varangiens. Je me fie à toi du soin de lui communiquer ce fait, qui le concerne aussi bien que tous ceux qui prennent intérêt à sa fortune. — Allons, ma fille, retirons-nous; laissons le médecin avec son malade. — Rappelez-vous, Douban, qu'il est important que vous m'avertissiez dès qu'Ursel sera en état d'avoir une conversation suivie avec moi.

A ces mots, Alexis et sa docte fille se retirèrent.

CHAPITRE XXVIII.

> L'adversité a d'utiles enseignements; comme le crapaud qui, laid et vénéneux, n'en porte pas moins dans sa tête une pierre précieuse.
>
> *Comme il vous plaira.*

D'UN toit en terrasse du palais de Blacquernal, auquel on arrivait par une porte en vitrage de la chambre d'Ursel, on jouissait de l'un des panoramas les plus beaux et les plus étendus qu'offrissent les environs pittoresques de Constantinople.

Ce fut là que le médecin conduisit son malade, après lui avoir donné le temps de se reposer et de calmer ses esprits agités; car, dès qu'il avait repris un peu de calme, Ursel avait demandé de lui-même qu'il lui fût permis de vérifier, en contemplant une fois encore la face majestueuse de la nature, si réellement la vue lui avait été rendue.

D'un côté, la scène qu'il contemplait était un chef-d'œuvre de l'art humain. La ville orgueilleuse, ornée de bâtiments magnifiques, tels qu'il convenait à la capitale du monde, offrait une suite de clochers dorés et de bâtiments de diverses architectures, quelques-uns simples et purs comme ceux dont les chapiteaux étaient empruntés aux paniers pleins de feuilles d'acanthe, d'autres dérivant le flûté de leurs colonnes des accotoires qui autrefois avaient soutenu les lances des anciens Grecs : formes simples, et cependant plus gracieuses dans leur simplicité qu'aucune de celles que le génie humain ait jamais su inventer depuis. A ces splendides monuments dont l'art ancien avait fourni le modèle, se réunissaient ceux d'un âge plus moderne, où le goût récent, cherchant les perfectionnements, avait travaillé dans l'ordre composite, ou en dehors de tout ordre quelconque d'architecture. Toutefois, la grandeur des bâtiments dont ils faisaient partie leur attirait le respect; et les meilleurs juges en architecture ne pouvaient s'empêcher d'être frappés de leur étendue et de la grandeur de leur effet, bien qu'ils fussent choqués du peu de goût de leur exécution. Des arcs de triomphe, des tours, des obélisques et des clochers, destinés à des usages divers, s'élevaient dans une magnificence confuse; tandis que le plan inférieur était rempli par les rues de la cité, les habitations domestiques formant de longues allées étroites, des deux côtés desquelles s'élevaient les maisons, à des hauteurs variées et inégales. Mais comme généralement ces maisons se terminaient en terrasses, recouvertes de plantes, de fleurs et de fontaines, elles offraient, vues d'un point élevé, un aspect plus noble et plus intéressant que ne pouvaient jamais en présenter les toits uniformément inclinés des rues des capitales du nord de l'Europe.

Il nous a fallu quelque temps pour rendre, par des paroles, l'idée qu'Ursel embrassa d'un seul regard, et qui d'abord lui fit éprouver un sentiment pénible. Ses prunelles avaient été longtemps étrangères à cet exercice de chaque jour qui nous apprend à corriger les aspects qui apparaissent à notre vue d'après les connaissances que nous tirons de nos autres sens. Ses idées de distance étaient tellement confuses, qu'il lui semblait d'abord que tous les clochers, les tours et les minarets qu'il voyait, s'entassaient devant ses prunelles et les touchaient presque. Ursel se rejeta en arrière en poussant un cri d'horreur, et porta les yeux sur une scène différente. Là aussi il vit des tours, des clochers et des tourelles; mais c'étaient ceux des églises et des bâtiments publics placés sous ses pieds, et qui se réfléchissaient dans l'éblouissante pièce d'eau qui forme le port de Constantinople, et que, pour l'abondance des richesses qu'elle transporte dans la ville, on avait bien nommée la Corne d'Or. Sur un point, ce superbe bassin était limité par des quais où les imposants dromonds[1], et les autres bâtiments de commerce, déchargeaient leurs richesses, tandis que sur le rivage du port, les galères, les felouques et d'autres petits bâtiments livraient au vent les toiles bizarrement découpées et blanches comme la neige qui leur servaient de voiles. Dans d'autres endroits de la Corne d'Or, s'élevaient, sous un manteau d'arbres verdoyants, les jardins particuliers des nobles et

---

[1] *Dromadaires;* ancien nom d'une espèce de grands bâtiments de transport. (**L. V.**)

des riches, ou les lieux de divertissements publics, entourés de tous côtés par le miroir des eaux qui leur servaient de limites.

Sur le Bosphore, qu'on pouvait voir au large, la petite flotte de Tancrède se tenait à l'ancre au point où elle était arrivée la veille au soir, et qui commandait le lieu de débarquement. Leur général avait préféré cette mesure à une descente au milieu de la nuit sur le rivage de Constantinople, ne sachant trop s'ils y seraient reçus en amis ou en ennemis. Ce délai avait donné le temps aux Grecs, par l'ordre d'Alexis ou par celui également puissant de quelqu'un des conspirateurs, d'amener à la rame six vaisseaux de guerre pleins d'hommes armés, et approvisionnés des armes offensives particulières aux Grecs de cette époque. Ils avaient embossé ces six vaisseaux de manière à couvrir le point où les troupes de Tancrède devaient nécessairement débarquer.

Ces préparatifs surprirent le vaillant Tancrède, qui ne savait pas que ces vaisseaux étaient arrivés de Lemnos dans le port la nuit précédente. Toutefois, le courage indompté de ce prince n'était pas de nature à se laisser ébranler par le danger inattendu qui semblait devoir accompagner son entreprise.

Tel était ce panorama, dont la description nous a presque forcé à une digression, lorsqu'il s'offrit à la vue d'Ursel et de son médecin placés sur une terrasse, l'un des points les plus élevés du palais de Blacquernal. Du côté de la ville, il était terminé par un mur massif où venait s'arrêter le toit d'un bâtiment élevé, lequel, s'inclinant en avant, cachait à la vue la grandeur de l'élévation, qui, sans cela, n'était masquée que par une haute et massive balustrade de bronze, laquelle, du côté du port, dominait un immense précipice.

A peine Ursel eut-il tourné les yeux de ce côté, que, bien qu'il fût placé à une distance considérable du bord de la terrasse, il s'écria en poussant un grand cri : — Sauvez-moi ! sauvez-moi ! si vous n'êtes pas les exécuteurs des arrêts de l'empereur.

— Nous le sommes en effet, dit Douban, mais pour vous sauver et, s'il est possible, pour vous amener à une guérison complète, et non pour vous faire aucun mal, ou souffrir que qui que ce soit vous en fasse.

— Sauvez-moi donc de moi-même, sauvez-moi du vertige et du désir insensé que j'éprouve de me plonger dans l'abîme sur le bord duquel vous avez guidé mes pas.

— Un pareil vertige et une tentation si dangereuse, répondit le médecin, sont ce qu'éprouvent souvent ceux qui ont été longtemps sans regarder en bas de hauteur considérable, et qui y sont tout à coup placés. La nature, toute bonne mère qu'elle soit, n'a pas voulu que nos facultés, quand nous avons été longtemps sans les exercer, nous soient rendues tout à coup dans toute leur force et dans toute leur intégrité. Il faut qu'il s'écoule un intervalle plus ou moins long. Ne sauriez-vous croire que cette terrasse est un lieu sûr pour vous promener, quand vous avez l'appui de mon bras et celui de ce fidèle esclave?

— Certainement, répondit Ursel ; mais permettez que je tourne mon visage vers ce mur de pierre, car je ne puis supporter de tenir les yeux fixés sur ce fragile morceau de laiton, le seul rempart qui s'élève de ce côté entre le précipice et moi. Il voulait désigner la balustrade de bronze, haute de six pieds et massive en proportion. En parlant ainsi et s'appuyant lourdement sur le bras du médecin, Ursel, quoiqu'il fût plus jeune et plus vigoureux, tremblait et soulevait ses pieds aussi lentement que s'ils eussent été de plomb, jusqu'à ce qu'enfin il atteignit la porte-fenêtre près de laquelle était placée une sorte de banc de balcon ; il s'y plaça en disant : — C'est ici que je veux rester.

— Et c'est ici, reprit Douban, que je vous ferai, de la part de l'empereur, une communication à laquelle il est nécessaire que vous soyez prêt à répondre. Sa Majesté, comme vous le verrez, vous laisse le choix de la liberté ou de la prison ; mais à condition que vous renoncerez à ce morceau délicieux, bien que défendu chrétiennement, qu'on appelle la vengeance, et que les changements politiques, je ne veux pas vous le dissimuler, semblent mettre à votre disposition. Vous savez quelle rivalité a existé entre l'empereur et vous, vous connaissez la mesure des maux qu'il vous a fait souffrir ; maintenant la question est celle-ci : — Pouvez-vous pardonner tout ce qui s'est passé?

— Laissez-moi, répondit Ursel, m'envelopper la tête de mon manteau pour dissiper l'éblouissement auquel mon pauvre cerveau est encore en proie. Aussitôt que la faculté de me souvenir me sera revenue, je vous ferai connaître mes sentiments.

Il se laissa retomber sur son siége, s'enveloppa comme il l'avait dit ; puis après quelques minutes de réflexion, avec un tremblement nerveux, accusant l'horreur et la terreur sous l'influence desquelles il était encore, il dit au médecin : La cruauté et l'injure, au moment où nous les éprouvons, excitent naturellement notre ressentiment ; et peut-être n'y a-t-il pas une seule passion qui vive aussi longtemps dans notre sein que le désir inné de la vengeance. Si donc, pendant le premier mois que j'ai passé étendu sur mon lit de besoin et de misère, vous m'aviez offert une occasion de me venger de mon cruel oppresseur, j'aurais volontiers donné pour la payer les restes d'une vie misérable ; mais une souffrance de quelques semaines, ou même de quelques mois, ne peut se comparer, quant à ses effets, avec une souffrance de plusieurs années. Pendant un court espace de douleurs, le corps et l'âme conservent ces habitudes vigoureuses qui, attachant encore le prisonnier à la vie, lui apprennent à se cramponner à la longue chaîne d'espérances, de désappointements, de désirs et de mortifications, qui ont marqué son existence antérieure. Mais les blessures se durcissent en se cicatrisant, d'autres et de meilleurs sentiments prennent leur place, tandis que ceux-ci s'éteignent dans l'oubli. Les plaisirs et les amusements du monde cessent d'occuper celui sur lequel les portes du désespoir se sont une fois fermées. Je te dirai, mon bon médecin, qu'il fut une époque où, dans un désir insensé de recouvrer ma liberté, j'ai percé une étendue considérable de roc vif. Mais le Ciel m'a guéri d'une idée aussi folle; et si je n'en suis pas venu au point d'aimer Alexis Comnène, — comment un tel sentiment eût-il été possible, tant qu'il me serait resté une étincelle de raison? — cependant, plus je me convainquais de mes propres crimes, de mes péchés et de mes fautes, plus aussi je me persuadais qu'Alexis n'avait été que l'instrument dont le Ciel se servait pour m'en punir, et que, par conséquent, ce n'était pas sur l'empereur que mon ressentiment devait s'arrêter. Et je puis maintenant te dire, autant qu'un homme qui a subi de si effrayants changements de fortune peut être supposé connaître ses propres sentiments, que je n'entretiens aucun désir de me porter le compétiteur d'Alexis au trône, ni de profiter d'aucune des offres qu'il me fait pour prix de ma renonciation à toutes prétentions. Qu'il conserve donc la couronne sans l'acheter; il l'a, dans mon opinion, payée plus cher qu'elle ne vaut.

— Voilà un stoïcisme extraordinaire, noble Ursel; dois-je donc comprendre que vous rejetez les offres bienveillantes d'Alexis, et qu'au lieu de tout ce qu'il consent, — de tout ce qu'il brûle de vous accorder, — vous préférez être reconduit dans votre cachot noir de Blacquernal, pour y continuer à votre aise ces méditations pieuses qui vous ont déjà conduit à une conclusion si extravagante?

— Médecin, dit Ursel, tandis que son corps tout tremblant attestait l'alarme que lui causait une pareille alternative, — il semblerait que ta profession aurait dû t'apprendre qu'aucun homme, à moins qu'il ne soit prédestiné à devenir un saint glorieux, ne peut jamais préférer l'obscurité à la lumière du jour, la privation de la vue au plaisir d'y voir, les angoisses de la faim à une nourriture suffisante, ou l'humidité d'un cachot à l'air libre dont Dieu a vivifié sa création. — Un pareil choix pourrait être de la vertu, mais la mienne ne va pas jusque-là. Tout ce que je demande de l'empereur pour lui prêter tout l'appui que mon nom peut lui donner dans cette crise, c'est qu'il me fasse recevoir en qualité de moine dans l'un de ces séminaires de piété, agréables et richement dotés, qu'il a fondés par dévotion ou par crainte. Je ne veux plus être l'objet de ses soupçons, dont le résultat est plus terrible que d'être l'objet de sa haine. Oublié du pouvoir, comme j'ai moi-même perdu le souvenir de ceux qui l'ont entre les mains, qu'il me soit permis de me frayer un chemin vers la tombe, inconnu mais libre, en possession des organes de la vision qui se sont affaiblis chez moi faute d'usage, et, par-dessus tout, en paix.

— Noble Ursel, si ce sont là sérieusement tes désirs, je n'hésite pas à t'en garantir l'entier accomplissement, car ils sont religieux et mo-

CHAPITRE XXVIII.

dérés; mais rappelle-toi que tu es de nouveau un habitant de la cour, où tu peux obtenir aujourd'hui tout ce que tu voudras, tandis que demain, si tu venais à te repentir de ton indifférence, tes sollicitations les plus ardentes n'obtiendraient peut-être pas la plus légère extension aux conditions que tu fais en ce moment.

— Soit, repartit Ursel. Alors je vais stipuler une autre condition pour aujourd'hui seulement. Je solliciterai en toute humilité Sa Majesté Impériale de m'épargner le chagrin d'une entrevue personnelle entre elle et moi, et de se contenter de l'assurance solennelle que je lui donne, que je suis on ne peut mieux disposé à faire en sa faveur tout ce qu'elle voudra m'ordonner, et qu'en retour je ne lui demande rien au delà des conditions modérées que je viens de te détailler.

— Mais alors pourquoi craindrais-tu d'annoncer toi-même à l'empereur ton acquiescement à des conditions qu'on ne saurait trouver autrement que très-modérées de ta part? En vérité je crains bien que l'empereur n'insiste pour un instant de conférence avec toi.

— Je ne rougis pas de te confesser la vérité : il est vrai que j'ai renoncé, ou que je crois avoir renoncé à ce que l'Écriture appelle l'orgueil de la vie; mais le vieil Adam survit toujours au fond de nos âmes, et y maintient, contre notre nature plus pure, une querelle interminable qu'un rien peut réveiller, et qu'alors il est difficile de faire sommeiller de nouveau. Lorsque, la nuit dernière, je n'avais compris qu'à moitié que mon ennemi était en ma présence, lorsque mes facultés ne remplissaient qu'à demi leurs fonctions en me rappelant des accents trompeurs et détestés, mon cœur ne s'est-il pas agité dans ma poitrine, comme l'oiseau dans la main de celui qui vient de le prendre? Faut-il que j'entre de nouveau en conférence personnelle avec un homme qui a été pour moi, quelle que soit d'ailleurs sa conduite générale, la cause constante, et non provoquée, de misères sans égales? Non, Douban ! — Prêter de nouveau l'oreille à sa voix, ce serait entendre un appel à toutes les passions violentes, à tous les sentiments vindicatifs de mon cœur; et bien que, grâces à Dieu, mes intentions à son égard soient droites, il me serait impossible d'écouter ses protestations sans le plus grand danger pour lui et pour moi-même.

— Si telle est votre résolution, je vais lui reporter vos conditions, et il faudra que vous juriez de les observer exactement; sans cela il serait difficile ou peut-être impossible de conclure un traité que vous désirez également l'un et l'autre.

— Amen ! répondit Ursel ; et comme mes intentions sont pures et que je suis résolu à les tenir de tout mon pouvoir, puisse le Ciel éloigner de moi toute idée de vengeance, tout souvenir de ressentiments anciens, toute pensée de nouvelles querelles !

En ce moment, on entendit à la porte de la chambre à coucher un coup frappé d'autorité, et Ursel, soulagé, par des sensations plus puissantes, du vertige dont il s'était plaint, marcha d'un pas ferme dans l'appartement, s'y assit, et, détournant les yeux, attendit l'entrée de la personne qui demandait ainsi à être admise, et qui se trouva n'être autre qu'Alexis Comnène.

L'empereur parut à la porte dans un costume guerrier, tel qu'il convenait à un prince qui allait être juge d'un combat en lice livré devant lui.

— Sage Douban, dit-il, notre honoré prisonnier a-t-il fait son choix entre la paix avec nous ou notre inimitié ?

— Monseigneur, répondit le médecin, il a embrassé le lot de cette heureuse portion du genre humain dont la vie et le cœur sont dévoués au service du gouvernement de Votre Majesté.

— En ce cas, reprit l'empereur, il me rendra aujourd'hui le service de démentir tous ceux qui pourraient prétendre fomenter une rébellion en son nom et sous prétexte de venger ses injures ?

— Il exécutera, monseigneur, tout ce que vous lui ordonnerez à cet égard.

— Et de quelle manière, continua l'empereur de son ton de voix le plus gracieux, notre fidèle Ursel désire-t-il que les services qu'il va nous rendre dans ce moment critique soient reconnus par son souverain ?

— Simplement en n'en parlant pas. Il désire seulement que dorénavant toute jalousie soit éteinte entre vous et lui, et qu'il soit admis dans l'une des institutions monastiques de Votre Majesté, avec la permission d'y consacrer le reste de ses jours au culte de Dieu et des saints.

— T'en a-t-il bien convaincu, Douban ? dit l'empereur d'une voix basse et altérée. Par le Ciel ! quand je considère de quelle prison il vient d'être tiré et de quelle façon il y était traité, j'ai peine à croire à si peu de rancune. Il faut au moins qu'il me le dise lui-même, ou je ne croirai pas que le terrible Ursel ait pu se transformer en un être tellement inaccessible aux passions ordinaires de l'homme.

— Entends-moi donc, Alexis Comnène, dit le prisonnier, et que tes prières arrivent au Ciel et y soient accueillies selon que tu croiras aux paroles que je te vais dire dans la simplicité de mon cœur. Quand ton empire de Grèce serait d'or monnayé, il n'aurait aucun appât qui me le pût faire accepter. Grâces au Ciel, les maux que tu m'as faits, tout injustes et cruels qu'ils aient été, ne m'ont pas laissé le moindre désir de payer la trahison par la trahison. Pense de moi ce que tu voudras, pourvu que tu ne cherches pas à échanger une autre parole avec moi ; et crois-moi, quand tu m'auras mis dans le plus sévère de tes couvents, la discipline, le jeûne et les vigiles qu'on y observe me paraîtront bien préférables à l'existence de ceux que le souverain se plaît à honorer, et qui par conséquent doivent se trouver dans sa société toutes les fois qu'ils en sont requis.

— Il ne m'appartient guère, dit le médecin, de m'interposer dans des matières si importantes ; cependant, ayant été investi de la confiance du noble Ursel et de Son Altesse l'empereur, j'ai fait un court précis des conditions convenues, et que chacune des hautes parties contractantes devra tenir à l'égard de l'autre, *sub crimine falsi*[1].

L'empereur prolongea la conférence avec Ursel jusqu'à ce qu'il lui eût plus complétement expliqué le besoin qu'il aurait ce jour même de ses services. Quand ils se séparèrent, Alexis, avec de grands semblants d'affection, embrassa son ex-prisonnier, tandis qu'Ursel eut besoin de tout son stoïcisme et de tout l'empire qu'il avait sur lui-même pour ne pas exprimer en termes clairs combien il avait en horreur celui de qui il recevait cet embrassement.

CHAPITRE XXIX.

> O conspiration! as-tu honte de montrer pendant la nuit ton front dangereux, à l'heure où tout ce qui est mauvais jouit de plus de liberté? Mais alors, dans le jour, où trouveras-tu une caverne assez noire pour masquer ton monstrueux visage? N'en cherche aucune, Conspiration? cache-le sous les sourires et l'affabilité, car si tu revêts ta propre ressemblance, l'Érèbe lui-même ne sera pas assez obscur pour te faire échapper aux soupçons.
>
> *Jules César.*

Enfin arriva l'importante matinée dans laquelle devait avoir lieu, aux termes de la proclamation impériale, le combat entre le césar et Robert comte de Paris. C'était une circonstance en grande partie étrangère aux mœurs des Grecs; ils y rattachaient donc des idées différentes de celles que les Occidentaux associaient au jugement de Dieu, ainsi que les Latins appelaient cette sorte de combat. Il en résultait une agitation vague, mais extrême, parmi les habitants de Constantinople, qui liaient le combat extraordinaire dont ils allaient être témoins aux différentes causes dont on s'entretenait tout bas comme propres à fournir l'occasion de quelque insurrection générale d'une nature grande et terrible.

Par l'ordre de l'empereur, on avait préparé pour le combat une lice régulière, ayant aux deux extrémités opposées deux portes ou barrières par lesquelles devaient entrer les deux champions, qu'on disait devoir en appeler à Dieu de la bonté de leur cause, suivant les formes prescrites par l'Église à laquelle chacun d'eux appartenait. La lice était

---

[1] Sous peine d'être taxé de manque de foi.

située sur le bord du rivage, à l'ouest du continent. A quelque distance on voyait les murs de la ville, de divers styles d'architecture, bâtis de pierres et de chaux, et ne présentant pas moins de vingt-quatre portes ou poternes, cinq du côté de la terre, et dix-neuf du côté de la mer. Le tout formait dans son ensemble un aspect magnifique, dont pour la plupart les éléments subsistent encore. La ville elle-même a environ dix-neuf milles de circonférence ; elle est entourée de tous côtés de cyprès magnifiques, en sorte que son aspect général est celui d'une ville s'élevant au milieu d'un bois de ces arbres majestueux, ombrageant en partie les créneaux, les obélisques et les minarets, qui marquaient alors l'emplacement d'un grand nombre de nobles temples chrétiens, mais qui aujourd'hui indiquent généralement la position d'autant de mosquées mahométanes.

Pour la commodité des spectateurs, la lice avait été entourée de gradins, s'élevant en amphithéâtre ; au milieu de ces gradins, exactement en face du centre de la lice, était un trône magnifique, dressé pour l'empereur, séparé des galeries publiques par une barricade circulaire en bois, qui était, ainsi qu'un œil exercé pouvait facilement le reconnaître, de nature à servir de rempart en cas de danger.

La lice avait cent soixante pieds de long sur environ cent pieds de large, ce qui offrait un espace plus que suffisant pour le combat, soit à cheval, soit à pied. Dès l'aube du jour, de nombreuses troupes de citoyens grecs sortirent par toutes les portes et poternes de la ville, pour examiner avec étonnement la construction des lices, critiquer le but de leurs différentes parties, et occuper des places afin de se les assurer pour le moment du spectacle. Peu de temps après, arriva un fort détachement de ces soldats qu'on appelait les Immortels Romains. Ils entrèrent sans cérémonie, et se placèrent à droite et à gauche de la barricade en bois qui entourait l'estrade destinée à l'empereur. Quelques-uns prirent une plus grande liberté ; car, affectant d'être pressés contre la palissade, il y en eut qui parurent se disposer à l'escalader et à venir se placer dans l'enceinte même réservée à l'empereur. Alors quelques vieux esclaves attachés à la maison impériale commencèrent à se montrer comme pour conserver la galerie sacrée pour Alexis et sa cour ; et à proportion que les Immortels devenaient plus hardis et plus turbulents, le nombre des défenseurs de l'enceinte parut s'accroître graduellement.

Outre la grande entrée donnant accès à la galerie impériale, il y en avait une autre, ouvrant aussi à l'extérieur, quoiqu'à peine remarquable, et défendue par une porte très-forte. Différentes personnes furent admises par cette porte, sous l'estrade destinée à la société particulière de l'empereur : ces personnes, par leur taille élevée, la largeur de leurs épaules, la fourrure de leurs manteaux, et surtout par la redoutable hache qu'elles portaient, paraissaient être des Varangiens ; mais bien qu'ils n'eussent ni leur uniforme de cérémonie, ni leur costume plus sévère de bataille, en les examinant de près, on voyait qu'ils n'avaient oublié aucune de leurs armes offensives. Ces hommes, entrant par bandes détachées, et en apparence sans ordre, se joignirent, comme on le put observer, aux esclaves de l'intérieur du palais, pour s'opposer à ce que les Immortels s'emparassent du siége réservé à l'empereur et des bancs environnants. Deux ou trois de ceux-ci ayant réalisé leur prétendue plaisanterie, et escaladé la barricade, furent rejetés de l'autre côté sans la moindre cérémonie par les bras vigoureux des Varangiens.

Les spectateurs qui occupaient les galeries adjacentes, et qui pour la plupart semblaient des citoyens endimanchés, firent de longs commentaires sur cette manière d'agir, et paraissaient fortement disposés à prendre fait et cause pour les Immortels. — C'était une honte à l'empereur, disaient-ils, d'encourager ces Bretons barbares à s'interposer violemment entre sa personne et les immortelles cohortes de la ville, qui étaient en quelque sorte ses propres enfants.

L'athlète Stéphanos, que sa force et sa grande taille faisaient remarquer entre tous, dit sans hésiter : — S'il y a ici deux braves qui veulent dire avec moi que les Immortels sont injustement privés de leur droit de garder la personne de l'empereur, voici le bras qui va les placer près de son trône.

— Non pas, dit un centurion des Immortels, que nous avons déjà présenté à nos lecteurs sous le nom d'Harpax ; non pas, Stéphanos, mon bijou du cirque : ce temps heureux pourra arriver, mais il n'est pas encore venu. Tu sais qu'aujourd'hui c'est l'un de ces comtes ou chevaliers occidentaux qui doit combattre ; les Varangiens, qui les appellent leurs ennemis, ont donc quelques raisons de réclamer la préséance pour garder la lice, et peut-être ne serait-il pas bon de la leur disputer en ce moment. Si tu avais moitié autant d'esprit que de taille, tu comprendrais qu'il n'appartient qu'à un mauvais chasseur de crier *taïaut !* sur le gibier, avant de l'avoir rabattu à portée des filets.

Tandis que l'athlète roulait ses grands yeux gris comme pour deviner le sens de ce discours figuré, son petit ami Lysimaque l'artiste, se levant à grand'peine sur la pointe des pieds et se donnant un air d'intelligence, s'approcha autant qu'il le put de l'oreille d'Harpax, et lui dit : — Brave centurion, tu peux m'en croire ; cet homme grand et vigoureux ne partira pas comme un chien mal dressé sur une fausse piste, non plus qu'il ne demeurera muet et oisif quand le signal général sera donné. Mais dis-moi, ajouta-t-il, parlant d'une voix très-basse, et pour cela montant sur un banc qui le mit de niveau avec l'oreille du centurion, n'aurait-il pas mieux valu qu'un fort détachement des vaillants Immortels eût occupé cette citadelle de bois, pour assurer le succès de l'entreprise ?

— Sans aucun doute, répondit le centurion, c'est ainsi que la chose avait été projetée ; mais ces vagabonds de Varangiens ont changé de poste de leur propre autorité.

— Et croyez-vous que vous ne feriez pas bien, vous qui êtes beaucoup plus nombreux que les Barbares, d'engager une querelle avant qu'il ne leur vienne du renfort?

— Ne vous inquiétez pas, mon ami, répondit froidement le centurion ; nous connaissons le moment convenable. Une attaque commencée trop tôt serait pire qu'inutile ; et l'occasion ne se présenterait plus d'exécuter notre projet en temps convenable, si nous donnions maintenant une alarme prématurée.

A ces mots, il se mêla dans un groupe d'officiers, pour éviter les soupçons qu'on aurait pu concevoir en le voyant s'entretenir plus longtemps avec ceux des conspirateurs qui n'étaient pas militaires.

A mesure que la matinée avançait et que le soleil s'élevait sur l'horizon, les différentes personnes que la curiosité ou un motif plus direct amenaient pour voir le combat affluèrent des différentes parties de la ville, et se précipitèrent pour occuper les meilleures places autour de la lice circulaire. Pour arriver en cet endroit, il fallait gravir une sorte de cap qui, sous forme d'une petite colline, se projetait dans l'Hellespont, et qui offrait une vue plus étendue du détroit qui sépare l'Europe de l'Asie qu'aucun autre point dans le voisinage immédiat de la ville, ou que le terrain encore plus bas sur lequel la lice avait été construite. Les premiers spectateurs se rendant à la lice ne firent que peu ou point de halte en cet endroit ; mais au bout d'un certain temps, quand on s'aperçut que les premiers arrivés sur le lieu du combat s'y promenaient sans avoir rien qui les occupât ou les amusât, naturellement ceux qui venaient ensuite s'arrêtèrent sur le petit promontoire, payant un tribut de curiosité et d'admiration aux beautés naturelles qu'on y découvrait, et cherchant à trouver dans l'aspect des eaux quelque augure sur les événements qui allaient avoir lieu. Quelques marins, qui se trouvaient dans la foule, furent les premiers à remarquer qu'une escadrille de petits bâtiments grecs, celle de Tancrède, se mettait en mouvement de la côte d'Asie, et menaçait de faire une descente à Constantinople.

— Il est étrange, dit un capitaine de galère, que ces petits vaisseaux, qui avaient reçu l'ordre de revenir à Constantinople aussitôt qu'ils auraient débarqué les Latins, soient restés si longtemps à Scutari, et ne reviennent vers la ville impériale que le second jour après leur départ.

— Fasse le Ciel, dit une autre personne de la même profession, que nos marins reviennent seuls. Il me semble que leurs grands mâts, leurs beauprés et leurs bâtons de commandement sont les mêmes ou à peu près que ceux que les Latins y avaient déployés lorsqu'on les a transportés vers la Palestine par l'ordre de l'empereur. Ce retour me semble donc pareil à celui d'une flotte de vaisseaux marchands qu'on a empêchée de décharger sa cargaison au lieu de sa destination.

— C'est une mauvaise marchandise, reprit l'un des politiques; il n'y a rien de bon à gagner ni pour l'importation ni pour l'exportation. Cette ample bannière, qui flotte sur la galère la plus avancée, dénote la présence d'un chevalier distingué entre les Croisés par sa valeur ou sa naissance.

L'officier de marine ajouta, donnant à sa voix le ton de quelqu'un qui veut faire présager de mauvaises nouvelles : — On dirait qu'ils ont gagné dans le détroit un point qui leur permet de descendre avec la marée, et de doubler le cap où nous nous trouvons. Maintenant, dans quel but paraissent-ils désirer d'aborder si près des murs de la cité, c'est ce que je laisse à décider à un plus habile que moi.

— Assurément, repartit son camarade, ce but n'a rien d'amical; les richesses de la ville sont un objet de tentation pour des peuples pauvres et qui n'estiment le fer qu'ils possèdent que comme un moyen de se procurer l'or qu'ils convoitent.

— Oui, frère, répondit Démétrius le politique; mais ne voyez-vous pas à l'ancre, dans l'intérieur de la baie que forme ce cap, et à l'endroit même où il est probable que ces hérétiques seront portés par la marée, six gros vaisseaux qui renferment dans leurs flancs les moyens de lancer non-seulement une pluie de dards et de flèches, mais encore des torrents de feux grégeois? Si ces nobles Francs continuent à se diriger sur la ville impériale, étant, comme ils le sont,

propago
Contemptrix Superûm, sævæque avidissima cædis,
Et violenta [1],

nous serons bientôt témoins d'un combat plus curieux que celui annoncé par la grande trompette des Varangiens. Si vous m'aimez, nous nous asseyerons ici un moment pour voir comment tout finira.

— C'est une excellente motion, mon ingénieux ami, répondit Lascaris, car tel était le nom de l'autre citoyen; mais pensez-vous que nous soyons ici hors de la portée des traits que ces audacieux Latins ne manqueront pas d'envoyer pour répondre aux feux grégeois, si, comme vous le conjecturez, l'escadre impériale les fait pleuvoir sur eux?

— Cela n'est pas mal raisonné, répondit Démétrius; mais sachez que vous avez affaire à un homme qui s'est trouvé déjà dans de pareilles rencontres. A la première décharge qui aura lieu du côté de la mer, je vous proposerais de nous retirer d'une cinquantaine de pas en arrière, et d'interposer ainsi la crête de ce cap entre nous et les traits de l'ennemi; au moyen de cette manœuvre, un enfant les braverait impunément.

— Vous êtes un homme sage, mon voisin; vous possédez un mé-

[1] Race bravant les dieux, avide de carnage, violente... (Ovide, *Métamorphoses.*)

lange de valeur et d'expérience tel, qu'un ami pourrait risquer sa vie avec vous. Il y en a d'autres, par exemple, qui ne peuvent vous faire voir la moindre chose de ce qui se passe sans vous mettre en péril de mort, tandis que vous, mon digne ami Démétrius, avec vos connaissances des affaires militaires et votre affection pour votre ami, vous lui ferez voir tout ce qui vaut la peine d'être vu, sans le plus petit risque de sa personne, que, naturellement, il n'est pas curieux d'exposer au danger. — Mais, Sainte Vierge! que signifie ce drapeau rouge que l'amiral grec vient d'arborer?

— Voyez-vous, voisin, répondit Démétrius, ces hérétiques occidentaux continuent à avancer sans tenir compte des signaux de notre amiral pour les engager à s'arrêter; et maintenant il arbore un pavillon couleur de sang, comme un homme qui montre le poing fermé à son adversaire, et lui dit : Si vous continuez, je vais vous faire ça et ça.

— Par sainte Sophie, c'est lui donner un loyal avertissement; mais que va faire maintenant l'amiral de la flotte impériale?

— Courez, courez, ami Lascaris, ou vous pourrez en voir peut-être plus que vous ne désirez.

Et pour ajouter l'exemple au précepte, Démétrius sangla sa ceinture et se mit à courir de l'autre côté de la colline avec la rapidité la plus édifiante, accompagné de la plus grande partie de ceux qui s'étaient arrêtés là pour être témoins du combat que le nouvelliste avait annoncé, et qui étaient déterminés à s'en fier à sa parole du soin de leur sûreté personnelle. La vue et le bruit qui avaient alarmé Démétrius étaient la décharge d'une masse considérable de feux grégeois, qu'on ne saurait mieux comparer qu'à l'une de ces immenses fusées à la Congrève, qui emportent sur leurs flancs une petite ancre ou un grapin, et traversent les airs en grondant comme un démon surchargé des ordres de quelque magicien inexorable. L'effet de ce feu grégeois était si terrible, que l'équipage de la plupart des vaisseaux attaqués avec cette arme étrange oubliait fréquemment tout moyen de défense et faisait de lui-même échouer le bâtiment. On supposait que l'un des principaux ingrédients de ce feu redoutable était le naphte ou bitume, recueilli sur les rives de la mer Noire. Une fois en état d'ignition, il ne pouvait s'éteindre que par un mélange fort singulier, avec lequel il n'était pas probable qu'il dût se trouver en contact. Il produisait une fumée épaisse et une bruyante explosion; et ses flammes, dit Gibbon, se communiquaient avec une égale énergie de bas en haut ou latéralement. Dans les siéges, on le versait du haut des remparts, ou bien on le lançait comme nos bombes, dans des boulets rouges, de pierre ou de fer, ou sous forme d'étoupes enlacées autour de flèches ou de javelines. On regardait cette composition comme un secret d'état de la plus haute importance, et elle demeura inconnue aux mahométans pendant près de quatre siècles. Mais à la fin les Sarrasins la découvrirent, et s'en servirent pour repousser les

Croisés, et écraser les Grecs dont il avait fait pendant longtemps la plus formidable défense. Il faut faire, sans doute, la part des exagérations naturelles à un temps de barbarie ; mais il paraît qu'on doit admettre comme exacte, du moins en général, la description qu'en fait le croisé Joinville : — « Cela traversait l'air, dit le brave chevalier, comme un dragon ailé, à peu près de la grosseur d'une barrique, avec un bruit semblable à celui du tonnerre et la vitesse de l'éclair. L'obscurité de la nuit était dissipée par cette horrible illumination. »

Non-seulement l'intrépide Démétrius et son élève Lascaris, mais toute la foule qu'entraîna son exemple, se mirent à fuir à toutes jambes quand le vaisseau amiral des Grecs exécuta sa première décharge ; et lorsque les autres vaisseaux de l'escadre imitèrent son exemple, l'air fut rempli d'un bruit terrible et inhabituel, tandis que la fumée était assez épaisse pour obscurcir le ciel. Au moment où les fuyards traversaient la cime du cap, ils aperçurent, parmi les spectateurs, le marin que nous avons déjà remarqué, qui s'accroupissait soigneusement dans un fossé vide, où il s'arrangea de manière à se mettre à l'abri de tout accident ; il ne put toutefois s'empêcher de lancer une plaisanterie aux politiques.

— Holà, hé ! mes braves amis ! cria-t-il sans quitter la contrescarpe du fossé qui le protégeait, est-ce que vous ne resterez pas assez longtemps à votre place pour finir la belle discussion sur les combats de terre ou de mer, que vous aviez eu une si heureuse occasion de commencer ? Croyez-moi, le bruit est plus alarmant que dangereux ; tout le feu est dirigé dans une direction opposée à la vôtre, et si par hasard un de ces dragons que vous voyez vient à se diriger vers la terre au lieu de la mer, ce sera par la gaucherie de quelque mousse, qui se sera servi de son boute-feu avec plus de bonne volonté que d'adresse.

Démétrius et Lascaris entendirent assez de la harangue du héros naval pour comprendre le nouveau danger qui pourrait les menacer par suite de la mauvaise direction des projectiles ; et courant précipitamment vers la lice, à la tête d'une multitude à demi éperdue de peur, ils propagèrent hâtivement l'effrayante nouvelle que les Latins revenaient d'Asie, dans le dessein de débarquer en armes, de piller et de brûler la ville.

Le tumulte qu'on entendit au moment où arrivait cette nouvelle inattendue était de nature à la justifier dans le public, quelque exagérée qu'elle fût. Les détonations du feu grégeois se succédaient rapidement, et chacune répandait sur le paysage une masse de fumée noirâtre, dont les nuages, s'épaississant à mesure qu'ils se succédaient, semblaient enfin devoir, comme ceux d'un feu d'artillerie bien nourri, obscurcir l'horizon tout entier.

La petite escadrille de Tancrède était complétement dérobée à la vue au milieu des tourbillons de fumée que l'ennemi avait accumulés autour d'elle ; seulement il parut, par une lueur rougeâtre qui commença à percer le voile épais des ténèbres, que l'un au moins de leurs navires avait pris feu. Cependant les Latins résistaient avec une opiniâtreté digne à la fois de leur courage et de la réputation de leur illustre chef. Ils trouvaient quelque avantage dans la petitesse de leurs bâtiments et leur peu d'élévation au-dessus de l'eau, aussi bien que dans l'obscurité de l'atmosphère, qui ne permettait pas aux Grecs de pointer sur eux avec précision.

Pour accroître ces avantages, Tancrède, au moyen des chaloupes et de tous les signaux grossiers en usage à cette époque, ordonna à tous les bâtiments de sa flotte d'avancer individuellement, sans s'occuper des autres, et de prendre terre partout où ils pourraient aborder. Tancrède lui-même donna un noble exemple; il montait un bon navire, garanti jusqu'à un certain point contre les effets du feu grégeois, puisqu'il était en grande partie couvert de cuir non tanné et récemment trempé dans l'eau. Ce navire contenait plus de cent braves guerriers, la plupart chevaliers, qui avaient passé toute la nuit dans l'humble office de rameurs, et qui maintenant, au matin, maniaient de leurs nobles mains l'arc et l'arbalète, qu'on regardait en général comme les armes des soldats de rang inférieur. Le prince Tancrède lança son bâtiment, ainsi monté et armé, avec toute la vélocité que pouvaient lui imprimer le vent, la marée et la rame; et le plaçant de manière à mettre à profit ce triple secours autant que ses talents maritimes le lui permettaient, il arriva avec la rapidité de l'éclair sur les vaisseaux de Lemnos, lançant à droite et à gauche les flèches, les dards, les javelines et d'autres projectiles de toute espèce, avec d'autant plus d'avantage, que les Grecs, comptant sur leur feu artificiel, avaient négligé de se munir d'autres armes. Aussi, lorsque le vaillant Croisé arriva sur eux avec cette impétuosité furieuse, répondant à leur horrible feu par une grêle non moins formidable de flèches et de traits, ils commencèrent à sentir qu'ils avaient moins d'avantage qu'ils ne l'avaient supposé d'abord, et qu'il en était de leur feu comme de la plupart des dangers, qui perdent la moitié de leur terreur lorsqu'on les affronte hardiment. Les matelots grecs, en outre, quand ils virent les vaisseaux s'approcher de si près, remplis de Latins couverts d'acier, commencèrent à reculer devant un combat corps à corps, qu'il aurait fallu soutenir contre un si terrible ennemi.

Peu à peu la fumée commença à sortir des flancs du principal navire grec, et la voix de Tancrède annonça à ses soldats que l'amiral ennemi avait pris feu par suite de la négligence apportée à la direction de ses moyens d'attaque, et qu'ainsi tout ce qu'ils avaient à faire maintenant, c'était de se tenir à une distance suffisante pour éviter de partager son sort. On vit alors des étincelles et des flammes jaillir de place en place à bord du grand vaisseau, comme si l'élément eût voulu à dessein répandre la stupeur et épouvanter ceux qui accordaient encore assez d'attention aux ordres de l'amiral pour s'efforcer d'éteindre le feu. Bientôt on songea à la nature combustible du chargement, et le désespoir succéda à la terreur. Du haut des mâts, des vergues, des huniers, des bastingages, on voyait les hommes de l'équipage se précipiter à la mer, où la plupart de ces malheureux devaient trouver une mort qui leur paraissait plus redoutable au milieu des flammes. L'équipage du vaisseau de Tancrède cessa, sur l'ordre de ce prince généreux, de présenter un danger de plus à un ennemi déjà menacé par deux éléments, et fit doucement échouer son navire dans la partie la plus unie de la baie. Sautant alors dans la mer peu profonde, ils gagnèrent la terre sans difficulté, et beaucoup de leurs coursiers, grâces aux efforts de leurs maîtres et à la docilité de ces animaux, furent amenés en même temps sur le rivage. Leur commandant ne perdit pas de temps pour reformer leurs rangs dispersés en une phalange de lanciers, d'abord peu nombreuse, à la vérité, mais se grossissant à chaque instant, à mesure que les bâtiments de la petite flottille atteignaient le rivage, et, s'amarrant résolument, débarquaient leurs hommes, qui rejoignaient aussitôt leurs compagnons.

Le nuage qui s'était élevé pendant le combat avait disparu, chassé par le vent, et le détroit ne montra plus que des débris. Là se ballottaient sur les vagues les carcasses brisées de quelques barques latines qui avaient été brûlées dans le commencement de l'action, quoique leurs équipages eussent été sauvés en très-grande partie par les efforts généreux de leurs camarades. Plus bas, on voyait cinq vaisseaux, restes de l'escadre de Lemnos, exécutant en désordre une retraite difficile dans le dessein de gagner le havre de Constantinople. Au lieu même qui naguère encore avait été la scène du combat, restait amarrée la coque de l'amiral grec brûlée jusqu'à fleur d'eau, et dont les bords et les poutres exhalaient encore une masse de fumée noirâtre. La flottille de Tancrède, activement occupée à mettre ses troupes à terre, occupait irrégulièrement la baie, les hommes débarquant aussitôt qu'ils le pouvaient et courant rejoindre l'étendard de leur chef. Diverses substances noirâtres flottaient sur la surface des eaux, à une distance plus ou moins rapprochée du rivage; quelques-unes étaient des débris de vaisseaux détruits, et d'autres, plus tristes encore, les cadavres des marins qui avaient péri dans l'action.

L'étendard du prince Tancrède avait été porté à terre par son page favori, Ernest d'Apulie, aussitôt que la quille de sa galère avait touché le sable. Il fut arboré sur le sommet de ce cap élevé, situé entre Constantinople et la lice où Lascaris, Démétrius et les autres bourgeois s'étaient portés au commencement de l'affaire, mais d'où ils avaient tous fui par suite de la double crainte du feu grégeois et des traits des Latins.

CHAPITRE XXX.

Couvert d'une armure complète et tenant de la main droite l'étendard de ses pères, Tancrède resta à la tête de sa poignée de guerriers, tous immobiles comme autant de statues d'acier, s'attendant à une attaque de la part des troupes grecques qui avaient occupé la lice, ou de celle des masses qui sortaient en foule par les portes de la ville, — soldats ou citoyens, et presque tous armés comme pour la bataille. Ceux-ci, alarmés des différents récits qu'on faisait de la bataille navale et de son issue, se précipitèrent vers l'étendard du prince Tancrède avec l'intention de le renverser dans la poussière et de disperser la garde qui lui devait hommage et défense. Mais si le lecteur a jamais voyagé à cheval dans la campagne, suivi d'un chien de noble race, il doit avoir remarqué la déférence que finit par avoir pour celui-ci le chien de berger, lorsque le premier traverse les vallées solitaires dont l'autre se regardait comme seigneur et gardien. Il y eut quelque chose d'à peu près semblable dans la conduite des Grecs furieux, quand ils se furent approchés de la petite troupe de Francs. Au premier symptôme de l'approche de l'étranger, le chien de berger arraché à son sommeil bondit vers le noble intrus, en hurlant une bruyante déclaration de guerre; mais quand la diminution de la distance qui les séparait montre à l'agresseur la taille et la force de son adversaire, il fait comme un croiseur qui dans une chasse aperçoit avec surprise et terreur deux rangs de canons au lieu d'un qu'il s'attendait à trouver. Il s'arrête, — suspend ses aboiements, et enfin se retire honteusement vers son maître, donnant les preuves les plus lâches et les plus positives de son refus de combattre.

Ce fut de cette manière que les troupes tumultueuses des Grecs, poussant de grands cris et se livrant à leur jactance habituelle, accoururent de la ville et de la lice avec l'intention apparente de balayer la petite troupe de Tancrède. Cependant, à mesure qu'ils avancèrent et qu'ils purent remarquer le calme et le bon ordre des hommes qui avaient débarqué et qui s'étaient rangés sous la bannière de leur chef, ils se sentirent ébranlés dans leur résolution d'un combat immédiat. Leur marche, au lieu du pas de course, se ralentit et devint plus incertaine; ils tournèrent plus souvent la tête du côté d'où ils étaient venus que vers l'ennemi. Enfin leur désir de provoquer une mêlée immédiate s'évanouit totalement, quand ils ne virent pas le plus léger indice que leurs adversaires s'en inquiétassent le moins du monde.

CHAPITRE XXX.

Ce qui ajoutait à l'extrême confiance avec laquelle les Latins conservèrent leurs positions, c'est qu'ils recevaient fréquemment de petits renforts de leurs camarades qui débarquaient par détachements tout le long de la baie, et qu'en moins d'une heure leur nombre s'éleva, cavaliers et fantassins, à ce qu'il était à peu près en partant de Scutari.

Une autre raison qui fit que les Latins ne furent pas attaqués, ce fut certainement qu'aucun des deux principaux partis qui se trouvaient en armes sur le rivage n'était en disposition d'en venir aux mains avec eux. Les gardes de toute espèce demeurées fidèles à l'empereur, et plus particulièrement les Varangiens, avaient reçu l'ordre de se tenir, quoi qu'il arrivât, à leurs postes, quelques-uns dans la lice, d'autres à différents points de rendez-vous dans Constantinople, où leur présence était nécessaire pour étouffer l'insurrection soudaine qu'Alexis savait se préparer contre lui. Ces troupes fidèles ne firent donc aucune démonstration hostile contre les Latins, et ce n'était pas non plus l'intention de l'empereur qu'elles en fissent.

D'un autre côté, la plus grande partie des Immortels et de ceux des citoyens qui se préparaient à jouer un rôle dans la conspiration, avaient reçu des agents du défunt Agélastès l'opinion que cette bande de Latins, commandée par Tancrède, parent de Bohémond, était envoyée à leur secours par celui-ci. Ces hommes se tinrent donc tranquilles, et n'essayèrent pas de guider ou de diriger les efforts de ceux du peuple qui se sentaient enclins à attaquer ces visiteurs inattendus. Il se réunit donc bien peu de gens dans ce dessein, et la plupart ne demandaient pas mieux que de trouver une excuse pour demeurer tranquilles.

Cependant l'empereur, de son palais de Blacquernal, observait ce qui se passait sur le détroit; il vit sa flotte de Lemnos échouer complétement dans ses efforts pour s'opposer, au moyen du feu grégeois, au passage de Tancrède et de ses guerriers. Il n'eut pas plutôt vu le principal vaisseau de son escadre en proie à l'incendie, qu'il forma la résolution secrète de désavouer l'infortuné amiral et de faire la paix avec les Latins en leur envoyant la tête de cet officier, si cela était absolument nécessaire. Ainsi donc, à peine eut-il vu les flammes éclater et les autres vaisseaux quitter leur embossage pour se mettre en retraite, que le sort de l'infortuné Phraortès, tel était le nom de l'amiral, était dans son esprit signé et scellé.

Dans ce même temps, Achille Tatius, qui avait résolu d'épier l'empereur de près dans cette crise importante, arriva précipitamment au palais avec l'extérieur d'un homme étrangement alarmé.

— Sire! — mon maître! s'écria-t-il, je suis bien malheureux d'être le messager d'une nouvelle si funeste; mais les Latins ont, en grand nombre, réussi à quitter Scutari et à traverser le détroit. La flotte de Lemnos s'est efforcée de les arrêter, ainsi qu'il avait été convenu, la nuit dernière, en conseil de guerre. Un ou deux des vaisseaux des Croisés ont été consumés par une puissante décharge de feu grégeois; mais le plus grand nombre, ayant poursuivi leur course, ont brûlé le principal vaisseau de l'infortuné Phraortès, et c'est même un bruit généralement rapporté qu'il a péri lui-même avec presque tous les siens. Les autres ont coupé leurs câbles et abandonné la défense du passage de l'Hellespont.

— Et vous, Achille Tatius, demanda l'empereur, dans quel dessein venez-vous m'apporter cette triste nouvelle si tard, et quand je n'en saurais amender les conséquences?

— Sous votre faveur, très-gracieux empereur, répondit le conspirateur, non sans rougir et bégayer, telle n'était pas mon intention. — J'avais espéré vous soumettre un plan par lequel j'aurais pu aisément préparer la voie pour corriger cette petite erreur.

— Fort bien; votre plan, monsieur? dit sèchement l'empereur.

— Avec la permission de votre Majesté très-sacrée, j'aurais entrepris volontiers de conduire immédiatement, contre ce Tancrède et ses Italiens, les haches d'armes des fidèles Varangiens de la garde, qui n'auraient pas plus tenu compte de cette poignée de Francs, débarqués sur nos côtes, que le fermier ne se soucie des bandes de rats, de souris et d'autre vermine malfaisante qui se sont logées dans ses greniers.

— Et que pensez-vous que je doive faire, tandis que mes Anglo-Saxons combattront pour mon compte?

— Votre Majesté, répondit Achille, qui n'était pas très-satisfait du ton sec et caustique dont l'empereur lui parlait, peut se mettre à la tête de ses Immortels de Constantinople, et je lui garantis qu'elle peut, ou remporter la victoire sur les Latins, ou éloigner la plus légère chance d'une défaite, en s'avançant à la tête de ce corps de troupes de sa maison, si par hasard l'événement du combat était douteux.

— Vous, vous-même, Achille Tatius, vous nous avez mainte fois assuré que ces Immortels conservent un coupable attachement pour le rebelle Ursel. Comment se fait-il donc que vous nous conseilliez de confier notre défense à ce corps, tandis que nous avons destiné nos vaillants Varangiens au service que nécessite ce combat en lice avec la fleur de l'armée occidentale? — Avez-vous pensé à ce danger, seigneur acolouthos?

Achille Tatius, très-alarmé de ces mots qui lui faisaient comprendre que ses desseins étaient connus, répondit que, dans sa précipitation, il s'était plus empressé de proposer le plan qui exposerait sa propre personne à de plus grands dangers, que celui peut-être qui serait plus sûr pour la personne de l'empereur son maître.

— Je vous en remercie, dit l'empereur; vous avez été au-devant de mes désirs, quoiqu'il ne soit pas maintenant en mon pouvoir de suivre l'avis que vous m'avez donné. Je n'aurais pas demandé mieux, sans contredit, que de voir ces Latins forcés de traverser de nouveau le détroit, comme il a été dit dans le conseil hier au soir; mais puisque les voici arrivés et rangés en bataille sur nos rivages; je crois qu'il vaut mieux leur sacrifier de l'argent et du butin que la vie de nos braves sujets. Nous ne pouvons croire, au bout du compte, qu'ils viennent dans aucune intention sérieuse de nous attaquer; ce n'est que le désir insensé de voir des faits d'armes et d'assister à un combat singulier, choses qu'ils aiment autant que l'air qu'ils respirent, qui a pu les pousser à cette contre-marche partielle. Je vous impose donc, Achille Tatius, en commun avec le proto-spathaire, la tâche d'aller à cheval vers cet étendard, et d'apprendre de leur chef, appelé le prince Tancrède, s'il s'y trouve en personne, le but de son retour et le motif qui l'a mis aux prises avec Phraortès et l'escadre de Lemnos. S'ils nous envoient quelque excuse raisonnable, nous ne demanderons pas mieux que de nous en déclarer satisfait; car nous n'avons pas fait de si nombreux sacrifices dans le dessein de conserver la paix, pour nous trouver engagés dans une guerre, si nous pouvons éviter un aussi grand malheur. Tu recevras donc, d'un esprit candide et complaisant, les excuses telles qu'ils seront disposés à les offrir. Sois sûr que la vue de ce spectacle de marionnettes, de ce combat singulier, suffira à elle seule pour bannir toute autre idée de la tête de ces fous de Croisés.

En ce moment, on entendit frapper à la porte de l'appartement de l'empereur, et celui-ci ayant répondu qu'on pouvait entrer, le proto-spathaire se présenta. Il était revêtu d'une armure magnifique, sur le modèle de celles des anciens Romains. L'absence de visière laissait son visage entièrement à découvert; et la pâleur de ses traits, ainsi que leur expression inquiète, n'étaient guère en harmonie avec son cimier martial et la plume flottante dont il était décoré. Il reçut la commission dont nous avons déjà parlé avec d'autant moins d'empressement qu'on lui adjoignait l'acolouthos pour collègue; car, ainsi que le lecteur peut l'avoir déjà remarqué, ces deux officiers appartenaient à deux partis distincts dans l'armée, et étaient ensemble dans des termes assez froids. De son côté, l'acolouthos, se voyant chargé d'une mission en commun avec le proto-spathaire, ne considéra pas cette circonstance comme une marque de la confiance de l'empereur, ou comme une garantie qu'il n'eût personnellement aucun danger à courir. Toutefois, il était dans le palais de Blacquernal, où les esclaves de l'intérieur n'hésitaient pas, sur le moindre signe, à exécuter quelque grand officier que ce fût. Les deux généraux n'avaient donc pas d'autre parti à prendre que celui de deux lévriers qui se voient à contre-cœur accouplés ensemble. Achille Tatius espérait qu'il pourrait s'en tirer sain et sauf à l'aide de sa mission près de Tancrède; après quoi la conspiration pourrait éclater sans obstacle, soit qu'elle fût désirée et soutenue par les Latins, soit qu'ils n'y prissent aucun intérêt.

Le dernier ordre que leur avait donné l'empereur était de monter à cheval au signal de la grande trompette des Varangiens, de se mettre à la tête des gardes anglo-saxonnes dans la cour de leur caserne, et d'attendre de nouveaux ordres impériaux.

Il y avait dans cet arrangement quelque chose qui pesait lourdement sur la conscience d'Achille Tatius, et cependant il ne pouvait s'expliquer à lui-même ses appréhensions, autrement que par le sentiment de sa propre culpabilité. Il comprenait cependant qu'en le retenant, sous prétexte d'une honorable mission, à la tête des Varangiens, on le privait de la liberté de disposer de sa personne, et qu'on l'empêchait de communiquer avec le césar et Hereward, sur lesquels il comptait toujours comme sur ses actifs complices, ne sachant pas que le premier était en ce moment prisonnier dans le palais de Blacquernal, où Alexis l'avait arrêté dans les appartements de l'impératrice, et que le second était l'appui le plus important de Comnène, pendant toute cette journée si pleine d'événements.

Quand la trompette gigantesque des gardes varangiennes lança son bruyant signal dans toute la ville, le proto-spathaire entraîna Achille avec lui au rendez-vous des Varangiens, et, chemin faisant, lui dit d'un ton aisé et en apparence indifférent : — Comme l'empereur est aujourd'hui personnellement à la tête de l'armée, naturellement vous, son représentant ou acolouthos, vous n'aurez à transmettre aux gardes du corps d'autres ordres que ceux qui émaneraient de lui-même, en sorte que vous voudrez bien considérer votre autorité comme suspendue aujourd'hui.

— Je regrette, répondit Achille, qu'on ait cru avoir des motifs de prendre de semblables précautions ; j'aurais espéré que mon honneur et ma fidélité... Mais — j'obéis en toute chose au bon plaisir de Sa Majesté Impériale.

— Tels sont ses ordres, et vous savez sous quelle peine l'obéissance est prescrite.

— Si je l'ignorais, la composition de ce détachement me l'apprendrait, car il renferme non-seulement une grande partie de ceux des Varangiens qui sont les défenseurs immédiats du trône de l'empereur, mais ces esclaves de l'intérieur qui sont les exécuteurs de ses arrêts.

Le proto-spathaire ne fit aucune réponse. Plus l'acolouthos regardait attentivement le détachement qui le suivait, et dont le nombre s'élevait extraordinairement à près de trois mille hommes, plus il avait raison de penser qu'il devrait s'estimer heureux s'il pouvait, par l'entremise du césar, d'Agélastès ou d'Hereward, transmettre aux conspirateurs le signal de suspendre l'attaque projetée, et contre laquelle l'empereur avait pris des précautions si inusitées. Il aurait donné tous ses rêves d'empire, dont il s'était bercé quelques instants, pour apercevoir la plume azurée de Nicéphore, le manteau blanc du philosophe, ou même la hache d'armes d'Hereward. Il n'apercevait nulle part aucun de ces trois objets, et le déloyal acolouthos ne fut pas peu contrarié quand il remarqua que, de quelque côté qu'il tournât les yeux, ceux du proto-spathaire et des fidèles officiers de la maison de l'empereur prenaient la même direction et semblaient chercher à lire dans sa pensée.

Parmi les nombreux soldats qu'il voyait de tous côtés, ses yeux n'en reconnurent pas un seul avec lequel ils pussent échanger un regard d'intelligence. Il se trouvait donc en proie à toutes les agonies de la terreur, d'autant plus accablantes que le traître a conscience, quand il se voit environné d'ennemis divers, que ses craintes sont très-probablement ce qui doit le trahir. Intérieurement, à mesure que le danger semblait s'accroître, et que son imagination alarmée cherchait de nouvelles raisons de crainte, il arriva à cette conclusion que l'un des trois principaux conspirateurs, ou qu'au moins un de leurs instruments avait joué le rôle de délateur. Il se demandait donc s'il ne rachèterait pas la part qu'il avait prise dans le crime prémédité en se jetant aux pieds de l'empereur pour lui faire une confession complète. Mais cependant la crainte de se hâter trop d'avoir recours à un moyen si bas de salut, jointe à l'absence de l'empereur, retint sur les bords de ses lèvres un secret d'où dépendait non-seulement sa fortune à venir, mais même sa vie. Il était donc comme plongé dans un océan de troubles et d'incertitudes, tandis que les pointes de terre qui semblaient lui promettre un refuge étaient éloignées, à peine visibles, et fort difficiles à atteindre.

CHAPITRE XXXI.

Demain, — ô cela est bien prompt! — Épargnez-le, épargnez-le; il n'est pas préparé à mourir.

SHAKSPEARE.

Tandis qu'Achille Tatius, en proie aux plus vives angoisses, attendait que les fils périlleux de la trame politique se débrouillassent, la famille impériale tenait un conseil privé dans la salle appelée le Temple des Muses, et que nous avons plusieurs fois désignée comme l'appartement dans lequel Anne Comnène avait coutume de donner le soir des lectures de son ouvrage à ceux qui étaient admis à l'honneur de le connaître avant le public. Ce conseil se composait de l'impératrice Irène, de la princesse Anne et de l'empereur; et le patriarche de l'église grecque y avait été appelé, comme une sorte de médiateur entre des mesures d'une sévérité excessive et un degré dangereux d'indulgence.

— Ne me parlez pas, Irène, disait l'empereur, des beaux éloges qu'on peut faire de la clémence. Voilà que j'ai sacrifié mon juste ressentiment contre mon rival Ursel; quel avantage en retiré-je? Ce vieillard obstiné, au lieu de devenir traitable et de me savoir gré de la générosité avec laquelle je lui ai sauvé la vie et les yeux, peut à peine se résoudre à se déclarer en faveur du prince à qui il les doit. J'avais coutume de penser que la vue et la vie étaient des choses qu'on conservait au prix de tous les sacrifices; mais je crois maintenant que les hommes n'en font pas plus de cas que de misérables jouets. Ne me parlez donc plus de la reconnaissance que j'exciterais en sauvant ce jeune lionceau, et croyez-moi, ma fille, si je suivais votre avis, non-seulement tous mes sujets se riraient de moi pour avoir épargné un homme qui aurait travaillé si résolument à ma ruine, mais vous-même seriez la première à me reprocher un jour cette indulgence stupide, à laquelle vous vous efforcez de m'entraîner aujourd'hui.

— Le bon plaisir de Votre Majesté Impériale, dit le patriarche, est donc que votre malheureux gendre souffre la peine de mort pour être entré dans cette conspiration, séduit par ce païen d'Agélastès et ce traître d'Achille Tatius?

— Telle est ma résolution, répondit l'empereur; et pour prouver que je ne veux pas de nouveau rendre une sentence qui ne reçoive, comme dans le cas d'Ursel, qu'un semblant d'exécution, ce traître, cet ingrat qui s'est trouvé dans ma propre famille, sera conduit du sommet de l'escalier ou du puits d'Achéron dans la grande pièce qu'on appelle la Salle du Jugement, à l'extrémité de laquelle sont disposés tous les appareils nécessaires pour l'exécution, et par lesquels je jure...

— Ne jure pas! s'écria le patriarche; je te défends, au nom du Ciel qui parle par ma voix, quelque indigne que je sois, d'éteindre le chanvre qui fume, et de détruire la dernière espérance qui peut-être reste encore, que tu pourras changer enfin ta résolution à l'égard de ton gendre égaré, dans le court espace de temps qui lui est accordé pour implorer ta merci. Rappelle-toi, je t'en conjure, le remords de Constantin!

— Que veut dire Votre Révérence? demanda Irène.

— Une bagatelle, répondit l'empereur, qui ne mériterait pas d'être citée par une bouche comme celle du patriarche, puisque c'est probablement un reste du paganisme.

— Qu'est-ce donc? s'écrièrent vivement les deux princesses, dans l'espoir d'entendre quelque chose qui pourrait venir à l'appui de leur prière, ou poussées peut-être par la curiosité mobile qui dort rarement dans le sein d'une femme, même quand les passions les plus violentes y sont sous les armes.

— Le patriarche vous le dira, puisque vous le voulez savoir, repartit Alexis ; mais je vous préviens que vous ne tirerez aucun secours d'une légende propre à amuser les enfants.

— Écoutez-la pourtant, reprit le patriarche ; car, bien que ce soit une histoire des temps anciens, et peut-être des temps où le paganisme prédominait, il n'est pas moins vrai que c'est un vœu fait par un empereur de la Grèce, un vœu enregistré dans la chancellerie du vrai Dieu.

« Ce que je vais vous raconter, continua-t-il, est non-seulement une histoire d'un empereur chrétien, mais encore de celui qui a converti tout l'empire au christianisme ; de ce même Constantin qui fut aussi celui qui, le premier, fit de Constantinople la métropole de l'empire. Ce héros, également remarquable par son zèle religieux et par ses exploits, le Ciel lui accorda de nombreuses victoires et toutes sortes de bénédictions, sauf cette union dans sa famille, que les hommes sages sont le plus ambitieux de posséder. Non-seulement le bienfait de la concorde entre les frères fut refusé à la famille de l'empereur triomphant, mais un fils d'un âge mûr, un fils plein de mérite, qu'on supposa aspirer à partager le trône avec son père, fut tout à coup, au milieu de la nuit, appelé à se défendre d'une accusation de trahison portée contre lui. Vous m'excuserez facilement de ne vous pas raconter tous les moyens qu'on employa pour rendre le fils coupable aux yeux de son père ; qu'il me suffise de vous dire que cet infortuné jeune homme tomba victime du crime de sa marâtre Fausta, et qu'il dédaigna de se justifier d'une accusation si grave et si fausse. On dit que la colère de l'empereur contre son fils fut fomentée par des sycophantes, qui lui firent remarquer que le coupable dédaignait d'implorer son pardon, ou de se justifier d'une si horrible accusation.

« Mais le coup mortel avait à peine frappé l'innocent jeune homme, que son père acquit la preuve de la précipitation avec laquelle il avait agi. Il s'occupait dans ce moment à construire les parties souterraines du palais de Blacquernal ; il voulut qu'elles conservassent un souvenir de ses douleurs paternelles et de ses remords. Au sommet de l'escalier appelé le puits d'Achéron, il fit construire une grande pièce destinée aux exécutions, et qu'on appelle encore aujourd'hui la Salle du Jugement. Un passage voûté conduit du mur supérieur de la salle au lieu de misère où la hache et d'autres engins sont disposés pour l'exécution des prisonniers d'état de quelque importance ; au-dessus de cette voûte, on plaça une espèce d'autel en marbre, surmonté d'une statue d'or de l'infortuné Crispus, et portant cette mémorable inscription : A MON FILS QUE J'AI CONDAMNÉ PRÉCIPITAMMENT, ET QUI A ÉTÉ TROP PRÉCIPITAMMENT EXÉCUTÉ. Quand il construisait ce passage voûté, Constantin fit vœu que lui-même, et qu'après lui l'empereur régnant se tiendrait auprès de la statue de Crispus, chaque fois qu'un membre de la famille impériale serait conduit au supplice, et qu'avant de le laisser passer de la Salle du Jugement dans la Chambre de la Mort, il se convaincrait personnellement de la réalité du crime dont il allait subir le châtiment.

« Le temps a marché, — la mémoire de Constantin s'est conservée presque comme celle d'un saint, et les respects qu'on lui a rendus ont rejeté dans l'ombre l'anecdote relative à la mort de son fils. Les nécessités de l'État ont rendu difficile de conserver une statue d'une grande valeur et qui rappelait péniblement l'erreur d'un si grand homme. Les prédécesseurs de Votre Altesse Impériale ont employé le métal dont était formée la statue à soutenir la guerre contre les Turcs, et le remords de Constantin, ainsi que sa pénitence, ne sont plus aujourd'hui qu'une obscure tradition de l'Église ou du palais. Cependant, à moins que Votre Majesté Impériale n'ait de fortes raisons pour adopter un avis contraire, mon opinion serait que vous ne pouvez, sans manquer à la mémoire du plus grand de vos prédécesseurs, refuser d'accorder à ce coupable infortuné qui vous touche de si près l'occasion de plaider lui-même sa cause avant de passer devant l'autel du refuge: c'est ainsi qu'on appelle communément le monument du malheureux Crispus, fils de Constantin, bien que privé aujourd'hui des lettres d'or qui composaient l'inscription, et de la statue d'or qui représentait l'impériale victime. »

On entendit en ce moment un morceau de musique funèbre, partant de l'escalier dont nous avons souvent parlé.

— S'il faut que j'entende le césar Nicéphore Brienne avant qu'il passe devant l'autel du refuge, il faut, dit l'empereur, ne pas perdre de temps, car ces sons mélancoliques annoncent que déjà il s'approche de la Salle du Jugement.

Les deux princesses conjurèrent aussitôt Alexis, avec la plus grande véhémence, de révoquer l'ordre de l'exécution du césar; elles le supplièrent, s'il tenait à la paix de son intérieur et à la reconnaissance éternelle de son épouse et de sa fille, d'écouter leur prière en faveur d'un infortuné qui s'était laissé entraîner dans un crime auquel son cœur était demeuré étranger.

— Je consens du moins à le voir, dit l'empereur, et le saint vœu de Constantin sera strictement observé en cette occasion. Mais rappelez-vous, femmes folles que vous êtes, que le cas de Crispus et celui du césar sont aussi différents que le crime et l'innocence, et qu'en conséquence leur sort peut être décidé d'après des principes et avec des résultats opposés. Toutefois, je veux voir ce criminel en face ; et vous, patriarche, vous serez présent, pour accorder à un homme qui va mourir tous les secours qui dépendent de votre saint ministère. Quant à vous, mère et femme du criminel, il me semble que vous feriez mieux de vous retirer dans l'église et d'y prier Dieu pour l'âme du défunt, plutôt que de troubler ses derniers moments par vos inutiles lamentations.

CHAPITRE XXXI.

— Alexis, soyez tranquille, dit l'impératrice Irène, nous ne vous abandonnerons pas dans cette disposition sanguinaire, de peur que vous ne laissiez pour écrire votre histoire des matériaux plus dignes de l'époque de Néron que de celle de Constantin.

Sans répliquer, l'empereur ouvrit la marche vers la Salle du Jugement, où brillait déjà une lumière plus vive qu'à l'ordinaire, et qui partait de l'escalier d'Achéron, d'où l'on entendait sortir par intervalle les sons lugubres des psaumes de la pénitence, que l'Église grecque avait désignés pour être chantés aux exécutions. Vingt esclaves muets, dont les pâles turbans donnaient un reflet livide à leurs traits flétris, et faisaient ressortir davantage la blancheur de leurs yeux, montaient deux à deux, comme s'ils fussent sortis des entrailles de la terre, chacun d'eux tenant d'une main un sabre nu, et de l'autre une torche allumée. Après eux venait l'infortuné Nicéphore ; sa démarche était celle d'un homme à demi mort par les terreurs d'une dissolution immédiate, et ce qui lui restait d'attention se tournait alternativement vers deux moines en étole noire, qui lui récitaient avec ferveur des passages de la liturgie grecque, suivant la forme de dévotion adoptée par la cour de Constantinople. Le costume du césar était conforme à sa triste fortune : ses jambes et ses bras étaient nus ; une simple tunique blanche, dont le col était déjà coupé, montrait qu'il avait pris son dernier vêtement. Un grand et vigoureux esclave nubien, qui évidemment se considérait comme le personnage principal du cortége, portait sur ses épaules une longue et lourde hache, et comme un démon à la suite d'un sorcier, il marchait pas à pas derrière sa victime. La procession était fermée par quatre prêtres, qui récitaient tour à tour et à haute voix un psaume approprié à l'occasion. Enfin venaient des esclaves armés de lances, de flèches et de carquois, pour résister à toute tentative qu'on pourrait faire pour délivrer le malheureux prince.

Il aurait fallu un cœur plus dur que celui de sa malheureuse épouse pour supporter cet appareil lugubre, déployé contre un homme chéri, l'objet de ses premières affections, l'amant de sa jeunesse, l'époux qu'elle avait pressé contre son sein, et qui dans quelques minutes allait terminer sa carrière mortelle.

Au moment où le triste cortége s'approchait de l'autel du refuge, à demi entouré comme il l'était des deux grands bras qui se projetaient hors du mur, l'empereur, qui se tenait debout dans le passage, jeta sur la flamme de l'autel quelques petits morceaux de bois aromatique, imbibés d'esprit-de-vin, lesquels, s'enflammant immédiatement, illuminèrent cette lugubre procession, la figure du coupable et celles des esclaves, qui, pour la plupart, avaient éteint leurs flambeaux dès qu'ils avaient cessé de s'en éclairer pour monter l'escalier.

Cette lumière soudaine partant de l'autel attira sur l'empereur et sur les princesses les regards du lugubre cortége qui entrait dans la salle. Tous firent halte ; — tous gardèrent le silence. Ce fut, comme la princesse le dit elle-même dans son histoire, une rencontre à rapprocher de celle d'Ulysse et des habitants de l'autre monde, qui, après avoir goûté du sang de ses sacrifices, le reconnurent en effet, mais par de vaines lamentations et des gestes faibles, tel qu'il appartient à des ombres. L'hymne de contrition s'arrêta aussi dans le silence, et de ce groupe entier, la seule figure devenue plus distincte fut celle du gigantesque exécuteur, dont le front haut et sillonné, aussi bien que la large hache d'acier, reçurent et réfléchirent les rayons lumineux qui partaient de l'autel. Alexis vit la nécessité de rompre le silence qui s'ensuivit, de peur de donner à ceux qui s'intéressaient au prisonnier l'opportunité de renouveler leurs intercessions.

— Nicéphore Brienne, dit-il d'une voix qui, bien qu'ordinairement brisée par une légère hésitation qui lui avait valu parmi ses ennemis le surnom du Bègue, était, dans les occasions importantes comme celle-ci, si judicieusement accentuée, si bien phrasée, que ce défaut devenait tout à fait imperceptible ; — Nicéphore Brienne, naguère césar, la sentence légale a été portée, qui dit que pour avoir conspiré contre la vie de ton souverain légitime et de ton père affectionné Alexis Comnène, tu dois souffrir un châtiment mérité, et que ta tête doit être séparée de ton corps. Ici donc, à ce dernier autel de refuge, je me présente devant toi, suivant le vœu de l'immortel Constantin, pour te demander si tu as quelques raisons à alléguer contre l'exécution de cette sentence ? Même à cette avant-dernière heure, ta langue n'est point enchaînée, et tu peux avec liberté dire ce qui pourrait défendre ta vie. Tout est prêt dans ce monde et dans l'autre. Regarde devant toi, au delà de cette porte voûtée : — le billot est fixé. Regarde derrière toi, tu vois la hache déjà aiguisée ; — bonne ou mauvaise, ta place dans l'autre monde est déjà déterminée. — Le temps fuit, — l'éternité approche : si tu as quelque chose à dire, fais-le librement ; — sinon confesse la justice de ta sentence, et marche à la mort.

L'empereur commença cette harangue avec ce regard perçant que sa fille a comparé aux éclats de l'éclair, et ses périodes, si elles ne coulèrent pas exactement comme la lave brûlante, avaient cependant l'accent d'un homme qui a la puissance d'un pouvoir absolu ; aussi produisirent-elles un formidable effet non-seulement sur le criminel, mais encore sur l'empereur lui-même, dont les yeux humides et la voix tremblante accusaient le sentiment et la conscience de l'importance fatale de ce moment solennel.

Nicéphore n'était pas un de ces criminels endurcis qu'on peut appeler les monstruosités de l'histoire, par le sang-froid avec lequel ils contemplent les suites de leurs crimes, soit dans leur propre châtiment, soit dans les infortunes des autres. — J'ai été tenté, dit-il en tombant à genoux, et j'ai succombé; je n'ai rien à alléguer pour excuser ma folie et mon ingratitude, mais me voilà prêt à mourir pour expier mon crime.—A ces mots on entendit un soupir profond et presque un sanglot d'angoisses partir de derrière l'empereur; Irène en expliqua la cause en s'écriant aussitôt : — Monseigneur! monseigneur! votre fille est morte! Et de fait, Anne Comnène était tombée dans les bras de sa mère, sans connaissance et sans mouvement. L'attention du père se porta immédiatement à soutenir son enfant évanouie, tandis que son malheureux époux luttait avec ses gardes pour qu'il lui fût permis de voler au secours de sa femme : Donnez-moi seulement cinq minutes de ce temps que la loi a abrégé; — que j'aide à la rappeler à une vie qui devrait être aussi longue que le méritent ses vertus et ses talents, et puis que je meure à ses pieds: je ne me soucie point de faire un pas de plus.

L'empereur, qui, dans le fait, avait été plus étonné de la hardiesse et de la témérité de Nicéphore qu'alarmé de sa puissance, le considérait comme un homme qui avait été plutôt séduit qu'il n'avait séduit les autres; il éprouva donc profondément l'effet de cette dernière entrevue. En outre, il n'était pas naturellement cruel, quand des actes de sévérité devaient s'exercer devant ses propres yeux.

— Le divin et immortel Constantin, dit-il, n'a pas soumis, j'en suis sûr, ses descendants à cette cruelle épreuve, pour qu'ils cherchassent à s'assurer de l'innocence des accusés, mais pour leur donner l'occasion de pardonner généreusement un crime qui n'aurait pu, sans le pardon, le pardon exprès du prince, échapper au châtiment. Je me réjouis d'être né plutôt de la nature du saule que de celle du chêne, et j'avoue ma faiblesse; j'avoue que la sûreté de ma propre vie et le ressentiment des perfides machinations de ce malheureux, n'ont pas autant d'effet sur moi que les pleurs de ma femme et l'évanouissement de ma fille. Lève-toi, Nicéphore Brienne, librement pardonné et rendu de même au rang de césar. Nous aurons soin que ta grâce soit rédigée par le grand logothète, et scellée de la bulle d'or. Tu seras prisonnier pendant vingt-quatre heures, jusqu'à ce que nous ayons pris des mesures pour conserver la paix publique; en attendant, tu demeureras sous la garde du patriarche, qui répondra de te représenter s'il en est requis.—Irène, et vous, ma fille, il vous faut retourner dans vos appartements ; un temps viendra où vous aurez tout le loisir de pleurer et de vous embrasser, de vous attrister et de vous réjouir. Plaise à Dieu que moi, qui me suis laissé entraîner à sacrifier la justice et la vraie politique à ma compassion pour mon épouse et à ma tendresse pour ma fille, je n'aie pas lieu de déplorer un jour les événements si compliqués de ce drame!

Le césar, qui venait de recevoir son pardon et qui s'efforça de régler ses idées sur ce changement inespéré, trouva aussi difficile de s'ha bituer à la réalité de sa situation, qu'Ursel à la vue de la nature, après en avoir été longtemps privé, tant l'éblouissement et la confusion des idées, occasionnés par des causes morales ou physiques, se ressemblent dans les effets qu'ils produisent sur notre intelligence.

Enfin il bégaya une requête tendante à ce qu'il lui fût permis d'accompagner l'empereur dans la lice, et de se placer lui-même devant les coups que quelques désespérés, parmi les conspirateurs, pourraient diriger contre Alexis, dans une journée qui serait, il n'y avait que trop lieu de le craindre, une journée pleine de sang et de dangers.

— Halte là, dit Alexis Comnène; — nous venons de t'accorder une vie nouvelle, et nous ne voulons pas la commencer par de nouveaux doutes sur ta fidélité. Cependant il est d'autant plus juste que tu demeures ici, que tu es encore le chef nominal et ostensible de ceux qui s'apprêtent à prendre aujourd'hui part à cette insurrection. Il sera donc plus sûr de confier à d'autres mains qu'aux tiennes le soin de la pacifier. — Allez, seigneur; entretenez-vous avec le patriarche, et méritez votre pardon en lui confessant toutes les trahisons qui se lieraient à cette abominable conspiration, et que nous pourrions ne pas connaître encore. — Ma femme et ma fille, adieu! Il faut maintenant que je parte pour la lice, que je parle au traître Tatius et au païen infidèle Agélastès, si toutefois il vit encore; car le bruit de sa mort providentielle se confirme de plus en plus.

— N'y allez pas, mon père! dit la princesse, mais laissez-moi plutôt y aller pour encourager en votre faveur vos loyaux sujets. L'extrême bonté que vous avez montrée à mon coupable époux me prouve l'étendue de votre affection pour votre indigne fille, et la grandeur du sacrifice que vous avez fait à son affection presque puérile pour un ingrat qui avait mis votre vie en danger.

— C'est-à-dire, ma fille, répondit l'empereur en souriant, que le pardon de votre époux est une faveur qui a perdu le prix que vous y mettiez dès qu'elle vous a été accordée? Prends mon avis, Anne, et pense autrement : les femmes et les maris doivent, s'ils sont sages, oublier leurs torts réciproques aussitôt que la nature humaine le leur permet. La vie est trop courte et la tranquillité conjugale trop incertaine, pour s'arrêter longtemps sur des sujets d'une nature si irritante. Rendez-vous à vos appartements, princesses, et préparez les bottines écarlates et les broderies qui décorent les manches et le collet de la robe du césar; il ne faut pas qu'on le voie demain sans les insignes de son rang élevé. — Mon révérend père, je vous rappelle encore une fois que le césar est confié à votre garde personnelle, depuis ce moment jusqu'à demain à pareille heure.

Ils se séparèrent. L'empereur se mit à la tête de ses gardes varangiennes; — le césar, sous la conduite du patriarche, se retira dans l'intérieur du palais de Blacquernal, où il se vit dans la nécessité de découvrir tout le plan des rebelles, et de jeter autant de jour qu'il fût en son pouvoir sur la marche et les progrès de la conspiration.

— Agélastès, dit-il, Achille Tatius et Hereward étaient les personnes en qui je m'étais surtout reposé du succès de l'entreprise ; mais qu'ils aient été tous sincères dans les engagements qu'ils avaient pris envers moi, c'est ce que je ne saurais dire.

Dans l'appartement des femmes, il s'éleva une violente discussion entre Anne Comnène et sa mère. La princesse avait subi dans la journée bien des changements dans sa façon de penser et de sentir, qui tous, en définitive, avaient fini par former un intérêt puissant en faveur de son époux; mais à peine la crainte de son châtiment s'était-elle évanouie, qu'elle sentit revivre le sentiment de son ingrate conduite. Elle réfléchit aussi qu'une femme de talents aussi extraordinaires que les siens, habituée par l'universelle flatterie à se former une haute idée de son importance, avait fait une assez pauvre figure quand elle avait été le sujet passif d'une longue série d'intrigues qui tendaient à disposer d'elle d'une façon ou d'une autre, suivant le caprice d'une troupe de conspirateurs subalternes, qui ne s'étaient pas même avisés de la regarder comme capable de former un désir dans son propre intérêt, d'accorder ou de refuser son consentement. Elle pouvait moins mettre en question l'autorité de son père sur elle et le droit qu'il avait de disposer de sa personne. Mais sur ce point-là même il y avait quelque chose qui dérogeait à la dignité d'une princesse née dans la pourpre, — d'une femme auteur, en outre, et distributrice d'immortalité, — de se voir, sans son consentement, jetée, pour ainsi dire, à la tête, tantôt d'un adorateur, tantôt d'un autre, quelque vile que fût sa naissance, quelque repoussante que pût être sa personne, pourvu que son alliance fût utile dans le moment aux intérêts politiques de l'empereur. La conséquence de ces tristes réflexions fut qu'Anne Comnène se tourmenta profondément l'esprit pour découvrir quelque moyen de relever sa dignité oubliée, et qu'elle adopta, dans ce but, divers expédients.

CHAPITRE XXXII.

> Mais maintenant la main du destin tire le rideau et découvre la scène.
> *Don Sébastien.*

La gigantesque trompette des Varangiens fit retentir sa sonnerie de marche la plus bruyante. Les escadrons de ces gardes fidèles, couverts en entier de cottes de mailles et conduisant dans leur centre l'empereur leur maître, se mirent en marche à travers les rues de Constantinople. La bonne mine d'Alexis, relevée par son armure splendide, ne paraissait pas indigne d'être le point central des forces de l'empire; et dans la foule de citadins qui se pressait sur ses pas et ceux de son cortége, il était facile de remarquer une différence entre ceux qui étaient venus avec l'intention préméditée de faire du tumulte, et la multitude qui, comme celle de toutes les grandes cités, s'entasse, se coudoie et pousse des acclamations joyeuses, quelle que soit la cause qui réunisse une grande foule. L'espoir des conspirateurs reposait surtout sur les Immortels, qui, levés principalement pour la défense de Constantinople, partageaient généralement les préjugés des citoyens et surtout leur affection pour Ursel, lequel avait été leur commandant avant qu'il ne fût jeté en prison. Les conspirateurs avaient résolu que ceux de ce corps qui passaient pour les plus mécontents prendraient de bonne heure possession, dans la lice, des positions les plus favorables à leur dessein d'assaillir la personne de l'empereur. Mais, en dépit de tous leurs efforts, la violence ouverte exceptée, à laquelle il ne leur paraissait pas encore temps de recourir, ils se virent désappointés dans leur dessein par des détachements de Varangiens, postés en apparence au hasard, mais dans le fait avec une parfaite habileté pour prévenir leur entreprise. Un peu confus de voir qu'un dessein, qu'ils ne supposaient pas qu'on pût même soupçonner, se trouvât cependant de toutes parts gêné et empêché, les conspirateurs commencèrent à chercher des yeux les principaux personnages de leur propre parti, dont ils attendaient des ordres dans cette circonstance difficile. Mais ni le césar ni Agélastès ne paraissaient nulle part, ni dans la lice ni dans le cortége parti de Constantinople, dont il est vrai qu'Achille Tatius faisait partie; mais on voyait clairement qu'il était là plutôt à la suite du proto-spathaire que dans cet état d'indépendance qu'il aimait à affecter comme officier supérieur.

Lorsque l'empereur, à la tête de sa brillante escorte, s'approcha ainsi de la phalange de Tancrède, rangée, comme nous l'avons dit, sur un cap qui s'élevait entre la ville et la lice, le gros du cortége se jeta un peu à côté de la route directe, pour passer sans opposition de la part des Latins, tandis que le proto-spathaire et l'acolouthos continuèrent d'aller droit sur eux, sous l'escorte d'une poignée de Varangiens, pour porter le message de l'empereur au prince Tancrède, et lui demander le motif de sa présence en ces lieux avec sa troupe armée. Cette courte marche fut bientôt exécutée ; la grande trompette qui accompagnait les deux généraux sonna un pourparler, et Tancrède lui-même, remarquable pour sa beauté, que le Tasse a élevée au-dessus de celle de tous les autres Croisés, à l'exception de Renaud d'Este, création de son imagination poétique, se porta seul à leur rencontre.

— L'empereur de la Grèce, dit le proto-spathaire, demande à Tancrède, prince d'Otrante, de lui faire savoir, par la voix de ses deux grands-officiers qui lui transmettent ce message, pourquoi, contrairement à son serment, il est revenu sur la rive droite du détroit, assurant en même temps le prince Tancrède que rien ne sera plus agréable à l'empereur que de recevoir une réponse qui ne soit pas en opposition avec le traité conclu entre lui et le duc de Bouillon, et le serment prêté par les nobles Croisés et leurs soldats ; car une telle réponse permettrait à l'empereur, en conformité avec ses propres désirs, de montrer au prince Tancrède, par la bonne réception qu'il lui ferait, ainsi qu'à ses troupes, la haute estime qu'il fait du rang de l'un et de la dignité de tous. — Nous attendons une réponse.

Le ton de ce message n'avait rien de bien alarmant, et il ne fut pas bien difficile au prince Tancrède d'y répondre. — La cause pour laquelle le prince Tancrède reparaît ici, à la tête de cinquante lances, est le cartel en vertu duquel un combat singulier doit avoir lieu entre Nicéphore Brienne, appelé le césar, un des grands personnages de cet empire, et un digne chevalier de grand renom, le compagnon des pèlerins qui ont pris la Croix par suite de leurs vœux solennels de délivrer la Palestine des mains des Infidèles ; le nom de ce chevalier est le redouté Robert de Paris. Il devient donc une obligation indispensable, pour les pieux pèlerins de la Croisade, d'envoyer l'un de leurs chefs avec une troupe d'hommes d'armes suffisante pour veiller, suivant la coutume, à ce que tout se passe loyalement entre les combattants. Que telle soit leur intention, c'est ce qui est évident, puisqu'ils n'ont envoyé que cinquante lances avec leur suite ordinaire, tandis qu'il leur eût été facile d'en envoyer dix fois autant s'ils avaient eu dessein d'intervenir par la violence, ou de troubler le combat loyal qui est au moment d'avoir lieu. Le prince d'Otrante et ses compagnons se mettront donc à la disposition de la cour impériale, et ils assisteront à ce combat, bien persuadés à l'avance que les règles de la loyauté y seront ponctuellement observées.

Les deux généraux grecs transmirent cette réponse à l'empereur, qui l'entendit avec plaisir ; et agissant immédiatement d'après le principe qu'il s'était fait de maintenir la paix tant qu'il lui serait possible, il nomma immédiatement pour maréchaux de camp de la lice, le prince Tancrède et le proto-spathaire, avec plein pouvoir de décider, sous les ordres de l'empereur, toutes les circonstances du combat, sauf à en référer à lui s'ils venaient à ne pas tomber d'accord. On le fit connaître aux assistants, qui furent ainsi préparés à voir entrer dans la lice le général grec et le prince italien, armés de pied en cap ; et il fut fait une proclamation solennelle, annonçant à tous les spectateurs l'office qui leur était confié. La même proclamation ordonnait à tous les assistants, de quelque rang qu'ils fussent, de vider une partie suffisante des places qui entouraient la lice d'un côté, pour qu'elles fussent occupées par les compagnons du prince Tancrède.

Achille Tatius, qui observait attentivement tout ce qui se passait, ne vit pas sans alarme que, par ce dernier arrangement, les Latins armés se trouvaient placés entre les Immortels et les citoyens mécontents ; ce qui rendait plus probable encore que la conspiration était découverte et qu'Alexis pensait qu'il pouvait, à bon droit, compter sur Tancrède et les siens. Ceci, joint à la manière froide et caustique dont l'empereur lui communiquait ses ordres, fit penser à l'acolouthos que la meilleure chance qu'il eût d'échapper au danger où il se trouvait, était que la conspiration tout entière s'en allât en fumée, et que la journée se passât sans que la plus petite tentative fût faite pour ébranler le trône d'Alexis Comnène. Même dans cette hypothèse, il demeurait très-douteux qu'un despote aussi astucieux et aussi soupçonneux que l'empereur voulût se contenter de connaître l'entreprise et son insuccès, sans mettre en exercice les cordes d'arc et les fers à aveugler des muets de l'intérieur du palais. D'un autre côté, il n'y avait guère de possibilité de fuite ou de résistance. La moindre tentative qu'aurait pu faire l'acolouthos pour s'éloigner du voisinage des gardes fidèles de l'empereur, ses ennemis personnels, dont il se voyait graduellement et de près entouré, devenait à chaque instant plus périlleuse, et à chaque instant il était plus certain qu'elle aurait provoqué une rupture qu'il était de l'intérêt du parti le plus faible de reculer autant que possible. De plus, tandis que les soldats, sous les ordres immédiats d'Achille, semblaient le traiter extérieurement comme leur officier supérieur, et lui demander des ordres, il semblait de plus en plus évident que le moindre soupçon qu'il pourrait exciter serait le signal de son arrestation. Ce fut donc en tremblant au fond du cœur, et les yeux obscurcis par la terrible idée qu'il allait bientôt être privé de la lumière du jour et de tout ce qu'elle rend visible, que l'acolouthos se vit condamné à attendre la tournure que prendraient les circonstances, sur lesquelles il n'avait plus la moindre influence, et de se contenter

CHAPITRE XXXII.

d'attendre le résultat d'un drame de la péripétie duquel dépendait sa propre vie, quoique la pièce fût jouée par d'autres ; le fait est qu'on aurait cru, dans toute l'assemblée, qu'on attendait quelque signal que personne n'était prêt à donner.

Les citoyens et les soldats mécontents cherchaient en vain des yeux Agélastès et le césar, et quand ils observèrent la contenance d'Achille Tatius, elle leur parut plutôt exprimer le doute et la consternation qu'être propre à nourrir et à encourager leurs espérances. Cependant, beaucoup de gens de la classe inférieure avaient trop bien le sentiment de leur propre insignifiance pour craindre les conséquences personnelles d'un tumulte, et ceux-là, en conséquence, étaient désireux de provoquer l'émeute, qui semblait prête à s'anéantir dans le sommeil.

Un murmure sauvage, qui s'élevait presque jusqu'à la clameur, se fit entendre : — Justice ! justice ! — Ursel ! Ursel ! — Les droits des gardes immortelles ! etc., etc. Alors la trompette des Varangiens se réveilla, et ses notes menaçantes couvrirent les cris de l'assemblée entière, comme la voix d'une divinité toute-puissante. Un morne silence s'étendit parmi la multitude, et la voix du héraut annonça, au nom d'Alexis Comnène, sa volonté souveraine et son bon plaisir.

— Citoyens de l'empire romain, vos plaintes, fomentées par des factieux, sont arrivées à l'oreille de l'empereur, et vous allez être vous-mêmes témoins de la puissance qu'il a de satisfaire aux désirs de son peuple. A votre requête, et devant vos yeux, le rayon visuel qui avait été éteint sera rallumé, — l'intelligence, dont les efforts avaient été restreints à la satisfaction imparfaite des besoins individuels, sera étendue de nouveau, si telle est la volonté de celui qui la possède, au gouvernement d'un grand thème de l'empire. La jalousie politique, plus difficile à admettre la conviction que l'aveugle à recevoir la lumière, s'avouera vaincue par l'amour paternel de l'empereur envers son peuple, et son désir de lui donner satisfaction. Ursel, l'objet favori de vos affections, qu'on supposait mort depuis longtemps, ou que du moins on croyait depuis longtemps prisonnier ou aveugle, vous est rendu dans la jouissance de la santé et de la vue, et possédant toutes les facultés nécessaires pour faire honneur à la faveur de l'empereur, et mériter l'affection du peuple.

Quand le héraut eut fini de parler, une figure, qui jusque-là s'était tenue cachée derrière quelques officiers du palais, s'avança, et écartant un voile sombre qui la couvrait, parut dans un vêtement d'éblouissante écarlate, dont les broderies des manches et les brodequins déployaient les insignes d'un rang très-rapproché de celui de l'empereur lui-même. Cet homme tenait à la main un bâton d'argent, signe du commandement des gardes immortelles ; et, s'agenouillant devant l'empereur, il le déposa entre ses mains, comme pour signifier la résignation volontaire de l'autorité dont il était l'emblème. L'assemblée entière fut électrisée à la vue d'une personne que longtemps on avait supposée morte, ou rendue, par des moyens cruels, incapable de remplir aucune fonction publique. Quelques-uns reconnurent cet homme, dont les formes et les traits n'étaient pas de ceux qu'on oublie facilement, et le félicitaient de son retour inespéré au service de son pays; d'autres, étonnés, demeurèrent en suspens, ne sachant s'ils devaient en croire leurs yeux, tandis qu'un petit nombre de mécontents déterminés s'empressaient de faire courir dans l'assemblée le bruit que la personne qu'on leur présentait comme Ursel était un imposteur, et que toute cette scène était un tour de l'empereur.

— Parle-leur, noble Ursel, dit l'empereur; dis-leur que si j'ai péché contre toi, c'est parce qu'on m'avait trompé, et que ma volonté de t'offrir des compensations est aussi forte que celle que j'ai jamais pu avoir de te nuire.

— Mes amis, mes compatriotes, dit Ursel, se tournant vers l'assemblée, Sa Majesté Impériale me permet de vous offrir l'assurance que, si dans une époque antérieure de ma vie j'ai eu à souffrir par ses ordres, le souvenir en est plus qu'effacé par le sentiment d'un moment aussi glorieux que celui-ci; que je ne désire rien tant à présent, que de passer le reste de ma vie au service du plus généreux et du meilleur des souverains, ou de le consacrer, avec sa permission, à me préparer par de dévots exercices à une immortalité infinie dans la société des saints et des anges. A quelque choix que je m'arrête, je compte que vous, mes bien-aimés concitoyens, qui m'avez gardé un souvenir si précieux pendant les années que j'ai passées dans les ténèbres et la captivité, vous ne me refuserez pas le concours bienfaisant de vos prières.

Cette apparition soudaine d'Ursel, qu'on avait cru longtemps perdu, avait quelque chose de trop élevé, de trop surprenant, pour ne pas captiver la multitude; elle scella sa réconciliation par trois hourras si effroyables, qu'on dit que l'air en fut ébranlé, et que les oiseaux, incapables de se soutenir, tombèrent, épuisés, hors de leur élément naturel.

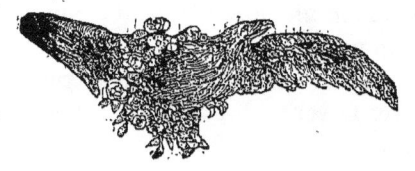

CHAPITRE XXXIII.

> Eh quoi! quitter le combat! s'écria le chevalier. — Oui, ou bien il faut renoncer au Stagyrite. Le théâtre ne contiendra jamais une si grande multitude. — Alors bâtissez-en un autre, ou jouez la pièce en plein air.   POPE.

LE bruit des acclamations joyeuses s'était répandu, à travers les montagnes et les forêts, sur les rives lointaines du Bosphore, et venait d'expirer dans les derniers échos; au milieu du silence qui suivit, les spectateurs semblaient se demander l'un à l'autre quelle nouvelle scène allait remplir une pause si solennelle et un théâtre si auguste. Cette pause aurait probablement bientôt donné lieu à quelque nouvelle clameur, car la multitude, pour quelque cause qu'elle soit assemblée, garde rarement un long silence; mais un nouveau signal de la trompette des Varangiens vint l'avertir qu'un nouvel objet allait réclamer son attention. Cette fanfare avait quelque chose d'animé, et cependant de mélancolique; en même temps qu'elle tenait d'une marche guerrière, elle avait ce caractère lugubre qu'on pourrait choisir pour annoncer l'exécution de quelque personnage important. Les notes étaient élevées et soutenues; elles se prolongeaient et se continuaient comme si la voix du bronze avait été éveillée par quelque chose de plus puissant que les poumons d'un simple mortel.

La multitude parut reconnaître ces sons imposants; et en effet, c'étaient ceux qui appelaient ordinairement son attention sur les édits impériaux d'une nature triste, tels que ceux qui annonçaient des rébellions, des condamnations pour cause de trahison, et autres nouvelles d'une grande et sérieuse importance qu'on croyait devoir porter à la connaissance du peuple de Constantinople. Quand la trompette eut cessé à son tour d'agiter l'immense assemblée de ses notes lugubres et stridentes, la voix du héraut se fit entendre de nouveau.

Il annonça, d'un ton grave et touchant, « qu'il arrivait quelquefois que le peuple manquait à ses devoirs envers son souverain, qui était pour lui comme un père, et que c'était alors pour le prince un devoir pénible d'employer la verge de correction au lieu du sceptre d'olivier, symbole de merci.

« Il est heureux, continua le héraut, que la divinité suprême, après s'être chargée de préserver un trône qui ressemble au sien pour la bienfaisance et la justice, se charge encore de la tâche la plus pénible de son délégué sur la terre, c'est-à-dire du châtiment de ceux que, dans son infaillible jugement, elle reconnaît comme les plus coupables, tandis qu'elle lui laisse la tâche plus agréable de pardonner à ceux que les artifices ont séduits, et que la trahison a entraînés dans ses piéges.

« Tel étant le cas, la Grèce et les thèmes qui en dépendent sont appelés à écouter et à apprendre qu'un scélérat, nommé Agélastès, qui s'était insinué dans la faveur de l'empereur en affectant des connaissances profondes et une vertu sévère, avait formé traîtreusement le plan d'assassiner l'empereur Alexis Comnène, et de bouleverser l'État. Cet homme, qui, sous les dehors de la sagesse, cachait les doctrines d'un hérétique et les vices d'un sensualiste, avait fait des prosélytes jusque dans la famille impériale, parmi les personnes qui lui tenaient de plus près, et aussi parmi celles de la dernière classe. C'est pour exciter celles-ci qu'on avait répandu une foule de rumeurs mensongères, telles que l'histoire de la mise à mort et de l'aveuglement d'Ursel, dont vous venez de reconnaître la fausseté. »

Le peuple, qui jusque-là avait écouté en silence, voyant qu'on en appelait à lui, fit entendre de bruyantes clameurs d'assentiment. Elles avaient à peine cessé, que la voix métallique du héraut continua la proclamation.

« Coré, Dathan et Abiram ne furent pas plus justement et plus immédiatement frappés par la sentence d'un Dieu offensé, que cet infâme Agélastès. La terre s'entr'ouvrit pour dévorer les fils apostats d'Israël; mais la fin de la carrière de ce misérable a eu lieu, autant qu'on le sache jusqu'ici, par l'entremise directe d'un malin esprit que sa science sacrilége avait évoqué. Ce malin esprit, ainsi qu'il apparaît du témoignage d'une noble dame et de plusieurs autres femmes qui en ont été témoins, a étranglé Agélastès: fin bien digne de ses crimes odieux. Une telle mort, alors même qu'elle frappe un homme si coupable, ne saurait manquer d'être bien pénible pour le cœur compatissant de l'empereur, parce qu'elle implique des souffrances au delà de ce monde. Mais cette catastrophe épouvantable amène du moins avec elle cette consolation, qu'elle dispense l'empereur de pousser plus loin une vengeance que le Ciel lui-même semble avoir limitée au châtiment exemplaire du principal conspirateur. Quelques changements dans les charges et les situations auront lieu dans l'intérêt de la sécurité publique, et pour le maintien du bon ordre. Mais le secret de savoir qui avait ou qui n'avait pas pris part à ce crime épouvantable demeurera enseveli dans le sein des coupables eux-mêmes, puisque l'empereur est résolu à chasser de sa mémoire le souvenir de leur offense, comme l'effet d'un égarement passager. Que tous ceux donc qui m'entendent, et à qui leur conscience dirait qu'ils avaient connaissance de ce qui devait se faire aujourd'hui, retournent dans leurs demeures, assurés que leur propre remords sera leur seul châtiment. Qu'ils se réjouissent de ce que la divinité toute-puissante les a sauvés de ce qu'ils méditaient dans leurs cœurs, et, pour me servir du langage pathétique de l'Écriture :—qu'ils se repentent et qu'ils ne pèchent plus, de peur qu'il ne leur arrive quelque chose de pire. »

La voix du héraut cessa de se faire entendre, et les acclamations des spectateurs lui répondirent de nouveau. Elles étaient unanimes ; car les circonstances contribuaient à convaincre les mécontents qu'ils étaient à la merci du souverain. L'édit qu'ils venaient d'entendre ayant montré qu'Alexis connaissait leur crime, il n'eût dépendu que de lui de déployer contre eux les forces des Varangiens, tandis que, d'après la manière dont il avait accueilli Tancrède, il était probable que les troupes de celui-ci étaient pareillement à sa disposition.

En conséquence, les voix du gigantesque Stéphanos, du centurion Harpax et des autres conspirateurs civils ou militaires, furent les premières à exprimer à grands cris leur reconnaissance pour la clémence de l'empereur, et leurs remerciements au Ciel de ce qu'il avait préservé ses jours.

Cependant le peuple, une fois convaincu que la conspiration était découverte et déjouée, commença, suivant la coutume, à tourner ses pensées vers ce qui avait été le but ostensible de la réunion. Des chuchotements particuliers, se changeant par degrés en murmures, commencèrent à exprimer le mécontentement des citoyens d'être depuis si longtemps assemblés sans qu'un seul mot eût encore été dit du but annoncé de leur réunion.

Alexis ne tarda pas à reconnaître le tour que prenaient leurs pensées ; à un signal de sa main, les trompettes sonnèrent une fanfare dont les sons étaient beaucoup plus vifs et plus gais que ceux qui avaient précédé la proclamation de l'édit. — Robert, comte de Paris, dit alors le héraut, es-tu ici en personne ou par quelque chevalier qui te représente, pour répondre au défi qui t'a été porté par Son Altesse Impériale Nicéphore Brienne, césar de cet empire ?

L'empereur se croyait bien sûr d'avoir pris ses précautions contre l'apparition d'aucune des deux parties appelées, et il avait préparé un spectacle d'un autre genre, à savoir, certaines cages renfermant des animaux féroces, lesquels, lorsque les portes leur seraient ouvertes, devaient se livrer combat aux yeux de l'assemblée. Son étonnement et sa confusion furent donc à leur comble, quand, au moment où l'écho répétait la dernière syllabe de la proclamation, le comte Robert de Paris se présenta, armé de pied en cap, ayant laissé dans l'enceinte, à l'une des extrémités de la lice, son coursier bardé de fer, et prêt à le monter au premier signal du maréchal.

L'alarme et la honte qui se peignirent sur le visage de tous ceux qui entouraient l'empereur, quand le césar ne parut pas pour affronter le redoutable Franc, ne furent pas de longue durée. A peine les hérauts avaient-ils annoncé, dans la forme voulue, son nom et ses titres, et fait la seconde sommation à son antagoniste, qu'un individu, revêtu du costume des Varangiens de la garde, s'élança dans la lice, annonçant qu'il était prêt à se battre au nom et en place du césar Nicéphore Brienne, et pour l'honneur de l'empire.

Alexis vit avec une joie extrême ce secours inattendu, et se hâta de donner son consentement au brave soldat qui se présentait ainsi, dans ce moment de pressante nécessité, pour prendre le dangereux office de champion. Il y consentit d'autant plus volontiers, que par la taille, l'extérieur et la tenue remarquable de celui-ci, il ne douta pas qu'il ne le reconnût, et qu'il avait la plus grande confiance dans sa valeur. Mais le prince Tancrède intervint pour former une opposition.

— Cette lice, dit-il, a été ouverte pour des chevaliers et des nobles, ou du moins on ne doit pas permettre que des hommes s'y rencontrent, qui n'aient quelque égalité de sang et de naissance ; je ne saurais rester témoin silencieux, quand les lois de la chevalerie sont violées sur des points si importants.

— Que le comte Robert de Paris, dit le Varangien, me regarde au visage, et qu'il dise si, par une promesse antérieure, il n'a pas levé toutes les objections à notre rencontre, qui se fonderaient sur l'inégalité des conditions. Je l'en fais juge ; qu'il décide lui-même si, en m'accordant cet honneur, il fera autre chose qu'accomplir un engagement qui le lie depuis longtemps.

Sur cet appel, le comte Robert s'avança, et reconnut sans autres débats que, malgré la différence de leur rang, il se regardait comme tenu par sa parole solennelle à combattre en champ clos ce vaillant soldat. Il ajouta qu'il regrettait, à cause des éminentes vertus de cet homme brave et des éminents services qu'il en avait reçus, qu'ils se trouvassent face à face dans une sanglante querelle ; mais que, puisqu'il n'y avait rien de si commun que de voir le destin de la guerre appeler des amis dans un combat mortel, il ne reculerait pas devant l'engagement qu'il avait contracté ; qu'enfin il ne croyait pas que sa noblesse fût le moins du monde abaissée ou entachée par une rencontre avec un guerrier aussi connu, et connu sous d'aussi bons rapports qu'Hereward, le brave Varangien. Il ajouta qu'il ne demandait pas mieux que le combat eût lieu à pied, et avec la hache de bataille, l'arme ordinaire des gardes varangiennes.

Hereward était resté immobile, presque comme une statue, pendant tout ce discours. Mais quand le comte Robert eut cessé de parler, il lui fit un salut gracieux, et lui dit combien il se trouvait honoré et heureux de la manière noble et loyale dont il s'acquittait de sa promesse envers lui.

— Ce que nous devons faire, répondit le comte Robert, avec un sou-

CHAPITRE XXXIII.

pir de regret que même son amour des combats ne put comprimer, faisons-le promptement; le cœur peut être touché, mais la main doit faire son devoir.

Hereward y consentit, en ajoutant : — Ne perdons pas davantage le temps, qui fuit rapidement; et saisissant sa hache d'armes des deux mains, il se tint prêt au combat.

— Je suis prêt aussi, dit le comte Robert, prenant une arme de même nature des mains d'un soldat varangien qui se trouvait près de lui. Tous deux se trouvèrent immédiatement en garde, et sans autres cérémonies ou formalités, ils engagèrent le combat projeté.

Les premiers coups furent portés et parés avec la plus grande prudence; le prince Tancrède et ses compagnons pensèrent même que le comte Robert en montrait beaucoup plus en cette occasion qu'en aucune autre de sa vie. Mais au combat comme à table l'appétit s'augmente en s'exerçant. Les passions plus colères s'éveillèrent avec le bruit des armes et la sensation de coups formidables, dont quelques-uns, portés de part et d'autre avec une grande furie, furent difficilement parés, et non assez complétement pour que le sang ne coulât pas des deux côtés. Les Grecs contemplaient avec étonnement un combat singulier tel qu'ils n'en avaient jamais vu, et retenaient leur haleine en voyant les coups furieux que se portaient les deux guerriers, s'attendant chaque fois à voir l'un des deux anéanti. Cependant leur force et leur agilité paraissaient se balancer également, quoique ceux qui se piquaient de juger en connaisseurs fussent d'opinion que le comte Robert s'abstenait de porter quelques-uns des coups pour lesquels il était devenu célèbre; et l'on convint généralement qu'il avait renoncé à un grand avantage, en n'insistant pas pour que le combat eût lieu à cheval, comme c'était son droit. D'un autre côté, on remarqua généralement aussi que le brave Varangien n'avait pas voulu profiter d'une ou deux occasions que lui avait données la vivacité de caractère du comte Robert, évidemment échauffé par la prolongation du combat.

Un accident sembla à la fin prêt à décider un combat jusque-là si égal. Le comte Robert, faisant une feinte sur l'un des flancs de son antagoniste, le frappa du tranchant de son arme sur l'autre, qui était à découvert, en sorte que le Varangien chancela, et parut sur le point de tomber. Le son ordinaire que font entendre des spectateurs, à la vue de quelques circonstances pénibles ou désagréables, en aspirant fortement l'air entre leurs dents serrées, se produisit immédiatement dans toute l'assemblée; puis on entendit une voix de femme qui s'écria tout haut et d'un accent pénétrant : — Comte Robert de Paris! — n'oublie pas aujourd'hui que tu dois une vie au Ciel et à moi. — Le comte était au moment de frapper un second coup, dont on ne saurait dire quel eût été le résultat, lorsque ce cri parvint à son oreille, et parut lui ôter toute disposition à continuer le combat.

— Je reconnais la dette, dit-il en inclinant sa hache à terre, et en reculant de deux pas devant son antagoniste, qui demeura étonné, à peine revenu de l'étourdissement du coup qui l'avait presque renversé. Il baissa son arme comme le faisait le comte, et parut attendre dans l'incertitude quelle serait l'issue du combat. — Je reconnais ma dette, continua le vaillant comte de Paris, aussi bien envers Berthe d'Angleterre qu'envers le Tout-Puissant, qui m'a préservé du crime de répandre le sang avec ingratitude. Puis, se tournant vers Tancrède et ses compagnons : — Vous avez vu le combat, messeigneurs, et pouvez attester sur votre honneur qu'il a eu lieu avec loyauté des deux parts, et sans avantage d'aucun côté. Je présume que mon honorable antagoniste a satisfait maintenant le désir qui l'avait poussé à me porter ce défi, dans lequel n'entrait certainement aucun sentiment d'animosité personnelle; quant à moi, je lui ai des obligations tellement grandes, que ce serait une honte et un péché si je continuais ce combat plus longtemps, à moins que je n'y fusse forcé par la nécessité de me défendre.

Alexis embrassa avec joie une proposition de paix à laquelle il était loin de s'attendre, et jeta dans la lice son bâton de juge du camp en signe que le combat était terminé. Tancrède, quoique un peu surpris et peut-être même scandalisé qu'un simple soldat des gardes de l'empereur eût pu tenir tête si longtemps à un chevalier d'un tel renom, ne put s'empêcher de convenir que le combat avait eu lieu avec loyauté, avec égalité, et que la manière dont il se terminait n'avait rien de déshonorant pour aucun des deux adversaires. Le caractère du comte Robert était tellement bien connu, tellement bien établi parmi les Croisés, qu'ils furent forcés de croire que quelques motifs d'une nature bien puissante avaient dû le forcer, contrairement à ses principes habituels, à demander que le combat cessât avant qu'il n'eût pu amener une conclusion mortelle ou du moins décisive. Le jugement de l'empereur, en cette occasion, passa donc en force de loi, sanctionnée par l'assentiment de tous les chefs présents, et confirmée surtout par les bruyantes acclamations de la multitude.

Mais dans toute l'assemblée, la figure la plus intéressante peut-être était celle du courageux Varangien, arrivé si soudainement à un point de renommée militaire que la difficulté qu'il avait eue à soutenir son terrain contre le comte Robert l'avait empêché d'espérer, quoique sa modestie n'ôtât rien au courage indomptable avec lequel il avait soutenu la lutte. Il se tenait debout au milieu de la lice, le visage encore animé de la fatigue du combat, et plus encore peut-être par suite de l'embarras que devait éprouver un homme aussi simple, qui se sentait décontenancé en voyant tous les regards dirigés sur lui.

— Parle-moi, mon brave soldat, dit Alexis, profondément affecté de la reconnaissance qu'il sentait être due à Hereward dans une circonstance si particulière ; parle à ton empereur comme à ton inférieur, car tu l'emportes sur lui en ce moment, et dis-lui s'il est quelque manière dont il te puisse récompenser, fût-ce par le sacrifice de la moitié de l'empire, pour lui avoir sauvé la vie, et ce qui est plus encore, pour avoir sauvé l'honneur de son pays, que tu viens de défendre avec tant d'héroïsme.

- Monseigneur, répondit Hereward, Votre Altesse Impériale évalue trop haut mes pauvres services, et devrait les attribuer au noble comte de Paris ; d'abord pour avoir daigné accepter un antagoniste d'un rang si inférieur au sien, et ensuite pour avoir généreusement abandonné la victoire, quand il n'avait plus qu'un coup à porter pour se l'assurer ; car je confesse ici devant Votre Majesté, devant mes frères les Varangiens et les Grecs assemblés, que mes forces ne me permettaient plus de prolonger le combat, quand la générosité de ce brave comte y a mis un terme.

— Ne te fais pas à toi-même cette injustice, mon brave, répondit le comte de Paris ; car je jure par Notre-Dame des Lances Rompues que l'issue du combat était encore indécise et connue seulement de la Providence, quand les sentiments qui me pressaient m'ont rendu incapable de le continuer, ce qui nécessairement eût été au préjudice, et peut-être au préjudice mortel d'un antagoniste auquel je dois tant. Choisis donc la récompense que t'offre la générosité de ton empereur, dans sa justice et sa reconnaissance, et ne crains pas que la voix d'homme au monde dise qu'elle n'a pas été méritée, quand Robert de Paris déclarera que tu l'as gagnée l'épée à la main sur son propre cimier.

— Monseigneur, répondit l'Anglo-Saxon, vous êtes trop grand et trop noble pour qu'un homme tel que moi vous contredise ; il ne faut pas que j'élève une nouvelle querelle entre nous, en contestant les circonstances dans lesquelles notre combat s'est terminé si soudainement. Il ne serait ni sage ni prudent à moi de m'élever plus longtemps contre votre opinion. Mon noble empereur m'offre généreusement le droit de choisir ce qu'il appelle ma récompense ; qu'on ne croie pas que je déprécie cette générosité, si c'est de vous, monseigneur, et non pas de Son Altesse Impériale, que je vais solliciter une faveur, la plus précieuse que ma voix puisse exprimer.

— Et cette faveur, dit le comte, elle a rapport à Berthe, la fidèle suivante de ma femme ?

— Oui, répondit Hereward ; j'ai l'intention de solliciter mon congé des gardes varangiennes, et la permission de prendre part au pieux et honorable vœu de Votre Seigneurie, de délivrer la Palestine. Je demanderai encore la permission de combattre sous votre bannière honorée, et celle de rappeler de temps en temps à Berthe la demande que j'ai faite de sa main, espérant que son noble seigneur et sa noble dame voudront bien l'approuver. C'est ainsi que je pourrai peut-être espérer d'être à la fin rendu à un pays que je n'ai pas cessé d'aimer plus que le reste du monde.

— Tes services, noble soldat, répondit le comte, je les accepterai avec autant de plaisir que ceux d'un homme que sa naissance aurait fait comte, et il n'y aura pas d'occasion de gloire pour laquelle je ne te choisisse de préférence, toutes les fois qu'il s'en présentera. Je ne veux pas me vanter du crédit que je possède à la cour d'Angleterre ; mais je puis quelque chose auprès du roi, et certainement j'emploierai tous mes efforts pour t'établir de nouveau dans ta patrie bien-aimée.

L'empereur prit alors la parole. — Soyez témoins, dit-il, ciel et terre, et vous, mes fidèles sujets, et vous, mes braves alliés, et vous surtout, mes hardis et fidèles gardes varangiennes, que nous aurions mieux aimé perdre le plus brillant joyau de notre couronne impériale que de renoncer aux services de cet intrépide et fidèle Anglo-Saxon ; mais puisqu'il doit partir, puisqu'il le veut, ce sera un devoir pour moi de le distinguer par de telles marques de ma munificence, qu'on sache pendant tout le reste de sa vie, qu'il est celui envers lequel l'empereur Alexis Comnène reconnaît avoir contracté une dette que son empire ne saurait payer. Vous, monseigneur Tancrède, ainsi que vos principaux chevaliers, vous souperez avec nous ce soir ; et demain vous reprendrez votre pieux et honorable pèlerinage ; nous espérons que l'un et l'autre des combattants voudront bien aussi nous honorer de leur présence. — Trompettes, donnez le signal du départ.

Les trompettes sonnèrent, et les différentes classes de spectateurs, armés ou non armés, se séparèrent en divers groupes, ou reformèrent leurs rangs militaires pour retourner à la ville.

Les cris des femmes, qui s'élevèrent tout à coup et d'une manière étrange, furent le premier incident qui suspendit le départ de la multitude ; ceux qui alors portèrent leurs regards en arrière virent, avec une extrême surprise, Sylvain, le grand orang-outang, se présenter dans les lices. Les femmes et la plupart des hommes présents, pour lesquels les traits monstrueux et l'extérieur sauvage d'une créature si extraordinaire étaient tout à fait nouveaux, poussèrent des cris de terreur tels qu'ils troublèrent l'animal qui les occasionnait. Dans le cours de la nuit, Sylvain s'était échappé des jardins d'Agélastès, et ayant escaladé les remparts de la ville, n'avait pas trouvé de difficulté à s'introduire dans les lices alors en construction, et y avait trouvé une cachette dans quelque coin obscur sous les gradins. Il est probable qu'il en avait été délogé par la foule qui se dispersait, et qu'il avait été contraint de paraître en public au moment où il le désirait le moins, à peu près comme le célèbre Polichinelle à la fin de son drame, quand il entre en un combat mortel avec le diable, scène qui excite à peine plus de terreur parmi les enfants qui y assistent, que l'apparition inattendue de Sylvain n'en causa aux spectateurs du duel. Les plus braves des soldats bandèrent leurs arcs et pointèrent leurs javelines contre un animal d'un extérieur si équivoque, qu'à sa taille extraordinaire et à son aspect sauvage la plupart prirent pour le diable lui-même, ou pour quelqu'une des divinités infernales que les païens adoraient autrefois. Sylvain avait assez profité des occasions qui lui avaient été fournies, pour comprendre suffisamment que l'attitude que prenaient tant de soldats impliquait pour lui un danger immédiat. Pour s'en garantir, il courut se placer sous la protection d'Hereward, avec lequel il était jusqu'à un certain point familier. Il le saisit donc par son manteau, et, par l'expression bizarre et alarmée de ses traits fantastiques, par un certain grognement sauvage et inarticulé, il s'efforça d'exprimer ses craintes et de solliciter protection. Hereward comprit l'animal effrayé, et se tournant vers le trône de l'empereur, il dit à voix haute : — Pauvre animal épouvanté, dirige ta demande, tes gestes et tes accents vers celui qui, ayant pardonné aujourd'hui tant d'offenses volontairement et malicieusement préméditées, ne se montrera pas, j'en suis sûr, plus implacable pour celle qu'aurait pu commettre un être qui n'est comme toi qu'à demi doué de raison.

L'animal, comme il est dans la nature de sa race, comprit, par le geste et les accents d'Hereward, comment et à qui il devait adresser ses piteuses supplications, tandis que l'empereur, nonobstant tout ce qu'il y avait eu de sérieux dans la scène qui venait de se passer, ne put s'empêcher de rire du comique qu'y jetait ce dernier incident.

— Mon fidèle Hereward, — et il ajouta à part lui, je ne l'appellerai plus Edward si je puis m'en empêcher, — tu es le refuge de tous les affligés, hommes ou bêtes, et tant que tu resteras à notre service, nul ne demandera en vain, qui le fera par ton intercession. Mon brave Hereward, — car ce nom était maintenant bien gravé dans sa mémoire impériale, — avec ceux de tes compagnons qui connaissent les habitudes de cet animal, reconduis-le à son ancien logement, dans le palais de Blacquernal. Cela fait, mon ami, rappelle-toi que nous attendons ta compagnie et celle de ta digne fiancée Berthe pour souper avec l'impératrice et notre fille, et avec ceux de nos serviteurs et de nos alliés que nous inviterons à partager cet honneur. Sois sûr que tant que tu demeureras avec nous, il n'est aucune marque de distinction que nous ne nous empressions de t'accorder. — Et toi, Achille Tatius, approche, aussi haut placé dans la faveur de ton empereur qu'avant l'aube de ce jour ; les accusations portées contre toi ont été à l'oreille d'un ami qui les oubliera, à moins, ce qu'à Dieu ne plaise, que par de nouvelles offenses tu ne le forces à se les rappeler.

Achille Tatius s'inclina jusqu'à ce que le panache de son casque touchât la crinière de son vigoureux coursier ; mais il crut que le plus prudent était de ne pas répondre, laissant son crime et son pardon dans les termes généraux dont l'empereur s'était servi.

Une seconde fois la foule reprit le chemin de la ville, et aucune interruption ne vint arrêter de nouveau leur marche. Sylvain, accompagné d'un ou deux Varangiens qui le tenaient dans une sorte de captivité, fut reconduit vers les souterrains de Blacquernal, qui étaient en effet son habitation la plus convenable.

En se rendant à la ville, Harpax, le fameux centurion des Immortels, eut une conversation avec un ou deux de ses soldats et quelques-uns des bourgeois qui avaient trempé dans la dernière conspiration.

— Ainsi, disait Stéphanos le lutteur, nous avons fait une belle affaire, de nous laisser devancer et trahir par un Varangien à cerveau épais ! Toutes les chances se sont tournées contre nous, comme elles le feraient contre Corydon, le cordonnier, s'il s'avisait de me défier dans le cirque. Ursel, de la mort duquel nous comptions faire tant de bruit, se trouve ne pas être mort, et, ce qui est pire, sa vie ne nous est d'aucun avantage. Cet Hereward qui, hier, n'était pas plus que moi, — qu'est-ce que je dis donc ? — pas plus que moi ! — qui était beaucoup moins que moi, — un zéro insignifiant à tous égards, — se trouve maintenant si chargé d'honneurs, d'éloges et de présents, qu'il est presque obligé de les rendre à ceux qui les lui veulent donner ; — le césar et l'acolouthos, nos associés, ont perdu la confiance et l'amitié de l'empereur, et si on leur permet de vivre, ce ne peut être que comme aux volailles de nos basses-cours, que nous gorgeons de nourriture aujourd'hui pour leur tordre le cou demain, et les jeter dans le pot ou les mettre à la broche.

— Stéphanos, répondit le centurion, le volume de ton corps te rend très-propre à la palestre ; mais ton esprit n'est pas assez fin pour distinguer le réel du probable dans ce monde politique que tu veux maintenant juger. Considérant le risque qu'un homme court à prêter l'oreille à une conspiration, tu devrais regarder comme un bonheur, à tous égards, s'il en échappe la vie et la réputation sauves. C'est ce qui est arrivé à Achille Tatius et au césar. De plus, ils ont conservé leurs dignités et leur poste de confiance ; ils peuvent compter que l'empereur n'oserait guère les leur enlever à une époque postérieure, puisqu'il n'a pas osé le faire quand il avait en main les preuves complètes de leur crime. Le pouvoir qui leur est laissé est pour ainsi dire à nous, puisqu'on ne saurait prévoir aucune circonstance qui doive les porter à livrer leurs complices au gouvernement. Il est bien plus probable qu'ils se les rappelleront quand une meilleure occasion se présentera de renouveler l'alliance qui les unissait. Reprends donc courage, mon noble prince du cirque, et songe que tu conserves encore cette influence que les lauréats de l'amphithéâtre sont toujours sûrs d'avoir sur les citadins de Constantinople.

— Je ne saurais que dire, répliqua Stéphanos ; mais c'est quelque chose qui me ronge le cœur, comme le ver qui ne meurt pas, de voir ce misérable étranger trahir le plus noble sang du pays, pour ne rien dire du premier athlète de la palestre, et s'en aller, non-seulement sans le châtiment dû à sa trahison, mais avec des éloges, des honneurs et de l'avancement.

— C'est vrai, Harpax; mais remarquez, mon ami, que sa retraite nous est utile. Il quitte le pays et le corps où il aurait pu prétendre à de l'avancement et à quelques vains honneurs, n'en faisant pas plus de cas que ne méritent semblables futilités. Dans un jour ou deux, Hereward ne sera plus guère qu'un soldat débandé, vivant du pauvre pain qu'il pourra obtenir comme attaché à la suite de ce mendiant de comte, ou de celui qu'il sera obligé de disputer aux infidèles, en luttant avec sa hache d'armes contre le sabre des Turcs. De quoi lui servira, au milieu de tous ces désastres du carnage et de la famine qui l'attendent en Palestine, d'avoir été une fois par hasard admis à souper avec l'empereur? Nous connaissons Alexis Comnène : — il ne demande pas mieux que de reconnaître, à quelque prix que ce soit, les services rendus par des hommes comme cet Hereward; mais, croyez-moi, il me semble voir le rusé despote lever les épaules de dérision, lorsqu'un matin on le saluera de la nouvelle d'une bataille perdue en Palestine par les Croisés, dans laquelle son ancienne connaissance sera tombée pour ne se plus relever. Je ne veux pas t'insulter en te disant combien il serait aisé d'acquérir les faveurs de la suivante d'une dame de qualité; je ne crois pas non plus qu'il serait difficile, si un athlète victorieux pouvait se proposer ce but, d'acquérir la propriété d'un grand babouin comme Sylvain, qui, certes, suffirait pour s'établir comme jongleur au premier Franc d'un esprit assez bas pour vouloir gagner sa vie par les aumônes de la chevalerie affamée d'Europe. Mais l'homme qui pourrait descendre à envier le sort d'un tel homme, ne devrait pas être celui dont les qualités personnelles suffisent pour le placer à la tête de tous les lauréats de l'amphithéâtre.

Il y avait dans ce raisonnement sophistique quelque chose qui ne satisfaisait qu'à demi l'intelligence obtuse de l'athlète auquel il s'adressait; il n'essaya cependant pas d'y répondre autrement que par l'observation suivante.

— Sans doute, noble centurion; mais vous oubliez qu'outre ces vains honneurs, il a été offert et promis à ce Varangien Hereward, ou Edward, une forte donation en or.

— Ma foi, vous me touchez, dit le centurion; et quand vous me direz que cette promesse a été fidèlement remplie, je conviendrai avec vous que l'Anglo-Saxon a gagné quelque chose qui vaut la peine qu'on le lui envie. Mais tant qu'elle restera sous la forme d'une promesse toute nue, vous m'excuserez, mon digne Stéphanos, si je n'en fais pas plus de cas que de toutes celles qu'on nous distribue tous les jours ainsi qu'aux Varangiens, portant qu'à telle ou telle époque à venir nous aurons des mines d'argent monnayé, que nous recevrons probablement avec la neige de l'année passée. Ayez donc bon courage, noble Stéphanos, et croyez ce que je vous dis : vos affaires ne sont pas en pire état à cause de l'insuccès de la journée. Ainsi, ne vous laissez pas abattre ; rappelez-vous les principes qui nous faisaient agir, et croyez que le but n'en est pas moins sûr, parce qu'il a été reculé à quelque jour plus éloigné.

C'est ainsi qu'Harpax, conspirateur vétéran et endurci, soutenait pour quelque entreprise nouvelle le courage chancelant de Stéphanos.

Cependant, les chefs compris dans l'invitation de l'empereur se rendirent au souper. D'après le contentement et la bonne humeur que déployèrent Alexis et ses hôtes, on eût pu difficilement supposer que la journée qui venait de s'écouler avait été choisie pour une entreprise aussi odieuse que pleine de dangers.

L'absence de la comtesse Brenhilda, pendant cette mémorable journée, n'avait pas causé peu de surprise à l'empereur et à ceux de ses familiers qui connaissaient son esprit entreprenant et l'intérêt qu'elle devait nécessairement prendre à l'issue du combat. Berthe s'était empressée de dire au comte que son épouse, fatiguée des anxiétés auxquelles elle avait été en proie les jours précédents, était hors d'état de quitter son appartement. Le vaillant chevalier ne perdit donc pas de temps pour aller apprendre à sa fidèle comtesse qu'il était sain et sauf ; puis, prenant place au banquet, il s'y conduisit comme s'il ne restait pas dans son esprit le moindre souvenir de la conduite perfide de l'empereur à la fin du dernier repas qu'il avait pris dans son palais. Il savait, à la vérité, que les soldats de Tancrède non-seulement montaient une garde rigoureuse autour de la maison où reposait Brenhilda, mais qu'encore ils surveillaient de près les environs du palais de Blacquernal, pour veiller aussi bien à la sûreté de leur chef héroïque qu'à celle du comte Robert, compagnon respecté de leur pèlerinage militaire.

C'était un principe général de la chevalerie européenne, que la méfiance survivait rarement aux querelles ouvertes, et que tout ce qui avait été pardonné s'effaçait des esprits, comme ne devant pas vraisemblablement se reproduire. Mais, dans cette circonstance, le nombre extraordinaire de troupes grecques que les événements de la journée avaient réunies, faisait un devoir particulier aux Croisés de se tenir sur leurs gardes.

On peut croire que la soirée se passa sans qu'on essayât de renouveler, dans la chambre du conseil, la cérémonie des lions, qui avait été précédemment l'occasion d'un si grand malentendu. Le fait est qu'il eût été heureux qu'une explication eût eu lieu plus tôt entre le puissant empereur de la Grèce et le chevaleresque comte de Paris. Des réflexions sur ce qui s'était passé avaient convaincu l'empereur que les Francs n'étaient pas gens à s'en laisser imposer par des pièces de mé canique et des bagatelles semblables, et que ce qu'ils ne comprenaient pas, au lieu d'exciter leur crainte ou leur admiration, n'était propre qu'à faire naître chez eux la colère et la défiance. Il n'avait pas non plus entièrement échappé au comte Robert que les mœurs des peuples orientaux étaient différentes de celles auxquelles il avait été accoutumé, qu'ils n'étaient pas aussi profondément imbus de l'esprit de chevalerie, et que, pour parler comme lui, le culte de Notre-Dame des Lances Rompues ne leur était pas tout à fait aussi naturel qu'aux peuples de l'Occident. Nonobstant cela, le comte Robert avait remarqué qu'Alexis Comnène était un prince sage et un grand politique. Sa sagesse, qui s'alliait de trop près peut-être à la finesse, ne l'avait pas moins aidé à conserver avec beaucoup d'habileté, sur l'esprit de ses sujets, cet empire qui était nécessaire pour leur bien et pour le maintien de sa propre autorité. Il avait donc résolu d'accueillir avec impassibilité tout ce que l'empereur pourrait dire et faire, soit dans une intention polie, soit dans un but de plaisanterie, et de ne pas troubler de nouveau, par une querelle fondée sur un malentendu dans les termes ou sur la fausse appréciation des mœurs, une bonne intelligence qui pourrait être avantageuse à la chrétienté. Le comte Robert de Paris fut fidèle à cette prudente résolution pendant toute la soirée, non sans qu'il lui en coûtât, toutefois, car cette réserve s'accordait mal avec son caractère questionneur et ombrageux, également désireux de connaître la valeur exacte de tout ce qu'on lui disait, et prompt à prendre ombrage dès que les choses lui paraissaient l'offenser le moins du monde, que son interlocuteur en eût ou non l'intention.

CHAPITRE XXXIV.

Ce ne fut qu'après la conquête de Jérusalem que le comte Robert de Paris revint à Constantinople, et qu'il reprit le chemin de sa patrie avec sa femme et ceux de ses compagnons qu'avaient épargnés dans cette guerre sanglante la peste et le sabre des infidèles. Dès qu'ils arrivèrent en Italie, le premier soin du noble comte et de la comtesse fut de célébrer, avec une magnificence princière, le mariage d'Hereward et de sa fidèle Berthe, qui avaient ajouté à leurs autres titres à la bienveillance de leurs maîtres les services fidèles d'Hereward en Palestine, et les soins affectueux que Berthe avait prodigués à la comtesse pendant son séjour à Constantinople.

Quant au sort d'Alexis Comnène, on le peut voir tout au long dans l'histoire de sa fille Anne, qui l'a représenté comme le héros de nombreuses victoires remportées, dit la Porphyrogenète, au chapitre III du livre XV de son histoire, tantôt par ses armes, tantôt par sa prudence.

« Son courage seul a gagné quelques batailles; le succès de quelques autres a été obtenu par stratagème. Il a élevé le plus illustre de ses trophées en affrontant le danger, en combattant comme un simple soldat, et se jetant tête nue au plus épais des ennemis; mais il y en a d'autres qu'il a mérité d'ériger en affectant l'extérieur de la terreur et même les apparences de la retraite. En un mot, il savait également triompher soit dans la fuite, soit dans la poursuite, et il restait debout devant les ennemis qui semblaient l'avoir terrassé, semblable à cette machine de guerre qu'on nomme chausse-trappe, qui se tient toujours la pointe en haut, dans quelque sens qu'on l'ait jetée à terre. »

Il serait injuste de priver la princesse de la défense qu'elle oppose par avance à l'accusation naturelle de partialité. — « Je dois une fois encore repousser le reproche que quelques-uns m'ont fait, d'avoir écrit mon histoire sous l'impulsion de cet amour naturel pour nos parents, inné dans le cœur de tous les enfants. En vérité, ce n'est point l'affection que je porte à mon père, c'est l'évidence des choses qui m'a forcée à parler comme je l'ai fait. Est-il donc impossible qu'on ait à la fois de l'amour pour la mémoire d'un père, et de l'amour pour la vérité? Quant à moi, je n'ai suivi d'autre impulsion, en écrivant l'histoire, que celle que je recevais de la certitude des faits. C'est dans ce but que j'ai pris pour sujet l'histoire d'un homme de mérite. Cette seule circonstance qu'il se trouvait être l'auteur de mes jours, est-il juste qu'elle forme un préjugé contre moi dans l'esprit de mes lecteurs? En d'autres occasions, j'ai donné des preuves suffisantes de mon ardeur à défendre les intérêts de mon père, ardeur dont ceux qui me connaissent ne sauraient douter; mais dans celle-ci je n'ai écouté que l'inviolable fidélité et le respect de la vérité, et je me serais fait scrupule de la déguiser, sous prétexte de servir la réputation de mon père. » —(*Ibid.*, *livre* XV, *chap.* III.)

Voilà ce que nous avons dû citer, pour être juste envers la belle historienne; nous allons extraire encore de son ouvrage le récit qu'elle fait de la mort de l'empereur, et nous ne ferons pas difficulté de confesser que le portrait que Gibbon a tracé de cette princesse est plein de justesse et de vérité.

Nonobstant les protestations réitérées de sacrifier plutôt à l'exacte et entière vérité qu'à la mémoire de son père défunt, Gibbon remarque avec raison qu'au lieu « de cette simplicité de style et de narration qui gagne la confiance du lecteur, une affectation laborieuse de rhétorique et de science trahit à chaque page la vanité de la femme auteur. Le vé-

CHAPITRE XXXIV.

ritable caractère d'Alexis se perd dans une vague constellation de vertus ; un ton perpétuel de panégyrique et d'apologie éveille notre méfiance et nous fait révoquer en doute la véracité de l'historienne et le mérite de son héros. Toutefois, nous ne pouvons refuser d'admettre sa remarque judicieuse et importante, que les désordres des temps firent le malheur et la gloire d'Alexis, et que toutes les calamités qui peuvent affliger un empire sur son déclin se trouvèrent accumulées sous son règne par la justice du Ciel et les vices de ses prédécesseurs. » — GIBBON, *Histoire de la décadence et de la chute de l'empire romain.* Vol. IX, page 83, note.

La princesse raconte en effet, avec une assurance admirable, qu'un grand nombre de signes parurent dans le ciel et sur la terre, et furent interprétés par les devins de l'époque comme présageant la mort de l'empereur. Par ce moyen, Anne Comnène donne à son père ces indices d'importance que les anciens historiens représentent comme les preuves nécessaires de la sympathie de la nature, au moment où quelques grands hommes vont être enlevés de ce monde. Mais elle ne manque pas de prévenir le lecteur chrétien que son père n'ajoutait foi à aucun de ces pronostics, et que même dans la circonstance remarquable qu'elle va raconter, il conserva son incrédulité : — Une statue magnifique, regardée généralement comme une relique du paganisme, qui tenait en main un sceptre d'or, et dont le piédestal était de porphyre, fut renversée par un ouragan, et l'on crut généralement que c'était un pronostic de la mort de l'empereur. Mais Alexis repoussa généreusement cette interprétation. Phidias, dit-il, et d'autres grands sculpteurs de l'antiquité, ont eu le talent d'imiter la forme humaine avec une précision merveilleuse ; mais de supposer que le pouvoir de prédire les événements futurs repose dans ces chefs-d'œuvre de l'art, ce serait attribuer à leurs auteurs les facultés que Dieu s'est réservées à lui-même quand il dit : « C'est moi qui tue et qui fais vivre. »

Durant ses derniers jours, l'empereur fut tourmenté de la goutte, maladie dont la nature a exercé l'esprit de beaucoup de savants aussi bien que celui d'Anne Comnène. Le pauvre patient était tellement épuisé, que lorsque l'impératrice lui parlait de personnes fort éloquentes qui pourraient concourir à la rédaction de son histoire, il répondit avec un mépris naturel de telles vanités : « Les événements de ma malheureuse vie appellent plutôt les larmes et les lamentations que les éloges dont vous parlez. »

Une espèce d'asthme étant venu en aide à la goutte, les remèdes des médecins furent aussi inutiles que les prières des moines et du clergé, et que les aumônes qui furent indistinctement prodiguées. Deux ou trois évanouissements profonds qui se succédèrent furent les sinistres avant-coureurs du coup qui approchait ; et enfin se terminèrent le règne et la vie d'Alexis Comnène, prince qui, malgré toutes les fautes qu'on lui peut imputer, n'en possède pas moins, par la pureté générale de ses intentions, le droit d'être compté parmi les meilleurs souverains du Bas-Empire.

Pendant quelque temps la princesse oublia l'orgueil de ses prétentions littéraires; comme une femme ordinaire, elle se confondit en pleurs et en sanglots, s'arracha les cheveux, se déchira le visage, tandis que l'impératrice Irène, dépouillant ses vêtements royaux, se coupa les cheveux et changea ses brodequins de pourpre pour des souliers de deuil. Sa fille Marie, qui elle-même avait perdu son époux, prit une robe noire dans sa garde-robe et la présenta à sa mère. « Au moment même où elle s'en revêtait, dit Anne Comnène, l'empereur rendait le dernier soupir, et dans ce moment s'éteignait le soleil de ma vie. »

Nous ne la suivrons pas plus longtemps dans ses lamentations. Elle se fait un reproche de ce qu'après la mort de son père, cette lumière du monde, elle avait encore survécu à Irène, les délices à la fois de l'Orient et de l'Occident, et de ce qu'elle avait aussi survécu à son époux. — « Je m'indigne, dit-elle, que mon âme, après un tel torrent d'infortunes, puisse encore animer mon corps. N'ai-je pas été plus dure, plus insensible que les rochers eux-mêmes? et n'est-il pas juste que je sois soumise à l'influence de tant de calamités, moi qui ai pu survivre à un tel père, à une telle mère et à un tel époux? Mais finissons cette histoire, plutôt que de fatiguer plus longtemps mes lecteurs de mes inutiles et tragiques lamentations. »

Et après avoir ainsi conclu, elle ajoute les deux vers suivants : —

« La docte Comnène dépose la plume
Au moment où à la fois son père et son sujet lui manquent. »

Ces citations suffiront probablement aux lecteurs pour se former une idée suffisante du caractère réel de l'historienne impériale. Il nous faudra moins de mots encore pour prendre congé des autres personnages que nous avons tirés de son livre, et auxquels nous avons donné un rôle dans le drame qui précède.

Il est peu douteux que le comte Robert de Paris, dont l'audace, en s'asseyant sur le trône de l'empereur, a jeté un intérêt particulier sur sa vie, ne fût en effet une personne du plus haut rang, n'étant autre, suivant les conjectures du savant Ducange, qu'un des ancêtres de la maison de Bourbon qui a donné si longtemps des rois à la France. On le croit l'un des successeurs de ces comtes de Paris qui avaient si vaillamment défendu cette ville contre les Normands, et l'un des ancêtres de Hugues Capet. Il y a différentes hypothèses sur ce sujet, qui font descendre le célèbre Hugues Capet, 1° de la famille de Saxe; 2° de saint Arnould, depuis évêque d'Altex; 3° de Nibilong; 4° du duc de Bavière, et 5e d'un fils naturel de l'empereur Charlemagne. Dans chacun de ces arbres généalogiques, mais différemment placés, apparaît ce Robert, surnommé le Fort, qui était comte de ce district dont Paris était la capitale, et qu'on appelait plus particulièrement le Comté ou l'Ile de France. Anne Comnène, qui nous a rapporté l'usurpation hardie du siége de l'empereur par ce chef audacieux, nous apprend aussi qu'il reçut une blessure grave, sinon mortelle, à la bataille de Dorylœum, à cause de sa négligence à suivre les instructions dont son père l'avait favorisé au sujet des guerres avec les Turcs. Les antiquaires qui seraient disposés à approfondir ce sujet peuvent consulter la savante généalogie de la maison royale de France par le feu lord Ashburnham, ainsi qu'une note de Ducange sur l'histoire de la princesse, page 362, tendant à prouver l'identité de son Robert de Paris, un présomptueux barbare, avec le Robert appelé le Fort, mentionné comme l'un des ancêtres de Hugues Capet. On peut aussi consulter Gibbon, tome XI, page 52. L'antiquaire français et l'historien anglais semblent également disposés à reconnaître l'église appelée dans ce roman Notre-Dame des Lances Rompues, dans celle dédiée à saint Drusas ou Drosin de Loissins, qu'on supposait avoir une influence particulière sur l'issue des combats singuliers, et être dans l'habitude de les terminer en faveur de celui des champions qui passait la nuit précédente dans sa chapelle.

En considération du sexe de l'une des parties intéressées, l'auteur a choisi Notre-Dame des Lances Rompues comme une patronne plus convenable que saint Drusas lui-même pour les amazones, lesquelles n'étaient pas rares à cette époque. Géta, par exemple, femme de Robert Guiscard, redoutable héros et père d'une race héroïque, était elle-même une amazone qui combattait au premier rang entre les Normands, et qui est souvent citée par notre impériale historienne Anne Comnène.

Le lecteur peut aisément concevoir que Robert de Paris se distingua entre ses frères d'armes et les Croisés ses compagnons. Les murs d'Antioche retentirent de son renom; mais, à la bataille de Dorylœum, il fut si cruellement blessé, qu'il se trouva hors d'état de prendre part à la plus grande scène de l'expédition. Son héroïque comtesse n'en jouit pas moins de l'ineffable satisfaction de monter sur les remparts de Jérusalem, et d'acquitter ainsi son propre vœu et celui de son époux. Cela fut d'autant plus heureux, que les médecins déclarèrent que les blessures du comte avaient été faites par des armes empoisonnées, et qu'il n'y avait pas de cure complète à espérer, à moins qu'il n'allât respirer l'air natal. Après quelque temps passé dans la vaine espérance d'éviter, à force de patience, cette alternative fâcheuse, le comte Robert se soumit à la nécessité, ou à ce qu'on lui représentait comme telle, et il reprit le chemin de l'Europe, par mer, accompagné de la comtesse, du fidèle Hereward, et de ceux de ses compagnons qui avaient été comme lui mis hors de combat.

Une légère galère, frétée à grands frais, les conduisit sans accident à Venise, et, de cette glorieuse cité, la part modeste de dépouilles que le comte avait rapportée de la conquête de la Palestine servit à le ramener dans ses propres domaines, plus heureux en cela que la plupart de ses compagnons, dont les terres avaient été prises ou pillées par leurs voisins tandis qu'ils étaient à la Croisade. Le bruit qui se répandit que le comte avait perdu sa santé, et qu'il ne pouvait plus rendre ses hommages à Notre-Dame des Lances Rompues, attira les hostilités d'un ou deux voisins ambitieux ou envieux, mais dont la convoitise fut suffisamment réprimée par la résistance courageuse de la comtesse et de l'intrépide Hereward. Il fallut moins d'une année pour rendre au comte Robert la plénitude de sa santé, et en faire de nouveau le puissant protecteur de ses propres vassaux, et le sujet sur lequel reposait la plus grande confiance des possesseurs du trône de France. Les services qu'il leur rendit permirent au comte Robert de s'acquitter de sa dette envers Hereward, aussi amplement que celui-ci pouvait le désirer ou s'y attendre. Respecté maintenant autant pour sa prudence et sa sagacité que pour son intrépidité et les succès qu'il avait obtenus dans la Croisade, il fut souvent employé par la cour de France à régler les troubles et les affaires difficiles dans lesquelles les possessions normandes de la couronne d'Angleterre jetaient souvent les deux nations rivales. Guillaume le Roux comprit son mérite, et l'importance qu'il y aurait à gagner son bon vouloir; et voyant combien il désirait qu'Hereward fût rétabli dans les terres de ses aïeux, il saisit ou fit naître l'occasion, en confisquant celles de quelques nobles rebelles, de conférer à notre Varangien un grand district adjacent à la Forêt-Neuve, partie des lieux que son père avait surtout fréquentés, et où l'on dit que les descendants du vaillant écuyer et de sa Berthe ont demeuré pendant de longues années, survivant à toutes les révolutions du temps et du hasard, si généralement fatales à la continuation des familles les plus distinguées.

www.ingramcontent.com/pod-product-compliance
Lightning Source LLC
Chambersburg PA
CBHW070432170426
43201CB00010B/1066